普通高等教育管理类系列教材

电子商务
第 3 版

主　编　谈晓勇　任永梅
副主编　肖　伟　庄　致
参　编　胡小兵　刘寅斌　刘　畅　郝国良

机械工业出版社

电子商务是一门集技术科学、经济学与管理科学为一体的综合性课程，也是一门理论和实践结合非常紧密的课程，是高校经济与管理类专业的专业基础课。

本书根据普通高等学校经济与管理等专业"电子商务"课程的培养目标和技能要求编写，系统地阐述了电子商务的基本理论、基本方法和基本技术，体系完整，内容全面，结构清晰，选材新颖。

本书理论教学按照 48 个课时设计，实验按照 16 个课时设计。各学校和专业可根据实际情况适当调整教学课时及内容。

本书支持混合式教学模式，每章均配有案例，通过扫描二维码还可进行线上拓展学习。同时提供配套 PPT、思考题参考答案、视频教学资源和模拟套题等全套课程教学资源，供教师教学和学生学习使用。

本书除作为普通高等学校本科学生"电子商务"课程的教材外，也可作为企业和社会电子商务的培训教学用书或参考用书。

图书在版编目（CIP）数据

电子商务/谈晓勇，任永梅主编. — 3 版. — 北京：
机械工业出版社，2024.3
普通高等教育管理类系列教材
ISBN 978 - 7 - 111 - 75059 - 8

Ⅰ.①电… Ⅱ.①谈… ②任… Ⅲ.①电子商务-高等学校-教材 Ⅳ.①F713.36

中国国家版本馆 CIP 数据核字（2024）第 040190 号

机械工业出版社（北京市百万庄大街 22 号 邮政编码 100037）
策划编辑：刘　畅　　　　责任编辑：刘　畅　单元花
责任校对：张爱妮　李小宝　封面设计：王　旭
责任印制：张　博
北京建宏印刷有限公司印刷
2024 年 4 月第 3 版第 1 次印刷
184mm×260mm・16.75 印张・389 千字
标准书号：ISBN 978 - 7 - 111 - 75059 - 8
定价：55.00 元

电话服务　　　　　　　　网络服务
客服电话：010 - 88361066　机　工　官　网：www.cmpbook.com
　　　　　010 - 88379833　机　工　官　博：weibo.com/cmp1952
　　　　　010 - 68326294　金　书　网：www.golden-book.com
封底无防伪标均为盗版　机工教育服务网：www.cmpedu.com

前 言
Preface

随着近几年电子商务的飞速发展和日益广泛的应用,社会各行各业都迫切需要大量精通电子商务的专业人才,同时电子商务也成为相关专业大学生创新创业的实践园地。

"电子商务"是一门集技术科学、经济学与管理科学为一体的综合性课程,是一门理论与实践结合得非常紧密的课程。目前,各高校文科类专业大多开设了此课程。

在过去十多年"电子商务"课程的教学实践中,基于电子商务的发展,一方面我们不断完善教学体系及其内容,积累了丰富的教学资源及经验,另一方面电子商务的新理念、新技术、新方法和新模式层出不穷,我们急需对第 2 版教材进行充实与更新。

我们希望能继续编写一本体系完整、结构合理、特色鲜明、便于教学的优秀教材奉献给大家。在此,特别感谢机械工业出版社领导和编辑使我们这个夙愿得以实现!

本书内容按照网络经济与电子商务基础、电子商务体系建设、网络营销与新媒体营销、电子商务实践的顺序组织,共包含了电子商务概述、电子商务系统与基本框架、电子商务模式分析、电子商务的技术基础、电子商务的系统建设、电子商务的安全体系、电子商务的支付体系、电子商务的物流体系、网络营销与新媒体营销、电子商务实践及应用、电子政务、电子商务与数字经济等 12 章内容。

本书理论教学课时按照 48 个课时设计,实验按照 16 个课时设计。各学校和专业可根据实际情况适当调整教学课时及内容。

本书主要体现以下特色:

1) 体系科学合理。本书既按照电子商务的内在逻辑安排教材内容,又按照电子商务完整的课程体系设计内容,在突出新文科建设特色的同时,突出教材的综合性和系统性。

2) 以先进的教学理念为引导。本书吸纳了电子商务课程建设、教学模式改革研究项目及"金课"、一流课程建设的多种研究成果。

3) 注重实践与实用。本书设计了电子商务课程实战型实验项目,以应用为主线安排教材内容,注重基础理论和实践技能内容的充分结合。在教学内容的设计上重视学生实践技能的培养和专业知识的综合应用,突出教材的实用性。

4) 选材新颖,突出时代特色。在第 2 版教材的基础上,重点融入了课程思政、网络经济、创新创业、新媒体营销、跨境电商物流、新兴信息技术及应用等教学内容。

5) 提供全套课程教学资源。为支持线上与线下混合式教学模式,本书每章后均配有案例和拓展学习二维码。同时,提供配套 PPT、思考题参考答案、视频教学资源和模拟套题等全套课程教学资源,以减轻教师的负担。

6）优势教学资源共享和整合。为提高教材编写质量，邀请多所院校老师合作共同编写，目的是整合多校电子商务课程教学资源，实现资源共享。

本次修订由重庆交通大学、重庆大学、上海大学和重庆邮电大学在电子商务领域具有丰富教学经验和较强科研、实践能力的教师共同合作完成。具体分工是：肖伟负责第 4 章正文修订工作；刘畅负责第 5 章正文修订工作；胡小兵负责第 6 章正文修订工作；庄致负责第 7 章正文修订工作；刘寅斌负责第 11 章正文修订工作；谈晓勇负责其他章的正文修订工作，并且重新编写了第 9 章，新编写了第 12 章；任永梅负责课程配套教学资源的建设工作；郝国良主要负责教材案例和拓展学习资源的遴选和整理工作。

在此，对所有编者辛勤的工作表示感谢！对机械工业出版社的大力支持表示感谢！本教材获得 2021 年重庆交通大学规划教材立项建设项目支持，特此说明并表示感谢！

由于编者水平有限，书中仍难免存在一些疏漏和错误之处，恳请读者多提宝贵意见，以便进行完善。我们的联系邮箱是：zystxy@163.com。

最后，感谢广大读者的大力支持！

谈晓勇
重庆　兰花湖畔

请扫描下方二维码,了解教育部关于印发《高等学校课程思政建设指导纲要》的通知。

课程思政指引

请扫描下方二维码,获取五套模拟考核卷。

目　录

前言

第1章　电子商务概述

1.1　电子商务的兴起和发展 / 001
  1.1.1　电子商务的发展历史 / 001
  1.1.2　电子商务的发展现状 / 002

1.2　电子商务的概念 / 004
  1.2.1　电子商务的定义 / 004
  1.2.2　电子商务的内涵 / 006
  1.2.3　电子商务的业务流程 / 007
  1.2.4　电子商务的功能 / 008

1.3　电子商务的特点与优势 / 009
  1.3.1　电子商务的特点 / 009
  1.3.2　电子商务的优势 / 010

1.4　电子商务带来的变革 / 011
  1.4.1　商务活动电子化的意义 / 011
  1.4.2　电子商务给社会经济带来的变革 / 013
  1.4.3　电子商务的发展趋势 / 014

1.5　电子商务的分类 / 015
  1.5.1　按商务形态分类 / 015
  1.5.2　按交易对象分类 / 016
  1.5.3　按网络平台分类 / 020
  1.5.4　按开展交易的地域范围分类 / 020

案例：电子商务生态系统 / 022
拓展学习：电子商务"十四五"发展规划 / 024
思考题 / 025

第2章　电子商务系统与基本框架

2.1　电子商务的组成要素 / 026
2.2　电子商务的基本框架 / 027
  2.2.1　电子商务的技术层次 / 028
  2.2.2　电子商务应用的支柱 / 030

案例：淘宝网和eBay易趣的竞争 / 033
拓展学习：《互联网时代》纪录片 / 037
思考题 / 037

第3章 电子商务模式分析

3.1 电子商务模式 / 038
    3.1.1 电子商务模式概述 / 038
    3.1.2 电子商务的商业模式 / 039
    3.1.3 电子商务的技术模式 / 042
    3.1.4 电子商务的经营模式 / 044
    3.1.5 电子商务的管理模式 / 044
    3.1.6 电子商务的资本模式 / 046

3.2 淘宝网的电子商务模式分析 / 047
    3.2.1 淘宝网的基本情况 / 047
    3.2.2 淘宝网的商业模式 / 047
    3.2.3 淘宝网的经营模式 / 049
    3.2.4 淘宝网的技术模式 / 050
    3.2.5 淘宝网的管理模式 / 051
    3.2.6 淘宝网的资本模式 / 051

3.3 海尔集团的电子商务模式分析 / 051
    3.3.1 海尔集团的基本情况 / 051
    3.3.2 海尔集团的商业模式 / 052
    3.3.3 海尔集团的经营模式 / 054
    3.3.4 海尔集团的技术模式 / 055
    3.3.5 海尔集团的管理模式 / 055
    3.3.6 海尔集团的资本模式 / 058

案例：拼多多的商业模式 / 058
拓展学习：猪八戒网的成长史 / 060
思考题 / 060

第4章 电子商务的技术基础

4.1 电子商务中的技术 / 061
    4.1.1 计算机硬件和软件 / 061
    4.1.2 数据管理技术 / 062
    4.1.3 网络和通信技术 / 065
    4.1.4 EDI 技术 / 068
    4.1.5 智能代理技术 / 069
    4.1.6 XML 技术 / 071

4.2 互联网应用常识 / 071
    4.2.1 互联网的形成和发展 / 071
    4.2.2 互联网地址 / 072
    4.2.3 互联网的基本服务功能 / 074

4.3 移动电子商务 / 075
    4.3.1 移动电子商务的概念 / 075
    4.3.2 移动电子商务的发展 / 076
    4.3.3 移动电子商务的特点 / 076
    4.3.4 移动电子商务的相关技术 / 077

4.4 新兴信息技术及应用 / 082
    4.4.1 物联网 / 082

4.4.2 大数据 / 084

4.4.3 云计算 / 085

4.4.4 人工智能 / 086

案例：智能推荐 / 088

拓展学习：大数据时代 / 089

思考题 / 090

第 5 章 电子商务的系统建设

5.1 电子商务网站策划 / 091

 5.1.1 电子商务网站策划的意义 / 091

 5.1.2 电子商务网站策划的内容 / 092

5.2 电子商务网站的实施 / 094

 5.2.1 域名注册 / 094

 5.2.2 网站开发流程 / 095

5.3 网站搭建的途径与方法 / 096

5.4 网页设计与开发技术 / 098

 5.4.1 HTML 语言 / 098

 5.4.2 动态网站编程技术简介 / 099

 5.4.3 ASP 与 ASP.NET / 100

 5.4.4 JSP / 103

5.5 常用的网页开发工具 / 104

案例：移动开发 / 105

拓展学习：中国数字经济创新——从平台经济到区块链革命 / 107

思考题 / 107

第 6 章 电子商务的安全体系

6.1 电子商务安全概述 / 108

 6.1.1 电子商务的安全隐患 / 108

 6.1.2 电子商务的安全性需求 / 109

 6.1.3 电子商务的安全机制 / 111

6.2 电子商务的安全技术 / 113

 6.2.1 防火墙技术 / 113

 6.2.2 加密技术 / 116

 6.2.3 数字摘要 / 120

 6.2.4 数字签名 / 120

 6.2.5 数字指纹 / 121

 6.2.6 数字时间戳 / 122

6.3 电子商务安全认证 / 122

 6.3.1 数字证书的概念及分类 / 123

 6.3.2 认证中心及认证机制 / 124

6.4 安全认证协议 / 126

案例：电子商务信用体系 / 126

拓展学习：网络诈骗 / 128

思考题 / 128

第 7 章 电子商务的支付体系

7.1 传统支付方式 / 129
   7.1.1 现金 / 129
   7.1.2 票据 / 129
   7.1.3 信用卡 / 130
   7.1.4 传统支付方式的优缺点 / 130

7.2 电子支付方式 / 130
   7.2.1 电子现金和电子钱包 / 132
   7.2.2 网络银行 / 134
   7.2.3 第三方支付 / 142
   7.2.4 常用的电商支付工具 / 143
   7.2.5 电子商务的支付问题及发展趋势 / 146

案例：互联网金融 / 148
拓展学习：钓鱼网站 / 150
思考题 / 151

第 8 章 电子商务的物流体系

8.1 物流概述 / 152
   8.1.1 物流与社会经济活动的关系 / 152
   8.1.2 物流的含义 / 153
   8.1.3 物流的职能 / 154

8.2 电子商务物流 / 154
   8.2.1 物流对电子商务的影响 / 154
   8.2.2 电子商务对物流的影响 / 155
   8.2.3 电子商务下的物流模式 / 156

8.3 跨境电子商务物流 / 158
   8.3.1 跨境电商物流的概念 / 158
   8.3.2 跨境电商物流的特征 / 158
   8.3.3 跨境电商物流的运作模式 / 159

8.4 现代物流技术 / 161
   8.4.1 条码及应用 / 161
   8.4.2 GIS 及应用 / 163
   8.4.3 GPS 及应用 / 164
   8.4.4 RFID 及应用 / 165
   8.4.5 EOS 及应用 / 166
   8.4.6 POS 及应用 / 167

8.5 电子商务与供应链管理 / 167
   8.5.1 供应链的概念 / 167
   8.5.2 电子商务在供应链管理中的应用 / 168

案例：智慧物流 / 169
拓展学习：菜鸟网络 / 170
思考题 / 171

第 9 章 网络营销与新媒体营销

9.1 网络营销概述 / 172
    9.1.1 网络营销的含义 / 172
    9.1.2 网络营销的特点 / 173
    9.1.3 网络营销的职能 / 174

9.2 网络营销策略 / 175
    9.2.1 产品策略 / 176
    9.2.2 定价策略 / 178
    9.2.3 渠道策略 / 180
    9.2.4 促销策略 / 182

9.3 网络营销的常用方法 / 183

9.4 网络市场调查 / 186
    9.4.1 市场需求调查 / 186
    9.4.2 消费者购买行为调查 / 186
    9.4.3 营销因素调查 / 187

9.5 新媒体营销 / 187
    9.5.1 新媒体与新媒体平台 / 187
    9.5.2 新媒体营销的主要模式 / 189

案例：种草营销 / 190
拓展学习：互联网思维 / 192
思考题 / 192

第 10 章 电子商务实践及应用

10.1 网上商店与网上开店 / 193
    10.1.1 网上商店 / 193
    10.1.2 网上开店 / 196
    10.1.3 开微店 / 199

10.2 网上证券 / 200
    10.2.1 网上证券概述 / 201
    10.2.2 网上证券交易的服务机构 / 202
    10.2.3 网上证券交易业务管理系统的功能 / 202
    10.2.4 网上证券交易系统的使用 / 203

10.3 网上保险 / 204
    10.3.1 网上保险概述 / 204
    10.3.2 网上保险的优点 / 205
    10.3.3 网上保险的模式 / 206
    10.3.4 网上保险的基本功能 / 207

10.4 Web2.0 / 208
    10.4.1 Web2.0 的特征 / 208
    10.4.2 Web2.0 的应用技术 / 209
    10.4.3 Web2.0 环境下的消费者行为模式 / 211

10.5 Web3.0 / 211

案例：知识付费 / 213
拓展学习：电商创新创业项目策划 / 214
思考题 / 215

第 11 章 电子政务

11.1 电子政务概述 / 216
  11.1.1 电子政务的概念 / 216
  11.1.2 电子政务的类型 / 216
  11.1.3 电子政务的作用 / 217

11.2 国外电子政务应用 / 218
  11.2.1 美国 / 218
  11.2.2 英国 / 221
  11.2.3 新加坡 / 223

11.3 国内电子政务应用 / 224
  11.3.1 上海 / 224
  11.3.2 北京 / 227
  11.3.3 香港 / 228

11.4 电子政务的发展 / 230
  11.4.1 电子政务的发展方向 / 230
  11.4.2 发展电子政务面临的问题 / 231
  11.4.3 电子政务的立法问题 / 234

案例：数字化时代的电子政务 / 235
拓展学习：中国电子政务网 / 239
思考题 / 239

第 12 章 电子商务与数字经济

12.1 数字经济的内涵与特征 / 240
  12.1.1 数字经济的内涵 / 240
  12.1.2 数字经济的特征 / 241

12.2 数字经济的体系框架 / 243
  12.2.1 数字经济体系框架的演进 / 243
  12.2.2 数字经济的"四化"框架 / 243
  12.2.3 数字经济"四化"框架的内在逻辑 / 244

12.3 数字经济的体系建设 / 245
  12.3.1 数字经济的创新体系 / 246
  12.3.2 数字经济的产业体系 / 246
  12.3.3 数字经济的市场体系 / 246
  12.3.4 数字经济的治理体系 / 246

12.4 电子商务背景下的数字化转型 / 246
  12.4.1 电子商务与数字化转型 / 246
  12.4.2 数字化转型赋能电子商务 / 247
  12.4.3 电子商务带动数字化转型 / 249

案例：数字化经济转型战略与行动路线 / 250
拓展学习：《"十四五"数字经济发展规划》/ 253
思考题 / 253

参考文献 / 254

第 1 章 电子商务概述

电子商务是 21 世纪全球经济增长最快的领域之一，它带来的经济发展机遇是人类历史上几百年才能遇到的。在这个时代，市场竞争规则、经济增长方式乃至社会生活方式都将发生剧烈变化。电子商务的影响将是全面的，它不但在微观上影响企业的经营行为、组织管理模式和消费者的消费行为，而且在宏观上影响着国际贸易关系和国家未来的竞争力。

通过本章的学习，我们可以系统地了解电子商务的发展历史和发展现状，了解电子商务的各种模式及代表性企业，理解电子商务对社会经济等各方面所带来的巨大变革。

1.1 电子商务的兴起和发展

1.1.1 电子商务的发展历史

纵观电子商务产生与发展的历史，从电话、电报、传真的商业应用起，电子商务活动实际上就已经开始出现了。由于当时商务活动信息流的电子化水平太低，所以还不是真正意义上的电子商务。现代意义上的电子商务基本可划分为两个阶段：基于 EDI（Electronic Data Interchange，电子数据交换）的电子交易阶段和基于互联网的电子商务阶段。

1. 基于 EDI 的电子交易阶段

从应用角度来看，人类利用电子通信技术进行各类贸易活动已经有几十年的历史了。20 世纪 60 年代，人们就开始了用电报报文发送商务文件的工作。20 世纪 70 年代，人们又普遍采用方便、快捷的传真机来替代电报，但是由于传真文件是通过纸面打印来传递和管理信息的，不能将信息直接传入信息系统中，因此人们开始采用 EDI 技术克服传真机的不足，实现了数据在企业信息系统之间的直接传递。这也是企业之间电子商务应用的雏形。

EDI 在 20 世纪 60 年代末期产生于美国，当时的贸易商们在使用计算机处理各类商务文件的时候发现，由人工输入到一台计算机中的数据有 70% 源于另一台计算机输出的文件，由于过多的人为因素，影响了数据的准确性和工作效率的提高，人们开始尝试在贸易伙伴之间计算机上的数据能够自动交换，EDI 应运而生。

EDI 就是按照标准协议，将商业文件标准化和格式化，并通过网络在贸易伙伴计算机网络系统之间实现数据传输和自动处理的一门技术。通过 EDI 技术组建专用增值通信网络可将贸易伙伴的网络联系在一起，方便共享数据，开展各种商务活动。由于利用 EDI 网络进行电子商务活动，提高了自动化水平，减少了纸张票据，简化了业务流程，人们将其形象地称为"无纸贸易"或"无纸交易"。从 20 世纪 70 年代后期到 80 年代初期，基于 EDI 的电子商务形式得到推广。1990 年联合国推出了 EDI 的标准，并被国际标准化组织正式接受为国际标准，统一了世界贸易数据交换中的标准和尺度，为利用电子技术在全球范围内开展商务活动奠定了基础。

20 世纪 90 年代之前的大多数 EDI 都不通过 Internet（互联网），而是通过租用的电脑线在专用网络上实现。这类专用的网络被称为 VAN（Value-Added Network，增值网）。这样做主要是考虑到安全问题。但随着互联网安全性的日益提高，作为一个费用更低、覆盖面更广、服务更好的系统，它已表现出替代 VAN 而成为 EDI 的硬件载体的趋势，因此有人把通过互联网实现的 EDI 直接叫作互联网 EDI。

2. 基于互联网的电子商务阶段

20 世纪 90 年代以来是基于国际互联网的电子商务阶段。由于使用 VAN 的费用很高，仅大型企业才有能力使用，因此限制了基于 EDI 的电子商务应用范围的扩大。20 世纪 90 年代中期以后，互联网迅速走向普及化，逐步从大学、科研机构走向企业和百姓家庭，其功能也已从信息共享演变为一种大众化的信息传播工具。从 1991 年起，一直被排斥在互联网之外的商业贸易活动正式进入这个"王国"，而使电子商务成为互联网应用的最大热点。

基于互联网的电子商务应用可划分为四个阶段。第一阶段称为电子邮件阶段，这个阶段从 20 世纪 70 年代开始，主要利用互联网的电子邮件服务开展各种各样的业务活动，当时的平均通信量以每年几倍的速度增长。第二阶段称为信息发布阶段，这个阶段从 1995 年起，主要利用互联网的 Web 服务功能进行信息发布。Web 从各种信息发布系统中脱颖而出，并已成为互联网的主要应用技术。第三阶段称为电子商务阶段，始于 1999 年左右，人类进入了真正的电子商务时代。从 2007 年开始，智能手机和无线网络加速普及，因为移动端碎片化的特点更加符合消费场景化的特性使用户不断向移动端转移，将人们带入了目前的第四个阶段，即移动电子商务阶段。

随着我国互联网基础设施的完善、互联网用户爆炸性的增长，我国"互联网大国"的规模已经初显。无疑，今后将是移动网络的天下，而移动电子商务将是未来发展的主要趋势之一。

1.1.2 电子商务的发展现状

电子商务目前已经成为推动全球经济增长的主要动力之一。我国基于互联网的电子商务始于 1995 年左右。

2022 年 2 月，中国互联网络信息中心（CNNIC）在京发布第 49 次《中国互联网络发展状况统计报告》，截至 2021 年 12 月，我国网民规模达 10.32 亿，较上年增长 4296 万，互联网普及率达 73.0%。我国手机网民规模达 10.29 亿，较上年增长 4298 万，网民使用手机上网的比例为 99.7%。我国农村网民规模达 2.84 亿，占网民整体的 27.6%，城镇网民规模达 7.48 亿，占网民整体的 72.4%。使用电视上网的比例为 28.1%，使用台式电脑、笔记本电脑、平板电脑上网的比例分别为 35.0%、33.0% 和 27.4%。截至 2021 年 12 月，我国网民的人均每周上网时长为 28.5 个小时，较 2020 年 12 月提升 2.3 个小时。

2021 年 12 月，我国网络支付用户规模达 9.04 亿，占网民整体的 87.6%；我国网络购物用户规模达 8.42 亿，占网民整体的 81.6%；我国网上外卖用户规模达 5.44 亿，占网民整体的 52.7%；我国在线办公用户规模达 4.69 亿，占网民整体的 45.4%；我国网络直播用户规模达 7.03 亿，占网民整体的 68.2%。直播电商成为广受用户喜爱的购物方式，据统计，66.2% 的直播电商用户购买过直播商品。

作为数字经济新业态的典型代表，网络零售继续保持较快增长，成为推动消费扩容的重要力量。2021 年，网上零售额达 13.1 万亿元，同比增长 14.1%，其中实物商品网上零售额占社会消费品零售总额的 24.5%。

网络零售作为打通生产和消费、线上和线下、城市和乡村、国内和国际的关键环节，在构建新发展格局中不断发挥积极作用。业态呈现新发展，助力构建双循环新发展格局。一是助力外循环，跨境电商快速发展，为外贸发展提供支撑。2021 年，我国跨境电商进出口规模达 1.98 万亿元，增长 15%。二是推动内循环，农村电商物流日趋完善，农产品上行带动农民创业就业，全国"快递进村"比例超过 80%，苏、浙、沪等地基本实现"村村通快递"。消费呈现新发展，推动国内消费升级扩容。三是消费群体方面，"80、90 后"网购普及率最高，"95 后"消费潜力最大。四是消费趋势方面，国产品牌网购消费意识增强。在文化自信和品牌升级的推动下，国产品牌网购消费热情高涨，受到网购用户的广泛青睐。数据显示，支持国货、网购国产品牌的用户占网购整体用户的 65.4%。五是治理呈现新发展，公平竞争推动多元竞争格局。2021 年，强化平台经济反垄断、深入推进公平竞争的政策不断出台，倒逼电商平台企业重审垄断与创新、效率与公平，推动行业朝向合规化方向发展。"二选一"等不正当竞争监管日趋完善，让更多平台享受到公平竞争带来的市场机会，进一步推动市场多元化竞争。

近年来，我国电子商务交易规模持续扩大，稳居全球网络零售市场首位。根据国家统计局统计，我国电子商务交易规模由 2016 年的 26.1 万亿元增长至 2020 年的 37.21 万亿元，复合年均增长率为 8.9%。中商产业研究院预测，2022 年我国电子商务交易规模将达 42.93 万亿元。

当前电商平台已经成为居民消费的主渠道之一。电商平台从业人员规模超过 6000 万，其新业态、新模式创造了大量新职业、新岗位，成为重要的"社会稳定器"。

我国数字经济蓬勃发展，超十亿网民见证我国制造强国和网络强国建设历程。互联网相关的大数据、云计算、人工智能等技术加速创新，更快、更好地融入网民生活发展全领域、全过程，数字经济正在成为重组生产生活要素资源、重塑社会经济结构、改变全球竞争格局的关键力量，进一步推进网民增长。

电子商务是网络经济的核心力量，网络经济也为电子商务的发展提供了重要支撑。我国数字经济服务商产业链中的主流平台，包括数字经济综合服务商、电商 SaaS 服务商、数字生活服务商、电商代运营、数字贸易服务商、数字产业化服务商、数字健康服务商、数字教育服务商、数字物流服务商和数字金融服务商等，如图1-1所示。

图1-1　我国数字经济服务商产业链中的主流平台

1.2 电子商务的概念

1.2.1 电子商务的定义

美国政府在其《全球电子商务纲要》中指出，电子商务是指通过互联网进行的各项商务活动，包括广告、交易、支付、服务等活动。

欧洲议会关于《电子商务欧洲动议》给出的定义是："电子商务是通过电子方式进行的商务活动。它通过电子方式处理和传递数据，包括文本、声音和图像。它涉及许多方面的活动，包括货物电子贸易和服务、在线数据传递、电子资金划拨、电子证券交易、电子货运单证、商业拍卖和服务（如信息服务、金融和法律服务）、传统活动（如健身、教育）和新型活动（如虚拟购物、虚拟训练）。"

世界贸易组织电子商务专题报告中的定义：电子商务就是通过电信网络进行的生产、营销、销售和流通活动，它不仅是指基于互联网上的交易，而且是指所有利用电子信息技术来解决问题、降低成本、增加价值和创造商机的商务活动，包括通过网络实现从原材料查询、采购、产品展示、订购到出品、储运，以及电子支付等一系列的贸易活动。

经济合作与发展组织认为电子商务一般是指以网上数字的处理和传输为基础的组织和个人之间的商业交易。这里的网络既可以是开放的网络如互联网，也可以是能够通过网关连接到开放网的网络，所传输的数据包括文件、声音和图像。

IBM提出了一个电子商务的定义公式，即电子商务 = Web（万维网）+ IT。IT是Information Technology的缩写，中文译为信息技术。电子商务的概念包括三个部分：企业内部网（Intranet）、企业外部网（Extranet）、电子商务（E-commerce）。它所强调的是在网络计算环境下的商业化应用，不只是硬件和软件的结合，也不只是通常意义下的强调交易的狭义的电子商务（E-commerce），而是把买方、卖方、厂商及其合作伙伴在互联网（Internet）、企业内部网（Intranet）和企业外部网（Extranet）结合起来的应用。它同时强调这三部分是有层次的：只有先建立良好的 Intranet，建立好比较完善的标准和各种信息基础设施，才能顺利扩展到 Extranet，最后扩展到 E-commerce。

HP 公司认为：电子商务简单地说，是指从售前服务到售后支持的各个环节实现电子化、自动化，它能够使我们以电子交易手段完成物品和服务等价值交换。

美国学者瑞维·卡拉科塔（Ravi Kalakota）和安德鲁·B. 惠斯顿（Andrew B. Winston）在《电子商务的前沿》中指出：从广义上来说，电子商务是一种现代商业方法。这种方法通过改善产品和服务质量、提高服务传递速度，满足政府组织、厂商和消费者降低成本的需求。这一概念也用于通过计算机网络寻找信息以支持决策。

我国学者李琪教授在其专著《中国电子商务》一书中指出：客观上存在着两类或三类依据内在要素不同而对电子商务的定义。第一，广义的电子商务定义：电子工具在商务活动中的应用。电子工具包括从初级的电报、电话到 NII（National Information Infrastructure）、GII（Global Information Infrastructure）和互联网等。现代系统商务活动是指从泛商品（实物与非实物、商品与商品化的生产要素等）的需求活动到商品的合理、合法的消费除去典型的生产过程后的所有活动。第二，狭义的电子商务定义：在技术、经济高度发达的现代社会里，掌握信息技术和商务规则的人，系统化运用电子工具，高效率、低成本地从事以商品交换为中心的各种活动的全过程。第一个定义可以简称商务电子化，第二个定义可以简称电子化商务系统。

2007 年 6 月 26 日，国家发展和改革委员会、国务院信息化工作办公室联合发布了我国《电子商务发展"十一五"规划》，提出：电子商务是网络化的新型经济活动，即基于互联网、广播电视网和电信网络等电子信息网络的生产、流通和消费活动，而不仅仅是基于互联网的新型交易或流通方式。电子商务涵盖了不同经济主体内部和主体之间的经济活动，体现了信息技术网络化应用的根本特性，即信息资源高度共享、社会行为高度协同所带来的经济活动高效率和高效能。

从不同的角度，电子商务有不同的定义。通信角度的观点认为，电子商务是借助电话、计算机网络或其他电子媒介进行信息、产品或服务传递以及支付的过程。业务流程角度的观点认为，电子商务是将技术应用于企业交易过程和工作流程以实现自动化的过程。服务角度的观点认为，电子商务是传达公司、消费者和管理层的需求，从而降低服务费用、提高产品质量和服务速度的工具。网络角度的观点认为，电子商务提供了通过互联网购买和销售产品、信息的能力，并提供了其他在线服务的可能。

无论哪种定义，对电子商务的理解，都应从"现代信息技术"和"商务"两个方面考虑。电子商务包含两个方面：一是商务活动，二是电子化手段。它们之间的关系是：商务是核心，电子是手段和工具。这里的商务包括企业通过内联网的方式处理与交换商贸信息，企业与企业之间通过外联网或专用网的方式进行业务协作和商务活动，企业与消费者之间通过互联网进行的商务活动，消费者与消费者之间通过互联网进行的商务活动，以及政府管理部门与企业之间通过互联网或专用网方式进行的管理及商务活动。这里的电子化手段包括自动捕获数据、电子数据交换、电子邮件、电子资金转账、网络通信和无线移动技术等各种电子通信技术手段。

另外，不能将电子商务等同于商务电子化。真正的电子商务绝不仅仅是企业前台的商务电子化，更重要的是包括后台在内的整个运作体系的全面信息化，以及企业整体经营流程的优化和重组。也就是说，建立在企业全面信息化基础上、通过电子手段对企业的生产、销售、库存、服务，以及人才资源等环节实行全方位控制的电子商务，才是真正意义上的电子商务。

1.2.2 电子商务的内涵

从电子商务的定义，可以归结出电子商务的内涵，即信息技术，特别是互联网技术的产生和发展是电子商务开展的前提条件；掌握现代信息技术和商务理论与实务的人是电子商务的核心；系列化、系统化的电子商务工具是电子商务活动的基础；以商品贸易为核心的各种经济事务活动是电子商务的对象。

1. 电子商务的前提

电子商务的前提是"电子"。这里的"电子"是指各类现代信息技术，包括计算机技术、通信技术、数据库技术、网络技术等。电子商务与传统商务最大的区别在于，电子商务利用了各种现代电子工具进行商务活动，而传统商务则主要依赖于手工系统来实现商务活动。

2. 电子商务的核心

电子商务的核心是人。首先，电子商务本身也是一个社会系统，其核心必然是人；其次，商务系统也是由代表各方利益的人组成的关系网；最后，技术固然重要，但真正起关键作用的是人，因为工具的发明创造、应用和目标实现都要靠人。在电子商务时代，能够掌握运用电子商务理论与技术的人，必然是掌握现代信息技术、掌握现代商贸理论与实务的复合型人才。一个国家或地区能否培养出大批这样的复合型人才成为该国、该地区发展电子商务关键的因素。

3. 电子商务的基础

电子商务的基础是综合运用网络环境和各类系统化的电子工具。高效率、低成本、高效益的电子商务必须以成系列、成系统的电子工具作为基础。从系列化来说，电子工具应该是从商品需求咨询、商品配送、商品订货、商品买卖、货款结算、商品售后服务等伴随商品生产、消费，甚至再生产的全过程的电子工具。例如，电视、电话、电报、EDI（Electronic Data Interchange，电子交换数据）、EOS（Electronic Ordering System，电子订货系统）、POS（Point of Sale System，销售时点信息系统）、MIS（Management Information System，管理信息系统）、DSS（Decision Support System，决策支持系统）、电子货币、电子商品配送系统、售后服务系统等。从系统化来说，商品的需求、生产、交换要构成一个有机整体，构成一个大系统，能实现此目标的则是各类网络技术。

4. 电子商务的对象

电子商务的对象是社会再生产环节（生产、流通、分配、交换、消费）中，发展变化最快、最活跃的流通、分配和交换三个中间环节。通过电子商务，可以大幅减少不必要的商品流动、物资流动、人员流动和货币流动，降低经济活动的盲目性，减少对有限物资资源、能源资源的消耗和浪费。

1.2.3 电子商务的业务流程

与传统的贸易活动相比，电子商务贸易活动的基本过程并没有省略，只是改变了贸易的方式和媒介。下面介绍电子商务中基本的业务流程。

1. 交易前的准备

这一阶段主要是指买卖双方和参加交易的其他各方在签约前的准备活动。对采购方来说，买方应根据自己要买的商品，准备购货款，制订购货计划，进行货源市场调查和市场分析，查询市场价格行情。如果是进口贸易，还要了解供货方国家的贸易和关税政策，充分利用互联网寻找自己满意的商品和商家。对招标方来说，应该公布招标信息，制定标书，在网络招标平台上确定开标评标方案。

对销售企业来说，卖方根据自己所销售的商品，全面进行市场调查和分析，了解产品销售目标国的贸易和关税政策，制定营销策略和销售方案，建立网站，利用互联网发布商品广告，寻找贸易伙伴和交易机会，逐步扩大贸易范围和商品所占市场的份额。对拍卖方来说，应该在拍卖网站登记注册，明确拍卖条件、交货方式。有的拍卖网站还要求将标的物寄存在网站，并进行估价。

2. 交易谈判和签订合同

这一阶段主要是指买卖双方对所有交易细节进行谈判，将双方磋商的结果以文件的形式确定下来，即以书面文件形式和数据电文形式签订贸易合同，将双方在交易中的权利、所承担的义务，以及对所购买商品的种类、数量、价格、交货地点、交货期、交易方式和运输方式、违约和索赔等合同条款做出全面详细的规定。合同双方可以利用电子数据交换进行签约，并可以通过数字签名等方式进行确认。招投标网站完成开标和评标，通知中标方与招标方签订合同。在网上商店购物，顾客要填写购物订单，确定付款方式，明确配送方式与送货地点。

3. 办理交易进行前的手续

这一阶段主要是指买卖双方签订合同后到合同开始履行之前办理各种手续的过程，也是双方贸易前的交易准备过程。交易需要涉及有关各方，如中介方、银行金融机构、海关系统、商检系统、保险公司、税务系统、运输公司等。买卖双方要利用电子数据交换与有关各方进行各种电子票据和电子单证的交换、开信用证，直到办理完可以将所购商品从卖方按合同规定开始向买方发货的一切手续为止。

4. 交易合同的履行

这一阶段从买卖双方办完所有各种手续之后开始，卖方要根据订单将生产任务下达到每个生产及原料采购环节，组织生产、组货，然后将商品交付给运输公司包装、起运、发货。银行金融机构也按照合同进行货款结算，出具相应的银行单据等，直到买方收到自己所购商品，这就完成了整个交易过程。对于网络零售和拍卖企业，网站要根据顾客的购物订单，通过配送中心将指定货物送交顾客。

5. 交易后的售后服务

这一阶段主要是指企业帮助客户解决产品使用中的问题，排除技术故障，提供技术支持，传递产品改进或升级的信息，处理客户对产品与服务的反馈信息。

1.2.4　电子商务的功能

电子商务可提供网上交易和管理等全过程的服务。因此，它具有广告宣传、咨询洽谈、商品订购、电子交易、电子支付、电子账户、供应链管理、信息收集与意见征询、客户关系管理及企业内部信息化管理等多项功能。

1. 广告宣传

企业可以在互联网上发布广告宣传，传播各类商业信息。与其他各类广告相比，网络广告具有成本低廉、双向交流、信息量丰富的优点。

2. 咨询洽谈

电子商务可借助非实时的电子邮件、新闻组和实时的讨论组、洽谈室来了解市场的商品信息、洽谈交易，网上的咨询和洽谈能超越人们面对面洽谈的限制，实现了多种方便的异地交谈形式。

3. 商品订购

在电子商务网站上，商品订购通常是在产品介绍的页面上提供十分友好的订购提示信息和订购交互格式框，方便客户在线订购。当客户填完订购单后，通常系统会回复确认信息单来保证订购信息的收悉。

4. 电子交易

运用电子商务进行多种形式的电子交易，如网络贸易、电子采购、网络招投标、拍卖、电子报关等。

5. 电子支付

电子支付是电子商务中的一个重要环节，客户和商家之间可采用信用卡、电子现金、电子支票等实施支付。网上支付将需要更为可靠的信息传输安全性控制以防止欺骗、窃听、冒用等非法行为。

6. 电子账户

银行、信用卡公司及保险公司等金融单位可以提供网上金融服务。电子账户管理是其基本的组成部分，信用卡号或银行账号都是电子账户的一种标志，它的可信度需要配以必要的技术措施来保证。数字凭证、数字签名、加密等手段的应用，提高了电子账户操作的安全性。

7. 供应链管理

通过电子商务的供应链管理，促进上下游相关企业的密切合作，提高原料采购、生产、包装、配送等环节的运行效率。

8. 信息收集与意见征询

企业能通过互联网进行市场调查、收集价格信息，网站可以方便地采用网页上的"选择""填空"等格式文件来收集用户对产品与销售服务的反馈意见。这样使企业的市场运营能形成一个封闭的回路。

9. 客户关系管理

通过用户注册网站可以方便地得到客户的个人信息，网站可以跟踪客户的购物记录，了解客户的需求，挖掘出有潜力的客户，运用客户关系管理，切实完善售后服务，维持老客户，吸引新客户。

10. 企业内部信息化管理

运用电子商务进行企业内部信息化管理，包括办公自动化、人力资源管理、财务管理、企业资源计划及战略管理等。

1.3 电子商务的特点与优势

1.3.1 电子商务的特点

电子商务是在传统商务的基础上发展起来的，由于有了信息技术的支撑，电子商务活动的方式呈现出一些新的特点。

1. 交易电子化

通过互联网进行的商务活动，交易双方从搜集信息、贸易洽谈、签订合同、货款支付到电子报关，无须当面接触，均可以通过网络运用电子化手段进行。

2. 贸易全球化

互联网打破了时空界限，把全球市场连接成为一个整体。在网上任何一个企业都可以面向全世界销售自己的产品，可以在全世界寻找合作伙伴，同时也要面对来自世界各地的竞争对手。

3. 运作高效化

由于实现了电子数据交换的标准化，使商业报文能在瞬间完成传递与计算机自动处理。电子商务克服了传统贸易方式费用高、易出错、处理速度慢等缺点，极大地缩短了交易时间，提高了商务活动的运作效率。互联网沟通了供求信息，企业可以对市场需求做出快速反应，提高产品设计和开发的速度，做到即时生产。

4. 交易透明化

互联网上的交易是透明的。通过互联网，买方可以对众多的企业产品进行比较。这使买方的购买行为更加理性,对产品的选择余地也更大。建立在传统市场分隔基础上,依靠信息不对称制订的价格策略将会失去作用。通畅、快捷的信息传输可以保证各种信息之间互相核对,防止伪造单据和贸易欺骗行为。网络招标体现了"公开、公平、竞争、效益"的原则,电子招标系统可以避免招标、投标过程中的暗箱操作现象,使不正当交易、贿赂投标等现象被制止。实行电子报关与银行的联网有助于杜绝进出口贸易的假出口、偷漏税和骗退税等行为。

5. 操作方便化

互联网几乎遍及全球的各个角落,用户通过网络可以方便地与贸易伙伴传递商业信息和文件。在电子商务环境中,人们不再受时间和地点的限制,客户能以非常简便的方式完成过去手续繁杂的商务活动。例如,可以随时上网查询信息、通过网络银行全天候划拨资金、足不出户订购商品、跨越国界进行贸易洽谈。

6. 部门协作化

电子商务要求企业内部各部门、生产商、批发商、零售商、银行、配送中心、通信部门、技术服务等多个部门的通力协作。电子商务是协作经济、网络技术的发展,使企业间的合作完全可以如同企业内部各部门间的合作一样紧密,企业无须追求"大而全",而应追求"精而强"。企业应该集中精力于自己的核心业务,把自己不具备竞争优势的业务外包出去,通过协作来提高竞争力。

7. 服务个性化

到了电子商务阶段,企业可以进行市场细分,针对特定的市场生产不同的产品,为消费者提供个性化服务。这种个性化主要体现在三个方面:个性化的信息、个性化的产品、个性化的服务。个性化的信息主要是指企业可以根据消费者的需求与爱好有针对性地提供商品信息,也是指消费者可以根据自己的需要有目的地检索信息;个性化的产品主要指的是企业可以根据消费者的个性化需求来定制产品;个性化的服务则包括服务定制与企业提供的有针对性的服务信息。这种情况的出现一方面是因为消费者已经产生了个性化的需求,另一方面是因为通过互联网,企业可以系统地收集客户的个性化需求信息,并能通过大数据智能化系统自动处理这些信息。

1.3.2 电子商务的优势

电子商务之所以受到企业界的青睐,主要是因为它具有以下一系列明显的优势。

1. 树立企业形象

在互联网上建立网站,可以在网络虚拟空间树立公司的企业形象,可以在网站上向世界各地的潜在客户宣传自己的产品与服务。网站是企业的形象,是企业的一项无形资产。随着网络的普及与发展,企业在互联网上拥有自己的网站并开展电子商务的趋势越来越明显,网上形象的树立将成为企业宣传产品和服务的关键。世界上的知名企业都有自己的网站,它们的宣传资料上毫无例外地会附上公司的网址,供客户随时查看。

2. 改变企业竞争方式

在网络经济时代，竞争方式正在发生重大变化，企业拥有的大型商场、仓库及众多员工不再成为竞争的优势。现在的竞争是高科技的竞争，是速度、质量、成本、效率和服务等综合实力的竞争。电子商务为广大中小企业在高科技的竞争中取胜提供了一个新的机遇，它会改变新财富分配的格局。

3. 提高企业的运营效率

企业可以运用企业资源计划、供应链管理、管理信息系统、客户关系管理系统来协调相关部门的步骤，来提高企业的运营效率。企业可以通过网上的情报信息收集对市场变化做出快速反应；使用电子通信手段与客户联系，从而缩短了签约时间；通过增值网共享产品规格和图纸，提高了产品设计和开发的速度；根据客户订单进行即时生产、即时销售，缩短了生产周期；采用高效快捷的配送中心提供送货服务，提高了配送效率。

4. 提供个性化服务

个性化消费将逐步成为消费的主流，消费者希望以个人心理愿望为基础，购买个性化的产品及服务，甚至要求企业提供个性化的定制服务。在电子商务中，企业可以通过客户关系管理系统对客户的要求做出有效的管理，进而进行市场细分并提供个性化服务。

5. 提供更有效的售后服务

企业可以利用互联网提供售后服务，在网站上进行产品功能介绍、技术支持、常见问题解答等。软件生产企业还可以进行在线软件升级。对于从事电子商务的企业来说，售后服务不再是额外的负担，而是企业通过客户关系管理来维持老客户，提高市场占有率的一种有效手段。

6. 降低成本

从事电子商务的企业在初期物质、资金及人员投入上都明显低于传统企业，通过内部信息化管理在经营活动的各个环节，如采购、库存、生产、配送等都可以节约成本，从而提高企业的竞争力。

1.4 电子商务带来的变革

电子商务的发展是网络技术发展日益成熟的结果，它形成了一种全新的经济运行方式。在这种运行方式的推动下，社会生活的许多方面将发生根本性的变革。电子商务代表着未来贸易方式的发展方向。

1.4.1 商务活动电子化的意义

互联网所具有的开放性、全球性、低成本、高效率的特点，已成为电子商务的内在特征，并使电子商务大大超越了作为一种新的贸易形式所具有的价值。它不仅会改变企业本身的生产、经营和管理活动，而且将影响整个社会的经济运行与结构。

1. 构建了一个虚拟的全球性市场

计算机网络构建了一个虚拟空间，电子商务则构建了一个虚拟的全球性市场。在这个虚拟空间中，距离没有了意义，时间没有了限制。在虚拟市场中企业可以方便地建立网站、组建虚拟商场，通过网络进行商务谈判、签订电子合同、实施电子支付。在这个虚拟市场中，企业的经营规模不受限制、业务范围不受地区和国界的限制，使交易活动可以在任何时间、任何地点进行。

2. 创建了新型的商务模式

电子商务定义了新型的商务模式，如企业对顾客的电子商务（B2C）、企业对企业电子商务（B2B）、顾客对顾客电子商务（C2C），以及企业对政府电子商务（B2G）等。

3. 改变了经营思想

电子商务时代的经营思想与信息技术是密不可分的，通过互联网进行电子商务活动，企业首先要转变传统的时空概念。从时间看，电子商务活动没有时间的中断，没有8小时工作制的概念；从空间看，电子商务依靠的是虚拟的空间，商务活动主客体主要通过互联网彼此发生联系。其次，在电子商务时代，注意力已成为企业互相争夺的重要资源，通过互联网进行电子商务活动，企业和消费者都是主动的，企业必须吸引足够的消费者的注意力。最后，电子商务意味着小企业和大企业之间竞争的机会均等，速度、质量、成本、服务、信用是企业在竞争中获胜的法宝。

4. 提高了企业的运作效率

电子商务可以极大地提高企业的运作效率，网络通信的方便性缩短了商业交易的时间。企业内部信息化管理优化了资源配置、缩短了生产周期，使企业可以为顾客提供个性化的定制服务，做到即时生产。电子商务物流的发展提高了配送效率。

5. 推动了社会信息化进程

电子商务的发展推动了信息产业的发展和传统产业部门的信息化。随着电子商务活动范围和深度的增加，将推动信息网络的不断发展与完善，从而促进信息产业的发展。国家将加大对信息基础设施的投资，改善基础设施功能。企业将加强内部信息系统的建设。信息产业成为国民经济中具有先导性的产业，它在经济增长中的贡献份额也将逐年增加。

6. 有利于重塑市场主体

电子商务作为新的经济运行方式将带来社会经济生活的巨变，许多新兴行业、新型企业将被催生，与此相伴，经济结构调整、产业结构重组也将淘汰一批不适应网络经济要求的企业。那些适应网络经济发展的、尊重市场规律、机制灵活、讲求信誉的企业将会成为网络经济时代的宠儿。

实践证明，电子商务不仅是交易手段的变化，更是经济结构和运作方式的变革。它以前所未有的方式，将商务活动拓展到虚拟空间，扩大交易机会、降低交易成本、提高交易效率、增强企业在全球化经济环境中的市场竞争力。不仅如此，电子商务的发展，还促进了国际分工的再调整和国际市场的重新划分，开拓了新的生产领域和销售领域。因此，电子商务对于世界经济格局和贸易体制的改变，以及产业结构和就业结构的改变，具有深远而重大的影响。

1.4.2　电子商务给社会经济带来的变革

电子商务的发展将给社会经济带来重大的变革。在政治方面，它会提高政府的工作效率，推动民主化进程；在经济生活方面，它会加速全球经济一体化进程；在文化生活方面，网络媒体拓宽了信息渠道，使思想文化更加多元化；在工作方式上，出现了按个人方便的时间上下班制或在家工作制。

1. 促进经济一体化

在传统贸易中许多企业缺乏进出口渠道，从事国际贸易几乎是可望而不可即的。互联网是一个面向全球的开放性网络，无论企业在任何一个地方上网，它的影响范围都可以是全世界。电子商务为企业打开了一条进行国际贸易的通道，有利于全球性的统一的开放型的市场体系形成。

2. 带动相关产业发展

电子商务的出现带动了一系列相关产业的发展，为企业开拓网络市场创造了新的商机，它还会造就一批全新的电子商务企业。电子商务使中小企业可能以相近的成本进入全球电子化市场，拥有和大企业一样的信息资源，提高了中小企业的竞争能力。

3. 改变生产经营方式

企业不再把传统工业经济时代沿袭下来的数量和产值作为追求的目标，而是将满足客户需求作为出发点，要求重视客户关系管理，实行供应链管理，提高企业反应速度，"柔性制造"和"即时生产（JIT）"的运用将成为发展方向。

4. 促进企业组织形式的改变

电子商务的发展将会导致企业组织形式的变化，企业内部信息管理系统的运用使企业的中间管理层变得多余，企业中间管理层将从层次型的"金字塔"结构转向基于信息的扁平结构。这种扁平的管理组织结构有利于把市场信息、技术信息和生产活动相结合，使企业管理者能够对市场做出快速反应。

5. 增加新的就业机会

电子商务的发展将形成庞大的信息服务业市场，需要大量的计算机网络技术人才和电子商务管理人才，增加新的就业机会，因此可能会出现"白领"增多、"蓝领"减少的现象。

6. 变革金融服务模式

网络时代金融服务的要求可以简单概括为：在任何时间、任何地点提供任何形式的金融服务。显然这种要求只能在网络上实现，而且这种服务需求也迫使传统金融业进行大规模调整，主要表现在更大范围内、更高程度上运用和依托网络拓展金融业务。这种金融业务是全方位的，覆盖银行、证券、保险、理财等领域的"大金融"服务。

7. 推进政府管理机构变革

电子商务的发展要求政府管理部门提高办事效率、提升政策的透明度，建立健全电子商务的法律法规体系。电子商务的发展对保护网络消费者的权益和隐私提出新的要求，给行业管理及税赋征收增加了难度。

8. 改变人们的生活、学习与工作方式

在电子商务时代，人们已经养成了网购的习惯。互联网＋无处不在。远程教学可以使世界各地的人们不必局限在学校就能接受良好的教育。远程医疗可以使世界各地的著名医生共同诊治疑难病人，而不必亲自来到病人身边。知识性企业的职员可以自由选择上下班的时间或选择在家工作，成为SOHO（Small Office、Home Office，家庭小办公室）族，从而减少了交通压力，节省了上下班的时间。网上的娱乐服务将更加丰富多彩，人们坐在家中就可以浏览网上新闻，查询资料信息，点播所喜爱的电影、歌曲，与网上的朋友一起聊天、玩游戏。

1.4.3　电子商务的发展趋势

随着信息技术的不断发展，近年世界各国都出现了前所未有的电子商务热，电子商务也是我国关注的热点问题。我国电子商务未来将呈现下列发展趋势：

1. 纵深化

我国电子商务的基础设施将日臻完善，移动通信将成为进行电子商务的主要媒介。电子商务的支撑环境逐步趋向规范和完善。网民的消费观念和行为将发生产业化，对电子商务的接受程度将不断提高。企业实施电子商务的紧迫性和可能性都大大提高。电子商务的法律法规的出台和实施，使国内电子商务将得到有效的法律保障。

电子商务的物流体系逐步完善。随着电子商务的发展和需要，跨地区的专业性物流渠道将适时建立和完善，使电子商务公司在配送体系的选择方面空间更大，成本将降低。

企业发展电子商务的深度进一步拓展。个人参与电子商务的深度也将得到拓展。个人数字设备、家庭数字电器将加速普及并实现上网，如个人移动网络设备和网络电视、网络冰箱、网络微波炉的普及，将使电子商务的发展空间得到极大地拓展。

2. 个性化

电子商务个性化趋势将向两个方向发展：第一是个性化定制信息。互联网为个性化定制信息提供了可能，也预示着巨大的商机。消费者不仅可以实现点播，而且将促使个人参与节目的创意、制作过程。第二是对个性化商品的需要。消费者将把个人的偏好带入商品的设计和制作过程中去。所以，对所有面向个人消费者的电子商务活动来说，提供多样化的比传统企业更具个性化的服务，是决定今后成败的关键因素。

3. 专业化

面向消费者的垂直型网站和专业化网站前景看好，面向特定行业的专业电子商务平台发展潜力大。今后若干年内我国上网人口仍将是以中高收入的人群为主，他们的购买力强，受教育程度较高，生活的个性化要求比较强烈，提供一条龙服务的垂直型网站及某一类产品和

服务的专业网站发展潜力更大。

4. 国际化

我国的电子商务必将走向世界，电子商务将间接刺激对外贸易。发展电子商务是缩短国内企业与国外优秀企业的差距的一个最有效的手段。跨境电商将会异军突起，实现跨越式发展。

5. 融合化

电子商务网站在最初的全面开花之后必然走向新的融合，包括同类兼并、互补性兼并和战略联盟协作。

（1）同类兼并　目前为数不少的网站属于重复建设之列，定位相同或相近，业务内容趋同。由于资源总是有限的，最终胜出的只是名列前茅的企业。

（2）互补性兼并　国内那些处于领先地位的电子商务企业的优势毕竟是相对而言的，网站下一步要发展，必然采取收购策略，而主要的模式将是互补性收购。

（3）战略联盟协作　由于个性化、专业化是电子商务发展的两大趋势，而且每个网站在资源方面总是有限的，客户的需求又是全方位的，所以不同类型的网站以战略联盟的形式进行相互协作也是必然趋势。

有专家多年前就预言：电子商务正在引发一场"按需定制"的生产模式革命、"线上销售"的销售模式革命、"创业式"的就业模式革命、"货比三家"的消费模式革命、"无领式"的生活模式革命。

1.5　电子商务的分类

1.5.1　按商务形态分类

按照商务形态可把电子商务分为两类：完全电子商务和不完全电子商务。

如果在全部商务活动中，所有业务步骤都是以数字化方式完成的，则称为完全电子商务。例如，买方在确定了需要后，通过互联网搜索到所需产品或服务的信息，并通过在线比较选定了供应商。双方通过电子邮件或实时沟通（如视讯会议）等方式进行谈判，签订电子合同。买方完成在线支付，卖方通过网上银行查知货款支付情况，并允许客户以下载等方式获得所需产品。当然，目前能以在线方式获得的只能是数字化产品（如音乐、电影、数字化信息服务、全文文献资料等）。在整个交易过程中，双方根本无须见面，甚至可以足不出户。这就是我们理想中的电子商务。

在图1-2中，我们可以根据交易商品、交易过程和交易场所三个维度来划分商务形态。在这三个维度中，交易商品形态可分为实体产品和数字化产品；交易过程可分为传统线下处理方式和数字化处理方式；交易场所可分为实体机构和数字化（虚拟）机构两类。

完全电子商务的三个维度则全部是数字化的，如图1-2中右上角的方块所示。其交易场所是完全在线的虚拟机构，生产的是数字化产品（或提供数字化服务），并以数字化方式进行业务处理和在线销售。

图 1-2 中左下角前面所示的方块则是传统商务。

其他介于以上两者之间的六个方块则全部用来描述不完全电子商务形态。例如，在当当网店买了一本书，需要快递公司送货过来，这个过程就属于不完全电子商务。因为送来的书是有形产品，物流配送方式也不是数字化的。

用此方法，我们可以审视某商务活动的数字化程度，判断哪个环节可以进一步数字化。

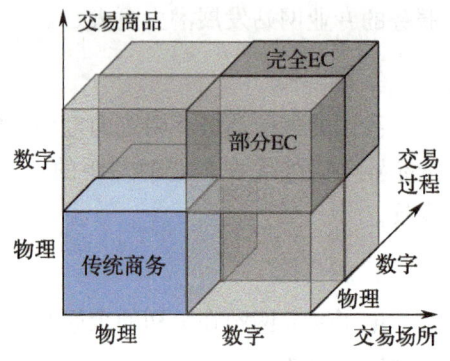

图 1-2　电子商务数字化完全性分析图

1.5.2　按交易对象分类

用 B、C、G 分别代表企业（Business）、消费者（Consumer）和政府（Government）三个交易主体，可把电子商务分为六类：B2C、B2B、C2C、B2G、C2G、G2G。

1. 企业对顾客的电子商务

企业对顾客电子商务（B2C）是人们最熟悉的一种电子商务类型，交易起点为企业，终点为消费者，基本等同于电子零售。例如，亚马逊网上书店就是典型的 B2C 型电子商务企业。另外，全球最大的中文网上书店——当当书店也是一个 B2C 型电子商务企业，其主页如图 1-3 所示。

图 1-3　当当书店

与亚马逊的不同之处在于，当当网上书店是依托传统企业创建的，属"鼠标 + 水泥"型电商，亚马逊则是一个纯粹虚拟的网上企业。

网上销售无形产品和劳务与销售实物商品有很大不同，它们采用的方式有较大的区别。

（1）无形产品的 B2C　网络本身既有信息传递功能，又有信息处理功能，因此无形产品和劳务（如信息、计算机软件、视听娱乐产品等）就可以通过网络直接向消费者提供。

无形产品和服务的电子商务主要有四种：网上订阅模式、付费浏览模式、广告支持模式和网上赠予模式。

1）网上订阅模式。网上订阅模式是指企业通过网页安排向消费者提供网上信息直接订阅、直接浏览的电子商务模式。该模式主要用来销售报刊、有线电视节目等，包括在线服务、在线出版、在线娱乐等。

2）付费浏览模式。付费浏览模式是指企业通过网页安排向消费者提供计次收费性网上信息浏览和信息下载的电子商务模式。付费浏览模式让消费者根据自己的需要，在网址上有选择地购买一篇文章、一章书的内容或者参考书的一页。

3）广告支持模式。广告支持模式是指在线服务商免费向消费者或用户提供信息在线服务，而营业活动支出全部用广告收入支持。例如，雅虎（Yahoo）和Lycos等在线搜索服务网站就是依靠广告收入来维持经营活动的。

4）网上赠予模式。网上赠予模式是指企业借助国际互联网全球广泛性的优势，向互联网上的用户赠送软件产品，扩大知名度和市场份额。这种模式的实质是指"先试用，后购买"。适合采用这种模式的企业主要包括软件公司和出版商。在这方面成功的例子，如微软公司在网上赠送IE浏览器。

（2）实物商品的B2C 这种模式是指产品或服务是在国际互联网上成交的，而实际产品和劳务的交付仍然要通过物流配送方式，不能够通过计算机的信息载体来实现。典型代表有以网络直销模式而闻名天下的美国戴尔电脑公司和最大的网上书店亚马逊书店等。

易观分析数据显示，2022年第1季度，我国网络零售B2C市场交易规模为16988.5亿元人民币。在市场份额方面，天猫占据市场份额62.8%，排名第一。京东市场份额为29.6%，排名第二。唯品会排名第三，其市场份额为3.7%。苏宁易购和小米有品分别以1.6%和0.5%的市场份额位列第四和第五。

需要注意的是，C2B（Consumer to Business，顾客对企业电子商务）的含义与B2C有所不同，通常情况下为消费者根据自身需求定制产品和价格，或主动参与产品设计、生产和定价。产品、价格等彰显消费者的个性化需求，生产企业对其进行定制化生产。

2. 企业对企业电子商务

企业对企业电子商务（B2B）是指企业供应商与代理商及其他合作伙伴之间利用电子技术的商务往来。例如，利用计算机通信网络交换信息，传递各种票据、支付货款等。目前B2B的主要形式以企业之间的产品批发业务为主，因此它也被称为批发电子商务。

在电子商务市场细分行业结构中，B2B合计占比超过七成，是电子商务的主体。这种类型的电子商务的早期典型应用是通过专用网或增值网进行电子数据交换活动的。近几年，越来越多的企业已通过互联网开展各种商务活动了。目前，应用最广泛的B2B是基于交易中介服务平台的模式，即交易双方企业之间的一切活动都是通过中介服务平台提供的各种电子商务服务实现的。

这些提供电子商务服务平台的专业电子商务服务商一般都能够为企业提供从构建企业Web网站到网站推广、贸易撮合等一系列的专业服务，为企业顺利地进入互联网开展电子商务提供了极大的便利。例如，全球最大的网上交易市场阿里巴巴就是著名的企业之间的电子商务服务公司。

在这种 B2B 中，参与主体主要包括采购商、供应商、B2B 服务平台、网上银行、物流配送中心、认证机构等。

图 1-4 为基于交易中介服务平台的 B2B 工作模式示意图。

供应商完成的主要业务包括产品目录制作和发布、产品数据库维护、在线投标、在线洽谈、网上签约、订单处理、在线业务数据统计等。

采购商完成的主要业务包括在线招标、在线洽谈、网上签约、订单处理、支付货款、货物接受、在线业务数据统计等。

B2B 服务平台由专业电子商务服务商（第三方）进行管理。后台管理并不涉及交易双方企业之间的商务活动，而是主要负责会员管理、系统运营维护、产品管理、订单管理、信息发布等。

在依托交易中介服务平台开展的 B2B 之外，还存在着大量以采购商站点或供应商站点为依托的 B2B 型电子商务。

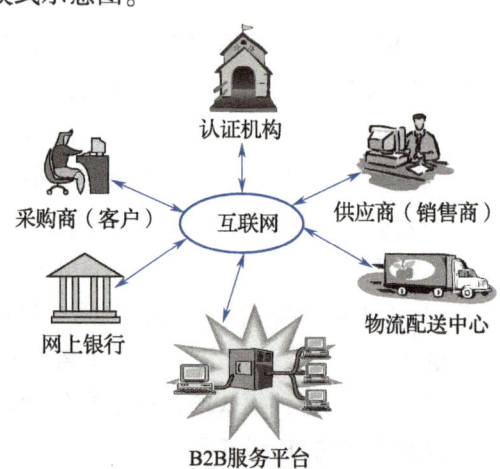

图 1-4 基于交易中介服务平台的 B2B 工作模式示意图

目前，国内 B2B 电商市场总体上较为稳定，阿里巴巴通过建立包括消费者、商家、品牌、零售商、第三方服务提供商、战略合作伙伴及其他企业的全球贸易生态圈，成为行业领军者。其他 B2B 电商在各自细分行业也具备较强的市场地位，各具优势。例如，上海钢联专注钢铁、有色、能源化工等大宗商品；慧聪集团则在内贸服务、广电、工程机械等领域具有优势；生意宝则聚焦化工行业；国联股份已在涂料化工、玻璃、卫生用品、造纸、化肥、粮油等行业积累起了领先优势。

3. 顾客对顾客电子商务

网上拍卖是典型的顾客对顾客电子商务（C2C）。它通过互联网为买卖双方提供一个在线交易平台——C2C 商务平台，使卖方可以主动提供商品上网拍卖，而买方可以自行选择商品进行竞价。

C2C 的参与主体包括作为买方的消费者、作为卖方的消费者、C2C 服务平台。买卖双方通过互联网进入 C2C 服务平台进行交易，其基本交易模式如图 1-5 所示。

C2C 主要交易流程如下：

1）卖方进入拍卖页，登录商品（上传拍卖物品）。其主要工作包括选择商品分类、填写拍卖物

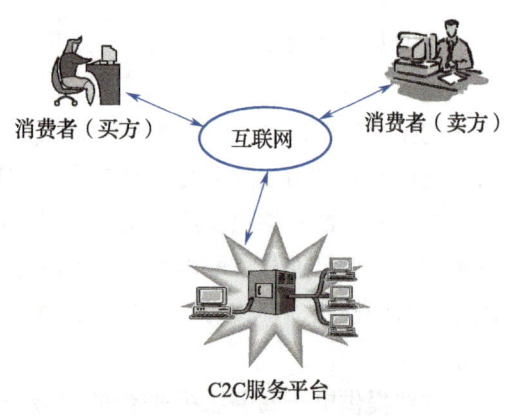

图 1-5 C2C 工作模式示意图

品详细信息（商品名称、描述、数量、所在地、新旧程度等）、设定价格（起始价、一口价、底价）、选择商品在线时间、确认交易联系方式、上传商品图片、附加支付、运货及保修信息等。

2）买方进入拍卖首页，寻找、鉴别商品，网上出价，参与竞拍，或通过一口价直接购买商品。

3）如果网上成交，选择在线支付或其他支付方式。卖方负责送货，买方收货后进行评价。

国内有代表性的 C2C 网上交易平台曾经有淘宝、eBay 易趣、拍拍网、百度有啊四家公司，但通过激烈的市场竞争，目前仅剩淘宝网一枝独大，几乎垄断了 C2C 所有的市场。

美国的 eBay 是全球最大的拍卖网站。

4. 其他电子商务类型

虽然企业和消费者是电子商务的主角，但由于企业和个人消费者总是要与政府及其他事业性组织打交道，各级政府机构作为经济、文化和社会活动的参与者、管理者和服务者也不可避免地被卷入这场信息革命中来，逐步形成了企业对政府电子商务（B2G）、顾客对政府电子商务（C2G）、政府对政府电子商务（G2G）。从政府角度来看也可被称为电子政务，属广义电子商务范畴。

电子政务不同于简单的政府"上网"，它的服务对象既包括政府机关内部，也包括其他机关、团体、企业和社会公众。它的处理对象包括政府机关内部信息，可以在一定范围内交换可公开发布的信息。它的处理方法既有信息发布和接收，也有交互式的处理，包括机关内部处理流程模拟、协作、信息发布和受理各类投诉、建议及要求。

B2G 是企业对政府电子商务。例如，政府可通过网络采购、招标，企业可通过网络做出回应，甚至可在线竞价。此外，政府还可以通过这类电子商务实施对企业的行政事务管理，如政府用电子商务方式发放进出口许可证及开展统计工作，企业可以通过网上办理缴税和退税等，实现网上报关、网上报税、网上申领执照或营业许可证、网上产权交易等涉及企业与政府之间的行为。

C2G 是顾客对政府电子商务。目前，我国各级政府均有自己的网站，公众可以查询其机构构成、政策条文、国务院公告等信息。此外，C2G 的应用还主要致力于电子福利支付、个人税收征收及电子身份认证等方面的服务。政府的电子福利支付是指运用电子资料交换、磁卡、智能卡等技术，处理政府各种社会福利作业，直接将政府的各种社会福利支付交付受益人。

个人税收征收是指政府在网络上或其他渠道上提供电子化表格，使人们足不出户就可从网上报税。电子身份认证是指以一张智能卡集合个人的医疗资料、个人身份证、工作状况、个人信用、个人经历、收入及缴税情况、公积金、养老保险、房产资料、指纹身份识别等信息，通过网络实现政府部门的各项便民服务程序。"中国上海"作为上海市政府的门户网站，实现了政府信息化的总部署和服务于公众的总主旨，初步整合了网上虚拟政府的内外工作。

G2G 是政府对政府电子商务。它可通过信息技术的应用，改进政府组织，重组公共管理，最终实现办公自动化和信息资源的共享。在这方面的应用主要体现在政府机关之间可通过电子数据交换技术进行通信；建立政府整体性的电子邮递系统，并提供电子目录服务，以增进政府之间的沟通；通过电子技术进行公文制作及管理电脑化作业，并通过网络进行公文交换等。政府上网不仅使各部、委内部可连通和互通，也促进了政府改革工作流程，使之更合理化，从而提高了工作效率。

1.5.3 按网络平台分类

按照支持电子商务应用的网络平台的不同，可将电子商务分为以下几种模式：基于 Intranet（企业内部网）、Extranet（企业外部网）、Internet（互联网）和其他网络的电子商务。

1. 基于企业内部网的电子商务

基于企业内部网的电子商务是指企业通过建立自己的内部网络，完成企业内部管理及业务流程。例如，企业内部信息的发布、反馈、交流互动及人、财、物的协调等。基于企业内部网的电子商务一般通过采用防火墙技术、访问权限等安全措施来保证企业核心信息的安全。目前，国内外许多大型企业机构都首先采用这种模式开展电子商务，既极大地降低了企业管理成本，又成功地拓展了贸易空间，为企业在激烈的市场竞争中处于优势创造了条件。

2. 基于企业外部网的电子商务

基于企业外部网的电子商务是指相关企业之间通过建立企业外部网实现信息的交流、互动，协调双方的运作，实现网上的实时交易。例如，生产制造企业与上游供应商之间、下游分销商之间都可以通过开展此种类型的电子商务活动来提高贸易效率与效益。

3. 基于互联网的电子商务

基于互联网的电子商务是指利用互联网进行的商务活动。目前，多数电子商务应用都属于此种模式。例如，网上销售、网上购物、虚拟超市、信息发布、产品广告、售前与售后服务等诸多商务活动都可以依托互联网展开。

4. 基于其他网络的电子商务

其他电子商务网络平台还包括 EDI 网络和其他增值网。

基于 EDI 网络的电子商务是指利用 EDI 进行的电子交易。由于不同行业的企业是根据自己的业务特点来规定数据库信息格式的，因此当需要发送 EDI 文件时，从企业专有数据库中提取的信息，必须把它翻译成 EDI 的标准格式才能进行传输，这时就需要相关的 EDI 软件来帮忙了。EDI 软件主要包括转换软件、翻译软件和通信软件。

基于其他增值网的电子商务，如大家所熟悉的 ATM 自动存/取款、视频点播（Video on Demand，VOD）及视频会议等都可归结到此类模式下，这些都是对基于计算机网络的电子商务活动的有效补充。

未来几年，基于无线网络和移动终端的电子商务将保持稳定增长，并将成为主流。

1.5.4 按开展交易的地域范围分类

按开展交易的地域范围，电子商务可分为本地电子商务、国（境）内电子商务和全球电子商务三类。

本地电子商务通常是指在本城市或本地区内开展的电子商务。本地电子商务覆盖的地域范围较小，是开展国（境）内电子商务和全球电子商务的基础。

国（境）内电子商务是指在本国（或某一关境）范围内开展的电子商务活动。它覆盖的地域范围较广，对软硬件和技术要求较高，要求在全国（境）范围内实现商业电子化和自动化，以及金融电子化。

全球电子商务也称跨境电子商务，是指分属不同关境的交易主体，通过电子商务平台达成交易、进行支付结算，并通过跨境物流送达商品、完成交易的一种国际商业活动。我国进口跨境电商主要代表模式见表1-1。

表1-1 我国进口跨境电商主要代表模式

业务模式	物流模式	清关模式	电商模式	代表性企业
买手（代购）模式	海外个人卖家拍摄实体店商品信息上传到电商平台，用户下单（付定金）。卖家去实体店购物，发货前买家需要付清尾款。卖家通过邮政小包、国际快递的形式邮寄到国内买家手中	快件清关（无海关单据）	C2C	洋码头
跨境直邮模式	消费者订购，由海外商家通过国际物流公司发货。电商平台接到客户下单后，会集中多个订单的货品统一打包运至国内保税仓，再按客户订单拆分包裹转交国内快递公司派送到用户手上。订单一般两周内可以完成清关从自贸区发货（特殊情况除外）	集货清关	B2C B2B2C	天猫国际 京东国际
保税仓备货模式	境外商品入境暂存保税区（第一批试点城市：上海、重庆、杭州、宁波、郑州、广州、深圳、天津、福州、平潭可以开展该业务，之后陆续有更多城市获得此项许可），消费者购买后，个人包裹通过国内物流送达	备货清关	B2C B2B2C	

跨境电子商务作为推动经济一体化、贸易全球化的技术基础，具有非常重要的战略意义。跨境电子商务不仅冲破了国家之间的障碍，使国际贸易走向无国界贸易，同时它也正在引起世界经济贸易的巨大变革。对企业来说，跨境电子商务构建的开放、多维、立体的多边经贸合作模式，极大地拓宽了进入国际市场的路径，促进了多边资源的优化配置与企业之间的互利共赢。对于消费者来说，跨境电子商务使他们非常容易地获取其他国家的信息并买到物美价廉的商品。

根据网经社电子商务研究中心2022年的统计，目前主流的出口跨境电商有：阿里巴巴国际站、亚马逊全球开店、eBay和全球速卖通、Wish；主流的进口跨境电商有：天猫国际、京东国际、考拉海购、洋码头、洋葱集团、蜜芽、宝贝格子、55海淘、亚马逊海外购等。

案例：电子商务生态系统

一、电子商务生态系统的概念

目前，电子商务发展中的生态特征和生态关系日益突出，电子商务生态正在成为观察、理解、研究和推进电子商务的极有价值的视角和方法。

互联网所具有的网络效应，使企业对其客户的价值随着客户数增加而指数级增加，反过来客户数量越大越能吸引更多的潜在客户。这种网络效应带来的结果，使强者更强，同时也使其产品或服务容易被习惯化，从而锁定了客户。

在电子商务环境下，那些掌握电子商务特点、满足客户需求的互联网企业，在电子商务的竞争中更具优势，最终形成"赢者通吃"的局面。所以，以这些互联网企业为核心，集聚了大量客户，从而吸引了大量电子商务所必须依附的机构开始参与其中，包括物流企业、软件公司、金融机构，以及政府机构等；同时还吸引了大量增值服务机构的加入，如为改善电子商务交易环境而存在的技术外包商、认证机构、网络教育培训与人才服务机构等。这些机构为服务共同的客户，以核心电子商务公司为集聚点，通过互联网平台相互连接、相互促进和拉动，形成具有群体竞争优势和规模效益的电子商务生态位。所以，我国的电子商务围绕一个核心电子商务企业，以交易主体为中心、各种服务型组织为支持、增值服务商为依托的生态化迹象开始显现，并逐渐成为主流。电子商务生态系统的概念正是在这样一种发展趋势下提出来的，其由一系列关系密切的企业和组织机构，超越地理位置的界限，将互联网作为竞争和沟通平台，通过虚拟、联盟等形式进行优势互补和资源共享，结成一个有机的生态系统。

电子商务生态系统中的"物种"可划分为以下三类：骨干型、主宰型和缝隙型。骨干型企业决定该生态系统的类型及发展方向，主宰型企业决定该生态系统的健壮程度及竞争力，缝隙型企业为主宰型企业的发展提供辅助性的支持。

1. 骨干型

骨干型即核心电子商务企业，该类企业是整个生态系统的灵魂，决定该系统的类型及发展方向，但是不直接为系统成员创造价值。该类企业通过提供平台、核心技术、交易标准等，来整合系统中的各种资源，协调各企业的相互联系。例如，阿里巴巴网站，提供交易平台、整合各类企业的交易信息、促成交易。

2. 主宰型

主宰型即关键电子商务企业，其依附于核心企业的平台、技术或者标准，发布产品或服务信息，寻找买家或卖家，达成交易，是价值创造的主体。该类型企业的多少及竞争力的强弱直接影响了所在系统的健壮程度及竞争力。处于该生态位的企业包括消费者、零售商、生产商等，如入驻阿里巴巴的各类中小企业。

3. 缝隙型

缝隙型即达成网络交易必须依附的各种组织机构，包括促进商品流通的物流公司、资金流通的金融机构、提供网络支撑的电信服务商，以及政府机构等，该层的组织机构并不依赖于电子商务生态系统，也并不仅仅向电子商务生态系统中的企业提供服务，但通过向电子商务生态系统中的主宰型企业提供服务，使自己获得远超过依靠自己竞争力能得到的利益。

对于生物生态系统而言，除了该系统中的各个主要物种，还存在一些寄生于各个物种周围的寄生物种，它们从被寄生物种体内或环境中汲取营养。与此类似，电子商务生态系统中也存在着"寄生物种"，包括网络营销服务商、技术外包商等，它们的存在是以所服务企业的存在为前提的，如为淘宝网卖家宣传产品、吸引买家的淘客。

二、电子商务生态系统的演化阶段

1. 开拓生态系统阶段

不同于传统商业环境，电子商务环境下，核心电子商务企业（骨干型企业）的创建在无形资本的投入上大大超过了有形资本，从而占据企业资产的主导位置，而且核心电子商务其用于生产的也并不是有形的商品，而是无形的服务。

因此，核心电子商务企业在电子商务生态系统构建之初，首先要确定所要创造的商业生态系统的类型、价值创新点、所要服务的对象及所要达到的目标，然后核心企业可以提供一种价值创造的平台，基于该平台提供一系列高附加值的服务或独特的运营模式，吸引并选择与自身平台价值创造模式相匹配的参与者进入系统，并在初始阶段通过采取一系列的优惠策略使参与者在该系统中得到远高于进入该系统之前的收益，从而锁定参与者。

2. 扩展生态系统阶段

发展到扩展阶段的生态系统，其模式及发展目标已经被有关企业认可，并且有关企业也进入了该系统。在此阶段，核心电子商务企业要不断吸收可利用的资源，推出各种有价值的产品或服务，扩充其覆盖的范围，加快其他"种群"的成长。由于电子商务模式具有的易于复制及创新能力快的特点，核心电子商务企业还要不断寻找创新点，包括技术方面和模式方面，并警惕同领域内其他相似系统的竞争。

基于此阶段核心企业一系列的优惠措施或持续的资源和技术优势，更多的参与者被吸引进来。随着核心企业自身能力的不断增强，对系统范围的界定也在趋于扩大化，采取的措施不仅吸引了相关的依附层企业，还有一些寄生"物种"。

3. 领导生态系统阶段

随着该商务生态系统的日渐成熟，该系统中的资源能够快捷地得到有效配置，系统成员在核心企业的带动下能够充分创造自身价值，系统本身的价值也在不断增加。核心企业的领导地位被确定下来。

在此阶段，由于系统价值的增加，关键物种之间、寄生物种之间争夺利益的竞争和冲突日益明显。此时，核心企业在充当领导者的同时，还需要当好利益的分配者和协调者的角色，通过制定一系列的技术标准或规则，协调系统内部成员的竞争，使企业之间的竞争转向良性竞争，并且由内部竞争转向外部竞争。

4. 自我更新或死亡阶段

由于电子商务本身的一些特点，如高科技技术的应用、运营模式的易复制性、进入成本的低廉性，使一些企业完全可以在成熟的商业模式基础上，采用更优惠的政策建立相似的商务生态系统，或核心企业由于技术落后被其他相似商业系统赶超，这些都将导致电子商务生态系统的衰亡。但如果核心企业能够充分认识到环境的变化，适时提出改进策略，如颠覆原来的网络技术、交易模式、消费方式和盈利规则，使生态系统进化成一个全新的系统，将会不断推进生态系统的更新与发展。

三、电子商务生态系统的启示

企业所处的环境是变化的，未来取决于企业的智慧和应对策略。未来的竞争不是企业和企业之间的竞争，而是商务生态系统和商务生态系统之间的竞争。电子商务产业内必然会先出现一个或几个领军企业，通过商业模式创新，将资源集中起来，甚至将消费者也融合进来形成一个共同进化的生态体系。商务生态系统超越了传统的行业界限，它既可以在常规的行业界限内部成长，又可以跨越常规的行业分界线。生态系统理论不仅提供了理解电子商务环境下的各种战略联盟的方式，而且可以从新的角度系统地思考企业未来的发展趋势，帮助企业制定正确的战略，预测潜在的变化，采取恰当的行动，并有效地规避和减少风险，从电子商务中充分获益。

（案例来源：李琪. 第九届全国高校电子商务教育与学术研讨会暨第三届网商及电子商务生态学术研讨会论文集［C］. 杭州：浙江大学出版社，2010. 有删改。）

拓展学习：电子商务"十四五"发展规划

导言：

为深入贯彻落实党中央、国务院关于发展数字经济、建设数字中国的总体要求，进一步推动"十四五"时期电子商务高质量发展，根据《中共中央关于制定国民经济和社会发展第十四个五年规划和二〇三五年远景目标的建议》和《中华人民共和国国民经济和社会发展第十四个五年规划和2035年远景目标纲要》，商务部、中央网信办和发展改革委研究编制了《"十四五"电子商务发展规划》（以下简称《规划》）。

《规划》全面总结了"十三五"时期电子商务发展取得的显著成果，分析了"十四五"时期电子商务发展面临的机遇和挑战，明确了电子商务发展的指导思想、基本原则和发展目标，提出了电子商务发展的七大主要任务、23个专项行动和六条保障措施。

请扫描二维码，阅读本规划，深刻理解其提出的目标、任务和专项行动对我国电子商务发展的重要意义。

"十四五"电子商务发展规划

思 考 题

1. 电子商务的定义是什么？
2. 如何理解电子商务的内涵？
3. 电子商务的分类方式有哪些？
4. 按交易主体分类，电子商务可以分为哪几类？
5. 什么是跨境电商？发展跨境电商的意义是什么？
6. 电子商务生态系统有哪几个演化阶段？
7. 用生态理论研究电子商务有何意义？

第 2 章　电子商务系统与基本框架

电子商务健康有序地发展，离不开各种技术、资源的积极投入，也会涉及社会各方的积极参与和支持。本章将系统分析电子商务的组成要素和基本框架。

通过本章的学习，我们会对电子商务产业和行业有一个整体的认识，也会对电子商务发展的环境有一个新的观察视角。

2.1 电子商务的组成要素

电子商务的覆盖面非常广，不同的电子商务应用系统涉及的具体对象也各不相同。要使电子商务系统运转正常，电子商务系统至少应包含以下基本组成要素，如图 2-1 所示。

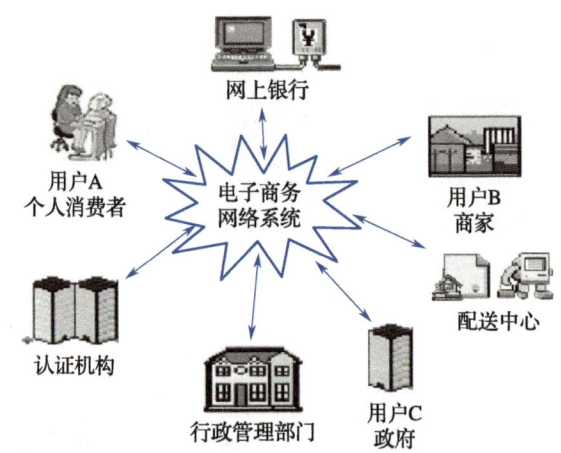

图 2-1　电子商务的组成要素

1. 网络系统

电子商务的网络系统主要是指远程通信网（Telecom）、有线电视网、无线通信网（Wireless）和互联网等信息传输系统，这些不同的网络都提供了电子商务信息传输的线路。目前，大部分电子商务应用都构建在互联网上，其主要连接设备有集线器（Hub）、路由器（Router）、数字交换机（Switch）等。

2. 交易主体

电子商务中的交易主体有三类：个人消费者、商家和政府。个人消费者使用浏览器、电视机机顶盒、手机、个人数字助理等终端设备接入互联网参与商务活动。商家通过企业内部网、企业外部网连接互联网并进行网上商务和业务活动。商家一方面受理消费者的请求，另一方面通过电子报送、电子支付、电子报税等方式与海关、银行、税务局等机构进行有关的商务和事务处理。

3. 网上银行

网上银行就是应用网络技术提供在线金融服务的银行系统。网上银行提供网上支付手段（主要包括银行直接转账或通过信用卡支付），为电子商务交易中的用户和商家服务。

4. 配送中心

配送中心成为电子商务系统必不可少的组成要素。商家可自建配送中心，也可以委托专业的物流公司完成配送业务。商家把备货单发往配送中心，由配送中心备货和出货，送达消费者。

5. 认证机构

与传统商务活动一样，电子商务活动中也可能存在欺诈现象。认证机构的介入就是为了解决这类问题。认证机构是受法律承认的权威机构，通过发放和管理数字证书的方式，对参与商务活动各方的身份及所提供的资料进行确认。

6. 行政管理部门

由于电子商务的实质是商务活动，因此同样要接受各种行政管理部门的监管和服务，以保证经济秩序的有效运行。这些行政管理部门主要包括市场监督、税务、海关及法律部门等。

国家市场监督管理总局除了对开展网上经营活动的企业行使传统的监督管理职能外，还为企业提供各种便利的网上服务（如网上登记、网上年检、并联审批、网上咨询、消费者投诉、网上执照验证等）；税务局对电子业务要收缴税金；海关对国际电子贸易活动也要履行通关、报关、出口退税等法定程序；法律部门对于电子商务活动中的各种经济纠纷同样有义务予以公正解决。

2.2 电子商务的基本框架

电子商务的基本框架是指实现电子商务的技术保证和电子商务应用所涉及的领域，是电子商务的运作基础。它包括电子商务技术的三个层次和电子商务应用的四个支柱，如图 2-2 所示。

分析电子商务的基本结构，有助于我们了解其内部结构、外部运行环境，以及它们之间的相互关系，从宏观层面上认识电子商务。

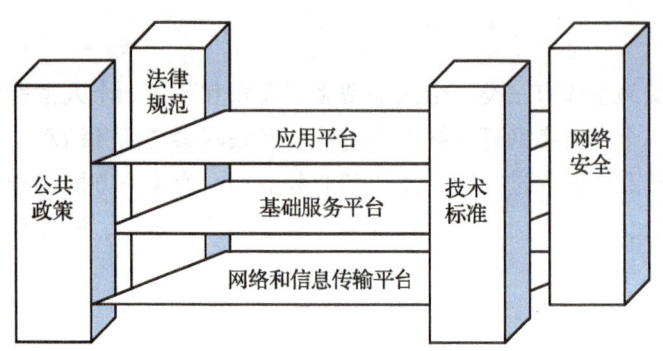

图2-2 电子商务的基本框架

2.2.1 电子商务的技术层次

1. 网络和信息传输平台

网络和信息传输平台是电子商务系统最基本的、必须具备的组成部分。网络平台是信息传送的载体,其主要功能是解决电子商务系统的基础设施建设问题,为各种商务应用提供高速、优质、可靠的网络通信环境。

网络层是电子商务的网络硬件基础设施。它包括远程通信网、有线电视网、无线通信网和互联网。远程通信网络包括公用交换电话网(PSTN)、公用数据网(PDN)、综合业务数据网(ISDN)等。无线通信网包括移动通信网、微波通信网和卫星通信网。互联网是计算机网络,由骨干网、城域网和局域网等层层搭建而成的,它使任何一台联网的计算机能够随时同整个世界连为一体。

常用的互联网接入方法有调制解调器(Modem)拨号上网、ISDN上网、xDSL上网、Cable-modem上网、专用线上网、无线接入上网、电力线上网等。

网络层提供了信息传输的线路——信息高速公路。目前,最流行的网上信息发布方式是以超文本标记语言(Hyper Text Markup Language,HTML)的形式将信息发布在WWW上。应用JAVA能更方便地使这些信息的发布适用于各种网络、各种设备和各种操作系统。信息传送有非格式化(非结构化)数据和格式化(结构化)数据两种通信方法。非格式化的数据传送方法有传真(FAX)、电子邮件(E-mail)和文件传输服务(FTP),主要是面向人的。格式化的数据传送的典型方法有EDI等,主要是面向计算机系统的。

2. 基础服务平台

这个层次是为了方便交易所提供的通用业务服务,是所有企业、个人在网上进行交易时都会用到的服务,主要包括内容服务、支付服务、物流服务和安全服务等。

内容服务的重点在于利用网络平台传递和发布各种商务信息(静态页面制作),同时,也综合应用其他各种信息技术进行各类信息展示,制作更具表现力、吸引力和交互能力的站点内容(动态页面制作)。

内容服务主要包括客户端和服务器端的建设,一般由专业的ISP(Internet Service Provider,网络服务提供商)或ICP(Internet Content Provider,网络内容提供商)根据用户需求设计、制作和实施,并定期进行维护。

支付服务的好坏将直接影响电子商务活动的开展。支付体系的完善自然也成为电子商务系统建设中不可或缺的重要内容。支付服务的主要内容包括开发多种网上支付手段和推动银行等金融机构的进一步参与。

物流服务的主要任务是解决电子商务活动中的物流配送问题。目前,由于物流配送体系不健全,社会化、专业化、信息化程度不高,导致电子商务的物流配送出现成本高、速度慢、准确送达率低、配送范围小等问题。这直接影响了电子商务的方便高效性和低成本、跨地域优势的发挥。因此,建立一套社会化、专业化、信息化的现代新型物流配送体系势在必行。

电子商务配送服务的主要内容包括两个方面:一是完善数字化产品和信息类产品的在线传送机制;二是改善传统配送体系,使之更好地服务于电子商务。提供物流服务的组织既可以是电子商务企业本身,也可以是专业的第三方物流公司。

安全服务的主要任务是保障电子商务活动的安全,包括信息安全、资金安全、计算机系统安全、网络通信安全及交易过程安全等。病毒、黑客已经使计算机系统安全受到严重威胁,非法用户伪造、假冒电子商务网站和用户的身份,以及在交易中不讲信用等现象又给电子商务带来了新的安全问题。

安全问题在很大程度上阻碍了全球电子商务的发展。因此,采取强有力的安全策略来保障电子商务的安全性变得尤为重要。安全服务主要包括开发安全技术、加强安全管理、制定安全法律法规、建立身份认证机构和社会信用体系等。

3. 应用平台

电子商务应用平台主要包括信息浏览类应用、商品交易类应用、在线服务类应用及其他综合类应用。电子商务应用网站如图2-3所示。

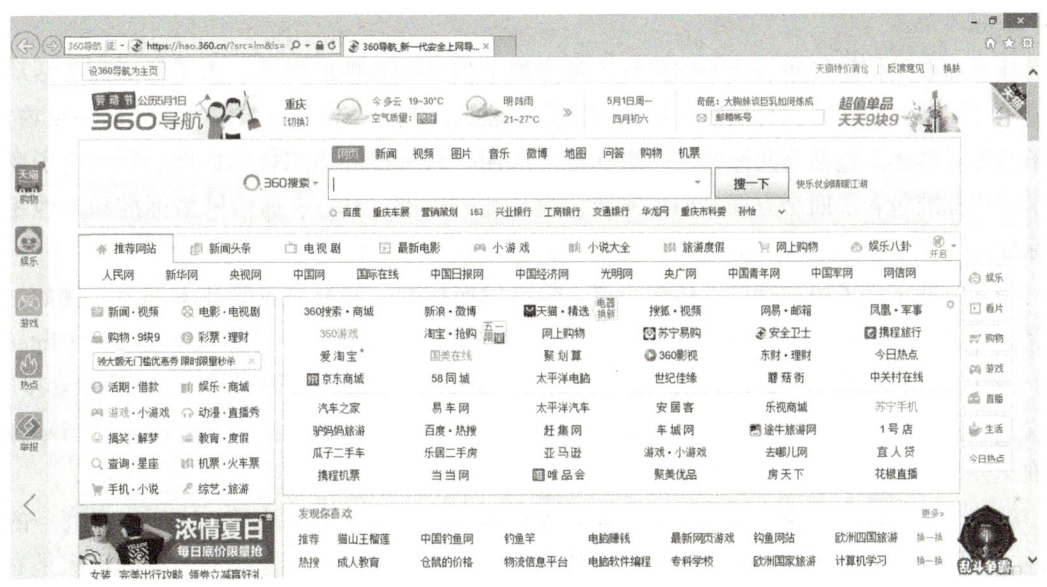

图2-3 电子商务应用网站

信息浏览类应用，如今日头条、搜狐、网易、新浪、腾讯等，都提供了大量的丰富的新闻、体育、财经、娱乐、旅游、教育、招聘、房产等综合信息。

商品交易类应用则不胜枚举，有当当书店、京东商城等在线虚拟企业的网上开张，也有海尔、戴尔、通用、宝洁等传统公司的在线销售。销售的产品包含鲜花、书籍、CD、冰箱、计算机、汽车、日用品等，琳琅满目，不一而足。

在线服务类应用，如百度等搜索引擎提供专门的信息检索服务，微软、360等软件公司则提供其软件产品的在线升级服务，超星、维普、万方等站点提供在线阅读服务，银行、证券、保险等行业提供在线的专业服务。另外，还有其他娱乐性在线服务，如聊天、玩游戏、听音乐、看电影等。

2.2.2 电子商务应用的支柱

1. 公共政策

公共政策是指政府制定的促进电子商务发展的宏观政策，包括互联网的市场准入管理、内容管理、电信及互联网收费标准，以及电子商务的税收政策。例如，对于咨询信息、电子书籍、软件等无形商品是否征税，如何征税？对于汽车、服装等有形商品如何通过海关，如何征税？税收制度是否应与国际惯例接轨，如何接轨？关贸总协定是否应把电子商务部分纳入其中等。

此外，由于电子商务的无国界性，各国政府应该共同致力于制定一套全球性的标准和规则，保证电子商务的顺利实施。各国政府在遵循电子商务的国际准则基础上，对电子商务活动不应过多地干涉，而应尽量放权于企业。政府在其中起的作用不是控制和干预，而应是扶持和服务，为电子商务提供良好的运行环境。

2. 技术标准

技术标准是信息发布、传递的基础，是网络上信息一致性的保证。为了保证商务活动数据或单证能被不同国家、行业贸易伙伴的计算机识别处理，一定要有数据、格式的一致约定。电子商务标准体系包括公共标准、网络标准、应用平台标准和应用技术标准。我国电子商务技术应用标准包含了四个方面：EDI标准、商品编码标准（HS）、通信网络标准和其他相关的标准。

技术标准定义了用户接口、传输协议、信息发布标准、安全协议等技术细节。例如，用于保证数据正确传输的TCP（Transfer Control Protocol，传输控制协议）或IP（Internet Protocol，互联网协议）、EDI标准、用于安全支付的SSL（Secure Sockets Layer，安全套接层）协议及SET（Secure Electronic Transaction，安全电子交易）协议等就是现行的一些国际技术标准。

就整个网络环境来说，标准对于保证兼容性和通用性是十分重要的。由于电子商务的全球性，非国际化的技术标准将会带来严重的问题。正如有的国家是左行制，有的国家是右行制，会给交通运输带来一些不便一样，不同国家110V和220V的电器标准会给电器使用者带来麻烦，限制了许多产品在世界范围的使用。目前，在电子商务活动中也遇到了类似的问题，需要不断制定和完善各种国际通用的公共技术标准。

3. 网络安全

如何保障电子商务活动的安全，一直是电子商务能否正常开展的核心问题。作为一个安全的电子商务系统，首先必须具有一个安全、可靠的通信网络，以保证交易信息安全、迅速地传递；其次必须保证数据库服务器的绝对安全，防止网络黑客闯入盗取信息及计算机病毒。为此制定了一系列安全标准，如安全套接层（SSL）协议、安全 HTTP 协议、安全电子交易（SET）协议等，并采用了电子签名和电子认证、防火墙等比较成熟的安全手段。

隐私保护也是网络安全的一个重要方面。随着电子商务的发展，商家不仅要抢夺已有的网上客户，还要挖掘潜在的客户，于是人们在网上的各种商务活动和个人信息都在不知不觉中被商家记录，大量的宣传广告会充斥用户的电子信箱，甚至物理信箱。个人秘密信息的安全得不到保障，这必然使用户对电子商务望而却步，从而阻碍电子商务的发展。因此，为保障网上的个人隐私权，促进电子商务的发展，应该对此进行立法或对相应的法规进行必要的修改。

在电子商务交易过程中，企业的隐私一般为商品价格的隐私、货物进出渠道的隐私、商品促销手段的隐私等，对于个人的隐私一般为个人的姓名隐私、肖像隐私、性别隐私、身份隐私等。

4. 法律规范

法律维护着商务活动的正常运作。电子商务和传统商务一样，是一种严肃的社会行为。法律有义务维护电子商务活动的正常运作，违规的电子商务活动也必须受到法律制裁。

电子商务是一种全新的商业交易模式，在数字化的虚拟市场中实现交易。原有的适用于书面合同贸易方式的法律，并不适合电子方式的网上交易。电子商务活动必须要有一套新的法律、法规、政策道德伦理规范等来约束和管理，使之能有序进行。

但由于电子商务存在一些不同于传统商务的特点，给现行法律带来了一系列新的问题。例如，在网上交易中，如何通过法律手段保证交易双方身份的真实性？当交易双方所在地区的法律制度存在差异时，如何解决纠纷？如何制定一个成熟、统一的法律体系来解决这类问题？其法律效力又如何保证？如何保证电子单证具有与传统单证相同的法律效力？可见，电子商务活动能否顺利开展在很大程度上依赖于相关法律法规的建立健全。电子商务的法律规范涵盖了知识产权保护、电子合同、数字签名、网络犯罪等诸多方面。

联合国国际贸易法委员会通过了《电子商业示范法》《电子商务示范法》《电子签名示范法》，为各国及地区电子商务立法提供了一整套国际通行规则。美国先后制定了《数字签名法》《全球电子商务纲要》和《互联网免税法案》。

我国电子商务经历了从无到有，在电子商务发展的过程中，国家政策的监管起到了至关重要的作用。

自 2004 年起，我国电子商务政策法律的建设进入了一个新的阶段。从国家的层面、部委的层面、省市的层面来看，电子商务的发展有了非常大的突破，有关电子商务的法律法规相继出台。

2004年8月28日，第十届全国人民代表大会常务委员会第十一次会议表决通过了《中华人民共和国电子签名法》（简称《电子签名法》），于2005年4月1日起施行。《电子签名法》首次赋予可靠电子签名与手写签名或盖章具有同等的法律效力，并明确了电子认证服务的市场准入制度。

2005年1月8日，国务院办公厅发布了《国务院办公厅关于加快电子商务发展的若干意见》，阐明了发展电子商务对我国国民经济和社会发展的重要作用，提出了加快电子商务发展的指导思想和基本原则，还提出了一系列促进电子商务发展的具体措施。

2005年3月31日，国家密码管理局发布了《电子认证服务密码管理办法》。

2005年4月18日，中国电子商务协会组织起草的《网上交易平台服务自律规范》正式对外发布。

2005年10月26日，中国人民银行发布了《电子支付指引（第一号）》，意在规范电子支付业务，防范支付风险，保证资金安全，维护银行及其客户在电子支付活动中的合法权益，促进电子支付业务健康发展。

2006年3月14日颁布的《中华人民共和国国民经济和社会发展第十一个五年规划纲要》，将"积极发展电子商务"作为一项重要的任务提出来，强调"建立健全电子商务基础设施、法律环境、信用和安全认证体系，建设安全、便捷的在线支付服务平台"。

2006年3月19日，中共中央办公厅、国务院办公厅发布了《2006—2020年国家信息化发展战略》。

2007年3月6日，商务部发布了《关于网上交易的指导意见（暂行）》。其目的是贯彻《国务院办公厅关于加快电子商务发展的若干意见》文件精神，推动网上交易健康发展，逐步规范网上交易行为，帮助和鼓励网上交易各参与方开展网上交易，警惕和防范交易风险。

2007年6月，国家发展和改革委员会、国务院信息化工作办公室联合发布《电子商务发展"十一五"规划》，这是我国首个电子商务发展规划。

2007年12月17日，商务部发布了《商务部关于促进电子商务规范发展的意见》。该意见出台的目的在于，促进电子商务规范发展，引导交易参与各方规范市场行为，防范市场风险，化解交易矛盾，促进电子商务健康发展。

2008年4月，中共中央办公厅、国务院办公厅印发《国民经济和社会发展信息化"十一五"规划》，提出要放宽市场准入，加强政策引导，鼓励社会资金参与信息化建设，营造良好的财税政策环境，鼓励社会资金投向信息资源公益性开发，以及公共信息服务平台建设，进一步完善对信息服务领域的各项扶持政策。

2010年6月30日，商务部发布《关于促进网络购物健康发展的指导意见》。

2011年8月11日，国家邮政局印发《快递业务操作指导规范》，旨在指导快递企业科学组织生产管理，解决因快递作业不规范引发的服务质量问题。

2012年3月27日，工业和信息化部发布《电子商务"十二五"发展规划》。

2013年4月1日，国家税务总局制定的《网络发票管理办法》施行。

2013年12月7号，全国人大常委会在人民大会堂召开了《电子商务法》第一次起草组会议，正式启动了《电子商务法》的立法进程。

2014 年 1 月 26 日，为规范网络商品交易及有关服务行为，保护消费者和经营者的合法权益，促进网络经济持续健康发展，依据《合同法》《侵权责任法》《消费者权益保护法》《产品质量法》《反不正当竞争法》《商标法》《广告法》《食品安全法》和《电子签名法》等法律，国家工商行政管理总局制定颁布了《网络交易管理办法》。

2014 年 3 月 15 日，新《消费者权益保护法》施行。该次修法主要从四个方面完善消费者权益保护制度，如强化经营者义务、规范网络购物等新的消费方式、建立消费公益诉讼制度等。此次修法赋予消费者网购"后悔权"，规定消费者通过网络等方式购买产品可"七日内无理由退货"。新法规定，经营者采用网络、电视、电话、邮购等方式销售商品，消费者有权自收到商品之日起七日内退货，且无须说明理由。

2015 年 5 月 7 日，国务院印发《关于大力发展电子商务加快培育经济新动力的意见》，部署进一步促进电子商务创新发展。

2015 年 7 月 4 日，国务院印发《关于积极推进"互联网 +"行动的指导意见》，以推动互联网由消费领域向生产领域拓展，加速提升产业发展水平，增强各行业创新能力，构筑经济社会发展新优势和新动能。

2016 年 12 月 24 日，商务部、中央网信办和发展改革委三部门印发《电子商务"十三五"发展规划》。该规划以"创新、协调、绿色、开放、共享"的发展理念贯穿全文，以"发展与规范并举、竞争和协调并行、开放和安全并重"为三大原则形成明确的政策导向，首次赋予电子商务服务经济增长和社会发展的双重目标，确立了 2020 年电子商务交易额 40 万亿元、网络零售总额 10 万亿元和相关从业者 5000 万人三个发展指标。

2016 年 12 月 27 日至 2017 年 1 月 26 日，在中国人大网站向全国公开发布电子商务立法征求意见。

2017 年 1 月 13 日，中国人民银行发布了一项支付领域的新规定《中国人民银行办公厅关于实施支付机构客户备付金集中存管有关事项的通知》，明确了第三方支付机构在交易过程中产生的客户备付金统一交存至指定账户，由中国人民银行监管，支付机构不得挪用、占用客户备付金。

2018 年 8 月 31 日，第十三届全国人民代表大会常务委员会第五次会议表决通过《电子商务法》，自 2019 年 1 月 1 日起施行。

2021 年 7 月，国务院办公厅发布《国务院办公厅关于加快发展外贸新业态新模式的意见》，针对跨境电商发展提出多项举措，助力行业发展。在全国海关适用 B2B 直接出口、跨境电商出口海外仓监管模式，助力企业更好地开拓国际市场。

上述一系列政策和法律法规，为我国电子商务的长期、健康和有序发展提供了强有力的制度保证与标准规范。

案例：淘宝网和 eBay 易趣的竞争

淘宝网和 eBay 易趣是 C2C 电子商务模式的两家代表企业。

易趣于 1999 年 8 月成立，2003 年 6 月被 eBay 全面收购，改名为 eBay 易趣。2003 年年底，eBay 易趣在国际 C2C 网上交易市场的占有率高达 80%，在该市场坐头把交椅。eBay 易趣网站截图如图 2-4 所示。

图 2-4　eBay 易趣网站截图

淘宝成立于 2003 年 7 月，但短短两年内在国内 C2C 市场的占有率超越了 eBay 易趣，从 2007 年起直至现在，一直稳占第一位置，市场占有率稳定地保持在 80% 以上。

究竟发生了什么事情，使淘宝能超越 eBay 易趣，并遥遥领先呢？

C2C 网上交易平台的商品包罗万象，由众多独立的买家和卖家组成，就像集市一样。谁能够为集市的买家和卖家提供更好的购物或销售体验，谁就能成功吸引买家和卖家，占有市场份额。淘宝能够成为市场份额第一，来自它在各方面都提供的更优质的集市购物体验。

集市购物体验是什么？对卖家来说，他们需要经营成本低、经营环境稳定、人气旺和配套服务好。对买家来说，他们需要热闹、商品选择多和买得安心。

1. 经营成本低

由于 eBay 易趣的盈利模式是向用户收取各种费用，因此从一开始就向卖家收取商品登录费，无论该商品交易成功与否，都要收费。另外，eBay 易趣还向买卖双方收取 2%~5% 的交易费用。

然而，淘宝的出现却为卖家带来了一种创新的经商体验，就是在淘宝上开店，既免开店费，又免商品登录费。另外，淘宝也免去了买卖交易费。这对卖家来说，绝对是一种更好的体验，因为经营成本降低了。

淘宝自成立至今，都采取这种免费策略，吸引卖家逐渐搬迁到淘宝开店。一部分卖家由于在 eBay 易趣的日子不久，没有累积信誉，因此淘宝的免费策略就把这部分卖家吸引到淘宝开店。至于那些已在 eBay 易趣打拼了一段时日的卖家，由于已累积了一定的信誉，他们同时在淘宝开店，但主要在 eBay 易趣摆卖商品，而实际成交却在淘宝。因为在 eBay 易趣要收交易费，但在淘宝就不用。

但是，免费就是一切吗？对卖家来说，如果那个地方人流量大，有生意做，卖家是不会介意交合理的费用的。虽然淘宝的免费策略吸引了一部分卖家，但 eBay 易趣仍有一定的规模，对人气有一定的保证，仍然能吸引大部分卖家和买家。2003 年年底，eBay 易趣的市场占有率仍高达 80%，但淘宝也渐渐累积了人气，其市场占有率提升至 8%。

2．经营环境稳定

除了经营成本低之外，经营环境稳定、交易平台的稳定对买家和卖家来说也很重要。交易平台不稳定，必定会对买家和卖家的购物体验和经商体验造成损害。

2004 年 9 月，eBay 易趣正式接入 eBay 的全球交易平台。然而，问题却出现了。

首先，eBay 易趣网站的页面形式、交易程序和信用评价机制都出现了大改变，使 eBay 易趣的老用户不适应。

其次，由于网站的服务器从国内搬到了美国，用户的每一次点击，都要通过中美海底光缆，使数据传送时间和用户等候时间明显变长。截至 2004 年 6 月，国内 56K 拨号上网用户仍高达 60%，这就使中美数据传送速度显得更慢，也使 eBay 易趣的网页显示速度更慢。在繁忙时间，eBay 易趣更是出现了"网页无法显示"的情况，好比买家和卖家想进入集市做买卖，却被拦在门外不准进入。这样势必影响了买家购物和卖家做生意。

再者，由于 eBay 易趣必须与 eBay 全球的交易规则对接，导致很多本土商品不符合规则，商品数目由对接前的 78 万件骤降至对接后的 25 万件，足足减少了 67%。这样使卖家和买家都觉得 eBay 易趣的规模突然变得很小了，没有了人流量大的体验。

反观淘宝，在平台稳定方面做得很好。淘宝的网站服务器设在国内，网页显示速度明显比 eBay 易趣的快。另外，淘宝在成立不久后的 2003 年年底，请 SUN 公司负责设计，重新架构了网站。这是 SUN 公司在我国做得最成功的个案之一。此外，淘宝不断做底层优化，开发新的功能，根据实际情况修改架构，而非像 eBay 易趣那样盲目与 eBay 全球接轨。因此，淘宝的稳定技术，给用户以更好的体验。

由于 eBay 易趣的不稳定，导致经营环境恶化，就在其对接 eBay 全球平台的 10 天后，大量用户"逃离"eBay 易趣，到既免费又稳定的淘宝开店。于是 eBay 易趣的客流大减，而淘宝的客流大增。

3．买得放心

(1) 买卖双方可以充分沟通　eBay 易趣为了确保交易收费，禁止买卖双方留电话，不鼓励买卖前进行沟通，防止买卖双方进行私下交易，只允许交易后才留下联络方式。这违反了中国人的购物习惯。中国人在购物前，总要对商品问个明白。所以中国人不习惯 eBay 易趣的这种模式，买得不放心。

淘宝由于不收取交易费，所以鼓励买卖双方在交易前通过手机或实时通信软件直接联系，让买家对卖家和商品有更多的认识，从而使买家买得更放心。淘宝更是在第一时间推出实时通信软件"淘宝旺旺"（现名为"阿里旺旺"），让买卖双方进行直接联系。"淘宝旺旺"的使用接口与国内另一最流行的实时通信软件"腾讯 QQ"相似，使双方更有亲切感。这样就让淘宝的买家更放心。

eBay 易趣在"淘宝旺旺"推出大约两年后，即 2005 年 9 月 12 日才购入实时通信软件 Skype，但此时已失去了先机。

(2) 网上支付便利、安全　除了有"淘宝旺旺"让买家买得放心之外，淘宝在成立后不久的 2003 年 10 月推出网上支付系统"支付宝"。网上支付当时一直被视为网上购物发展的最大障碍。"支付宝"的面世彻底解决了网上支付问题，使买卖双方的利益都得到了保障。

淘宝推出"支付宝"后，eBay 易趣也计划引入美国的 PayPal 支付系统，但 eBay 易趣作为外资公司，无法获得中国金融管理部门颁发的电子支付牌照。eBay 易趣只有自行研发网上支付系统，并于 2004 年 10 月推出与"支付宝"类似的"安付通"，足足比淘宝慢了一年，又一次失去先机。这时，淘宝用户已破 300 万，并且对"支付宝"形成了用户黏性，而且"支付宝"仍在不断完善。

eBay 易趣在 2005 年 7 月 11 日才成功引入 PayPal，但其作用已不大了。

(3) 退款有保证　2005 年 2 月，淘宝率先推出"全额赔付"，只要在交易中使用"支付宝"，出现问题时"支付宝"负责全额赔付。很快地，淘宝网上 70% 的交易支持使用"支付宝"，而"支付宝"的用户数也升至 200 万。

淘宝不但解决了网上支付问题，也解决了退款问题。

2005 年 6 月 9 日，eBay 易趣表示"安付通"也实行"全额赔付"，但比淘宝慢了 4 个月，再一次失去先机。这再一次显示淘宝总是抢先一步，为用户提供更好的体验。

4. 配套服务好

物流配送也是网上购物的另一个问题，卖家需要单独和快递公司联络，并且配送费昂贵。然而，淘宝的"推荐物流"让卖家免去了这些烦恼。淘宝与超过 10 家快递公司合作，卖家只要在淘宝网页里挑选心仪的快递公司，就可直接在线发送订单，然后快递公司上门取货；卖家还可以在网上跟踪订单。在配送费方面，淘宝凭着已有的规模与快递公司谈收费，使全国快递费用从当初的 15 元一下跌到了 8 元。这样，卖家的经营成本下降了，买家的商品总价格也便宜了。

另外，淘宝的商品摆放期长达 14 天，可自动延长 14 天，比 eBay 易趣灵活得多。淘宝免费摆卖商品，商品摆放期也长，所以卖家都选择在淘宝摆卖商品。

5. 人气旺

淘宝的免费开店、稳定的交易平台和完善的配套服务，吸引更多卖家到淘宝开店摆卖商品。更多的商品自然会吸引更多买家到淘宝购物。更多的买家同时又吸引了更多的卖家，这样便形成了一个良性循环，使淘宝人气汇聚，规模增长。无论是买家还是卖家，都喜爱人气旺、有一定规模的集市。

因为淘宝自成立以来，一直为买家和卖家提供更好的市集购物体验和经商体验，所以在 2005 年第一季，淘宝交易额高达 1.2 亿元，首次超越了 eBay 易趣；2005 年 9 月，淘宝商品数目达 1000 万件，是 eBay 易趣的 10 倍。目前，淘宝在 C2C 领域一枝独大，江湖地位无人能撼动，其与 eBay 易趣的竞争故事也成为电子商务领域的一个经典案例。

（案例来源：中国企业没戏吗　淘宝是如何战胜 EBAY 的．http://www.doc88.com/p-009803851176.html．）

拓展学习：《互联网时代》纪录片

导言：

《互联网时代》是中国第一部第一次全面、系统、深入、客观地解析互联网的大型纪录片，全片共 10 集，每集 50min，是中央电视台继《大国崛起》《公司的力量》《华尔街》等之后的又一部力作。

全片以互联网对人类社会的改变为基点，从历史出发，以国际化视野和面对未来的前瞻思考，深入探寻互联网时代的本质，思考这场变革对经济、政治、社会、人性等各方面的深远影响。该作品旨在引导全社会更准确、全面地认识和理解互联网，更深刻地思考互联网，有准备地迎接一个新时代的到来。

感兴趣的读者可自行观看此系列视频，进一步了解互联网的发展历史，并展望互联网未来的发展。

思 考 题

1. 电子商务的基本组成要素有哪些？
2. 电子商务的基本框架是什么？
3. 电子商务的基础服务有哪些？
4. 安全服务的主要任务是什么？
5. 《电子商务法》是何时颁布执行的？

第 3 章　电子商务模式分析

在电子商务领域,既有成功的企业也有失败的企业。那么电子商务有哪些基本模式?企业采用怎样的电子商务模式和策略,才能不断取得成功?如何在基本的电子商务模式基础上创新,创造适合企业自身的新型商务模式?回答这些问题,需要我们对电子商务模式进行深入研究。

本章介绍分析企业电子商务模式的一套方法体系,为案例分析提供理论指导。根据此方法,对两类代表性企业淘宝和海尔的电子商务模式进行了系统分析。

3.1　电子商务模式

要认识和把握电子商务的发展情况,除了在宏观上对电子商务行业整体发展状况进行统计分析外,还应该在微观上对代表性企业的电子商务模式进行详细剖析。

3.1.1　电子商务模式概述

网络经济与传统经济形态相比,其运作方式有着不同的技术基础。纵观那些新经济浪潮前沿的网络企业,都是有着建立在不同技术之上的商务模式的。例如,雅虎(Yahoo)公司在起步的时候就是靠其独创的搜索引擎技术奠定网络门户的基础的。eBay 易趣公司开发的网上拍卖技术使其开创了这一行业的先河,并建立起今天的市场地位。

在今天的网络产业中,技术创造了商务模式,商务模式又推动了技术创新的步伐。这种技术创新和商务模式创新之间的互动,可以构成网络经济发展的正反馈循环。

要全面把握某种电子商务模式,我们应该对其商业模式、技术模式、经营模式、管理模式和资本模式等进行详细分析,如图 3-1 所示。

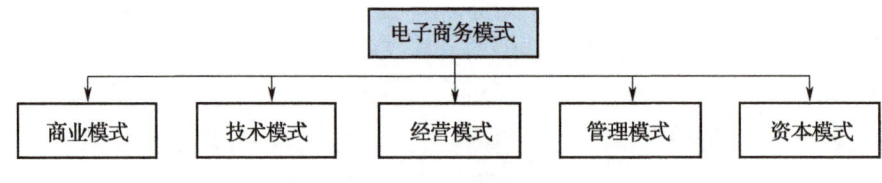

图 3-1　电子商务模式

下面将介绍这些模式的分析要点及其基本方法。

3.1.2 电子商务的商业模式

电子商务的商业模式是电子商务运行的秩序，是指电子商务所提供的产品、服务、信息流、收入来源，以及各利益主体在电子商务运作过程中的关系和作用的组织方式与体系结构。它具体体现了电子商务现在如何获利，以及在未来长时间内的计划。

电子商务的商业模式的含义主要包括以下几点。

1. 战略目标

一个电子商务项目要想成功并持续获利，必须在商业模式上明确战略目标。企业的这种战略目标本质上表现为企业的客户价值，即企业必须不断地向客户提供对他们有价值的、竞争者不能提供或很少提供的产品或服务，才能保持竞争优势。

按照迈克尔·波特（Michae E.Porter）的竞争优势理论，这种竞争优势可以表现在产品或服务的差别化、低成本和目标聚集战略等方面。

产品或服务的差别化战略主要表现在：

（1）产品特征　公司可以通过提供具有竞争者的产品不具有的特征的产品来增加差异化。拥有特征是最普通的产品差异化形式，使用互联网能够使公司为客户提供更好的差异化产品。例如，戴尔公司通过网络直销的形式，为客户提供个性化的计算机产品。

（2）产品上市时间　公司率先将产品投向市场，这时往往产品是市场上唯一的，自然而然就是产品具有差别性了，进而可以获得丰厚的利润。电子商务的应用，可以使企业在产品的开发与设计、推广与分销等方面大大地缩短周期，取得产品的市场先机，从而战胜自己的竞争对手。例如，网景公司曾经在线分发浏览器软件，使它很快就在市场上占据了主导地位。

（3）客户服务差异化　电子商务可以帮助公司更好地实施以客户为中心的发展战略。一方面，利用电子商务所提供的电子化服务，公司可以通过向出现故障的产品提供快速服务，从而有针对性地为顾客提供差异化的服务。另一方面，由于信息更加容易获取，公司可以为客户提供大量的商品选择机会，从而使客户有更多的选择余地。公司提供的这种产品的多种组合可以使自己的产品与竞争对手具有明显的差异性。例如，亚马逊书店可以在网上提供很多种图书，而且很容易根据顾客的需求进行多种组合，这与传统的线下书店形成了明显的差异化。

（4）品牌形象　公司可以通过互联网来建立或强化自己的品牌形象，使客户感到他们的产品是差异化的，进而建立和保持客户的忠诚度。

2. 低成本战略

低成本战略是一种先发制人的战略，这意味着一家公司提供的产品或服务比其竞争者让客户花费更少的金钱。这种成本的降低表现在生产和销售成本的降低上。一方面，公司通过电子商务方式与供应商和客户联系，大大提高订货和销货效率，使订货、配送、库存、销售等成本大幅度降低。另一方面，通过互联网，企业可以为客户提供更加优质的服务，甚至可以让客户进行自我服务，大大减少了客户服务成本。其实，电子商务在降低公司的产品或服务成本的同时，也可以大大降低客户的交易成本。

3. 目标聚集战略

目标聚集战略是一种具有自我约束能力的战略。当公司的实力不足以在产业内更广泛的范围内竞争时，公司可以利用互联网以更高的效率、更好的效果为某一特定的战略对象服务，往往能在该范围内超过竞争对手。例如，在竞争异常激烈的保险行业中，有的保险经纪人利用互联网专门为频繁接触互联网而社交范围比较窄的研究、开发人员提供保险服务，取得了良好的业绩。

对电子商务企业战略目标的分析通常需要回答以下问题：

1）电子商务能够使公司向客户提供哪些独特的产品或服务，或者使公司的产品或服务具有哪些独特的客户价值？差异化、低成本还是目标聚集？

2）电子商务是否能够使公司为客户解决由此产生的一系列新问题？

3）公司电子商务模式的核心价值是什么？公司是否有明确的战略目标规划？

4. 目标客户

公司的目标客户是指在市场的某一领域或地理区域内，公司决定向哪一范围提供产品或服务，以及提供多少这种产品或服务。其中涉及两个方面的问题：

（1）客户范围　从不同的角度来考虑，公司的客户范围的界定需要从两个方面入手：一方面，要在商家和消费者之间选择客户。如果公司主要向商家提供产品或服务，这就是 B2B 电子商务。在每个产业中，又有不同类型、不同规模、不同技术水平的商家。如果公司主要向消费者提供产品或服务，这就是 B2C 电子商务。消费者可以根据性别、年龄、职业、受教育程度、生活方式、收入水平等特征划分为不同的类型。另一方面，要将公司客户在不同的地域内进行选择，公司要明确向世界上哪个地方销售产品或提供服务，因为互联网跨越时空的特点使公司的市场范围大大延伸了。

（2）产品或服务范围　当公司决定向哪一领域提供产品或服务后，还必须决定向这部分市场的需求提供多少服务。例如，一家定位于大学生的互联网公司必须决定要满足他们多少需求。它可以在基本的连接服务、聊天室、电影、音乐、游戏、网上教学、考研答疑等方面来选择要提供的服务内容。

进行电子商务目标客户分析，需要回答以下几个问题：

1）电子商务能够使公司接触到哪些范围的客户？是面向全球的客户还是一定地理范围的客户？是面向商家还是面向消费者？

2）公司的客户具有什么特点？

3）电子商务是否改变了原有的产品或服务？

4）公司对各类客户分别提供哪些产品或服务？

5. 赢利模式

电子商务企业模式分析的一个极为重要的部分是确定公司的电子商务项目收入和利润来源。在传统市场中，很多公司直接从其销售的产品中获得收入和利润，或者从其提供的服务中获得收入和利润。但是，在电子商务市场中，由于互联网的一些特性，使公司利用互联网从事电子商务的收入和利润的来源变得更加复杂。例如，从事网络经纪电子商务模式的公司的收入来源至少有交易费、信息和建议费、服务费和佣金、广告和发布费等。一个采取直销模式的公司的收入则主要来自对客户的直接销售，也可以来自广告、客户信息的销售和产品放置费，还可以通过削减直接向客户提供服务的成本或减少配送环节来增加利润。

从向客户提供的产品或服务中获取利润非常重要的一个环节是对所提供的产品或服务正确地定价。在电子商务市场中，大多数产品和服务是以知识为基础的，以知识为基础的产品一般具有高固定成本低可变成本的特点，因而产品或服务的定价具有较大的特殊性。企业定价的目标不在于单位产品的利润率，而更加重视产品市场占有率的提高和市场的增长。这种产品还具有能够锁定消费者的特点，使许多消费者面临较高的转移成本，使已经在竞争中占有优势的公司不断拉大与其竞争者的距离。

进行电子商务收入和利润来源分析，需要回答如下问题：
1）公司原有的收入来源有哪些途径，电子商务使公司收入来源产生了哪些变化？
2）公司实施电子商务后，有哪些新的收入来源？
3）在公司收入来源中，哪些对公司的利润水平具有关键性的影响？
4）哪些客户对哪些收入来源做出了贡献？
5）公司利润的决定因素有哪些？

6. 价值链

为了向客户提供产品和服务的价值，公司必须进行一些能够支持这些价值的活动。这些活动往往具有一定的关联性，一般被称作价值链。在电子商务环境下，公司活动的价值链结构发生了革命性的变化。例如，基本活动中的信息处理部分，如商品信息发布、客户沟通、供应和分销商订单处理乃至支付都可以通过电子商务在网上完成。基本活动中的采购、进货、发货、销售等环节的物流活动，则可以通过第三方物流加以完成。辅助活动中的人力资源管理和技术开发中的部分活动也都可以通过电子商务方式在网上完成。

因此，进行电子商务价值链分析，需要回答以下几个问题：
1）公司进行了哪些关键的活动来保证为客户提供价值？
2）电子商务的实施，需要公司必须进行哪些新的活动？
3）电子商务如何提高原有活动的水平？这些活动是否与客户价值和服务的客户范围一致？
4）这些活动之间是否相互支持，并且利用了行业成功的驱动因素？

7. 核心能力

核心能力是相对稀缺的资源和有特色的服务能力，它能够创造长期的竞争优势。核心能力是公司的集体智慧，特别是那种把多种技能、技术和流程集成在一起以适应快速变化的环境的能力。

电子商务周期短，对信息和联盟也具有很强的依赖性，而且要坚持不懈地改革商务活动的方式，因此它需要有一种能综合考虑以上所有因素的分析工具，将公司的技术平台和业务能力进行集成。经过集成后的公司的核心能力应该包括以下几个方面：

（1）资源　公司需要有形资源、无形资源及人力资源来支持向客户提供价值的一系列关键活动。有形资源包括厂房、设备及现金储备。对从事电子商务的公司来说，有形资源主要表现在公司的网络基础设施以及电子商务的软硬件建设水平上。无形资源包括专利权、商誉、品牌、交易秘密、与客户和供应商的关系、员工之间的关系以及存在于公司内部的不同形式的知识。例如，含有重要客户统计数据的数据库以及市场研究发现的内容。对于从事电子商务的公司来说，这类资源往往包括公司自行设计的软件、访问者或客户的登录信息、品牌和客户群。人力资源是公司员工具有的知识和技能，是公司知识资源的载体，在知识经济时代的作用显得更加突出。

（2）竞争力　竞争力是公司将其资源转化为客户价值和利润的能力。它需要使用或整合公司的多种资源。根据哈墨（G. Hamel）和普拉哈拉德（C. K. Prahalad）的观点，当公司遇到客户价值、竞争者差别化和扩展能力三个目标的时候，公司的约束力就是公司的核心能力。客户价值目标要求公司充分利用其核心能力加强其向客户提供的价值。如果公司在多个领域使用其竞争力，那么这种竞争力是可扩展的。例如，本田公司设计优良发动机的能力使它不仅能够向汽车，而且能够向便携电力发动机、除草机提供发动机。

（3）竞争优势　公司的竞争优势来源于公司所拥有的核心能力。其他公司获得或模仿这些能力的难易决定了这些优势保持的难易程度。这些核心能力难以取得或模仿的往往是由于拥有这种优势的公司在发展进程上处于领先或者这些核心能力的形成需要较长的时间，模仿者难以短期内获得。

进行电子商务核心能力分析，需要把握以下几个问题：

1）公司拥有的能力是什么？
2）公司实施电子商务需要哪些新的能力？
3）电子商务对公司已有的能力有哪些影响？
4）公司的这些能力有哪些是其他公司难以模仿的？
5）公司如何才能保持它的竞争优势？
6）公司在形成和保持这些竞争优势的过程中，采用了哪些营销战略？

3.1.3　电子商务的技术模式

电子商务的技术模式是支撑电子商务系统正常运行和发生意外时能保护系统、恢复系统的硬件、软件和人员配置系统。

1. 技术建设模式

企业电子商务的技术模式与企业基础条件是紧密相关的，不同的技术条件的企业会根据自身情况选择不同的建设模式。

（1）自主开发模式　这种模式通常由企业自组信息化建设队伍，主要依靠企业自身力量进行信息化建设和电子商务解决方案设计。在信息化建设过程中，企业能控制全过程，开发出的系统能够充分反映企业的实际业务需求、针对性强、风险较小，但对企业技术力量要求较高。

（2）外包开发模式　这种模式是企业委托具有雄厚技术实力和丰富经验的软件公司、科研院所等外部技术单位进行信息化建设和电子商务解决方案设计，由受托方提供解决方案、成套设备、系统实施及技术服务。

（3）合作开发模式　这种模式是企业与系统集成商、咨询服务公司合作，联合进行信息化建设和电子商务项目实施。

（4）ASP模式　ASP（Application Service Provider，应用服务供应商）是指在共同签署的外包协议或合同的基础上，企业客户将其部分或全部与业务流程的相关应用委托给服务商，由服务商通过网络管理和交付服务并保证质量的商业运作模式。服务商将保证这些业务流程的平滑运转，即不仅要负责应用程序的建立、维护与升级，还要对应用系统进行管理。所有这些服务的交付都是基于互联网的，客户则是通过互联网远程获取这些服务。ASP模式目前已经成为中小企业信息化和电子商务的最佳途径。

2. 通信系统

通信系统是用来连接公司内不同部门以及供应商、客户、结盟者、政府、第三方服务商等商务活动主体的系统。在通信系统中，计算机通信网络的构建是关键，计算机通信网络是多台独立的计算机通过有形或无形的介质连接，在网络协议的控制下实现资源共享。其中采用TCP/IP通信息协议的互联网和企业内部网、企业外部网构成了公司内部以及公司之间的通信网络。在具体构建通信网络时可以选择宽带专网、电视网、电话网等网络通信技术。

3. 计算机硬件系统

计算机硬件系统是电子商务的重要基础设施，是电子商务技术系统的支撑体系和各种应用软件的重要载体。

4. 计算机软件系统

计算机软件系统包括系统软件和应用软件等。例如，在电子商务应用中所使用的商品扫描系统、支付刷卡系统、企业资源计划（ERP）、客户关系管理（CRM）、供应链管理（SCM）等专用系统。

在进行电子商务技术模式分析时，需要进行以下几个方面的分析：

1）公司电子商务采用哪种技术开发和应用模式？
2）公司电子商务应用的总体技术结构是什么？
3）公司电子商务应用中网络和通信系统的结构与技术水平。
4）公司电子商务系统中计算机硬件系统的配置情况。
5）公司电子商务软件的选择与应用情况。
6）公司商品扫描系统、支付刷卡系统、企业资源计划（ERP）、客户关系管理（CRM）、供应链管理（SCM）等专用系统的应用情况。
7）公司电子商务网站的安全解决方案和使用的安全技术。
8）公司电子商务的支付技术应用情况。

3.1.4 电子商务的经营模式

电子商务的经营模式是公司面向客户，以市场的观点对整个商务活动进行规划、设计和实施的整体结构。它包括如何让客户知晓并认同企业的电子商务模式和如何实现公司的电子商务模式，以满足客户需求。

经营模式主要是考虑如何展开具体的商务活动，实现商业模式的各环节设想，促进预期经济目标的达成。这不仅包括选择各环节具体的合作者、协作者、协作方式、分成方法、经营工具，还包括非业务模式环节的市场开拓、广告宣传等事宜。经营模式将商业模式主体化、动态化、丰富化、灵活化和具体化。

在进行电子商务经营模式分析时，需要进行以下几个方面的考察和分析：

1）交易前分析。客户搜寻商品和服务信息的渠道与方式有哪些？商品展示采取什么方式？客户与公司的信息交流采取什么方式？

2）交易中分析。商务咨询洽谈的方式与途径是什么？交易订单签约方式是电子化的还是纸质的？

3）交易后分析。交易的货款支付采取何种方式，具有什么特点？商品的物流配送采取哪种方式，具有什么特点？公司提供什么样的电子化服务方式？

4）商务工具分析。公司在电子商务活动中是否采用了 SCM、CRM、ERP 等现代业务管理系统，效果如何？

3.1.5 电子商务的管理模式

电子商务的管理模式是从组织上提供的为保证系统正常运行和发生意外时能保护系统、恢复系统的法律、标准、规章、制度、机构、人员和信息系统等结构体系，它能对系统的运行进行跟踪监测、反馈控制、预测和决策。

1. 企业电子商务的组织形态

（1）虚拟企业　一个虚拟企业是由一些独立公司组成的临时性网络。这些独立的公司包括供应商、客户及竞争对手。它们通过信息技术组成一个整体，共享技术、共担成本并可以进入彼此的市场。虚拟企业没有办公中心，也没有组织章程；没有等级制度，也没有垂直体系。战略联盟、核心能力、诚信、组织重建是虚拟企业创立和运行的四个基本要素。

（2）企业电子商务　企业电子商务是指传统企业通过计算机技术、通信技术、网络技术三大技术平台来配置资源，进行生产经营的一种组织形式。活动、资源、制度、目标构成了企业电子商务的四种重要的组织要素。企业电子商务是网络型的组织结构，打破传统理念与地理、产品范围，形成跨地区、跨国界的经营，进入全球化的网络经济领域，是管理层次少、控制幅度大、同层次组织之间平等互利、控制幅度以目标需求为限、纵横联系密切、扁平化的组织体系。

（3）电子商务企业　在企业实现商务电子化的同时，商务主体直接交易的便捷性得到了空前提高，交易成本大大降低。电子化交易手段大大扩展了交易主体的选择空间并加速经济全球化进程，交易主体之间"多对多"的交易关系推动了"全球网络化供应链"的形成。纯粹的电子商务企业是组成全球网络供应链的一个重要环节，其目标是通过提供交易信息和交易平台公共服务，提高交易主体之间的交易效率。

2. 企业电子商务的管理流程

电子商务系统的有效运行要以科学的业务和管理流程为前提。传统的业务流程往往是本应属于整体而被分割在不同职能部门，或本应分散而又被聚合在一起的，难以适应以客户导向、竞争激烈、市场变化为特征的企业经营环境，更难以将与电子商务有关的先进的管理思想和技术根植在企业的经营管理中。因此，进行业务流程重组（Business Process Reengineering，BPR）就成为企业实施电子商务重要的基础工作。

业务流程重组的管理思想是要对企业的业务流程进行彻底的变革，建立高效的运作机制，从而使企业在激烈的市场竞争中，缩短产品生命周期、降低成本、提高客户的响应度，使客户满意。要使企业的业务流程重组为客户满意提供组织保证，就要正确理解面向客户满意的业务流程的含义，科学设计以客户为导向的业务流程。所谓业务流程，就是企业以输入各种原材料和客户需求为起点，直到企业创造出对客户有价值的产品或服务为终点的一系列活动。客户关心的只是流程的终点，但企业必须安排好整个流程，构成一套以客户为导向的流程体系。

3. 企业电子商务的资源管理

企业电子商务活动需要对企业的各种资源进行优化配置和管理，以保证企业电子商务系统发挥最大的功能。企业电子商务资源可以分为人力资源、财务资源、采购资源以及客户关系资源等。

（1）企业电子商务的人力资源管理　企业电子商务的人力资源管理是指在企业电子商务运作中对人力资源的取得、开发、利用和保持等方面进行计划、组织、指挥和控制，其直接目标是保证人本管理思想在企业得以实现，终极目标是实现企业的电子商务发展战略。企业电子商务的人力资源管理的实施，要进行适应网络经济要求的职务分析、电子化招聘（网上招聘）、电子化培训与在线学习、电子化沟通、电子化考评等工作。同时，还要建立用工制度、虚拟员工的行为规范、评估制度、薪酬制度等企业电子商务人力资源管理的相关制度。

（2）网络财务管理　电子商务使企业财务管理突破了时空的界限，降低了财务管理活动的成本和财务成本，也使企业的财务管理活动出现了新的风险，要求财务管理能够实现新的管理模式和工作方式。网络财务是一种基于计算机网络技术，以整合实现企业电子商务为目标，以财务管理为核心，财务、业务协同，支持电子商务，能够提供互联网环境下财务核算、财务管理及其各种功能的、全新的财务管理系统。通过MRPⅡ或ERP将企业业务和财务、物流和资金流、信息流集成起来，也可以开发或引进网络财务软件得以实现网络财务管理。

（3）电子化采购管理　电子化采购是通过互联网，借助计算机管理企业的采购活动。采购企业在网络上公布所需产品或服务的内容，供相应的供应商选择。采购企业通过电子目录了解供应商的产品信息，通过比较选择合适的供应商、下订单及后续的采购管理工作。

（4）电子商务的服务管理　电子商务的机遇需要靠优质的服务去把握，客户的选择标准将会集中于服务。电子化交易呼唤人性化服务。服务是维护客户忠诚的基本条件，是增强员工凝聚力的重要因素。这样，就要求服务要快速响应，满足个性化需求。

在进行电子商务管理模式分析时，需要从以下几个方面进行分析：

1）企业电子商务组织采用何种形式，具有什么特点？

2）企业的业务流程具有什么特点，是否适应电子商务的要求？

3）企业的人力资源管理、财务管理、采购管理、服务管理等专业管理是否采用电子化的手段，有什么特点？

4）企业电子商务管理具有哪些方面的管理制度和奖惩制度来保证电子商务活动的正常进行？

5）企业电子商务网站的服务有效性如何？

3.1.6　电子商务的资本模式

电子商务的资本模式是指从电子商务资本的进入、运作到退出的整个结构。企业电子商务的资本模式主要有风险投资型和传统投资型两种。

1. 风险投资型资本模式

风险投资是由职业金融家的风险投资公司、跨国公司或投资银行所设立的风险投资基金投入新兴的、迅速发展的、有巨大竞争潜力的企业的一种权益资本。在这种投资方式下，投资人为融资人提供长期股权投资和增值服务，培育企业快速成长，数年后再通过上市、兼并或其他股权转让方式撤出投资，取得高额投资回报。

电子商务的风险投资型资本模式是指风险投资对电子商务公司的直接投资，或已经建立电子商务网站的电子商务公司吸引风险投资的介入。这种风险投资一般在电子商务公司创业阶段就进入，因而也被称为创业投资。

成熟的风险投资发源于美国，而且曾经取得了令人瞩目的成功。许多电子商务公司得到大量的风险投资的支持，从而得到了快速的发展。20世纪90年代末以来，我国的电子商务企业也开始吸引国外的风险投资。

2. 传统投资型资本模式

电子商务的传统投资型资本模式是指传统企业通过各种形式进入电子商务领域，将资本引入电子商务领域。

我国传统投资型资本模式主要有以下几种形式：

（1）传统企业直接投资电子商务　这类电子商务资本模式主要是指一些实力比较雄厚的大企业，投资开发自己的网站，并且实现在线交易。这类网站基本具备了企业电子商务的功能，其显著特征是实现了网上订购，但是网上支付和电子账户等功能还未能实现。

（2）政府或企业投资　这类网站往往是针对某一行业，由政府或实力雄厚的企业投资组建，向某一行业提供电子商务交易平台和面向更多行业的网上交易平台。

(3) 传统企业和电子商务网站之间的资本联合，实现传统企业与电子商务的结合 这种电子商务资本运作模式有两种情况：一是一些虚拟网站参股传统企业组建电子商务网站；二是传统企业收购虚拟网站，从而进军电子商务。

(4) 电子商务公司之间的并购 这种并购是电子商务公司竞争中的一种手段，并购者希望通过并购迅速发展自己，以捆绑的方式提高公司的知名度，而且通过并购吸引其他公司的大量人才，最终目的在于吸引更多的投资，为下一步的发展奠定基础。被并购的公司往往缺乏进一步的资金支持。

进行电子商务案例的资本模式分析，需要从以下几个方面来考虑：

1) 公司电子商务网站的资本来源属于风险投资还是传统的产业资本，主要有哪些来源渠道？

2) 公司电子商务网站的资本来源如果是风险投资，其投资主体是哪些？其投资运作进入哪个阶段，具有哪些特点？

3) 如果公司电子商务业务属于传统投资型资本模式，是采取的何种投资形式？其运作过程具有什么特点？

3.2 淘宝网的电子商务模式分析

3.2.1 淘宝网的基本情况

淘宝网是亚洲第一大网络零售商圈，致力于成就全球最大的个人交易网站，由阿里巴巴集团于 2003 年 5 月 10 日投资创办。

自成立以来，淘宝网相继推出个人网上商铺、支付宝、阿里软件、雅虎直通车、阿里妈妈等产品和增值服务。随着淘宝网规模的扩大和用户数量的增加，其也从单一的 C2C 网络集市变成了包括 C2C、分销、拍卖、直供、众筹、定制等多种电子商务模式在内的综合性零售商圈。

淘宝网拥有近 5 亿的注册用户数，每天有超过 6000 万人次的固定访客，同时每天的在线商品数已经超过了 8 亿件，平均每分钟售出近 5 万件商品。

淘宝网提倡诚信、活跃、快速的网络交易文化，坚持"宝可不淘，信不能弃"。

3.2.2 淘宝网的商业模式

1. 战略目标

淘宝网的使命是"没有淘不到的宝贝，没有卖不出的宝贝"。淘宝网的目标是打造全球首选网络零售商圈。

2. 目标用户

淘宝网主要面向国内，也逐步面向全世界在网上买卖商品的人群。只要会上网，都可以在淘宝网上买卖东西，如图 3-2 所示。

图 3-2 淘宝网

3. 主要产品和服务

（1）商品　无论是商家还是个人都可以在这里提供所想出售的货物。淘宝网的商品应有尽有、分类齐全、琳琅满目，有万能的购物店之称。

（2）阿里旺旺　一种即时通信软件。阿里旺旺是淘宝网官方推荐的沟通工具。淘宝网交易认可淘宝旺旺的交易聊天内容，可保存为电子证据。

（3）淘宝店铺　淘宝店铺是指所有淘宝卖家在淘宝使用的旺铺或者店铺。淘宝旺铺（个性化店铺）服务是由淘宝提供给淘宝卖家，允许卖家使用淘宝提供的计算机和网络技术，实现区别于淘宝一般店铺的个性化店铺。

（4）支付宝　支付宝是淘宝网安全网络交易的核心保障。在交易过程中，支付宝作为诚信中立的第三方机构，充分保障货款安全及买卖双方的利益。

（5）余额宝　余额宝是支付宝推出的余额增值服务，把钱转入余额宝中就可获得一定的收益。余额宝内的资金还能随时用于网购消费和转账，支持支付宝账户余额支付、储蓄卡快捷支付（含卡通）的资金转入。

（6）淘宝指数　淘宝指数是一款基于淘宝的免费数据查询平台，可通过输入关键词搜索的方式，查看淘宝市场搜索热点、成交走势、定位消费人群。

（7）诚信服务　利用网络信息共享优势，建立公开透明的信用评价系统。淘宝网的信用评价系统的基本原则是：成功交易一笔买卖，双方对对方做一次信用评价。

（8）淘宝大学　淘宝大学是针对网商需求，为网商提供的"一站式服务"。淘宝大学面向的学员涵盖了企业级网商、传统企业转型电商负责人、高校电商专业教师及学生、创业型网商，并且大部分课程都是"实战"内容，切实有效地提升了学员的电商综合能力。现已形成了覆盖各网商群体的完善培训课程，包括针对中小卖家的"点亮淘宝路"活动，针对电商中层的"网商特训营"，针对电商基层专业人才的"电商精英""企业内训师"项目，以及针对网商核心高层的"传统企业进驻电子商务总裁班"和"网商 MBA"培训课程，有效地提升了学员的电商综合能力。

4. 赢利模式

淘宝网的收入结构包括广告、增值服务、交易提成、合作分成等,其中广告、增值服务占据了收入的绝对份额,而这些收入都是由流量来支撑的。

淘宝网的网站内设有广告。商家需要通过广告让别人知道自己的产品,就需要网站为其做广告来宣传。淘宝网作为一个中介,为买卖双方提供信息,可以从成交中收取一定的费用。增值服务有淘宝旺铺和直通车等。

表 3-1 列出了淘宝网的主要收费项目。

表 3-1 淘宝网的主要收费项目

淘宝网收费项目	收费标准
旺铺	可以提升宝贝浏览量,更好地留住买家;宝贝图片更大,店铺更漂亮;旺铺卖家免费赠送 30M 图片空间。消费者保障服务的用户一个月 30 元,普通用户 50 元
消费者保障计划	提交 1000 元的保证金,退订服务可以全额退款
图片空间	旺铺用户可以免费获得 30M 的图片空间,一个宝贝可以上传最多 10 个大图,其他的收费标准:30MB 3 元/月、50MB 5 元/月、100MB 10 元/月、300MB 30 元/月、500MB 50 元/月、1GB 100 元/月
淘宝直通车	卖家推广工具,自己设置竞价词、竞价金额,竞价词和类目竞价最低 0.1 元,可设置日消费上限。按点击量收费
淘宝客推广	淘宝和阿里妈妈合作的产物,卖家对宝贝设置佣金百分比,淘客推广成交后按比例付佣金
卖霸	将卖家产品集中在一起,以专题/活动的形式进行集中展示,并整合淘宝优质广告资源进行强力推广,实时跟踪整个活动的点击/流量/产品成交等数据,方便卖家实时分析效果,确保投入产出最大化。按点击量收费
钻石展位	专为有更高推广需求的卖家量身定制的产品。精选了淘宝最优质的展示位置,通过竞价排序,按照展现计费。性价比高更适于店铺、品牌的推广。按点击量收费
搭配套餐	将几种商品组合在一起设置成套餐来销售,通过促销套餐可以让买家一次性购买更多的商品。15 元/季
满就送	满就送积分、满就送礼物、满就减现金、满就免邮费。24 元/季
量子恒道店铺统计	提供店铺流量统计、分析服务。10 元/月,25 元/季
好店铺统计服务	提供全面、精确的统计数据,帮助卖家快速提升业绩。10 元/月,25 元/季

5. 核心竞争力

淘宝网的核心竞争力是多年来积攒的众多用户和人气、免费策略、垄断的 C2C 市场份额以及支付宝和阿里巴巴的强有力支持。

3.2.3 淘宝网的经营模式

1. 免费策略

淘宝网实行免费政策。淘宝网所有的服务均免费,卖家开店免费、交易免费……实行产品登录免费制度,让用户真正在网上交易中获得利益,才能培养更多忠实的网络交易者,把

"蛋糕"做大。我国互联网用户正在经历从网民到网友再到网商的历史转折时期，互联网用户已经表现出通过网上交易为自己创造真实的价值的强烈愿望。只有让用户真正在网上交易中获得利益，才能培养出更多更忠实的网络交易者。

阿里旺旺、支付宝也是免费的。即时通信软件阿里旺旺使买家与卖家互相联系和留言都十分方便。支付宝为买家提供支付保障，使买家在购买时没有后顾之忧，创立之初即被誉为当年国内最成功的网络投资项目之一。淘宝网除创造性地推出支付宝产品外，还与工商银行、招商银行等进行全方位的合作，积极完善个人网上交易支付平台。

2. 不断创新

淘宝网通过收购口碑网推出分类信息，大力拓展品牌商城，将团购做成一个频道，将交易的视野扩向全球。淘宝网还推出"全球购"频道、B2C 网上商城，建设社交网络社区等，淘宝网发展的每一步都显示了其在创新上的勇气。依靠不断地尝试，淘宝网维护着自己的领先地位。

3.2.4 淘宝网的技术模式

对于淘宝网这样一个大规模的网站，技术是非常关键的。淘宝网的技术除了自己开发外，也广泛使用了开源软件构建系统。采用开源软件构建系统可以大大降低成本，还可以看到软件的源码，研究了解软件内部的工作过程、原理，这对于应用设计、开发、查错、优化都是非常有帮助的。

淘宝网的应用服务器上采用的是 Linux 操作系统。Linux 操作系统在 PC Server 上有广泛的应用。淘宝网有很多业务系统应用是基于 J2EE 规范的系统，还有一些是由 C、C++或 Java 构建的应用。在淘宝网的应用中，采用了两种关系型数据库管理系统。一个是 Oracle，另外一个是 MySQL。Oracle 是一款优秀的、广泛采用的商业数据库管理软件，有很强大的功能和安全性，可以处理相对海量的数据，而 MySQL 是一款非常优秀的开源数据库管理软件，非常适合用多台 PC Server 组成多点的存储节点阵列，可以很好地保证容错性，保证应用的健壮性和可靠性。

一个互联网应用，除了服务器的操作系统、Web Server 软件、应用服务器软件、数据库软件外，还会涉及一些其他的系统，如一些中间件系统、文件存储系统、搜索、分布式框架、缓存系统等。考虑到淘宝网自己的需求和大量并发的压力，这些系统都选择了自主开发。淘宝网的 Web 展现层的框架用的是集团内部自主开发的一套 Web 框架。这个框架能够解决一些其他 Web 框架不能解决的、在淘宝网的应用中又会出现并需要解决的问题。

淘宝网的网站技术模式定位于系统运行的持续稳定性和安全性两个方面。淘宝网作为信息中介服务平台，它的系统要求是严格的。淘宝网的通信系统采用互联网和通信网，在服务器的构建上要保证交易信息的安全传递，保证数据库服务器的绝对安全，防止网络黑客的闯入破坏。淘宝网在身份验证和安全监控上也有很大的作用。在系统应用软件方面，淘宝网采用了网上信用管理系统、身份认证和安全管理系统、网络监控管理系统和网络安全管理系统等，最大限度地保证了网站安全、数据安全和交易安全。

3.2.5　淘宝网的管理模式

为了维护电子商务市场的安全和稳定发展，淘宝网规定淘宝卖家在成为淘宝注册会员后，必须通过淘宝网的身份认证方可在淘宝网交易或出售商品。淘宝身份认证分为个人用户认证和商家认证两种。两种认证需要提交的资料不一样，个人用户认证只需要提供身份证明，商家认证还需要提供营业执照。一个人不能同时申请两种认证。一旦淘宝网发现用户注册资料中的主要内容是虚假的，可以随时终止与该用户的服务协议。

2015 年，淘宝网在"实名认证"的基础上又启动了"实人认证"，即淘宝网年检。淘宝网针对所有卖家进行定期复核，对有不良记录的卖家，还将增加不定期的身份复核，目的是要最大限度地消除由于虚假注册信息带来的交易安全隐患。

淘宝网建立了信用评价体系。淘宝网信用评价体系由心、钻石、皇冠三类等级构成，目的是为诚信交易提供参考，保障买家利益，督促卖家诚信交易。淘宝网要求卖家如实描述商品，推出消费者保障服务，切实保障消费者的利益。

3.2.6　淘宝网的资本模式

2003 年 5 月 10 日，淘宝网由全球最佳 B2B 平台阿里巴巴公司投资 4.5 亿元创办；2005 年 10 月，阿里巴巴集团宣布对淘宝网追加 10 亿元投资；2008 年 7 月，在淘宝网成立 5 周年之际，阿里巴巴集团董事会主席马云宣布：对淘宝网再度追加 20 亿元投资，而实际上阿里巴巴集团追加了 50 亿元投资。

3.3　海尔集团的电子商务模式分析

3.3.1　海尔集团的基本情况

1. 海尔集团简介

海尔集团创立于 1984 年，是一家全球领先的美好生活解决方案服务商。在持续创业创新过程中，海尔集团始终坚持"人的价值第一"的发展主线。海尔集团创始人名誉主席张瑞敏提出"人单合一"模式。

海尔集团始终以用户体验为中心，踏准时代节拍，从资不抵债、濒临倒闭的集体小厂发展成引领物联网时代的生态型企业。

2019 年 12 月 26 日，在海尔集团创业 35 周年暨第六个发展阶段战略主题和第四代企业文化发布仪式上，海尔集团开启了第六个战略阶段——生态品牌战略阶段。

海尔集团生态品牌战略的实质就是要与用户交互，借助区块链、物联网等新工具，提供用户所需要的产品和服务。具体而言，在物联网语境下，将持续以用户需求为导向，让员工发挥最大的价值为用户创造价值；以生活场景为目标，突破产品和行业的边界，深度挖掘和掌握用户动态的需求，持续为用户提供个性化产品和场景服务，打破过去价格交易的传统产品售卖逻辑，从而开启新的价值交互模式。

2022年9月22日，世界品牌实验室发布了2022年《亚洲品牌500强》排行榜，海尔品牌连续17年登上榜单，蝉联榜单第四名。2022年8月25日，凯度发布"2022年BrandZ最具价值中国品牌100强"，海尔品牌价值持续提升，位列百强榜第九位，也是连续12年进入该榜单。

未来，海尔集团将继续携手全球一流生态合作方，持续建设高端品牌、场景品牌与生态品牌，建设衣食住行康养医教等物联网生态圈，为全球用户定制个性化智慧生活。

海尔第5代识别标志如图3-3所示。

图3-3 海尔第5代识别标志

2. 海尔集团网络直销概况

2000年，海尔集团投资1000万元成立了电子商务公司，研发筹建企业电子商务平台。海尔集团于2004年开通了B2C交易平台，每年投资上百万元用于扶持该项目建设，已建成功能健全的海尔网上商城并且运行良好。

3.3.2 海尔集团的商业模式

1. 战略目标

海尔集团的战略目标是要以效率打造全球第一竞争力、创出世界级的全球化海尔品牌。海尔网络直销是利用网络及电子化手段收集、整理、分析用户需求信息，并利用网络良好的互动优势和客户直接沟通，为客户提供个性化的产品与服务，提高客户对海尔的满意度与忠诚度，提高海尔的竞争力。

互联网时代的到来颠覆了传统经济的发展模式，而新模式的基础和运行则体现在网络化上，市场和企业更多地呈现出网络化特征。在海尔集团看来，网络化企业发展战略的实施路径主要体现在三个方面：企业无边界、管理无领导、供应链无尺度，即大规模定制、按需设计、按需制造和按需配送。

2. 目标用户

海尔直销面对的不仅仅是国内的客户，还有全世界的客户。海尔集团主要在线销售冰箱、空调、洗衣机、彩电、手机、计算机等各种家用电器，提供实物图片、文字介绍、在线查询、客户热线咨询、网上讨论留言，以及各种付款方式和售后服务等。客户只需要轻点鼠标，即可实现购物过程。海尔集团建造了整套电子商务系统，以及强大的物流系统，能够在较短的时间里，将客户订购的商品送至家门口。海尔集团还在产品售后服务上下大功夫，崇尚客户至上原则，客户的不满意就是我们的财富。海尔集团的服务理念为：用户永远是对的，您的满意就是我们的工作标准,海尔人就是要创造感动。海尔商城网站如图3-4所示。

图3-4　海尔商城网站

3. 产品和服务

海尔集团提供的主要产品有居室家电、厨房家电、热水器、影音产品、IT产品、通信产品、商用电器等。

海尔集团为客户提供个性化的产品与服务。通过海尔网站,与客户直接充分沟通,客户可以查询海尔产品资料、定制产品与服务、在线付款、获取产品使用维护常识等。海尔直销给客户带来了极大的便利。个性需求、异地求购、电话确认、网上付款、货到付款,对网上销售的业务定位是传统方式的补充。

4. 收入和利润来源

海尔直销的收入来源不仅包括在线销售取得的直接销售收入,而且包括一系列由于网络化而带来的无形价值。

(1) 品牌价值　海尔集团通过电子商务,整合了企业形象,极大地提升了品牌价值。

(2) 成本价值　海尔集团通过与电子商务相适应的强大的物流系统建设和运营流程重组,使海尔取得了明显的成本优势。

(3) 服务价值　让客户永远满意是海尔集团的服务理念。海尔集团电子商务的重要内容之一就是客户关系管理,通过客户关系管理,取得了巨大的客户服务价值,提高了客户忠诚度。

(4) 技术价值　海尔集团在技术上始终保持领先地位,并且凭借其技术优势在全球范围内进行了兼并与扩张,在美国、欧洲等地初步实现了设计、制造、营销三位一体的本土化布局。

5. 核心能力

(1) 管理模式　海尔集团的管理模式先后经历了以质量为核心的OEC管理模式和以速度为核心的市场链管理模式。在OEC管理模式中"O"代表Overall(全方位),"E"代表

Everyone（每人）、Everything（每件事）、Everyday（每天），"C"代表Control（控制）和Clear（清理）。OEC管理模式也可以表示为：日事日毕，日清日高。也就是说，当天的工作要当天完成，天天清理并且天天都有所提高。OEC管理模式由3个体系构成：目标体系、日清体系和激励机制。市场链管理模式是对OEC管理模式的发展，它是以海尔文化和OEC管理模式为基础，以订单信息流为中心，驱动物流和资金流的运行，实施以"三个零"（零库存、零营运资本和与用户零距离）为目标的业务流程再造。

（2）自主创新　创新是把握时代之变的终极密码，是勇敢者披荆斩棘的永恒利器。谁先创新满足时代的需求，谁就能先胜一筹。2022年，海尔集团所获中国专利金奖增至11项，海外集团发明专利超1.6万项，均为行业第一；累计主导和参与国际标准发布97项、国家标准和行业标准发布706项；实现气悬浮压机、零嵌冰箱、航空温控集装箱等原创技术重大突破，新增"国际领先"技术鉴定23项，累计264项，位居行业第一。这一系列科技创新，也在海尔集团的业绩上有了硬核映照：2022年，海尔集团全球营业收入3506亿元，增长5.4%；生态收入450亿元，增长16.3%；全球利润总额252亿元，增长3.7%。

（3）员工培育　员工是影响企业核心竞争力形成的最直接、最核心的因素。海尔集团对员工作用的理解是很深刻和独到的。海尔集团遵循"人人是人才，赛马不相马，你能够翻多大的跟头，就给你搭建多大的舞台"的用人理念，推行"自主管理"。因此在海尔集团，每个人的积极性、创造性都在得到最大限度的发挥。可以说员工是海尔集团核心竞争力最坚实、最可靠的壁垒。

（4）海尔文化　海尔集团企业文化最核心的部分是体现对两部分人的尊重：对员工的尊重，对用户的尊重。正是这种充分的尊重凝聚了员工，也凝聚了用户。正是由于海尔文化的领先性和不可模仿性，才铸就了海尔核心竞争力的领先性。

对于海尔集团而言，不竭的创新能力正是其核心能力的所在。海尔集团的创新遍及了企业的各个方面及领域。如果说狭义的海尔创新能力是指它的技术创新，那么能作为海尔集团核心能力的应该是其广义的创新，即其在战略、市场、管理、组织、观念及制度等方面的协同创新能力。海尔集团通过不断"创造性地破坏"和"创造性地借鉴、模仿"，不断"创造有价值的订单"以满足用户需求，逐步培育、构造、强化和发挥以品牌为基点的核心竞争力机制，不断赋予海尔品牌新的内涵，逐渐形成了一套比较完善的企业创新体系。

3.3.3　海尔集团的经营模式

1. 商品的采购方式

海尔集团的后台ERP系统已经覆盖了整个集团原材料的集中采购、原材料库存及立体仓库的管理、19个事业部中的生产计划、事业部生产线上工位的原材料配送、事业部成品下线的原材料消耗倒冲，以及物流本部零部件采购公司的财务等业务，构建了其内部供应链。

2. 商品的储存方式

在海尔集团，仓库不再是储存物资的"水库"，而是一条流动的河，河中流动的是按订单采购来的生产必需的物资，也就是按订单来进行采购、制造等活动。这样，从根本上消除了呆滞物资、消灭了库存。

2022年，媒体报道，海尔集团平均每天接到销售订单200多个，每个月平均接到6000多个销售订单，定制产品7000多个规格品种，需要采购的物料品种达15万种。由于所有的采购基于订单，采购周期减到3天；所有的生产基于订单，生产过程降到一周之内；所有的配送基于订单，产品一下线，中心城市在8小时内、辐射区域在24小时内、全国在4天之内即能送达。海尔完成客户订单的全过程仅为10天时间，资金回笼一年15次，呆滞物资降低73.8%。海尔储存空间利用率也得到了提高。

3. 商品的运输方式

海尔集团有自己的运输体系，包括汽车、轮船、飞机等专业性交通工具。青岛市发达的陆路交通系统和海上运输系统，以及航空运输都为海尔集团提供了最有利的运输条件，使海尔集团拥有十分强大的运输能力。

4. 商品的配送方式

海尔集团的商品配送有送货上门和邮寄两种方式。除了医药产品、智能宠物、《海尔兄弟》等采用邮寄以外，其他都采取免费送货上门的配送方式。

5. 商品的结算方式

海尔电子商务有货到付款、在线支付和邮政汇款三种商品结算方式。货到付款是指海尔集团把用户订购的商品运送到用户家中之后再收取货款；在线支付是指用户使用银行信用卡在网上通过在线支付平台直接支付给海尔集团电子商务有限公司，其收到货款后安排送货；邮政汇款是指用户先通过邮局把货款寄给海尔集团指定的公司账户，其收到汇款后发货。

3.3.4 海尔集团的技术模式

海尔集团基于IBM解决方案建立的新电子商务系统，实现具有客户关系管理、身份认证、定制订单管理、个性化服务、标准订单管理、网上支付等功能，并实现与商流系统、资金流系统及物流系统信息的全面整合。其中，海尔CRM方案将实现集团管理系统与客户管理系统的统一，实现数字化管理。通过CRM系统，客户可以上网查询与之相关的信息。

海尔集团电子商务系统采用三层结构。电子商务系统硬件平台采用了高性能的IBM RS/6000 M80产品。在软件方面，海尔集团采用了IBM电子商务软件。同时，IBM联合北京深思系统集成技术有限公司为海尔集团提供服务。其他专用系统，如商品扫描系统、支付刷卡系统等也是海尔集团电子商务技术系统的组成部分。

3.3.5 海尔集团的管理模式

1. 人力资源管理

海尔集团曾是一个濒临倒闭的集体小厂，经过海尔人多年的卧薪尝胆，一跃成为我国家电行业产品开发速度最快、规模最全、品种最多、质量最好、服务最优、商标价值最高的企业之一。这一切都与海尔集团在长期的实践中所形成的一套科学、合理的用人机制分不开。

海尔集团用人机制归结为两大理论:"斜坡球体人才发展论"和"变相马为赛马"。

海尔集团认为每一个人恰似在斜坡上上行的球体,市场竞争越激烈,企业规模越大,这个斜坡的角度越大。员工的惰性是人才发展的阻力,只有提高员工的素质,克服惰性不断向目标前进,才能发展,否则只能滑落和被淘汰。止住人才在斜坡上下滑的动力是人的素质。谈到素质,在海尔集团人们都认同这样一种理念:在一点一滴中养成,从严格的管理中逼出。为此,海尔集团实施了全方位的对每天、每人、每件事进行清理、控制,"日事日毕,日清日高",以求把问题控制在最小的范围,解决在最短的时间,把损失降低到最低的程度。

海尔集团认为,企业不缺人才,人人都是人才,关键是企业是否将每个人所具备的最优秀的品质和潜能充分发挥出来了。为了把每个人的最优秀的品质和潜能充分开发出来,海尔人"变相马为赛马",并且在全体员工高度认同的情况下,不断实践、提高。具体表现为:在竞争中选人才、用人才,就是要将人才推到属于他的岗位上去赛,去发挥最大的潜力,去最大限度地选出优秀人才。这是一个有利于每个人充分发挥自己特长的机制,使每个人都能在企业里找到适合自己价值的位置。这一机制最初体现在企业内部实行"三工转换制度"。该制度是将企业员工分为试用员工、合格员工和优秀员工三种。三种员工实行动态转化,即通过细致科学的赛马规则,进行严格的工作绩效考核,使所有员工在动态的竞争中提升、降级、取胜、淘汰。努力者,试用员工可以转为合格员工乃至优秀员工。不努力者,就会由优秀员工转为合格员工或试用员工。更为严格的是,每次考评后都要按比例确定试用员工,如此一来,人人都有危机感。

康德说过:"人不是工具,而是目的。"贯穿海尔集团的发展历程,海尔集团管理创新的重点始终关注"人"的价值实现,让员工在为用户创造价值的同时实现自身价值,每个人都成为自己的CEO。在海尔平台创业的小微真正握有"三权",企业把"决策权、用人权和分配权"完全让渡给小微,使小微可以灵活根据市场变化迅速做出决策,更好地满足用户的个性化需求。小微的自演进过程也是自创业、自组织、自驱动,并且按单聚散。

海尔集团已从传统制造家电产品的企业转型为面向全社会孵化创客的平台,所有创业者都可以成为海尔生态圈的一员,从而形成一个共同创造、共同增值、共同盈利的共创共赢生态圈。海尔员工和小微的驱动力来自用户付薪,也就是能为用户创造多大的价值,就能收获多大的增值分享,不再是传统企业的岗位薪酬。另外,小微也受来自社会化资本的驱动,通过资本社会化不断倒逼小微完善商业模式,全流程驱动小微升级。相应地,海尔文化也从"执行力文化"转型为"创业文化"。

员工从被雇佣者、执行者变成创业者、动态合伙人。海尔集团把传统的"选、育、用、留"式人力资源管理颠覆为"动态合伙人"制度,给员工提供的不再是一个工作岗位,而是一个创业机会,员工从被动的执行者,变为主动的创业者,甚至是企业的合伙人,通过互联互通全球资源为用户共创价值,实现用户、企业和利益攸关各方的共赢增值。

"世界就是我的研发部""世界就是我的人力资源部",互联网为企业利用全球分布式的人力资源创造了条件,海尔集团从自成体系的封闭系统变为互联网的一个节点,不只是企业,每个组织和个人都成为互联网的一个节点,无障碍链接全球一流资源。

2. 海尔的企业文化

海尔的企业文化是被全体员工认同的企业领导人创新的价值观。海尔的企业文化的核心是创新。它是在海尔集团20年发展历程中产生和逐渐形成特色的文化体系。海尔的企业文化以观念创新为先导、以战略创新为方向、以组织创新为保障、以技术创新为手段、以市场创新为目标,伴随着海尔集团从无到有、从小到大、从大到强、从中国走向世界。海尔的企业文化本身也在不断创新、发展。员工的普遍认同、主动参与是海尔的企业文化的最大特色。当前,海尔集团的目标是创中国的世界名牌,为民族争光。这个目标把海尔集团的发展与海尔员工个人的价值追求完美地结合在一起,每一位海尔员工将在实现海尔世界名牌大目标的过程中,充分实现个人的价值与追求。

海尔的企业文化分三个层次:最外层是物质文化,看得见,摸得着;中间层是制度行为文化,如规章制度等;最深层的是海尔精神文化。精神文化的核心是价值观,而海尔的价值观就是两个字:创新。制度层面的内容可以学,但创新无法模仿。

海尔集团的科研人员平均每个工作日开发1.3个新产品,每个工作日申请2.5项专利,海尔集团是我国企业中获专利数量最多的企业。海尔这种创新,就是要最大限度地给每一位员工提供一个创新的空间。

3. 海尔的核心价值观

(1) 是非观:永远以用户为是,以自己为非　海尔人永远以用户为是,不但要满足用户需求,还要创造用户需求;海尔人永远自以为非,只有自以为非才能不断否定自我、挑战自我、重塑自我——实现以变制变、变中求胜。这两者形成海尔集团可持续发展的内在基因特征:不因世界改变而改变,顺应时代发展而发展。这一基因加上海尔人的"两创"(创业和创新)精神,形成海尔集团在永远变化的市场上保持竞争优势的核心能力特征:世界变化越快,用户变化越快,传承越久。

(2) 发展观:人人创客,链群自驱　这是如何看待可持续发展的问题。在人单合一文化下,海尔生态的发展观是"人人创客,链群自驱"。海尔生态的基本创新单元是拥有"三权"的小微,每一个小微可自主抢入"链群"。"链群"是没有层级、没有中心的自适应非线性网络,如同水母一样,所有神经元是自组织的网络。

(3) 利益观:人单合一双赢　海尔是所有利益相关方的海尔,主要包括创客、用户、股东以及其他利益攸关方。在网络化时代,海尔集团与全球创客、利益攸关方等共同组成生生不息的生态圈,共赢共享共创价值。只有海尔这个开放的平台生态圈中所有利益相关方持续共赢,海尔集团才有可能实现永续经营。为实现这一目标,海尔集团不断进行商业模式创新,逐渐形成和完善具有海尔特色的人单合一双赢模式,"人"即具有两创精神的员工;"单"即用户价值。每个员工为用户创造价值,从而实现自身价值,企业价值和股东价值自然得到体现,整个创业创新平台才能不断自演进、自优化。

人单合一双赢模式为员工提供机会公平、结果公平的机制平台,为每个员工发挥两创精神提供资源和机制的保障,使每个员工都能以自组织的形式主动创新,以变制变,变中求胜。

3.3.6 海尔集团的资本模式

海尔集团的快速扩张成功地运用了资本运营模式，在资本市场及企业兼并重组方面，取得了巨大成功。海尔集团进入资本市场的目的不是筹集资金，而是通过改制使企业的资本利润率不断提高，从而保证企业资产的保值、增值，使投资者的利益从根本上得到保证。在企业兼并重组方面，海尔集团的成功之处在于有成功的企业文化和成熟的可扩大推广的海尔管理模式。

海尔电子商务的资本模式则主要采用传统投资型的资本模式，其电子商务网站主要采取自建方式。投资较大的在线采购招标，没有像许多企业一样利用公共的交易平台，而是自建采购平台，要求所有希望为其供货的供应商都在网上注册，有效地保证了海尔全球供应链战略的实施。

案例：拼多多的商业模式

一、拼多多的发展背景

2014年是我国互联网电商进程中的一个关键性转折点，这一年，随着京东商城、阿里巴巴先后赴美上市，"猫狗大战"也逐渐成为市场发展的主旋律，基本形成了我国互联网电子商务领域市场发展的新格局。2015年，淘宝、京东两大主流电商已经走向成熟，国内最大的消费市场似乎呈现饱和状态。在这样的背景下，拼多多凭着"社交电商"和"低价市场"杀了出来，将"猫狗"格局强行演变成了"猫拼狗"。拼多多宣传图如图3-5所示。

图3-5 拼多多宣传图

二、拼多多商业模式分析

拼多多上线于2015年，用了短短6年时间就成为我国用户规模最大的电商平台。拼多多将娱乐与分享的理念融入电商运营中：用户发起邀请，在与朋友、家人、邻居等拼单成功后，能以更低的价格买到优质商品。同时拼多多也通过拼单了解用户，通过智能机器算法对用户的需求实行精准的推荐和匹配。其核心竞争优势体现在运用创新化的商业模式，提供低价优质的商品。拼多多平台最初的销售对象主要是农产品，与前人不同的是采取了C2M（Customer to Manufacturer，用户直连制造）商业模式，首创了货找人、人以群分的拼购社交新电商模式。在商业模式的指引下，拼多多懂得"人性"，把帮用户省钱做到了极致。

（一）客户细分

拼多多的用户主要定位在三、四线城市，这类用户对价格的敏感性较高，不太注重商品品牌效应，更关注商品本身的实用性，这就是所谓的长尾理论。长尾理论由克里斯-安德森（Chris Anderson）提出，他认为未来商业不应该仅仅关注"畅销商品"，由"冷门商品"组成的长尾也有巨大的商业价值。拼多多的分享营销活动，正是因为看到了尾部消费群体的庞大力量，看到了"冷门商品"的价值，通过拼购模式挖掘了尾部市场的潜力。

1. 用户情况分析

（1）用户城际分析　在一、二线城市，拼多多相较于淘宝和京东来说，略显劣势。由此说明拼多多主要专注于下沉市场，并且有慢慢向中高端市场发展的趋势。拼多多用户主要集中在三线及以下城市，占比达71.7%，略高于淘宝和京东用户。

（2）用户年龄分析　相比于其他综合电商，在拼多多的使用人群中，36岁以上的用户占比达46.6%，其中31~45岁用户人群占比均高于淘宝和京东的人数，说明拼多多的主要用户年龄集中在31~45岁，并且31~35岁的人群最为显著。

（3）用户性别分析　据不完全统计，目前拼多多的女性消费者达65.6%，男性消费者为34.4%，可以看出女性消费者是男性消费者的两倍，而其他综合电商女性用户和男性用户处于相对平衡的状态。从性别方面来看，相较于其他传统电商，拼多多的女性用户较突出，其目标人群多为家庭主妇、刚参加工作的年轻人、学生和退休老人，以三线及以下城市居多。这类人时间充裕，愿意花时间省钱，对价格敏感，对商品质量的吸引力不高。而随着淘宝消费的升级和京东的保障，这些对价格敏感的人需要找到像拼多多这样有趣的平台进行网购。拼多多探索到了产品价值主张与客户群需求痛点之间的平衡，为实现价值创造最大化打下了基础。

2. 小微企业

拼多多客户的另一端是小微企业，这些企业大部分是原先被淘宝强制关闭的小厂商店铺。拼多多的定位是下沉市场，因此拼多多抓住了这部分小厂商的供应来源，给它们提供较低的准入门槛，为这些小微企业提供了交易平台。随着拼多多的不断发展壮大及年度活跃数增加，也由于准入门槛低和对产品质量方面管理的欠缺，受到了用户的一些质疑。此时拼多多意识到关键任务还是要培养高质量的商家，需要发展一些品牌商家的入驻，通过建立"品牌馆"提升平台商品的品质感。对小微企业进行投资，让它们给客户提供更好的服务和更具有价值的产品，以此来增强用户的黏性。

（二）价值主张

在价值主张方面，拼多多强调制造业与消费者的对接，省去诸多中间环节，实现C2M模式，价格优势由此体现。对于消费者，除了便宜，还需要具备趣味性。拼多多起初创业于游戏公司，在此经验之上，拼多多融入了"多多果园、多多爱消除"等一些类似的游戏，通过游戏既能给用户带来趣味性，又能增加用户在平台的停留时间，从而增加商品的成交概率。

（三）关键业务

拼多多的关键业务就是通过"拼购"的方式销售产品。由于拼团价比单买价便宜许多，大部分消费者会选择拼团价。消费者选择拼团后，为了尽快拼团成功，就会将商品链接分享到诸如朋友圈、微信群之类的社交平台。这个过程在很大程度上会起到宣传作用，使拼多多获取更多的用户和市场，这也是拼多多快速崛起的关键原因所在。

（四）核心资源

利用国内活跃用户数量排名第一的社交工具微信，以拼团模式抓住移动社交的红利——

让原本是个体的购买行为变成了多方的交流社交活动，在分享过程中不仅获得低价商品，还使用户获得了一次全新的共享式购物体验。

拼多多小程序通过这种微信拼团的新颖玩法，不仅建立了庞大的拼购社群圈，而且通过这些用户之间的口碑效应，还引爆了很多的爆款商品，吸引了更多新的消费群体。越来越多的用户以拼团的形式加入意味着订单大量且迅速地涌入，使拼多多可直接与供货厂商合作对话，省掉中间环节，价格优势明显。

拼多多一个核心的成长逻辑是借助微信的社交裂变大量吸收新用户，并以低价团购的模式留住一大批下沉市场的消费者，从而实现自身的成长。

任何一个电商平台，其最核心的资源就是用户流量。有了流量，才能给电商平台注入新的血液。对于电商行业"先驱者"的淘宝、京东而言，现有的用户流量已经处于瓶颈状态，拼多多要想有立足之地，只有在商业模式上创新。根据2021年一季度数据，拼多多年活跃买家数量达8.238亿，再次稳居行业第一。同期阿里巴巴年活跃买家数量为8.11亿，京东为4.998亿。

（案例来源：邱柳方．"电商黑马"拼多多的商业模式探析［J］．国际商务财会，2021（11）：34-37；41．有删改。）

拓展学习：猪八戒网的成长史

导言：

猪八戒网是中国领先的服务众包平台，由《重庆晚报》原首席记者朱明跃创办于2006年，服务交易品类涵盖创意设计、网站建设、网络营销、文案策划、生活服务等多种行业。目前，猪八戒网有百万服务商正在出售服务，为企业、公共机构和个人提供定制化的解决方案，将创意、智慧、技能转化为商业价值和社会价值。

感兴趣的读者可自行了解猪八戒网的创业经历，并查找相关资料，应用本章所学，对其商业模式、技术模式、经营模式、管理模式和资本模式等进行分析。

思 考 题

1. 你认为如何才能正确认识和把握电子商务行业的发展情况？
2. 如何对企业电子商务模式进行分析？
3. 什么是电子商务的商业模式？
4. 按照波特的竞争优势理论，企业电子商务竞争优势体现在哪些方面？
5. 电子商务赢利模式有什么特点？
6. 什么是企业的电子商务经营模式？
7. 什么是企业的电子商务管理模式？

第4章 电子商务的技术基础

电子商务的基础是电子商务系统,当代电子商务系统是在计算机技术、数据库技术、网络技术和新兴技术的基础上构筑而成的。

本章主要介绍电子商务的相关信息技术和云计算、大数据、物联网、移动电子商务等新兴技术,为电子商务学习奠定必要的技术基础。

4.1 电子商务中的技术

4.1.1 计算机硬件和软件

1. 计算机硬件

计算机硬件是指构成计算机的那些看得见、摸得着的物理设备,是计算机工作的物质基础。一个完整的计算机硬件系统由运算器、控制器、存储器、输入设备和输出设备这五部分组成。其中,运算器和控制器被安置在同一块芯片上,称为中央处理器(Central Processing Unit, CPU),它是计算机的核心部件;存储器又分为内存储器(简称内存)和外存储器(简称外存),也可称为主存储器和辅存储器;输入(Input)设备和输出(Output)设备统称为I/O设备。

CPU和内存储器构成了主机,而外存储器和I/O设备构成了外部设备,简称为外设。

2. 计算机软件

软件是计算机硬件设备上运行的各种程序及相关资料的总称,它是连接用户与硬件之间的桥梁,用户主要是通过软件与计算机进行交流。

计算机软件总体分为系统软件和应用软件两大类。系统软件是对计算机硬件资源(如CPU、存储器、I/O设备等)进行调度和管理的软件,主要包括操作系统、数据库管理系统、语言处理程序等;应用软件直接面向用户,在特定领域为特定目的服务,如工具软件、游戏软件、管理软件等都属于应用软件。

操作系统(Operating System, OS)是有效管理和控制计算机系统资源、协调计算机各部件工作、合理组织计算机工作流程、提供友好用户界面以方便用户使用计算机系统的一种系统软件。它是计算机中最基本也是最重要的软件。

操作系统的基本功能包括：处理机管理，实现进程的控制、同步、通信和调度；内存管理，负责内存的分配、保护、扩充及地址变换；设备管理，实现设备分配、缓冲管理及设备虚拟；文件管理，实现对文件的存储空间、目录、读或写等的管理；作业管理，对作业进行调度和控制。

常见的操作系统包括 DOS、Windows、UNIX 和 Linux。

DOS 的全称是磁盘操作系统（Disk Operating System），是一种单用户、单任务、字符界面的操作系统。DOS 的主要功能是设备管理和文件管理。DOS 负责管理系统资源，添加硬件需要安装相应的驱动程序，这一点与 Windows 支持的即插即用功能有较大差距。

Microsoft Windows 是美国微软公司以图形用户界面为基础研发的操作系统，主要运用于计算机、智能手机等设备，有普通版本、服务器版本、手机版本和嵌入式版本等子系列，是全球应用最广泛的操作系统。截至 2022 年 8 月 5 日，Microsoft Windows 更新推送系统 30 余个，普通版本已更新至 Windows 11；服务器版本已更新至 Windows Server 2022；手机版本已终止研发，最后版本为 Windows 10 Mobile；嵌入式版本为 Windows CE（后被 Windows for IoT 取代）。此外，还有提供线上 Web 服务的 Windows 365。

UNIX 操作系统起源于美国 AT&T 贝尔实验室。1970 年，贝尔实验室的肯·汤普森（Ken Thompson）和丹尼斯·里奇（Dennis Ritchie）用汇编语言在 PDP/7 计算机上开发了一个短小精悍的分时多用户操作系统，取名为 UNIX。从 1971 年至今，UNIX 操作系统不断改版。UNIX 操作系统具有如下特点：多用户、多任务分时操作系统；短小精悍，简捷有效；具有很好的可移植性；具有良好的开放性；具有良好的安全性。

Linux 操作系统是 UNIX 操作系统在微机上的实现，它最早于 1991 年开发出来，整个操作系统的设计是开放源代码，与 UNIX 操作系统兼容。Linux 是一个完全多任务、多用户的操作系统，同时融合了网络操作系统的功能，可以支持各种类型的文件系统。Linux 支持多种以太网卡及个人计算机的接口，支持字符和图形两种界面，也支持对设备的即插即用，但不如 Windows 的即插即用功能强大。

4.1.2 数据管理技术

1. 数据管理技术的发展

数据管理技术是对数据进行分类、组织、编码、存储、检索和维护的技术，经历了人工管理、文件管理、数据库管理三个阶段。每个阶段的发展以数据存储冗余不断减少、数据独立性不断增强、数据操作更加方便和简单为标志，具有各自的特点。

（1）人工管理阶段　在计算机出现之前，人们运用常规的手段从事记录、存储和对数据的加工工作：利用纸张来记录数据，利用计算工具（算盘、计算尺）来进行计算，用大脑来管理和使用这些数据。早期的计算机主要用于数值计算，并无管理数据的软件。从计算机内记录的数据来看，数据量小、数据无结构、数据之间缺乏逻辑组织、数据依赖特定的应用，以及数据缺乏独立性。

人工管理数据的特点可以概括为：数据不保存；数据需要由应用程序自己管理，没有相应的软件来处理数据；数据不共享；数据不具有独立性。

(2) 文件管理阶段　这一阶段的数据管理技术得益于计算机的处理速度和存储能力的迅速提高。这一时期的数据处理系统是把计算机中的数据组织成相互独立的数据文件，并可按文件名字来进行访问，对文件中的记录进行存取。数据可以长期保存在计算机外存上，可以对数据进行反复处理，并支持文件的查询、修改、添加和删除等操作，这就是文件系统。文件系统实现了记录内的结构化，但从文件的整体来看却是无结构的。其数据面向特定的应用程序，因此数据共享性、独立性差，并且冗余度大，管理和维护的代价也很大。

(3) 数据库管理阶段　20 世纪 60 年代后期，计算机性能得到进一步提高，出现了大容量磁盘，存储容量大大增加且价格下降。在此基础上，为了满足和解决实际应用中多个用户、多个应用程序共享数据的要求，使数据能够为尽可能多的应用程序服务，就出现了数据库这样的数据管理技术。数据库技术的特点是数据不再只针对某一个特定的应用，而是面向全组织、具有整体的结构性、共享性高、冗余度小，具有一定的程序与数据之间的独立性，并且对数据进行统一的管理和控制。

从文件系统到数据库系统，标志着数据管理技术质的飞跃。20 世纪 80 年代以后，不仅在大、中型计算机上实现并应用了数据库技术（例如 Oracle、DB2、Sybase、Informix 等），在微型计算机上也可使用数据库管理软件（例如常见的 Access、FoxPro 等），数据库技术得到了普及和应用。

2. 网络数据库技术

网络是推动数据库技术发展的动力之一。当前，互联网技术发展异常迅速，越来越多的数据库应用软件在互联网环境下运行。在此之前，数据库应用系统的发展经历了单机结构、集中式结构、客户机/服务器（Client/Server，C/S）结构，随着互联网的普及，又出现了浏览器/服务器（Browser/Server，B/S）结构与多层结构。

(1) 客户机/服务器结构　客户机/服务器（C/S）结构是当前非常流行的数据库系统结构。在这种结构中，客户机提出请求，服务器对客户机的服务请求做出回答。客户机/服务器结构如图 4-1 所示。

客户机/服务器结构有三个主要部件：数据库服务器、客户端应用程序和网络与通信软件。每个部件集中一项特定的工作。

1) 数据库服务器。数据库服务器也称为"后端"，它负责有效地管理系统的信息数据库，在多个客户并发地请求服务器上相同资源时，对这些资源进行优化管理。例如，安全地、快速地对公用信息数据库进行并发存取，使用备份和恢复功能保护数据库信息，对所有的客户应用程序集中实施全局的数据完整性规则等。

2) 客户端应用程序。客户端应用程序也称为"前端"，

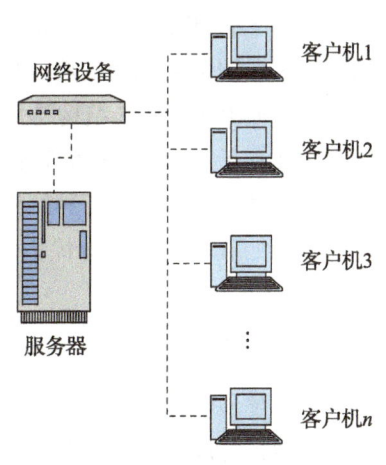

图 4-1　客户机/服务器
（C/S）结构

它是系统中用户处理数据的功能性部件。在客户机/服务器结构中，客户端应用程序的主要任务是：提供友好的用户界面，方便用户使用；按规定的格式显示数据表格与图形；按应用逻辑要求对数据条目进行计算和验证；向数据库服务器提交请求并接收来自服务器的反馈信息。

3）网络与通信软件。网络软、硬件配备齐全的网络与通信软件是客户机和服务器之间传输数据的工具，客户机和服务器都运行通信软件，以使它们能够在网络上进行信息交流。

与文件/服务器模式相比，客户机/服务器模式具有明显优势，因为客户机和服务器将应用的处理要求分开，通过两者的协同配合，优化组合双方的能力，共同来完成用户提交的特定任务，组成了真正的分布式处理系统。服务器为多个客户管理数据库，而客户发送、请求和分析从服务器中接收的数据。在一个客户机/服务器应用中，客户端应用程序是针对较小的特定数据集，如一个表中的行进行操作的，而不像文件服务器系统那样针对整个数据文件。数据库服务器是智能化的，它只封锁和返回一个客户请求的那些行，因此保证了并发性，使网络上的信息传输减到最少，因而可以改善系统的性能。

客户机/服务器结构的另一个优点在于：数据库服务器向客户端提供一个开放的使用环境，客户端通过数据库接口，如 ODBC（开放数据库连接）和 SQL 语言访问数据库。也就是说，不管客户端采用什么样的硬件和软件，它只要能够通过网络和数据库接口程序连接到服务器，就可以对数据库进行访问。

（2）浏览器/服务器结构　随着互联网和 Web 技术的广泛应用，网络上客户机的数量急剧增加，C/S 结构已无法满足人们的需要。因为在典型的 C/S 体系中，为大量客户安装和维护前端应用程序的做法不现实，因此基于浏览器/服务器（B/S）结构的系统应运而生。采用 B/S 结构后，在客户端只需要安装一个通用的浏览器即可，不再需要为每一台客户机安装专门的前端应用程序。

B/S 模式的工作原理是：通过浏览器以超文本形式向 Web 服务器提出访问数据库的请求，Web 服务器接收客户请求后，将这个请求交给数据库，数据库服务器收到请求后，进行数据处理，然后将处理结果集返回给 Web 服务器，并由 Web 服务器转发给请求方的浏览器。

在 B/S 模式中，客户端的标准配置是浏览器，如 IE；业务功能处理由独立的应用服务器处理，Web 服务器成为应用处理的标准配置；数据处理仍然由数据库服务器处理。

从本质上讲，B/S 结构与传统的 C/S 结构都是以同一种请求和应答方式来执行应用的。区别主要在于：C/S 模式的客户端集中了大量应用软件，而 B/S 模式的客户端仅需要单一的浏览器软件。目前，这两种结构在不同方面都有着广泛的应用，虽然 C/S 结构在互联网环境下明显不如 B/S 结构具有优势，但它在局域网环境下仍具有优势。

3. 数据仓库

20 世纪 90 年代后期，人们进入了一个新的时代，大量的信息和数据迎面而来，用科学的方法去整理数据，从不同视角对企业经营各方面信息的精确分析、准确判断，比以往更为迫切，数据仓库技术随之产生。数据仓库技术是基于数据库技术发展而来的，并逐步形成独立的一系列新的应用技术。

数据仓库由比尔·恩门（Bill Irmon）于 1990 年提出，其被广泛接受的定义为：一个面向主题的、集成的、相对稳定的、反映历史变化的、用来辅助管理需要的数据集合，通常也被认为是决策支持型应用的必要条件。构建数据仓库的目的是辅助管理者进行相关决策。数据仓库不同于运行数据库，运行数据库主要支持日常的商务运作和为管理者提供阶段性报表的管理信息系统。数据仓库从多种渠道收集数据，并以有助于用户更快、更容易地获取所需关键信息的方式来存储这些数据。

数据仓库系统是一个包含数据源、数据存储与管理、OLAP（联机分析处理）服务器、前端工具四个层次的体系结构。数据源是数据仓库系统的基础，是整个系统的数据源泉，通常包括企业内部信息和外部信息。数据存储与管理是整个数据仓库系统的核心，数据仓库的组织管理方式决定了它有别于传统数据库，同时也决定了其对外部数据的表现形式。OLAP服务器是对分析需要的数据进行有效集成，按多维模型予以组织，以便进行多角度、多层次的分析，并发现趋势。前端工具主要包括各种报表工具、查询工具、数据分析工具、数据挖掘工具，以及各种基于数据仓库或数据集市的应用开发工具。

4. 数据库技术与电子商务

数据库技术是电子商务的一项重要支撑技术，它对电子商务的支持是全方位的，从底层数据基础到上层应用都涉及数据库技术。在电子商务交易过程中，涉及商家、商品、客户、物流配送等大量的信息，这些信息都需要储存在数据库中。

应用于电子商务中的数据库技术主要有四个方面的功能：①数据的收集、存储和组织；②决策支持；③对 EDI 的支持；④Web 数据库应用。

4.1.3 网络和通信技术

1. 计算机网络的定义

网络和通信技术是电子商务技术中最底层、最基础的技术。计算机网络是指将地理位置不同的、具有独立功能的多台计算机及其外部设备，通过通信线路连接起来，在网络操作系统、网络管理软件及网络通信协议的管理和协调下，实现资源共享和信息传递的计算机系统。

计算机网络的功能主要表现在硬件资源共享、软件资源共享和用户之间信息交换三个方面。

（1）硬件资源共享　可以在全网范围内提供对处理资源、存储资源、输入输出资源等昂贵设备的共享，使用户节省投资，也便于集中管理和均衡分担负荷。

（2）软件资源共享　允许互联网上的用户远程访问各类大型数据库，可以得到网络文件传送服务、远程管理服务和远程文件访问服务，从而避免软件开发上的重复劳动，以及数据资源的重复存储，也便于集中管理。

（3）用户之间信息交换　计算机网络为分布在各地的用户提供了强有力的通信手段。用户可以通过计算机网络传送电子邮件、发布新闻消息和进行电子商务活动。

2. 计算机网络的发展

20 世纪 60 年代末到 20 世纪 70 年代初为计算机网络发展的萌芽阶段，主要特征是：为了增加系统的计算能力和资源共享，把小型计算机连成实验性的网络。第一个远程分组交换网叫作 ARPAnet，是由美国国防部于 1969 年建成的，它首次实现了由通信网络和资源网络复合构成计算机网络系统，标志着计算机网络的真正产生。ARPAnet 是这一阶段的典型代表。

20 世纪 70 年代中后期是局域网（LAN）发展的重要阶段，局域网络作为一种新型的计算机体系结构开始进入产业部门。局域网技术是从远程分组交换通信网络和 I/O 总线结构计算机系统派生出来的。1976 年，美国 Xerox 公司的 Palo Alto 研究中心推出以太网（Ethernet）。以太网成功地采用了夏威夷大学 ALOHA 无线电网络系统的基本原理，使之发展成为第一个总线竞争式局域网络。1974 年，英国剑桥大学计算机研究所开发了著名的剑桥环（Cambridge Ring）局域网。这些网络的成功实现，一方面，标志着局域网的产生；另一方面，它们形成的以太网及环网对以后局域网的发展起到导航的作用。整个 20 世纪 80 年代是计算机局域网的发展时期，局域网完全从硬件上实现了 ISO 的开放系统互联通信模式协议的能力。计算机局域网及其互联产品的集成，使局域网与局域网互联、局域网与各类主机互联，以及局域网与广域网互联的技术越来越成熟。综合业务数据通信网络（ISDN）和智能化网络（IN）的发展，标志着局域网的飞速发展。1980 年 2 月，IEEE（美国电气和电子工程师学会）下属的 802 局域网络标准委员会宣告成立，并相继提出 IEEE 801.5～802.6 等局域网络标准草案，其中的绝大部分内容已被国际标准化组织（ISO）正式认可。作为局域网络的国际标准，它标志着局域网协议及其标准化的确定，为局域网的进一步发展奠定了基础。

20 世纪 90 年代初至今是计算机网络飞速发展的阶段，主要特征是：计算机网络化、协同计算能力发展以及全球互联网的盛行。计算机的发展已经完全与网络融为一体，体现了"网络就是计算机"的口号。目前，计算机网络已经真正进入社会，被社会各行各业所采用。

3. 计算机网络的分类

虽然网络类型的划分标准各种各样，但是从地理范围划分是一种大家都认可的通用网络划分标准。按这种标准可以把网络划分为局域网（Local Area Network，LAN）、城域网（Metropolitan Area Network，MAN）、广域网（Wide Area Network，WAN）和互联网四种类型。

（1）局域网　随着计算机网络技术的发展，局域网得到充分的普及和应用，几乎每个单位都有自己的局域网，有的家庭中甚至都有自己的小型局域网。所谓局域网，就是在局部地区范围内的网络，它所覆盖的地区范围较小。局域网在计算机数量配置上没有太多的限制，少的可以只有两台，多的可达几百台。一般来说在企业局域网中，工作站的数量在几十到几百台左右。在网络所涉及的地理距离上一般来说可以是几米至 10km 以内。这种网络的主要特点是：连接范围窄、用户数少、配置容易、连接速率高。IEEE 的 802 标准委员会定义了多种主要的局域网：以太网（Ethernet）、令牌环网（Token Ring）、光纤分布式接口网络（FDDI）、异步传输模式网（ATM），以及最新的无线局域网（WLAN）。

（2）城域网　城域网一般来说是在一个城市，但不在同一地理小区范围内的计算机互联。这种网络的连接距离可以在 10～100km，它采用的是 IEEE 802.6 标准。MAN 与 LAN 相比扩展的距离更长，连接的计算机数量更多，在地理范围上可以说是 LAN 网络的延伸。在一个大型城市或都市地区，一个 MAN 网络通常连接着多个 LAN 网。如连接政府机构的 LAN、医院的 LAN、电信的 LAN、公司企业的 LAN 等。由于光纤连接的引入，使 MAN 中高速的

LAN 互连成为可能。城域网多采用 ATM 技术作为骨干网。ATM 是一个用于数据、语音、视频及多媒体应用程序的高速网络传输方法。ATM 包括一个接口和一个协议，该协议能够在一个常规的传输信道上，在比特率不变及变化的通信量之间进行切换。ATM 也包括硬件、软件，以及与 ATM 协议标准一致的介质。ATM 提供一个可伸缩的主干基础设施，以便能够适应不同规模、速度，以及寻址技术的网络。ATM 的最大缺点就是成本太高，所以一般在政府城域网中应用，如邮政、银行、医院等。

（3）广域网 广域网也称为远程网，所覆盖的范围比城域网（MAN）更广，它一般是在不同城市之间的 LAN 或者 MAN 网络互联，地理范围可从几十千米到几千千米。广域网的通信子网主要使用分组交换技术，通信子网可以利用公用分组交换网、卫星通信网和无线分组交换网，它将分布在不同地区的局域网或计算机系统互连起来，达到更大范围内资源共享的目的。广域网因为所连接的用户多，总出口带宽有限，所以用户的终端连接速率一般较低，通常为 56Kbps～155Mbps。

（4）互联网 互联网因其英文单词"Internet"的谐音，又称为"因特网"。在互联网应用如此发达的今天，它已是我们每天都要打交道的一种网络。无论从地理范围，还是从网络规模来说，它都是最大的一种网络，就是我们常说的"Web""WWW"和"万维网"等。从地理范围来说，它可以是全球计算机的互联。这种网络的最大特点就是不定性，整个网络的计算机随着人们的接入和断开在时刻不断地变化。互联网的优点是信息量大、传播广，无论人们身处何地，只要联上互联网就可以对任何可以联网的用户发出信函和广告。人们可以与远在千里之外的朋友相互发送邮件、共同完成一项工作、共同娱乐。

4. 计算机网络设备

计算机网络是由多种计算机软件、硬件和通信设备构成的非常复杂的系统。计算机网络设备按其用途可分为三大类：①计算机与计算机网络进行连接的设备，称为网络接入设备，最常见的有网卡、调制解调器等；②网络互联设备，如中继器、集线器、路由器、交换机等；③网络服务设备，如远程接入服务器、网络打印机等。下文主要介绍前两类。

（1）网络接入设备

1）网卡。计算机与网络的连接需要通过主机箱内的一块网络接口板（或者是笔记本电脑中的 PCMCIA 卡）。网络接口板又称为通信适配器或网络适配器（Adapter）或网络接口卡（Network Interface Card，NIC），俗称"网卡"。网卡的功能包括：①将计算机的数据进行封装，并通过网线将数据发送到网络上；②接收网络上传来的数据，并发送到计算机中。

2）调制解调器。调制解调器是另一种常用的网络接入设备，其英文是 MODEM，实际是 Modulator（调制器）与 Demodulator（解调器）的简称，国内习惯上称为"猫"。它是模拟信号与数字信号的"翻译员"。电话线路传输的是模拟信号，而计算机之间传输的是数字信号。当通过电话线把计算机连入互联网时，就必须使用调制解调器来"翻译"两种不同的信号。当计算机向互联网发送信息时，由于电话线传输的是模拟信号，所以必须要用调制解调器来把数字信号"翻译"成模拟信号，才能传送到互联网上，这个过程叫作"调制"。当计算机从互联网获取信息时，由于通过电话线从互联网传来的信息都是模拟信号，所以计算机要看懂它们，还必须借助调制解调器这个"翻译员"，这个过程叫作"解调"。

(2) 网络互联设备

1) 中继器。中继器（Repeater）是连接网络线路的一种装置，常用于两个网络节点之间物理信号的双向转发工作。中继器是最简单的网络互联设备，主要完成物理层的功能，负责在两个节点的物理层上按位传递信息，完成信号的复制、调整和放大，以此来延长网络的长度。由于存在损耗，在线路上传输的信号功率会逐渐衰减，衰减到一定程度时将造成信号失真，因此会导致接收错误。中继器就是为解决这一问题而设计的，它完成物理线路的连接，对衰减的信号进行放大，保持与原数据相同。从理论上来说，中继器的使用是无限的，网络也因此可以无限延长。事实上，这是不可能的，因为网络标准中都对信号的延迟范围做了具体的规定，中继器只能在此规定范围内进行有效的工作，否则会引起网络故障。

2) 集线器。集线器（Hub）属于纯硬件网络底层设备，基本上不具有类似于交换机的"智能记忆"能力和"学习"能力。它也不具备交换机所具有的 MAC 地址表，所以它发送数据时都是没有针对性的，而是采用广播方式发送的。也就是说当它要向某节点发送数据时，不是直接把数据发送到目的节点，而是把数据包发送到与集线器相连的所有节点。这种广播发送数据方式的不足之处在于：向所有节点发送数据包，可能带来数据通信的不安全因素；由于所有数据包都是向所有节点同时发送的，更可能造成网络塞车现象；集线器在同一时刻每一个端口只能进行一个方向的数据通信，而不能像交换机那样进行双向双工传输，网络执行效率低，不能满足较大型网络通信需求。

3) 路由器。路由器（Router）是互联网的主要节点设备。路由器通过路由决定数据的转发，转发策略称为路由选择（Routing），这也是路由器名称的由来。路由器具有判断网络地址和选择路径的功能，它能在多网络互联环境中，建立灵活的连接，可用完全不同的数据分组和介质访问方法连接各种子网。路由器只接受源站或其他路由器的信息，属网络层的一种互联设备。它不关心各子网使用的硬件设备，但要求运行与网络层协议相一致的软件。作为不同网络之间互相连接的枢纽，路由器系统构成了基于 TCP/IP 的国际互联网的主体脉络。也可以说，路由器构成了互联网的骨架。它的处理速度是网络通信的主要瓶颈之一，它的可靠性则直接影响着网络互连的质量。

4) 交换机。交换（Switching）是按照通信两端传输信息的需要，用人工或设备自动完成的方法，把要传输的信息送到符合要求的相应路由上的技术统称。交换机（Switch）是一种在通信系统中完成信息交换功能的设备。

4.1.4 EDI 技术

EDI 是英文 Electronic Data Interchange 的缩写，中文译为"电子数据交换"。

EDI 是一种在公司之间传输订单、发票等作业文件的电子化手段。它通过计算机通信网络将贸易、运输、保险、银行和海关等行业信息，用一种国际公认的标准格式，实现各有关部门或公司与企业之间的数据交换与处理，并完成以贸易为中心的全部过程。它是 20 世纪 80 年代发展起来的一种新颖的电子化贸易工具，是计算机、通信和现代管理技术相结合的产物。国际标准化组织（ISO）将 EDI 描述成"将贸易（商业）或行政事务处理按照一个公认的标准变成结构化的事务处理或信息数据格式,从计算机到计算机的电子传输"。而国际电信联盟(International Telecommunications Union,ITU)将 EDI 定义为"从计算机到计算机之间的结构化的事务数据互换"。又由于使用 EDI 可以减少甚至消除贸易过程中的纸质文件,因此 EDI 又被人们通俗地称为"无纸贸易"。从上述 EDI 定义不难看出,EDI 包含了三个方面的内容:计算机应用、通信、网络和数据标准化。其中计算机应用是 EDI 的条件,通信环境是 EDI 应用的基础,标准化是 EDI 的特征。这三个方面相互衔接、相互依存,构成 EDI 的基础框架。EDI 系统的工作过程如图 4-2 所示。

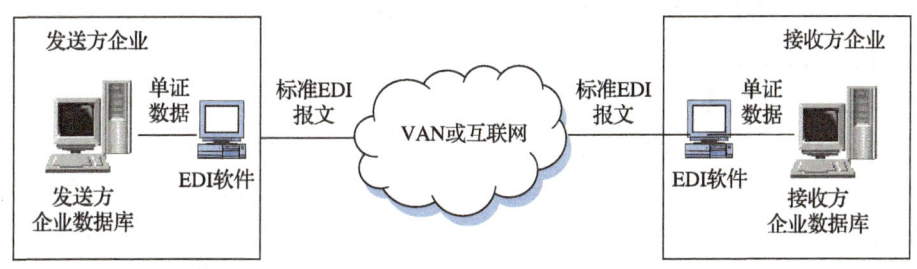

图 4-2　EDI 系统的工作过程

国际标准化组织将 EDI 定义为一种电子传输方法,使用这种方法,首先将商业或行政事务处理中的报文数据按照一个公认的标准,形成结构化的事务处理的报文数据格式,进而将这些结构化的报文数据经由网络,从计算机传输到计算机。从 EDI 的定义中可以看出,它是商务往来的重要工具,因此 EDI 系统就是电子商务系统,EDI 被认为是电子商务的早期形式,称为 EDI 电子商务。

4.1.5　智能代理技术

1. 智能代理技术简介

(1) 智能代理的概念　智能代理(Intelligent Agent)的理论和技术是在 20 世纪 90 年代提出的,其内容涉及人工智能、信息检索、计算机网络、数据库、数据挖掘、自然语言处理等,主要是人工智能方面。人工智能可以理解为人工的、模拟的、有适当选择能力的系统,即利用计算机代替人去做那些原来需要人的智能来完成的工作。智能代理是人工智能研究的新成果,它是在用户没有明确具体要求的情况下,根据用户需要,代替用户进行各种复杂的工作,如信息查询、筛选及管理,并能推测用户的意图,自主制订、调整和执行工作计划。

著名的代理理论研究者伍尔德里奇(Wooldridge)博士认为:智能代理是一个能在特定环境中采取复杂自治行为的计算机系统。从应用角度看,智能代理就是能自动执行用户委托任务的计算实体。换句话说,智能代理是代替人去完成某种特定任务,是作为人的代理身份出现的。代理通常由软件构成,它与过去等待人的命令而行动的软件不同,它可以自己决定实施何种行为,自发地行动。

(2) 智能代理的技术特点　智能代理技术是分布式人工智能领域的一项内容,其目的是减轻人们工作的负担,提高工作效率,其基本功能特点如下:

1) 智能性。这是智能代理技术的最基本特点。智能代理具有一定的推理能力,能比较准确地揣测用户的意图，它能根据用户的需求和环境的变化，主动向用户报告并提供服务。智能代理还能从经验中不断地进行自我学习，能够根据环境调整自身的行为，从而提高处理问题的能力。

2）代理性。代理性也是智能代理技术的一个最基本特点，能够使用代理通信协议进行信息交换，并把检索信息结果主动推送给用户，管理用户的个人资料及其私人目录下的知识库。

3）学习性。智能代理作为一个独立的个体能自主学习，能与用户并行工作，并将用户的兴趣、爱好、习惯等信息直接转化为内部表示，存放在知识库中，建立用户模型来指导自己的决策，使之符合用户需求。

4）移动性。智能代理可以在网络上漫游到任何目标主机，并在目标主机上进行信息处理操作，最后将结果集中返回到起点，而且能随计算机用户的移动而移动。

5）协作性。每个智能代理都有标准的接口，采用统一的通信语言与多个智能体进行交流，并能通过协作和磋商来共同完成复杂的任务。多代理系统由代理组成，通过代理本身的搜索活动和相互之间的交互活动，构成系统的群体活动，相互之间分工合作共同完成复杂任务，从而实现系统整体的功能或目的。同时，每个代理也在这种交互的过程中实现了自己的功能或目的。

（3）智能代理的工作原理　智能代理可以看作是知识处理的实体，它由知识库、规则库、推理机、各代理之间的通信协议组成，能够完成知识发现代理、通信协作代理、规则库应用代理、监督代理、知识库管理代理、推送代理等功能。

2. 智能代理技术在电子商务领域的应用

智能代理技术最初应用于商业领域，随着通信技术和网络信息技术的迅速发展，其特性和功能也不断地扩展，主要应用在智能搜索代理、数字图书馆、电子商务和远程教育等领域。

电子商务的快速发展对传统的商业模式带来了挑战，企业需要最新最快最全面的市场信息来辅助决策，而消费者需要个性化的信息服务和商品。智能代理技术引入电子商务领域以后，企业可以获得更加智能化和个性化的信息服务，可以提高事务处理的效率并保证组织内信息流的通畅，最终提高消费者满意度并节省成本。

智能代理技术在电子商务中的应用几乎贯穿了整个电子商务过程。企业可以收集市场信息进行开发决策，以及寻找合适的供应商与客户。例如，网上零售公司可以收集客户信息，通过分析得出市场动向，然后为客户制定个性化广告或个性化商品；普通用户也可以从中获取大量的信息来查找、比较商品，从而辅助消费。

在电子商务的宏观和微观层面运用智能代理技术，主要集中在信息资源的收集、整理、分析与推送方面，因此所应用的信息服务系统的结构是类似的，其主要区别在于对信息处理的深度、广度以及目标用户的不同。在宏观层面，智能代理技术主要是为企业、政府、教育系统等机构来提供竞争情报系统服务、信息管理软件开发及协同商务解决方案等服务；在微观层面，智能代理技术主要是提供比较代理与合作筛选服务。

4.1.6 XML 技术

XML（Extensible Markup Language，可扩展标记语言）是由 W3C（World Wide Web Consortium，全球互联网联盟）于 1998 年 2 月发布的一种标准，它是 SGML（Standard Generalized Markup Language，标准通用置标语言）的一个简化版本。XML 将 SGML 的丰富功能与 HTML 的易用性结合到 Web 应用中，以一种开放的自我描述方式定义了数据结构，在描述数据内容的同时能突出对结构的描述，从而体现出数据之间的关系。XML 保留了 SGML 的可扩展功能，这使 XML 从根本上有别于 HTML。XML 要比 HTML 强大得多，它不再是固定的标记，而是允许定义数量不限的标记来描述文档中的资料、允许嵌套的信息结构。HTML 只是 Web 显示数据的通用方法，而 XML 提供了一个直接处理 Web 数据的通用方法。HTML 着重描述 Web 页面的显示格式，而 XML 着重描述的是 Web 页面的内容，因此结合 HTML 和 XML 可以实现数据与页面框架的分离，使 Web 应用程序更易扩展和移植。

XML 是一套定义语义标记的规则，这些标记将文档分成许多部件并对这些部件加以标识。它也是元标记语言，即定义了用于定义其他与特定领域有关的、语义的、结构化的标记语言。XML 文档没有限制用户使用任何预定义标签，用户可以根据自己的需要定义自己的标签，用 DTD（Document Type Definition，文档类型定义）和 Schema（一种版本控制规范）定义元数据和标签语法。

XML 为复杂的问题提供了非常简单的解决方案。它在自定义的文档格式中构造数据并提供了一种标准格式，这使数据独立于处理它的程序，方便了保存。另外 XML 将内容与表现分离，只描述数据的结构和语义，显示外观通过样式单文件进行描述，因此只需要在显示时配置不同的样式单，即可实现多种显示效果。

随着 XML 标准体系的成熟和技术的发展，已经出现了相当多的客户化工具，尤其是可视化工具的出现，使人们可以无须了解 XML 的细节就能够编写出需要的 XML 文档，使 XML 应用在电子商务中成为可能。浏览器对 XML 越来越强的支持能力，对 XML 应用起到了巨大的促进作用。

4.2 互联网应用常识

4.2.1 互联网的形成和发展

互联网是全球规模最大的计算机网络，连接了遍及世界各地的计算机网络，覆盖全球 170 多个国家和地区，有着丰富的信息资源及应用，已经成为影响社会生活的重要信息工具。

互联网的前身是美国国防部高级研究计划局（DARPA）主持研制的阿帕网（ARPAnet）。20 世纪 50 年代末，美国军方为了保障自己的计算机网络在受到袭击时，即使部分网络被摧毁，其余部分仍能保持通信联系，便由美国国防部高级研究计划局建设了一个军用网，叫作阿帕网。阿帕网于 1969 年正式启用，当时仅连接了 4 台计算机，供科学家们进行计算机联网实验用，这就是互联网的前身。

到 20 世纪 70 年代，阿帕网已经有了几十个计算机网络，但是每个网络只能在网络内部的计算机之间互联通信，不同计算机网络之间仍然不能互通。为此，美国国防部高级研究计划局又设立了新的研究项目，支持学术界和工业界进行有关的研究。研究的主要内容就是想用一种新的方法将不同的计算机局域网互联，形成"互联网"，研究人员称之为互联网，这个名词就一直沿用到现在。

在研究网络互联的过程中，计算机软件起到了主要的作用。1974 年，出现了连接分组网络的协议，其中包括 TCP/IP——著名的网际互联协议 IP 和传输控制协议 TCP。这两个协议相互配合，IP 是基本的通信协议，TCP 是帮助 IP 实现可靠传输的协议。开放性是 TCP/IP 的一个重要特点，TCP/IP 的规范和互联网技术都是公开的，目的就是使任何厂家生产的计算机都能相互通信。互联网成为一个开放的系统，这也是后来互联网飞速发展的重要原因。

美国国防部高级研究计划局在 1982 年接受了 TCP/IP，选定互联网为主要的计算机通信系统，并把其他的军用计算机网络都转换到 TCP/IP。1983 年，阿帕网分成两部分：一部分军用，称为 MILNET；另一部分仍称阿帕网，供民用。

1986 年，美国国家科学基金会（NSF）将分布在美国各地的五个为科研教育服务的超级计算机中心互联，并支持地区网络，形成 NSFnet。1988 年，NSFnet 替代 ARPAnet 成为互联网的主干网。NSFnet 主干网利用了在 ARPAnet 中已证明是非常成功的 TCP/IP 技术，准许各大学、政府或私人科研机构的网络加入。1989 年，ARPAnet 解散，互联网从军用转向民用。1992 年，美国 IBM、MCI、MERIT 三家公司联合组建了一个高级网络服务公司（ANS），建立了一个新的网络，叫作 ANSnet，成为互联网的另一个主干网。它与 NSFnet 不同，NSFnet 是由国家出资建立的，而 ANSnet 则属于 ANS 公司，从而使互联网开始走向商业化。1995 年 4 月 30 日，NSFnet 正式宣布停止运作，而此时互联网的骨干网已经覆盖了全球 91 个国家，主机已超过 400 万台。在最近几年，互联网更以惊人的速度向前发展，很快就达到了如今的规模。

我国第一条与国际互联网联网的专线是 1991 年 6 月由中国科学院高能物理所建成的，直接接入美国斯坦福大学的斯坦福线性加速器中心，直到 1994 年 5 月才实现了 TCP/IP 协议，完成了互联网全功能连接。我国互联网的发展主要经历了以下三个阶段：从 1987 年至 1994 年，这个阶段基本上是通过中科院高能物理所线路，实现了与欧洲及北美地区的 E-mail 通信；从 1994 年至 1995 年，这一阶段是教育科研网发展阶段，北京中关村地区及清华、北大组成 NCFC 网于 1994 年 4 月开通了与国际互联网的 64kbps 专线连接，这时我国才算真正加入了国际互联网行列；1995 年以后，该阶段开始了商业应用。我国接入互联网的四大主干网是：中国科学技术网（CSTNet）、中国教育和科研计算机网（CERNet）、中国公用计算机互联网（ChinaNet）和中国金桥信息网（ChinaGBN）。

4.2.2　互联网地址

在互联网中，无论是检索信息还是发送电子邮件，都必须知道对方的互联网地址。互联网地址分为 IP 地址和域名地址。

1. IP 地址

互联网上的每台主机（Host）都有一个唯一的 IP 地址。IP 协议就是使用这个地址在主机之间传递信息，这是互联网能够运行的基础。IP 地址有二进制格式和十进制格式两种：二进制的 IP 地址长度为 32 位，分为 4 段，每段 8 位，例如 10000011，01101011，00000011，00011000；若用十进制数字表示，每段数字范围为 0~255，段与段之间用"."进行分隔，于是上例就变为 131.107.3.24。

IP 地址由两部分组成，一部分为网络地址，另一部分为主机地址。IP 地址分为 A、B、C、D、E 五类，常用的是 A、B、C 三类。图 4-3 所示为用十进制表示的 A、B、C 三类 IP 地址的格式。

位	0	1	……	7	8	……	15	16	……	23	24	……	31
A 类地址	0	网络号			主机号								
B 类地址	1	0	网络号					主机号					
C 类地址	1	1	0	网络号							主机号		

图 4-3 A、B、C 三类 IP 地址的格式

A 类地址的类别号为"0"，第 1~7 位表示网络号，第 8~31 位表示主机号。它能表示的 IP 地址范围介于 0.0.0.0~127.255.255.255。A 类地址通常用于超大型网络。

B 类地址的类别号为"10"，第 2~15 位表示网络号，第 16~31 位表示主机号。它能表示的 IP 地址范围介于 128.0.0.0~191.255.255.255。B 类地址通常用于大型网络。

C 类地址的类别号为"110"，第 3~23 位表示网络号，第 24~31 位表示主机号。它能表示的 IP 地址范围介于 192.0.0.0~223.255.255.255。C 类地址通常用于校园网或企业内部网。

在互联网中，IP 地址的分配必须由专门的组织来完成。其中：分配 A 类地址的组织是国际网络信息中心（Network Information Center，NIC）；分配 B 类地址的组织是 IneterNIC、APNIC 和 ENIC，IneterNIC 负责北美地区，APNIC 负责亚太地区，ENIC 负责欧洲地区，我国属于 APNIC 负责区，由它来分配 B 类地址；分配 C 类地址的组织是国家或地区网络的 NIC，例如，中国教育和科研计算机网（CERNet）的 NIC 设在清华大学，CERNet 各个地区的网管中心需向 CERNet NIC 申请分配 C 类地址。

2. 域名地址

由于 IP 地址难于记忆，因此通常给它取一个易于理解的名字，称为域名（Domain Name）。域名一般由几个部分（子域名）构成，各个部分之间用"."隔开。域名结构是一种分层结构，每个子域名都有其特定的含义。例如，域名 som.xjtu.edu.cn 从右到左的含义是：cn 表示中国，edu 表示教育机构，xjtu 表示学校名称，som 表示该学校中的一个学院名称。

域名中最右边的子域名一般称为顶级域名，它分为组织性顶级域名与地理性顶级域名两类。组织性顶级域名是为了说明拥有那些互联网主机并对其负有责任的组织的类型，常见的

组织性顶级域名包括：com-商业组织、edu-教育机构、gov-政府机构、int-国际性组织、mil-军事组织、net-网络技术组织和 org-非营利性组织。地理性顶级域名用两个字母的缩写形式来表示某个国家或地区，例如：cn-中国、ca-加拿大、dk-丹麦、fr-法国、hk-中国香港、in-印度、it-意大利、jp-日本、nz-新西兰、se-瑞典和 uk-英国。

在 Internet 地址中，凡是能够使用域名地址的地方都可以使用 IP 地址，两者是等价的。这种地址的等价性得益于互联网中的域名系统（Domain Name System，DNS），DNS 可根据需要将域名转换成 IP 地址，也可将 IP 地址转换成域名。

4.2.3 互联网的基本服务功能

互联网是当今世界上最大的信息网络，能够提供丰富的信息资源和服务功能。目前，互联网最基本的服务功能是电子邮件、远程登录、文件传输、Usenet 新闻和 WWW 服务。

1. 电子邮件

电子邮件（E-mail）是互联网上使用最广泛的一种服务。用户只要能与互联网连接，有能收发电子邮件的程序及个人 E-mail 地址，就可以与互联网上有 E-mail 的用户方便、快速、经济地交换信息。电子邮件可以在两个用户之间交换，也可以向多个用户发送同一封邮件，或将收到的邮件转发给其他用户。电子邮件中除文本外，还可包含声音、图像、应用程序等各类计算机文件。此外，用户还可以通过邮件方式在网上订阅电子杂志、获取所需文件、参与有关的公告和讨论组，甚至还可以浏览 WWW 资源。

2. 远程登录

Telnet 是 Telecommunication Network Protocol 的英文缩写，也称远程登录或远程注册（Remote Login）。为了共享资源，一台计算机可以使用本机命令，通过互联网到达另一台计算机，该过程称为登录。一旦一台计算机登录到另一台机器上，它就成为那台机器的"终端"，与那台机器本身的终端享有同样的待遇，在权限范围内，共享那台机器的资源。要使用远程登录服务，必须在本地计算机上启动一个客户应用程序，指定远程计算机的名字，并通过互联网与之建立连接。一旦连接成功，本地计算机就像通常的终端一样，直接访问远程计算机系统的资源。一般用户可以通过 Windows 的 Telnet 客户程序进行远程登录。

3. 文件传输

文件传输协议（File Transfer Protocol，FTP）是互联网上文件传输的基础，通常所说的 FTP 是基于该协议的一种服务。FTP 允许互联网上的用户将一台计算机上的文件传输到另一台计算机上，几乎所有类型的文件都可以用 FTP 传输。FTP 实际上是一套文件传输服务软件，它以文件传输为界面，使用简单的 Get 或 Put 命令进行文件的下载或上传。FTP 最大的特点是用户可以使用互联网上众多的匿名 FTP 服务器，即不需要专门的用户名和口令就可以进入系统。用户连接匿名 FTP 服务器时，都可以用"anonymous"作为用户名、以自己的 E-mail 地址作为口令登录，登录成功后，用户便可以从匿名服务器上下载文件。考虑到安全问题，大多数匿名服务器不允许用户上传文件。

4. Usenet 新闻

Usenet 是一个由众多趣味相投的用户共同组织起来的各种专题讨论组的集合,通常也称为全球性的电子公告板系统(BBS)。Usenet 用于发布公告、新闻、评论及各种文章供网上用户使用和讨论。讨论内容按不同的专题分类组织,每一类为一个专题组,称为新闻组,其内部还可以分出更多的子专题。Usenet 的每个新闻都由一个区分类型的标记引导,每个新闻组围绕一个主题,如 comp(计算机相关的内容)、news(网络新闻)、rec(体育、艺术及娱乐相关内容)、sci(科学枝术)、soc(社会问题)、talk(专题讨论交流)、misc(其他杂项话题)、biz(商业方面问题)等。用户除了可以选择参加感兴趣的专题小组外,也可以自己开设新的专题组。只要有人参加,该专题组就可以一直存在下去;若一段时间无人参加,则这个专题组便会自动被删除。

5. WWW 服务

万维网(World Wide Web,WWW)是互联网上集文本、图像、声音、视频等多媒体信息于一体的全球信息资源网络,浏览器是用户通向 WWW 的桥梁和获取 WWW 信息的窗口。通过浏览器,用户可以在浩瀚的互联网海洋中漫游,搜索和浏览自己感兴趣的信息。WWW 的网页文件主要是用超文本标记语言(Hyper Text Markup Language,HTML)编写,并在超文本传输协议(Hype Text Transmission Protocol,HTTP)支持下运行的。超文本中不仅含有文本信息,还包括图形、声音、图像、视频等多媒体信息,更重要的是超文本中隐含指向其他超文本的超链接(Hyper Links),可以方便用户从一个网页跳转到其他相关的网页上。WWW 的优势就在于它向广大计算机用户提供了一种简单易学的网络操作方法,使许多原本对互联网不熟悉的人也能从网络上便捷地获取所需的各种信息资料。如今,WWW 已成为互联网上最受欢迎、发展速度最快的一种信息查询服务系统。对相当多的计算机用户来说,WWW 已成为互联网的代名词。

4.3 移动电子商务

4.3.1 移动电子商务的概念

移动电子商务(M-Commerce)由电子商务的概念衍生出来,电子商务以 PC 为主要界面,是有线的电子商务。移动电子商务,则是通过手机、PDA(个人数字助理)这些可以装在口袋里的终端与我们见面,无论何时、何地都可以开始。

移动电子商务是电子商务从有线通信到无线通信、从固定地点的商务形式到随时随地的商务形式的延伸。具体地,移动电子商务是通过手机、PDA(个人数字助理)、笔记本电脑等移动通信设备与互联网有机结合所进行的 B2B、B2C 或 C2C 的电子商务活动。移动电子商务将互联网、移动通信技术、短距离通信及其他信息处理技术完美结合,使人们可以在任何时间、任何地点进行线上购物与交易、在线电子支付以及其他各种商务活动。

从技术角度看,移动电子商务不仅是技术的创新,也是一种企业管理模式的创新。手机、PDA 和笔记本电脑等移动通信设备与企业后台连接,通过无线通信技术进行网上商务活动,使移动通信网和互联网有机结合，突破了互联网的局限，可以更加高效、直接地进行信息互动，节省了人力成本，让企业能够及时把握市场动态。移动电子商务充分运用其移动性，消除了时间和地域的限制，为电子商务活动提供便捷，使随时随地的信息传输和商业交易成为可能。

从用户角度看，移动电子商务分为个人移动电子商务和企业移动电子商务。个人消费主要集中在娱乐和短信群发等商务活动；人们可以使用手机等移动通信设备，随时随地上网查询信息、购买产品、预订服务，既方便快捷，又节省时间。对于企业用户来说，移动电子商务可以为它们提供快速、便捷的信息服务，应用于内部办公、外部服务、信息发布及定向宣传等。

从商务角度看，移动电子商务是与商务活动参与主体最贴近的一类电子商务模式。由于用户与移动终端的对应关系，通过与移动终端的通信可以在第一时间准确地与对象进行沟通，使用户能够更多地脱离设备网络环境的束缚，最大限度地驰骋于自由的商务空间。

4.3.2 移动电子商务的发展

随着移动通信技术和计算机的发展，移动电子商务技术的发展已经经历了以下三代：

第一代移动商务系统是以短信为基础的访问技术，这种技术存在的主要问题是实时性较差，查询请求不会得到立即回答。此外，由于短信长度的限制也使一些查询无法得到一个完整的答案。这些问题促使那些基于短信的移动商务系统被要求进行升级和改造。

第二代移动商务系统采用基于 WAP 技术的方式，手机主要通过浏览器来访问 WAP 网页，以实现信息的查询，解决了第一代移动访问技术的部分问题。第二代移动商务技术的缺陷主要表现在 WAP 网页访问的交互能力极差，因此极大地限制了移动电子商务系统的灵活性和方便性。此外，WAP 网页访问的安全问题对于安全性要求极为严格的电子政务系统来说也是一个严重的问题。这些问题使第二代技术也难以完全满足用户的要求。

第三代移动商务系统采用了基于 SOA 架构的 Web Service、智能移动终端和移动 VPN 技术相结合的新型移动访问和处理技术，使系统的安全性和交互能力有了极大的提高。第三代移动商务系统同时融合了 4G 移动技术、智能移动终端、VPN、数据库同步、身份认证及 Web Service 等多种移动通信、信息处理和计算机网络的前沿技术，以专网和无线通信技术为依托，为电子商务人员提供了一种安全、快速的现代化移动商务办公机制。

4.3.3 移动电子商务的特点

移动电子商务的主要特点是灵活、简单、方便。移动电子商务不仅能提供在互联网上的直接购物，还是一种全新的销售与促销渠道，它全面支持移动互联网业务，可实现电信、信息、媒体和娱乐服务的电子支付。移动电子商务能完全根据消费者的个性化需求和喜好进行定制，设备的选择以及提供服务与信息的方式完全由用户自己控制。移动电子商务为人们的生活带来了巨大变革，与传统电子商务相比，它具有以下几个方面的特点。

1. 不受时空限制

与传统电子商务相比，移动电子商务的最大优势就是移动用户可随时随地获取所需要的服务、应用、信息和娱乐。移动用户可以在方便的时候，使用智能电话或 PDA 查找、选择及购买商品和服务，更可以在旅途中利用可上网的移动设备来从事商业交互活动，如商务洽谈、下订单等。

2. 个性化服务

移动电子商务能更好地实现移动用户的个性化服务，移动计算环境能提供更多移动用户的动态信息（如各类位置信息、手机信息），这为个性化服务的提供创造了更好的条件。移动用户能更加灵活地根据自己的需求和喜好来定制服务提供信息。例如，用户可以调整商品配送的时间，实现个性化服务。

3. 可识别性

与 PC 的匿名接入不同的是，移动电话利用内置的 ID 来支持安全交易，并且通过 GPS 技术，服务提供商可以十分准确地识别用户。由于移动电话已经具有了非常强大的内置认证特征，因此比互联网更适合电子商贸。手机所用的 SIM 卡对于移动商务就像身份证对于社会生活一样，因为 SIM 卡上存贮着用户的全部信息，可以唯一地确定一个用户的身份。对于电子商务来说，这就有了认证安全的基础。

4. 即时性

在固定网络的电子商务中，用户只有在向系统发出请求时，系统才会根据要求反馈一些数据信息。在移动电子商务中，移动用户可以随时随地访问信息，并且信息能够直接到达用户终端，这意味着用户获取信息的及时性。同传统的电子商务系统相比，移动用户终端更加具有专用性。从运营商的角度看，移动用户终端本身就可以作为用户身份的代表。因此，商务信息可以直接发送给移动用户终端，这进一步增强了移动用户获取信息的及时性。

5. 基于位置的服务

移动电子商务具备特别的位置响应功能。移动通信网能获取和提供移动终端的位置信息，与位置相关的商务应用成为移动电子商务领域中的一个重要组成部分。不管移动电话在何处，GPS 都可以识别电话的所在地，从而为用户提供相应的个性化服务。利用这项技术，移动电子商务提供商将能够更好地与某一特定地理位置上的用户进行信息交互。位置定位和跟踪是移动电子商务技术最具特色的功能。

6. 支付便捷

在移动电子商务中，用户可以通过移动终端访问网站、从事商务活动。服务付费可以通过多种方式进行，可以直接转入银行、用户电话账单或者实时在专用预付账户上借记，以满足不同需求。移动支付和传统支付方式相比有两大优点：便捷性和低成本。只要用户持有开通移动支付功能的手机，就可以实现"随时随地"支付；同时，手机支付也可以节省店面和服务人员开支，从而降低销售成本。

4.3.4 移动电子商务的相关技术

1. 通用无线分组业务

通用无线分组业务（General Packer Radio Service，GPRS）是一项高速数据处理技术，即以分组的"形式"把数据传送到用户手上。GPRS突破了GSM网只能提供电路交换的思维定式，将分组交换模式引入GSM网络中，它通过增加相应的功能实体和对现有的基站系统进行部分改造来实现分组交换，从而提高资源的利用率。因此，GPRS技术可以让手机上网省时、省力、省费用。

GPRS具有以下特点：①永远保持在线状态，由于建立新的链接几乎无须任何时间，即无须为每次数据的访问建立呼叫链接，因而用户随时都可以与网络保持联系；②高数据传输速度，GPRS的传输速度可以达到10倍于GSM，可以稳定地传送大容量的高质量音频与视频文件；③按数据流量计费，即根据传输的数据量而不是上网时间来计费，只要不进行数据传输，即使用户一直在线，也无须付费。

GPRS无线电子商务解决方案是建立在GPRS/互联网基础网络平台上的。根据GPRS服务的成本和传输速率特点，GPRS业务开通后早期用户将主要是企业、集团公司用户。GPRS的典型应用领域包括银行、证券、保险等金融机构构建数据网络，税务、公安、交通稽查等系统实时信息查询，联通、移动等电信运营商开展移动增值服务，电力、煤气、自来水集中监控、抄表、收费系统，笔记本电脑、掌上电脑、PDA无线上网。

2. 无线应用协议

无线应用协议（Wireless Application Protocol，WAP）用来标准化无线通信设备，可用于互联网访问，包括收发电子邮件、访问WAP网站上的页面等。WAP提供了一套开放、统一的技术平台，用户使用移动设备可以很容易地访问互联网或企业内部网信息。

WAP是开展移动电子商务的核心技术之一。通过WAP，手机可以随时随地、方便快捷地接入互联网，真正实现不受时间和地域约束的移动电子商务。WAP可以支持绝大多数无线设备，目前它已经成为数字移动电话、互联网、个人数字助理（PDA）以及计算机应用之间进行通信的开放式全球统一标准。WAP技术将移动网络、互联网以及公司的局域网紧密地联系起来，提供一种与网络类型、运营商和终端设备都独立的移动增值业务。

WAP网的构成主要包括三个部分：①具有WAP用户代理功能的移动终端，典型的终端如WAP手机，在它的显示屏上运行有微浏览器（Microbrowser），用户可以通过简单的选择键实现WAP服务请求，并以无线方式发送和接收所需的信息；②WAP代理，包括协议网关、实现WAP协议栈与互联网协议栈之间的转换；③源数据服务器（Origin Server），如支持WAP的Web网站服务器中存有WAP应用，这些应用可以根据WAP移动终端的需要而被下载。

3. 移动IP技术

移动IP技术通过在网络层改变IP协议，从而实现移动计算机在互联网中的无缝漫游。移动IP技术使节点在从一条链路切换到另一条链路上时无须改变它的IP地址，也不必中断正在进行的通信。移动IP技术在一定程度上能够很好地支持移动电子商务的应用。

移动IP技术为移动节点提供了一个高质量的实现技术，可应用于用户需要经常移动的所有领域。如通过无线上网，使用计算机，用户可以随时随地上网，通过IP技术还可以与公司的专用网相连；扩展移动IP技术，还可以把移动节点改成移动网络。

移动IP技术不是移动通信技术和互联网技术的简单叠加，它是移动通信和IP的深层融合，也是对现有移动通信方式的深刻变革。

4. 蓝牙技术

蓝牙（Bluetooth）是由爱立信、IBM、诺基亚、英特尔和东芝公司于1998年共同推出的一项短程无线连接标准，旨在取代有线连接，实现数字设备间的无线互联，其目的是提供一个低成本、高可靠性、支持高质量的语音和数据传输的无线通信网络。通过蓝牙可以使不同厂家生产的设备间达到无线连接状态下的信息交换和交互操作。简单地说，蓝牙技术是一种利用低功率无线电在各种3C设备之间传输数据的技术，它最大的好处就是能够取代以前的传输线，在消费电子、办公设备、计算机外设、家用电器、医疗设备、汽车等领域具有广泛的应用前景。

5. 移动定位技术

移动定位服务作为移动通信系统的特色业务一直被认为是未来移动增值业务的一个亮点。移动定位可帮助个人和集团客户随时随地获得基于位置查询的各种服务与信息。运营商可以利用自己的移动网络资源，结合短信服务系统、GPS和地理信息服务系统，与内容和业务提供商合作，为个人和集团客户提供丰富多彩的移动定位应用服务。目前，移动电子商务的主要应用领域之一就是基于位置的业务。移动定位业务的具体应用可分为：公共安全业务、跟踪业务、基于位置的个性化信息服务、导航服务以及基于位置的计费业务等。

我国高度重视北斗系统的建设发展，自20世纪80年代开始探索适合国情的卫星导航系统发展道路，形成了"三步走"发展战略：2000年年底，建成北斗一号系统，向我国提供服务；2012年年底，建成北斗二号系统，向亚太地区提供服务；2020年，建成北斗三号系统，向全球提供服务。

中国北斗卫星导航系统（BeiDou Navigation Satellite System，BDS）是中国自行研制的全球卫星导航系统，也是继GPS、GLONASS之后的第三个成熟的卫星导航系统。北斗卫星导航系统（BDS）和美国GPS、俄罗斯GLONASS、欧盟GALILEO，是联合国卫星导航委员会已认定的供应商。

北斗卫星导航系统由空间段、地面段和用户段三部分组成，可在全球范围内全天候、全天时为各类用户提供高精度、高可靠定位、导航、授时服务，并且具备短报文通信能力，已经初步具备区域导航、定位和授时能力，定位精度为分米、厘米级别，测速精度0.2m/s，授时精度10ns。

北斗系统大众服务发展前景广阔。基于北斗的导航服务已被电子商务、移动智能终端制造、位置服务等厂商采用，广泛进入我国大众消费、共享经济和民生领域，深刻改变着人们的生产生活方式。

6. 无线移动通信技术

移动通信延续着每十年一代技术的发展规律，已历经1G、2G、3G、4G、5G的发展。每一次代际跃迁，每一次技术进步，都极大地促进了产业升级和经济社会发展。从1G到2G，实现了模拟通信到数字通信的过渡，移动通信走进了千家万户；从2G到3G、4G，实现了语音业务到数据业务的转变，传输速率成百倍提升，促进了移动互联网应用的普及和繁荣。当前，移动网络已融入社会生活的方方面面，深刻改变了人们的沟通、交流乃至整个生活方式。4G 网络造就了繁荣的互联网经济，解决了人与人随时随地通信的问题。随着移动互联网快速发展，新服务、新业务不断涌现，移动数据业务流量呈爆炸式增长，4G 移动通信系统难以满足移动数据流量暴涨的需求。5G 作为一种新型移动通信网络，不仅能解决人与人通信，为用户提供增强现实、虚拟现实、超高清（3D）视频等更加身临其境的极致业务体验，还可以解决人与物、物与物的通信问题，满足移动医疗、车联网、智能家居、工业控制、环境监测等物联网应用需求。最终，5G 将渗透经济社会的各领域，成为支撑经济社会数字化、网络化、智能化转型的关键新型基础设施。

相对第一代模拟制式手机（1G）和第二代 GSM、TDMA 等数字手机（2G），第三代移动通信技术（3th Generation Mobile Communication Technology，3G）能够处理图像、音乐、视频流等多种媒体形式，提供包括网页浏览、电话会议、电子商务等多种信息服务。3G 无线网络必须能够支持不同的数据传输速度，在室内、室外和行车的环境中能够分别支持至少 2Mbps、384kbps 以及 144kbps 的传输速度。

我国国内支持国际电联确定的三个无线接口标准，分别是中国电信的 CDMA2000、中国联通的 WCDMA、中国移动的 TD－SCDMA。

第四代移动通信技术（4th Generation Mobile Communication Technology，4G）集 3G 与 WLAN 于一体，并能够快速传输数据、高质量、音频、视频和图像等。4G 能够以 100Mbps 以上的速度下载，能够满足几乎所有用户对于无线服务的要求。此外，4G 可以在 DSL 和有线电视调制解调器没有覆盖的地方部署，然后再扩展到整个地区，有着不可比拟的优越性。

4G 采用了一些新的通信技术，来提高无线通信的网络效率和功能。LTE 已然成为 4G 全球标准，包括 FDD－LTE 和 TD－LTE 两种制式。LTE（Long Term Evolution，长期演进）项目是 3G 的演进，改进并增强了 3G 的空中接入技术，采用 OFDM 和 MIMO 作为其无线网络演进的唯一标准。

2013 年 12 月 4 日，工业和信息化部向中国移动、中国电信、中国联通正式发放了第四代移动通信业务牌照（4G 牌照），此举标志着我国电信产业正式进入了 4G 时代。

第五代移动通信技术（5th Generation Mobile Communication Technology，5G）是具有高速率、低时延和大连接特点的新一代宽带移动通信技术。5G 通信设施是实现人、机、物互联的网络基础设施。

为满足 5G 多样化的应用场景需求，5G 的关键性能指标更加多元化。国际电信联盟（ITU）定义了 5G 八大关键性能指标，其中高速率、低时延、大连接成为 5G 最突出的特征，用户体验速率达 1Gbps，时延低至 1ms，用户连接能力达 100 万连接$/km^2$。

以 5G 为代表的新一代信息通信技术与工业经济深度融合，为工业乃至产业数字化、网络化、智能化发展提供了新的实现途径。5G 在工业领域的应用涵盖研发设计、生产制造、运营管理及产品服务 4 个大的工业环节，主要包括 16 类应用场景：AR/VR 研发实验协同、AR/VR 远程协同设计、远程控制、AR 辅助装配、机器视觉、AGV 物流、自动驾驶、超高清视频、设备感知、物料信息采集、环境信息采集、AR 产品需求导入、远程售后、产品状态监测、设备预测性维护、AR/VR 远程培训等。当前，机器视觉、AGV 物流、超高清视频等场景已取得了规模化复制效果，实现"机器换人"，大幅降低人工成本，有效提高产品检测准确率，达到了生产效率提升的目的。未来，远程控制、设备预测性维护等场景预计将会产生较高的商业价值。

5G 给垂直行业带来变革与创新的同时，也孕育新兴信息产品和服务，改变人们的生活方式。在 5G + 云游戏方面，5G 可实现将云端服务器上渲染压缩后的视频和音频传送至用户终端，解决了云端算力下发与本地计算力不足的问题，解除了游戏优质内容对终端硬件的束缚和依赖，对于消费端成本控制和产业链降本增效起到了积极的推动作用。在 5G + 4K/8K VR 直播方面，5G 技术可解决网线组网烦琐、传统无线网络带宽不足、专线开通成本高等问题，可满足大型活动现场海量终端的连接需求，并带给观众超高清、沉浸式的视听体验。5G + 多视角视频，可实现同时向用户推送多个独立的视角画面，用户可自行选择视角观看，带来更自由的观看体验。在智慧商业综合体领域，5G + AI 智慧导航、5G + AR 数字景观、5G + VR 电竞娱乐空间、5G + VR/AR 全景直播、5G + VR/AR 导购及互动营销等应用已开始在商圈及购物中心落地应用，并逐步规模化推广。未来，随着 5G 网络的全面覆盖以及网络能力的提升，5G + 沉浸式云 XR、5G + 数字孪生等应用场景也将实现，让购物消费更具活力。

7. 智能手机与其操作系统

智能手机（又称作智慧型手机、智能型电话）是对于那些运算能力及功能比传统功能手机更强的手机的集合性称谓。智能手机因为可以像个人计算机一样安装第三方软件，所以它们功能丰富，而且可以不断扩充。

从广义上说，智能手机除了具备手机的通话功能外，还具备了 PDA 的大部分功能，特别是个人信息管理以及基于无线数据通信的浏览器、GPS 和电子邮件功能。智能手机为用户提供了足够的屏幕尺寸和带宽，既方便随身携带，又为软件运行和内容服务提供了广阔的舞台，很多增值业务可以就此展开。例如，股票、新闻、天气、交通、商品、应用程序下载、音乐图片下载等。结合无线通信网络的支持，智能手机已成为一个功能强大，集通话、短信、网络接入、影视娱乐为一体的综合性个人手持终端设备。

智能手机作为众多新型业务的载体加速发展，引领移动互联网终端发展方向。一方面，随着终端制造技术的提升和手机操作系统的多样化，智能手机出货量和普及率逐步提高。另一方面，传统终端设备厂商、手机制造商、解决方案提供商等纷纷进入智能手机领域，通过终端整合移动互联网应用及业务，加速智能手机中低端化趋势，带动产业链变迁，促进 3G 和移动互联网市场总体发展。

智能手机主要的操作系统有 iOS、Android、Windows Phone、BlackBerry OS、Symbian、Harmony OS 等。

iOS（又称 iPhone OS）是由苹果公司为 iPhone 开发的操作系统，它主要是给 iPhone、iPod touch 以及 iPad 使用。

Android 是一个以 Linux 为基础的半开源操作系统，主要用于移动设备，由 Google 和开放手持设备联盟开发与领导。Android 系统由安迪·鲁宾（Andy Rubin）制作，最初主要支持手机，2005 年 8 月 17 日被 Google 收购。2007 年 11 月 5 日，Google 与 84 家硬件制造商、软件开发商及电信营运商组成开放手持设备联盟（Open Handset Alliance）来共同研发改良 Android 系统并生产搭载 Android 的智慧型手机，并且逐渐拓展到平板电脑及其他领域。随后，Google 以 Apache 免费开源许可证的授权方式，发布了 Android 的源代码。第一部 Android 智能手机发布于 2008 年 10 月。Android 逐渐扩展到平板电脑及其他领域，如电视、数码相机、游戏机、智能手表等。2011 年第一季度，Android 在全球的市场份额首次超过塞班系统，跃居全球第一。

Android 在正式发行之前，最开始拥有两个内部测试版本，并且以著名的机器人名称来对其进行命名：阿童木（AndroidBeta）、发条机器人（Android 1.0）。后来由于涉及版权问题，谷歌将其命名规则变更为用甜点作为它们系统版本的代号的命名方法。甜点命名法开始于 Android 1.5 发布的时候。作为每个版本代表的甜点的尺寸越变越大，然后按照 26 个字母数序：纸杯蛋糕（Android 1.5）、甜甜圈（Android 1.6）、松饼（Android 2.0/2.1）、冻酸奶（Android 2.2）、姜饼（Android 2.3）、蜂巢（Android 3.0）、冰激凌三明治（Android 4.0）、果冻豆（Jelly Bean，Android 4.1 和 Android 4.2）、奇巧（KitKat，Android 4.4）、棒棒糖（Lollipop，Android 5.0）、棉花糖（Marshmallow，Android 6.0）、牛轧糖（Nougat，Android 7.0）、奥利奥（Oreo，Android 8.0）、派（Pie，Android 9.0）。

华为鸿蒙系统（Hua Wei Harmony OS），是华为公司在 2019 年 8 月 9 日于东莞举行华为开发者大会（HDC.2019）上正式发布的操作系统。华为鸿蒙系统是一款全新的面向全场景的分布式操作系统，创造一个超级虚拟终端互联的世界，将人、设备、场景有机地联系在一起，将消费者在全场景生活中接触的多种智能终端实现极速发现、极速连接、硬件互助、资源共享，用合适的设备提供场景体验。

鸿蒙的英文名是 Harmony OS，意为和谐，这个新的操作系统将打通手机、计算机、平板、电视、工业自动化控制、无人驾驶、车机设备、智能穿戴统一成一个操作系统，并且该系统是面向下一代技术而设计的，能兼容全部安卓应用的所有 Web 应用。若安卓应用重新编译，在鸿蒙 OS 上，运行性能提升超过 60%。

2021 年 9 月，Harmony OS 凭借在互联网产业创新方面发挥的积极作用，在 2021 年世界互联网大会上获得"领先科技成果奖"。

4.4 新兴信息技术及应用

物联网、大数据、云计算和人工智能是新一代信息技术的重要组成部分。下面将介绍其基础知识及典型应用。

4.4.1 物联网

物联网（Internet of Things，IoT）是指通过各种信息传感器、射频识别技术、全球定位系统、红外感应器、激光扫描器等各种装置与技术，实时采集任何需要监控、连接、互动的物体或过程，采集其声、光、热、电、力学、化学、生物、位置等各种需要的信息，通过各类可能的网络接入，实现物与物、物与人的泛在连接，实现对物品和过程的智能化感知、识别和管理。物联网是一个基于互联网、传统电信网等的信息承载体,它让所有能够被独立寻址的普通物理对象形成互联互通的网络。物联网的层次架构如图4-4所示。

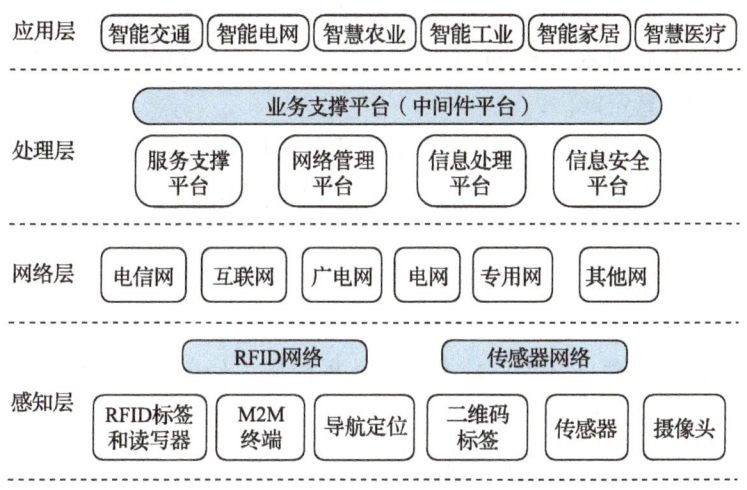

图4-4 物联网的层次架构

IBM前首席执行官郭士纳曾提出一个重要的观点,认为计算模式每隔15年发生一次变革。这一判断像摩尔定律一样准确,人们把它称为"15年周期定律"。1965年前后发生的变革以大型机为标志,1980年前后的变革以个人计算机的普及为标志,而1995年前后则发生了互联网革命。每一次这样的技术变革都引起企业之间、产业之间甚至国家之间竞争格局的重大动荡和变化。

物联网将是下一个推动世界高速发展的"重要生产力",是继通信网之后的另一个万亿级市场,有机构预测其产业要比互联网大30倍。

物联网产业链可以细分为标识、感知、处理和信息传送四个环节,每个环节的关键技术分别为RFID、传感器、智能芯片和电信运营商的无线传输网络。

物联网用途广泛,遍及智能交通、环境保护、政府工作、公共安全、平安家居、智能消防、工业监测、环境监测、老人护理、个人健康、花卉栽培、水系监测、食品溯源、敌情侦查和情报搜集等多个领域。物联网示意图如图4-5所示。

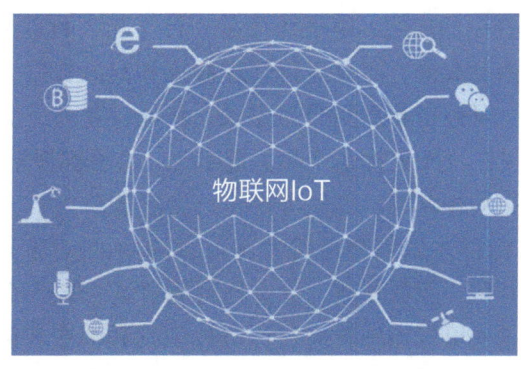

图4-5 物联网示意图

4.4.2 大数据

大数据（Big Data）是指无法在一定时间范围内用常规软件工具进行捕捉、管理和处理的数据集合，是需要新处理模式才能具有更强的决策力、洞察发现力和流程优化能力的海量、高增长率和多样化的信息资产。

大数据通常包括大量的非结构化数据和半结构化数据。在维克托·迈尔-舍恩伯格及肯尼斯·库克耶编写的《大数据时代》中特别指出大数据不用随机分析法（抽样调查），而是采用所有数据进行分析处理。IBM提出大数据具有5V特点：Volume（大量）、Velocity（高速）、Variety（多样）、Value（低价值密度）和Veracity（真实性）。

大数据需要特殊的技术，以有效地处理大量的容忍经过时间内的数据。适用于大数据的技术，包括大规模并行处理（MPP）数据库、数据挖掘、分布式文件系统、分布式数据库、云计算平台、互联网和可扩展的存储系统。

在大数据时代，网民和消费者的界限正在消弭，企业的疆界变得模糊，数据成为核心资产，并将深刻影响企业的业务模式，甚至重构其文化和组织。因此，大数据对国家治理模式，对企业的决策、组织和业务流程，对个人生活方式都将产生巨大的影响。如果不能利用大数据更加贴近消费者、深刻理解需求、高效分析信息并做出预判，所有传统公司都只能沦为新型用户平台级公司的附庸，其衰落不是管理能扭转的。

2012年3月22日，奥巴马政府宣布投资2亿美元拉动大数据相关产业发展，将"大数据战略"上升为国家战略。奥巴马政府甚至将大数据定义为"未来的新石油"。

2015年9月，我国颁布的《促进大数据发展行动纲要》将大数据发展确立为国家战略。党的十八届五中全会明确提出，要实施"互联网+"行动计划，发展分享经济，实施国家大数据战略。2015年9月18日，贵州省启动我国首个大数据综合试验区的建设工作，目标是通过3~5年的努力，将贵州大数据综合试验区建设成为全国数据汇聚应用新高地、综合治理示范区、产业发展聚集区、创业创新首选地和政策创新先行区。

大数据技术的目的是通过数据分析、处理和挖掘，提取出重要的、潜在的信息和知识，并将其转化为有用的模型，应用到科研、生产、运营和销售过程中，以解决实际问题。因此，大数据技术在电子商务中的应用非常广泛。

（1）大数据技术在选择中的应用　电子商务是一种与互联网紧密集成的商业模式，包含大量数据，如消费者个人消费数据、商业运营管理数据和商品数据。通过分析点击次数、转化率、回购率和产品评估，可分析和预测产品需求。例如，亚马逊应用大数据技术并构建选择库，以帮助卖家创造热销。当卖家搜索产品关键字时，会看到搜索结果的所有数据。例如，平均销售额、平均价格、平均排名等，以便可视化产品信息。

（2）大数据技术在目标群体识别和消费者偏好预测中的应用　预测是大数据的核心应用，广泛应用于体育赛事预测、股票预测、灾害预测等领域，取得了良好的应用效果。同样，在电子商务中，大数据技术也可以用来解决目标群体识别和消费者偏好预测问题。消费者在电子商务平台上生成大量的消费者行为数据。具体来说，消费者行为可以分为搜索行为、浏览行为、比较行为和购买行为。这四种行为将由电子商务平台记录。通过对消费者生成的这些数据的统计、比较和分析，平台可以分析消费者的购买意向和消费习惯，构建用户画像，然后识别目标群体，预测消费者偏好。例如，亚马逊可以通过访问页面和转换数据来分析客户的行为，并根据标题、购物车、客户搜索路径和独特的推荐算法来预测可能购买的产品。凭借这项技术，亚马逊在精准营销和个性化定制方面已成为电子商务的领导者。

（3）大数据技术在网络营销中的应用　第一步是挖掘产品目标用户、潜在用户的数据。对消费水平、年龄分布和性别比例进行统计分析，并针对不同的消费水平和年龄采取不同的策略；第二步是建立商品的消费者分析模型，根据模型准确锁定目标用户，并根据商品的适用人群选择目标用户；第三步是建立目标用户数据和推荐服务。这对于电子商务企业来说是很重要的，它们可以利用海量数据获取消费者信息，并制订有针对性的营销计划。

（4）大数据技术在物流领域的应用　当消费者购买商品时，物流配送的有效性直接影响购物体验。企业可运用大数据技术优化配送方案，提高物流的及时性。通过数据分析技术，电子商务物流可以准确地找到最省时的配送路线、配送方式等，可整合物流资源，提高运输能力水平，进而提高物流配送的及时性。这种准确的预测可以为商家和消费者提供最优的配送方案，缩短物流时间，提高消费者的满意度。

未来，大数据技术将继续在匹配、目标群体识别、消费者偏好预测和物流智能化配送等方面得到更广泛、更深入的应用，以实现电子商务的精准运营和智能化管理。

4.4.3　云计算

云计算最早是由谷歌提出来的，其核心是将 IT 基础设施互联网化。这意味着计算能力也可以作为一种商品进行流通，就像煤气、水电一样，取用方便，费用较低。

云计算技术的优势主要表现在以下几个方面：

（1）超大规模　"云"具有相当的规模，Google 云计算已经拥有 100 多万台服务器，亚马逊、IBM、微软和 Yahoo 等公司的"云"均拥有几十万台服务器。"云"能赋予用户前所未有的计算能力。

（2）虚拟化　云计算支持用户在任意位置使用各种终端获取服务。所请求的资源来自"云"，而不是固定的有形的实体。应用在"云"中某处运行，但实际上用户无须了解应用运行的具体位置，只需要一台计算机，就可以通过网络服务来获取各种能力超强的服务。

（3）高可靠性　"云"使用了数据多副本容错、计算节点同构可互换等措施来保障服务的高可靠性，使用云计算比使用本地计算机更加可靠。

（4）通用性　云计算不针对特定的应用，在"云"的支撑下可以构造出千变万化的应用。

（5）高可扩展性　"云"的规模可以动态伸缩，满足应用和用户规模增长的需要。

（6）按需服务　"云"是一个庞大的资源池，按需购买；"云"可以像自来水、电、煤气那样计费。

（7）成本较低　由于"云"的特殊容错措施可以采用廉价的节点来构成，"云"的自动化集中式管理使大量企业无须负担日益高昂的数据中心管理成本，"云"的通用性使资源的利用率较之传统系统大幅提升，"云"设施可以建在电力资源丰富的地区，从而大幅降低能源成本。

（8）潜在的危险性　云计算中的数据对于数据所有者以外的其他用户是保密的，但是对于提供云计算的商业机构而言确实毫无秘密可言。所有这些潜在的危险，都是商业机构和政府机构选择云计算服务时，不得不考虑的一个重要的前提。

目前来看，虽然"云"前期投入比较大、转换成本比较高，但随着云技术的普及、相关政策力度的加强、外部环境的改善，从长远和综合角度来看，仍然具有较高的性价比，基于云端的信息化建设也是未来发展的一个大的趋势。

云服务主要包括以下几个层次：基础设施即服务（Infrastructure as a Service，IaaS），平台即服务（Platform as a Service，PaaS）和软件即服务（Software as a Service，SaaS），如图4-6所示。

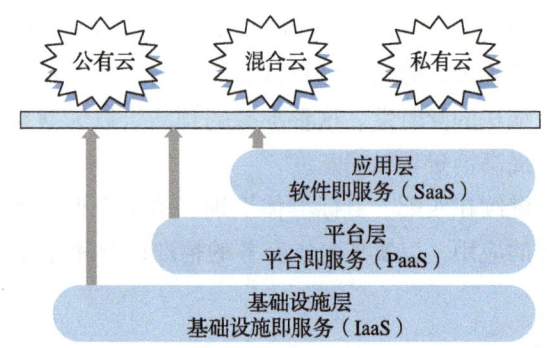

图4-6　云服务模式

目前，云平台已经在国际和国内有大量的实践，并形成了国外以Amazon、谷歌、微软、IBM，国内以阿里巴巴、百度、腾讯、华为等为主流的云计算平台供应商阵营。

4.4.4　人工智能

继蒸汽技术、电力技术、计算机及信息技术革命之后，人工智能作为第四次科技革命核心驱动力，成为新一轮产业变革的核心驱动力和引领未来发展的战略技术，使生产结构与生产关系发生了颠覆性的变化，我国把人工智能的发展放在至关重要的地位。2017年发布的《新一代人工智能发展规划》指出，要对人工智能产业进行战略部署。在2019年的政府工作报告中强调要加快新兴产业的发展，推动人工智能等研发应用。

自2006年深度学习算法的提出，人工智能技术及其应用取得了突破性的进展。从2012年开始，数据呈现爆发式增长的趋势，大数据帮助进行机器训练，提高了机器的智能水平，这为人工智能发展提供了充分的"养料"。在2013年，深度学习算法在语音和视觉识别领域上的应用突破，令人工智能产业商业化成为可能。

在过去的10年中，人工智能经历了从0到1的探索过程，国内的人工智能应用层面创新加速的条件已经成熟，全球正从"互联网+"向"AI+垂直细分领域"转变，"AI+"让人工智能逐渐融入以往的各个传统行业，对行业进行产业升级。在"AI+"时代，以深度学习等技术为核心，以云计算、生物识别等数据为基础，促进人工智能在医疗、交通、安防等领域的应用，以创造出更大的价值。

1. 人工智能在电子商务中的应用

近年来，电子商务的发展取得了卓越成果，人们在享受电子商务带来的极大便利的同时，也对其提出了更高的要求，而人工智能技术的出现为电子商务的进一步发展开辟了新思路。

目前，人工智能在电子商务领域的应用主要表现在以下几个方面：

（1）智能客服机器人　智能客服机器人融合了机器学习、大数据、自然语言处理、语义分析和理解等多方面人工智能技术，其主要功能是能够自动回复客户咨询的问题，对客户发送的文本、图片、语音进行识别，能够响应简单的语音指令。智能客服机器人可以有效降低人工成本、提升服务质量、优化用户体验、最大限度地挽留夜间流量，同时也可以替代人工客服回复重复性问题。早在 2017 年 3 月，阿里巴巴就发布了一款智能客服机器人，其经过商家调试和授权之后，可以取代一些客户服务，减少人工客服的工作量，同时也保证回复消息的及时性。据估计，到 2025 年，95% 的客户互动将由人工智能完成，包括实时电话和在线对话等。

（2）智能推荐引擎　智能推荐引擎是建立在算法框架基础上的一套完整的推荐系统，通过利用深度学习算法，在海量数据集的基础上分析消费者日常搜索、浏览与购买行为，并分析、预测哪些产品可能会引起消费者的购买欲望，将得到的合理购买建议推送到消费者个人页面，帮助消费者快速找到所需要的产品，从而为消费者提供个性化推荐与服务。许多电商公司，如阿里巴巴、京东商城等都使用推荐引擎来分析产品的受众人群。

（3）图片智能搜索　消费者的需求与电商平台展示的商品是通过搜索环节联系起来的。但随着消费者对于商品特定性、精准化需求的提高，消费者通过基于文本的搜索行为有时很难直接找到想要的商品。计算机视觉与深度学习技术，可以使消费者快速找到所需要商品。只需要将感兴趣的商品图片上传到电商平台，人工智能就可以根据图片中产品的款式、颜色、品牌等特征，为消费者推荐同款或相似产品的销售入口。图片搜索的应用，建立了商品从线下到线上的联系，极大地缩短了消费者搜索商品的时间，降低了用户的时间成本，提高了消费者的用户体验。

（4）库存智能预测　多渠道库存管理是电子商务行业所面临的主要问题之一。当库存不足时，会导致许多客户流失，降低了用户的体验感，补货所浪费的时间会对商家的收入带来极大的影响。但若库存过多，在对库存空间提出较高要求的同时，还要面临库存积压导致的营业风险和资金的需求增加。因此，准确预测库存对商家的经营至关重要。库存智能预测可以识别订单周转的关键因素，通过建立的模型计算出这些因素对产品周转和库存的影响，同时该模型可以随着时间的推移不断学习，从而变得更加智能，使库存的预测更加准确。

（5）货物智能分拣　随着电商行业的不断发展，我国物流行业配送范围迅速拓展。从包裹品种角度来说，包括大件包裹、小件包裹、活物件、医疗件等。目前，快递包裹数量增加，配送的站点增多，快递分拣呈现出小批量、多品种的特点。单凭传统的人工分拣无法快速、准确地完成分拣任务，同时影响了物流配送效率与服务质量。

智能机器人进行分拣不仅灵活性高，同时还有较强的适应性，可以根据需要分拣包裹的数量来对机器人数目进行增减。智能分拣使货物分拣更加及时、准确，同时在分拣环节中，货物的搬运次数也随之减少，使货物的安全性与完整性更有保障。

（6）商品智能定价　随着电商企业的蓬勃发展，商家对其销售的商品价格进行长期持续的价格调整是一项常规任务。在传统模式下，商家需要依据以往的数据和自身的策略制定商品价格。现在引入人工智能技术，利用深度学习算法，可以实现对市场的持续性评估，以解决商家商品定价的问题。

2. 未来发展趋势

电子商务行业充满了巨大的竞争压力，深度学习、计算机视觉、语音识别、机器人自动处理系统等人工智能技术在今后仍会稳步发展，"AI+"时代的到来将会进一步推进人工智能技术与电子商务行业的融合与发展。

（1）情感AI辅助决策　当前的智能客服机器人存在着缺乏"感情"的问题，而有预测称情感AI将成为电子商务行业的下一次革命。当消费者在浏览商品时，情感AI可以根据消费者在浏览该商品停留的时间、了解该商品花费的时间、相似产品的浏览情况、购物车添加相似产品数量等，借助人工智能更好地了解消费者的想法，判断出消费者何时处于迷茫状态，进而在合适的时间为消费者提供合理化建议。

（2）虚假评论识别　为了应对电子商务行业激烈的市场竞争，各商家都在努力提高自身在电商平台中的排名、销量、口碑等评价指数，也有许多商家通过"刷单"来增加产品销售数量，让"刷单者"对产品进行评论，从而让真实购买者通过阅读评论对产品产生信任后进行交易，此外有些商家还会发布关于竞争对手的恶意评论。未来，人工智能可以有效地解决这一问题，电商平台可以利用人工智能，加强验证和筛选有用评论来抵制恶意营销。

（3）个性化服务提供　随着社会发展与进步，人们越来越注重个性化的需求，电子商务也需要改变销售模式来顺应消费者的个性化需求。通过大数据、贝叶斯算法等相关人工智能技术，可以实现智能推荐与个性化服务。比如，可以根据消费者搜索、已购商品、浏览记录进行兴趣推荐；根据消费者对每种商品访问时间的活跃性进行合理推荐；根据消费者所处位置信息，推荐附件的商圈及店铺，促进线下线上的融合发展；根据社交行为、好友关系来推断消费者所需要的商品。

虽然人工智能发展迅速，但仍存在许多现实问题需要解决，如隐私保护问题、数据共享问题、人工智能系统鲁棒性等问题，都是人工智能在电子商务应用过程中面临的挑战。

人工智能已经进入快速发展阶段，而随着技术日益成熟、应用日趋广泛，在未来，人工智能将成为电子商务变革的重要助推力，同时改变电子商务运作模式，也为消费者提供更加优质的服务。

案例：智能推荐

随着网络与信息技术的飞速发展，互联网为用户提供越来越多的信息和服务，用户在得到便利的同时也不得不面临大量的垃圾信息和无意义数据，即所谓的信息超载问题。

面对海量的网络资源，个性化推荐系统是一种极具潜力的解决信息超载的服务技术，它利用用户的偏好信息自动地向用户推荐符合其兴趣特点的商品和服务。

与搜索引擎提供的"一对多"式的信息服务不同，个性化推荐系统输出的结果更符合用户需求，同时系统自动运行，用户参与度也更低，从而使得用户寻找信息的时效大大提升。一般来说，这些在线的推荐服务无须用户介入，具有较强的自学习能力和实时能力，有效地克服了信息超载的问题。例如，亚马逊、eBay易趣、淘宝、豆瓣和当当网等，都在不同程度上采用了个性化推荐系统。在这些商务网站中，推荐系统能够根据用户的历史购买记录以及浏览、检索和评论行为等，分析用户的兴趣并向其主动推荐商品，实现在线导购功能；高质量的推荐系统能够增强用户的购物体验，提高对网站的忠诚度。同时，电子商务推荐系统提供的个性化服务能够挖掘用户潜在兴趣，有效地提高商品的交叉销售能力，在竞争日趋激烈的环境下带来显著的经济效益。

个性化推荐引擎和搜索引擎的区别是：个性化推荐引擎的本质是更符合人们使用习惯的信息发现，而搜索引擎的本质是用户简单且目标明确的数据检索。

个性化推荐技术的应用方式如下：

（1）买了还会买　基于用户历史行为及偏好，向浏览当前商品的用户推荐其他用户购买过该商品以后，在一定时间内又购买的商品，可帮助用户快捷找到下一个可能感兴趣的商品。

（2）强力推荐　基于当前用户浏览类别和用户历史行为及偏好，以相关产品销售量的排行推荐列表的形式推荐符合用户兴趣的产品，可帮助用户根据销售热度参考与自己相似的用户的购买行为，从而确定购买目标，可帮助商家提高转化率和用户体验。

（3）猜你喜欢　基于用户的历史行为以及偏好推荐符合用户兴趣和需求的商品，可帮助商家提高商品曝光率、转化率、访问深度及用户体验，减少首页跳出率。

（4）经常一起买　分析购物车中经常出现的商品，可帮助用户快速找到下一个可能需要购买的商品，提高商家的复购率、客单价和动销比。

近些年来，随着个性化信息服务成为互联网行业应用的热点，推荐系统在电子商务、新闻、电影、音乐、网页、社交网络等各种类型的Web站点都取得了广泛的应用。在这些个性化推荐技术中常见的关键技术有特征提取、特征建模、特征降维技术、相似性度量方法、奇异值分解、聚类（k-均值）和协同过滤算法等。

（案例来源：个性化智能推荐技术研究总结，https：//blog.csdn.net/zolalad/article/details/21642785，有删改。）

拓展学习：大数据时代

导言：

《大数据时代》是国内首部以大数据产业为题材的纪录片，该片细致而生动地讲述了大数据技术在政府治理、民生服务、数据安全、工业转型和未来生活等方面给人们带来的改变和影响。

请扫描二维码，观看此系列视频，了解大数据的典型应用。

大数据时代

思 考 题

1. 什么是数据管理技术？数据管理技术经历了哪三个阶段？
2. 互联网最基本的服务功能有哪些？
3. 计算机网络设备的用途是什么？
4. 移动电子商务有哪些特点？
5. 请谈谈你对物联网的理解。
6. 请谈谈你对大数据的理解。
7. 请谈谈你对华为鸿蒙系统的理解。
8. 请列举国内外领先的云计算平台。
9. 人工智能在电子商务中有哪些具体应用？

第 5 章　电子商务的系统建设

电子商务网站是企业从事电子商务活动的基本平台，是实施电子商务的公司或商家与服务对象之间的交互界面，也是电子商务系统运转的承担者和表现者。App、微信小程序是移动电子商务的主要新兴平台。

本章主要介绍电子商务网站规划设计的方法和常用的工具及技术。另外，对 App 开发、微信小程序等移动应用开发技术也做简要介绍。

5.1　电子商务网站策划

电子商务网站策划是关系电子商务网站平台建设成败的关键过程。电子商务网站策划重点阐述了解决方案能给客户带来什么价值，以及通过何种方法实现这种价值。网站策划人员要做的工作不仅是撰写一份策划方案书，而且涵盖了从对客户需求的了解到与美工人员、技术开发人员工作协调，再到网站发布宣传与推广等多项工作内容。

5.1.1　电子商务网站策划的意义

电子商务网站的建设，不仅涉及网站开发技术，而且是一项复杂的系统工程，需要解决包括市场定位、投资策略、开发技术、运营管理等多方面的问题。对网站进行总体策划，能够帮助企业合理利用资源，迅速适应现代网络技术的发展，合理规避风险，明确未来的发展方向及思路。

1. 网站策划是企业电子商务战略管理的需要

企业网站一般是指以企业的产品服务等为主要内容和服务对象的网站。根据不同需要，网站的功能会有很大的不同，有的纯粹是发布企业信息，有的还开展网上订货等商务活动，但基本上都是为企业自身服务的。因此，企业电子商务网站不仅要展示与推广企业或机构的产品与服务，达到与用户及合作伙伴的实时、互动的信息交流与沟通，实现信息流、资金流和物流协调有序的快速流动，而且要体现企业或机构的管理理念、组织文化、品牌形象。电子商务技术和应用工具的支持固然重要，但是对于一般的企业或机构而言，技术的实现可以外包给专门的公司，而电子商务战略规划、商业经营模式策划、电子商务网站构架的设计、电子商务网站运行中信息资源的管理却是外部人员无法决定和替代的。

建立网站涉及技术设计、资金投入、人员投入、进度控制、日常工作安排等众多问题，网站策划的目标在于减少盲目性，使企业以最大效率、采用最适当的方法建立及运营电子商务网站。因此，电子商务网站的策划不仅是电子商务发展的战略需要，而且是企业经营管理的需要。电子商务网站的策划是企业电子商务战略管理的重要内容，通过策划明确实行电子商务的目的和要求，制定切实可行的电子商务实施方案，按照制定的方案逐步实施电子商务战略。

2. 网站策划促进企业基础管理的信息化和经营管理现代化

电子商务网站建设需要企业对内部业务流程进行整合，对内部信息资源与外部信息资源进行集成，实现从以产品为中心的企业经营到以用户为中心的企业经营方式的转变；从以技术为中心的企业管理到以信息资源为中心的企业管理模式转变；从以 MIS（Management Information Systems，管理信息系统）为基础的管理到以 ERP（Enterprise Resource Planning，企业资源计划系统）为平台的转变。电子商务网站的建立与运作必须与企业基础管理信息化和经营现代化建设相协调进行。

3. 网站策划可调动企业员工投入电子商务的积极性

企业员工的参与意识与工作的热情是开展电子商务的重要影响因素，特别是传统企业实现电子商务更需要调动全体员工的积极性。

电子商务网站的策划是从目标到实际运用过程的全盘谋略与策划，上至企业的决策部门，下到具体的业务部门，涉及的人员有企业管理者、技术人员、各个业务部门的工作人员，并需要依托一个具有专家级才能的小组来统筹运作，其中需要策划、网络、程序、文档、产品、美工、贸易、营销和外语等多方面的人才。例如，网站策划人员需要对网络市场和竞争对手进行详细的比较和分析；网络管理人员不仅需要搭建系统构架、安装服务器系统及相关的软件，必要时还需要根据本单位的实际情况编写二次开发应用程序和管理程序；程序设计师要解决网站的后台管理问题和提供服务功能，并根据网站的类型、特点和业务需要，开发相应的电子商务应用程序；信息编辑与处理人员要及时将大量的用户信息、交易信息进行系统的组织和科学的分析，为企业有效地开展电子商务提供决策的依据。

此外，在电子商务网站的策划中，还包含对企业员工的培训，通过电子商务理论和网站应用方面的培训，拓宽员工的眼界，更新原有的工作观念，促使员工尽快适应企业新的业务运作平台。

因此，电子商务网站的策划可使企业管理层和基层工作人员清晰而完整地认识企业实施电子商务的重要性和必要性，给企业经营带来的好处，以及电子商务环境下工作的特点等。同时，网站策划可以确定一个比较完善的企业建设电子商务网站的人、财、物的投资方案和实施计划，确保网站建设的主要方向，少走弯路。

5.1.2 电子商务网站策划的内容

在网站建立之前应明确建设网站的目的、网站的功能、网站规模和投入的费用，进行必要的市场分析等。只有详细的规划，才能避免在网站建设中出现各种问题，使网站建设能顺利进行。

电子商务网站策划首先要从整体来考虑和规划。很多网站建立者往往只是有了初步的想法，就投资建立了一个网站，既没有进行市场调研，又没有进行系统的分析，结果建立的网站达不到预期目标；有的网站建立者，在不完全理解网站建设目标的情况下就投资，结果效果不明显。

电子商务网站的策划，需要为企业解决以下问题：

1）确定目标市场，明确电子商务网站建设的目的，确立合理的建站目标。在网络技术迅速发展的背景下，企业要想抓住机会，在网络淘金，就要将市场进行细分，进一步明确目标市场，确立合理的建站目标。

2）确定网站的投资及盈利模式。无论是获得风险投资，还是企业自己投资建设网站，投资预算和盈利模式的探讨都是十分重要的，这决定了网站本身的生命力。

3）确定网站技术解决方案。目前网站开发有多种技术，同样功能的站点可以采用不同的技术来实现，每种技术都有其特点。选择合理的网站开发技术，对电子商务企业有非常重要的意义，不仅关系到后期网站的运营、维护、改版、服务、推广等能否顺利进行，而且也对网站安全、设备、系统架构等具有重要影响。

4）建立网站的目的及功能的设计。在网站策划书中，建立网站的目的及功能的设计是主要内容，它主要论述了为什么要建立网站？网站能给企业带来什么？要建立一个什么样的网站？然后根据建立网站的目的，确定网站的类型，并整合企业的资源，根据企业的需要和计划确定网站的具体功能，并对网站的功能作用进行描述。

5）网站内容策划。网站内容策划主要是网站栏目结构的划分。根据网站的目的和功能策划网站内容，一般应包括公司简介、产品介绍、服务内容、联系方式、留言板等基本内容。

电子商务类网站还要有会员管理、信息发布、订单管理、积分管理、广告管理等多种功能。具体的栏目设计要根据企业建站的目的进行合理规划。栏目有一级栏目、二级栏目、三级栏目等，一般不超过三级。

网站内容是网站吸引浏览者最重要的因素，无内容或不实用的信息不会吸引匆匆浏览的访客。企业要事先对目标访问群体希望阅读的信息进行调查并发布，在发布后，调查其对网站内容的满意度，以及时调整网站内容。网站栏目不宜过多，也不能过于简单。互联网本身就是一个信息共享的大平台，网站提供的信息是否及时、准确、利用率高，决定着网站的人气。

6）网页设计。网站是企业在互联网的窗口，也是企业的门面，因此好的网站要注重页面设计。网页设计要求因人而异，但总体上网页的美术设计一般要与企业的整体形象一致，要符合CI规范，要注意网页色彩、图片的应用及版面规划，保持网页的整体一致性。在新技术的采用上，要考虑主要目标访问群体的分布地域、年龄、网络速度、阅读习惯等。同时，要制订网页改版计划，如半年到一年时间进行较大规模的改版等。

7）网站开发时间进度表编制。网站开发时间进度表主要让建站者了解网站具体制作的时间、上传的时间，以及对建站者提供有效资料的要求，这有利于建站者做好充分的网站运营和推广准备。

8）网站制作费用预算。网站制作费用要明确、项目要清晰，让建站投资者了解具体投资的细节、后期的推广费用预算，以及网站改版预算。

9）网站售后服务策划。网站售后服务包括两个方面：一是网络服务商制作的网站，完成后提供的具体服务内容有哪些；二是网站制作完成后网站的运营维护，具体包括服务器及相关软硬件的维护、对可能出现的问题进行评估、制定响应时间、制定网站信息维护的要求及方案、确定网站运营维护人员等内容。

10）网站宣传推广方案制定。网站宣传推广方案对网站的运营至关重要，因此推广方案是否合理可行，也决定着该网站建设的成败。网站宣传推广方案具体包括站点推广方式、投资金额等内容。

5.2 电子商务网站的实施

5.2.1 域名注册

1. 域名的基本概念

网络是基于 TCP/IP 协议进行通信和连接的，每一台主机都有一个唯一的标识固定的 IP 地址，以区别在网络上成千上万个用户和计算机。网络在区分所有与之相连的网络和主机时，均采用了一种唯一、通用的地址格式，即每一个与网络相连接的计算机和服务器都被指派了一个独一无二的地址。为了保证网络上每台计算机的 IP 地址的唯一性，用户必须向特定机构申请注册，该机构根据用户单位的网络规模和近期发展计划，分配 IP 地址。网络中的地址方案分为两套：IP 地址系统和域名地址系统。

由于 IP 地址具有不方便记忆并且不能显示地址组织的名称和性质等缺点，人们设计出了域名，并通过域名系统（Domain Name System，DNS）来将域名和 IP 地址相互映射，使人更方便地访问互联网，而不用去记住能够被机器直接读取的 IP 地址数串。除了识别功能外，在虚拟环境下，域名还可以起到引导、宣传和代表等作用。

2. 域名的构成

以一个常见的域名为例，百度的网址是由两部分组成的，标号"bai du"是这个域名的主体，而最后的标号"com"则是该域名的后缀，代表的这是一个 com 国际域名，是顶级域名。前面的 www. 是网络名，为 www 的域名。

DNS 规定，域名中的标号都由英文字母和数字组成，每一个标号不超过 63 个字符，也不区分大小写字母。标号中除连字符（-）外不能使用其他的标点符号。级别最低的域名写在最左边，而级别最高的域名写在最右边。由多个标号组成的完整域名总共不超过 255 个字符。

近年来，一些国家也纷纷开发使用采用本民族语言构成的域名，如德语、法语等。我国也开始使用中文域名，但可以预计的是，今后相当长的时期内，国内以英语为基础的域名（即英文域名）仍然是主流。

3. 常用顶级域名

常用域名后缀包括：

com：Commercial organizations，工、商、金融等企业。

edu：Educational institutions，教育机构。

gov：Governmental entities，政府部门。

net：Network operations and service centers，互联网、接入网络的信息中心（NIC）和运行中心（NOC）。

org：Organizations，各种非营利性的组织。

4. 域名注册

注册域名需要遵循先申请先注册原则，管理机构对申请人提出的域名是否违反了第三方的权利，不进行任何实质审查。同时，每一个域名的注册都是独一无二的、不可重复的。因此，在网络上，域名是一种相对有限的资源，它的价值将随着注册企业的增多而逐步被人们所重视。

既然域名是一种有价值的资源，那么它是否能够成为知识产权保护的客体呢？我们认为，在新的经济环境下，域名所具有的商业意义已远远大于其技术意义，从而成为企业在新的科学技术条件下参与国际市场竞争的重要手段。它不仅代表了企业在网络上独有的位置，也是企业的产品、服务范围、形象、商誉等的综合体现，是企业无形资产的一部分。同时，域名也是一种智力成果，它是有文字含义的商业性标记，与商标、商号类似，体现了很大的创造性。在域名的构思选择过程中，需要一定的创造性劳动，使代表自己公司的域名简洁并具有吸引力，以便使公众熟知并对其访问，从而达到扩大企业知名度、促进经营发展的目的。可以说，域名不是简单的标识性符号，而是企业商誉的凝结和知名度的表彰。域名的使用对企业来说具有丰富的内涵，远非简单的"标识"两字可以穷尽的。

5. 域名费用

域名注册有英文域名和中文域名。注册域名后，每年需要缴纳一定的费用以维护该域名的使用权，不同层次的域名收费标准也不同。

5.2.2 网站开发流程

电子商务网站开发流程可分为以下八个阶段。

1. 调查分析阶段

调查分析阶段是当用户提出建站需求后，专业策划人员将对用户的内部经营环境、行业背景、服务对象等进行全面调查分析。这一阶段的主要任务是：确定建立网站的目标、实施策略、资源等内容。

2. 确定网站模型阶段

确定网站模型阶段是根据调查向用户提出网站建设初步方案。这一阶段的主要任务是：注册域名、选择服务器、建立电子商务网站的软硬件平台、确定网站的信息和结构，以及进行网站的页面设计，使网站具有基本的发布信息的功能。

3. 内容组织阶段

内容组织阶段是根据网站建设方案向用户提交材料清单，由用户进行准备并交付资料内容，包括设计和制作准备。

4. 网站总体设计阶段

网站总体设计阶段是网站设计专业人员根据网站模型和材料对网站进行总体设计。这一阶段的主要任务是：企业网上形象、网站结构和布局、关键字位置和重复率、网页目录、采用哪些媒体设计制作技术、信息链接、更新方法等的设计。

5. 具体制作阶段

具体制作阶段是技术和专业人员根据总的设计，完成网站（页）的制作。这一阶段的主要任务是：网页的布局、风格、着色、信息内容等的制作。

6. 系统全面调试阶段

系统全面调试阶段是将制作好的网站进行性能方面的全面测试，对网站内容进行校对和调整，以确保将来运行时的安全性、可靠性和准确性。

7. 上网试运行阶段

上网试运行阶段是将调试好的网页推向市场，让市场来检验。这一阶段的主要任务是：对网站上的所有功能进行测试，将其性能调整到最佳状态。

8. 网站维护培训阶段

网站维护培训阶段是帮助或培训用户网站的管理人员、操作人员，让他们了解和学会怎样在互联网上宣传推广和维护自己的网站。

5.3 网站搭建的途径与方法

目前，网站开发方式主要有自主开发方式、委托开发方式、联合开发方式和购买现成网站方式。每种开发方式均有其优、缺点，企业建设网站需要根据具体情况选择开发方式，也可以综合使用各种开发方式。

1. 自主开发方式

自主开发方式是指网站的开发完全由企业自己完成。自主开发的优点是开发费用少，开发的系统能够适应本单位的需求，便于维护；缺点是由于不是专业开发队伍开发的，因此开发水平较低，容易造成系统开发时间长和系统整体优化较弱。

企业自己开发建设网站，需要根据网站的功能确定网站技术的解决方案，主要有需要确定网站的软、硬件平台，网页设计等各种技术。

企业自己开发建设网站，需要确定采用自建服务器，还是租用虚拟主机或主机托管。大型网站服务器有多种类型，如文件搜索服务器（Archie Server）、电子公告栏服务器（BBS

Server)、域名服务器（DNS Server）、文件传输服务器（FTP Server）、Gopher 信息查询系统服务器（Gopher Server）、网络论坛服务器（News Server）、电子邮件接收服务器（POP Server）、电子邮件发送服务器（SMPT Server）、拨号接线服务器（PPP/SLIP）、以终端模式连线的服务器（Terminal Server）和全球信息网服务器（WWW Server 或称 Web Server）等诸多服务器，而一般小型网站仅有一个 Web 服务器即可。操作系统的选择，选用 Windows 2000/NT、UNIX 还是 Linux，操作系统选择应与 Web 服务器、网页设计、数据库等各种技术综合考虑。

所谓虚拟主机，也叫"网站空间"，就是把一台运行在互联网上的服务器划分成多个"虚拟"的服务器，每一个虚拟主机都具有独立的域名和完整的互联网服务器（支持 WWW、FTP、E-mail 等）功能。虚拟主机是网络发展的福音，极大地促进了网络技术的应用和普及。同时，虚拟主机的租用服务也成为网络时代新的经济形式。

虚拟主机拓扑结构如图 5-1 所示。

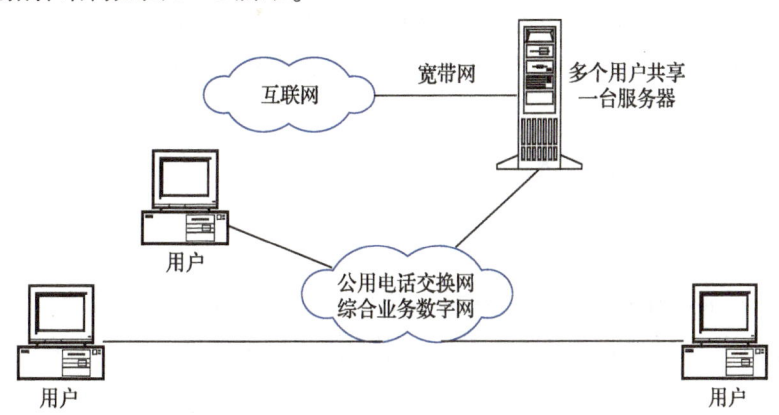

图 5-1　虚拟主机拓扑结构

主机托管是指将自己的服务器放在能够提供服务器托管业务单位的机房里，实现其与互联网连接，从而省去用户自行申请专线连接到互联网。主机托管摆脱了虚拟主机软硬件资源的限制，能够提供高性能的处理能力，同时有效降低维护费用和机房设备投入、线路租用等高额费用。客户对设备拥有所有权和配置权，并可要求预留足够的扩展空间。如果企业想拥有自己独立的 Web 服务器，同时又不想花费更多的资金进行通信线路、网络环境、机房环境的投资，更不想投入人力进行 24 小时的网络维护，可以尝试主机托管服务。主机托管的特点是投资有限、周期短、无线路拥堵之忧。

如果采用主机托管或租用虚拟主机，一般需要支付托管费用或主机空间租用费。

2. 委托开发方式

委托开发方式适合资金充足，但企业信息技术队伍力量较弱的企业。这种方式需要企事业的业务骨干参与系统的论证工作，开发过程需要开发单位和企业双方紧密合作，企业需要对开发单位进行监督、检查和协调。

委托开发再进一步，就形成了业务外包。业务外包是指企业聘请专门从事网站开发服务的公司进行开发工作，由开发商负责网站的建设，甚至日常管理工作，企业不需要依靠自身的内部资源建立信息系统。

委托开发一般是针对一次性项目签订委托合同，而业务外包则可能是签订一个长期的服务合同，并对企业的信息技术业务进行日常支持。

3. 联合开发方式

联合开发方式适合有一定的信息技术人员，但技术力量不太强的企业，希望通过网站的建设完善并提高企业的技术队伍，便于以后网站的维护和进一步拓展。

联合开发方式可以培养企业的技术力量，所需资金比委托开发方式少，但开发准备工作要充分，对技术上的问题最好能在开发前达成共识。开发过程中也需要双方不断进行协调和检查，以达到完美的整体效果。

4. 购买现成网站方式

目前，有大量的专业网站建设公司已经开发出一批现成的网站，为了节省系统开发成本、提高效率，企业也可以购买现成的网站。这种方式可以节省时间和费用、技术水平较高，但是这种网站的专用性较差，往往也需要根据用户的具体要求再进行二次开发。

5.4 网页设计与开发技术

5.4.1 HTML 语言

HTML 是 Hypertext Markup Language 的英文缩写，即超文本标记语言。自 1990 年以来 HTML 就一直被用作互联网的信息表示语言，用于描述网页的格式设计和它与互联网上其他网页的链接信息。

从本质上说，HTML 语言编写的文件是一个文本文件，它可以独立于各种操作系统平台运行，不需要编译，可以直接由浏览器解释执行。它包含了一些 HTML 元素、标签等。HTML 文件一般使用 html 或 htm 作为文件名后缀。HTML 对大小写不敏感。

一个 HTML 文件应该具有下面的基本结构：

```
<html>
<head>
<title>网页标题</title>
</head>
<body>
        网页主体部分
</body>
</html>
```

以上结构中，<html> 和 </html> 是 HTML 文件的开始和结束标记。HTML 文件中所有的内容都应该在这一对标记之间。一个 HTML 文件总是以 <html> 开始，以 </html> 结束的。<head> 和 </head> 标记一般位于文档的头部，用于包含当前文档的相关信息，例如标题和关键字等，通常我们将这一对标记之间的内容统称为 HTML 文件的"头部"。标题的标记 <title> </title> 是在 HTML 的头部定义的，它里面的内容不会显示在网页上，但是会出现在浏览器的标题栏上。<body>和</body>用于定义 HTML 文档的正文部分，通常它在</head>标记之后，而在</html>标记之前，所有出现在网页上的正文内容都应该写在这一对标记之间。

除了这三对标记，在 HTML 文件中，还有很多其他的标记。这些标记能够被浏览器识别，使 HTML 文件在浏览器中以一定的方式显示出来。

5.4.2 动态网站编程技术简介

早期的动态网站开发技术使用的是 CGI – BIN 接口。开发人员编写与接口相关的单独的程序和基于 Web 的应用程序，后者通过 Web 服务器来调用前者。这种开发技术存在严重的扩展性问题——每一个新的 CGI 程序要求在服务器上新增一个进程。如果多个用户并发地访问该程序，这些进程将耗尽该 Web 服务器所有的可用资源，直至其崩溃。

为克服这一弊端，微软公司提出了 Active Server Pages 技术，该技术利用"插件"和 API 简化了 Web 应用程序的开发。ASP 与 CGI 相比，其优点是可以包含 HTML 标签，可以直接存取数据库及使用无限扩充的 ActiveX 控件，因此在程序编制上更富有灵活性。但该技术基本上是局限于微软的操作系统平台之上，主要工作环境是微软的 IIS 应用程序结构，所以 ASP 技术不能很容易地实现跨平台的 Web 服务器程序开发。

在 ASP 的基础上，微软构架了 ASP.NET。可以说 ASP.NET 延续了 ASP 的许多特点又在很多方面弥补了 ASP 的不足。ASP.NET 摆脱了以前 ASP 使用脚本语言来编程的缺点，理论上可以使用任何编程语言包括 C++、VB、JS 等。当然，最合适的编程语言还是 MS 为.Net Framework 专门推出的 C#，它可以看作 VC 和 Java 的混合体。首先它是面向对象的编程语言，而不是一种脚本，所以它具有面向对象编程语言的一切特性，比如封装性、继承性、多态性等。封装性使代码逻辑清晰，易于管理，并且应用到 ASP.NET 上就可以使业务逻辑和 HTML 页面分离，这样无论页面原型如何改变，业务逻辑代码都不必做任何改动；继承性和多态性使代码的可重用性大大提高，可以通过继承已有的对象最大限度地保护以前的投资，并且 C# 和 C++、Java 一样提供了完善的调试/纠错体系。

PHP 是一种跨平台的服务器端的嵌入式脚本语言。它大量地借用 C、Java 和 Perl 语言的语法，并耦合 PHP 的特性，使 WEB 开发者能够快速地写出动态页面，它支持目前绝大多数数据库。还有一点，PHP 是完全免费的，可以从 PHP 官方网站自由下载，而且可以不受限制地获得源码，甚至可以从中加进自己需要的特色。

PHP 在大多数 UNIX 平台、GUN/Linux 和微软 Windows 平台上均可运行。PHP 的优点主要有：安装方便，学习过程简单；数据库连接方便，兼容性强；扩展性强；可以进行面向对象编程等。PHP 可以编译成具有与许多数据库相连接的函数，现在与 MySQL 是绝佳的群组合，也可以自己编写外围的函数间接存取数据库，通过这样的途径更换使用的数据库时，可以轻松地修改编码以适应这样的变化。PHPLIB 就是最常用的可以提供一般事务需要的一系列基库。但 PHP 提供的数据库接口支持彼此不统一，如对 Oracle、MySQL、Sybase 的接口，这也是 PHP 的一个弱点所在。

还有一些技术，如 Java Servlets 技术，利用该技术可以很容易地用 Java 语言编写交互式的服务器端代码。一个Java Servlets就是一个基于Java技术的运行在服务器端的程序（与Applet不同，后者运行在浏览器端）。开发人员编写这样的Java Servlets，以接收来自Web浏览器的HTTP请求，动态地生成响应（可能需要查询数据库来完成这种请求），然后发送包含HTML或XML文档的响应到浏览器。这种技术对于普通的页面设计者来说要轻易地掌握是很困难的。采用这种方法，整个网页必须都在Java Servlets中制作。如果开发人员或者Web管理人员想要调整页面显示，就不得不编辑并重新编译该Java Servlets。

太阳微系统公司在Web服务器、应用服务器、交易系统以及开发工具供应商之间广泛支持与合作下，整合并平衡了已经存在的对Java编程环境（例如，Java Servlets和JavaBeans）进行支持的技术和工具后产生了一种新的、开发基于Web应用程序的方法——Java Server Pages技术（JSP）。这种动态网站的开发技术主要有以下一些特点：

1）能够在任何Web或应用程序服务器上运行。
2）分离了应用程序的逻辑和页面显示。
3）能够进行快速开发和测试。
4）简化了开发基于Web的交互式应用程序的过程。

目前，在国内PHP与ASP应用最为广泛。百度、新浪、搜狐、TOM等各大互联网门户网站都在广泛应用PHP技术。近两年来，北京许多小型的门户站点也使用了PHP的技术。但由于PHP本身存在的一些缺点，使它不适合应用于大型电子商务站点，而更适合一些小型的商业站点。首先，PHP缺乏规模支持。其次，缺乏多层结构支持。对于大负荷站点，解决方法只有一个：分布式计算。数据库、应用逻辑层、表示逻辑层彼此分开，而且同层也可以根据流量分开，群组成二维数组。最后，因为PHP提供的数据库接口支持不统一，这就使它不适合运用在电子商务中。

ASP和JSP则没有上述缺陷。ASP可以通过Microsoft Windows的COM/DCOM获得ActiveX规模支持，通过DCOM和Transaction Server获得结构支持；JSP可以通过SUN Java的Java Class和EJB获得规模支持，通过EJB/CORBA以及众多厂商的Application Server获得结构支持。JSP在电子商务类的网站开发中应用比较普遍。

在以上介绍的几种动态网站编程语言中，从使用的成本、功能、特点等方面综合考虑，可谓各有千秋。相对而言，JSP的发展潜力较大，世界上一些大的电子商务解决方案提供商都采用JSP/Servlet。

5.4.3　ASP与ASP.NET

1. ASP简介

ASP是一种未经编译的开放式应用软件，是微软公司推出的一种用以取代CGI（Common Gateway Interface，公共网关接口）的技术，它实际上是一种服务器端脚本环境。ASP包含在IIS 3.0及其更高版本之中。通过ASP，用户可以结合HTML网页、ASP指令和ActiveX组件建立动态、交互且高效的Web服务器应用程序。ASP的出现使用户不必担心客户端不能正确运行所编写的代码，因为所有的程序都将在服务器端执行，包括所有内嵌在普通HTML中的脚本程序。客户端只要使用可执行 HTML 代码的浏览器，即可浏览通过 ASP 设计出来的页面内容。当程序执行完毕后，服务器仅将执行的结果返回给客户端浏览器，这样也就减轻了客户端浏览器的负担，大大提高了交互的速度。

ASP 具有如下技术特点：

1）使用 VBScript、JScript 等简单易懂的脚本语言，结合 HTML 代码，即可快速地完成网站的应用程序。

2）无须编译，容易编写，可在服务器端直接执行。

3）ASP 的编辑环境要求非常简单，任何一种文本编辑器都可以编写 ASP 应用程序。如 Windows 的记事本，即可进行编辑设计。

4）与浏览器无关（Browser Independence），客户端只要使用可执行 HTML 代码的浏览器，即可浏览 Active Server Pages 所设计的网页内容。Active Server Pages 所使用的脚本语言（VBScript、JScript）均在 Web 服务器端执行，客户端的浏览器不需要能够执行这些脚本语言。

5）Active Server Pages 能与任何 ActiveX scripting 语言兼容。除了可使用 VB Script 或 JScript 语言来设计外，还通过 plug-in 的方式，使用由第三方所提供的其他脚本语言，如 REXX、Perl、Tcl 等，这是传统的 CGI 等程序远远不及的地方。脚本引擎是处理脚本程序的 COM（Component Object Model，组件对象模型）对象。

6）可使用服务器端的脚本来产生客户端的脚本。

7）ActiveX Server Components（ActiveX 服务器组件）具有无限可扩充性。可以使用 Visual Basic、Java、Visual C++、COBOL 等程序设计语言来编写所需要的 ActiveX Server Component。

8）ASP 可利用 ADO（Active Data Object，微软公司的一种新的数据访问模型）方便地访问数据库，从而使开发基于 WWW 的应用系统成为可能。

ASP 程序其实是以扩展名为 .asp 的纯文本形式存在于 Web 服务器上的。ASP 程序中可以包含纯文本、HTML 标记以及脚本命令。要学好 ASP 程序的设计，必须掌握脚本的编写，那么究竟什么是脚本呢？其实脚本是由一系列的脚本命令所组成的。如同一般的程序，脚本可以将一个值赋给一个变量，可以命令 Web 服务器发送一个值到客户浏览器，还可以将一系列命令定义成一个过程。要编写脚本，必须熟悉至少一门脚本语言，如 VBScript。脚本语言是一种介乎于 HTML 和诸如 JAVA、Visual Basic、C++等编程语言之间的特殊语言。尽管它更接近后者，但不具有编程语言复杂、严谨的语法和规则。在同一个 .asp 文件中可以使用不同的脚本语言，只需在 .asp 中声明使用不同的脚本语言即可。

2. ASP 文件的存取方式和结构特点

（1）ASP 文件的存取方式　使用任何一种文本编辑器都可编写 ASP 应用程序，编写的程序要以 .asp 为后缀名保存，不可以保存为 .html 形式。如果是以 .html 形式保存，服务器端将不编译文件中所有的包含 ASP 语法的语句。这样是为了告诉提供 ASP 服务的服务器，这是一个 ASP 应用程序，必须在给客户端送出文件之前把它编译一遍。将以 .asp 后缀名的文件编写存储完毕之后，就可以把它放在自己的 Web 服务器上执行，这样就能够在浏览器端看到

ASP 页面的输出效果了。

（2）ASP 文件的结构特点　到目前为止，读者已经知道 ASP 能够和 HTML、script 语言完美结合。在这之前一直都称开发的项目为应用程序，或许有些读者会以为 ASP 文件是一个已经被编译过的文件，但 ASP 文件是一个文本文件，可以用任何一种编辑器打开它，并对它进行适当的编辑修改。

一般情况下，一个 ASP 包含以下几个部分：

1) 普通的 HTML 文件。
2) 客户端的 Script 程序代码，放置于 <Script> 和 </Script> 标签之内。
3) 服务器端的 ASP Script 程序代码，放置于 <%…%> 标签之内。
4) Server Side Include 语句，也就是使用#Include 的语法在本页面中嵌入其他的 Web 页面。

这里需要注意，ASP 只处理服务器端脚本语言，对于 ASP 文件之中的其他内容，支持 ASP 的服务器会将其原封不动地发送到客户端，由客户端的浏览器进行处理。目前，在 ASP 中可以使用的脚本语言主要是 VBScript 和 JScript，其中系统默认的脚本语言为 VBScript。

3. ASP.NET

ASP.NET 是 Microsoft 公司推出的一种互联网编程技术，它可以采用效率较高的、面向对象的方法来创建动态 Web 应用程序。在 ASP 技术中，服务器端代码与客户端 HTML 混合交织在一起，常常导致页面的代码既冗长又复杂，程序的逻辑也难以理解，ASP.NET 可以帮助用户解决这些问题。正因为如此，ASP.NET 一经推出就颇受好评。

ASP.NET 是一种建立在通用语言上的程序构架，用于在一台 Web 服务器上建立强大的 Web 应用程序。ASP.NET 相对于其他 Web 开发模式有很多优势，表现在执行效率大幅提高、世界级的工具支持、强大性和适应性、简单性和易学性、高效可管理性、多处理器环境的可靠性、自定义性和可扩展性、安全性等特性。

（1）执行效率大幅提高　ASP.NET 是把基于通用语言的程序在服务器上运行，不像以前的 ASP 即时解释程序，而是将程序在服务器端首次运行时进行编译，这样的执行效果，当然比一条一条地解释强得多。

（2）世界级的工具支持　ASP.NET 构架可以用 Microsoft 公司的 Visual Studio.NET 所见即所得开发环境实现，还可用 Microsoft 公司为 ASP.NET 专门推出的 ASP.NET Web Matrix 开发工具实现。

（3）强大性和适应性　ASP.NET 是基于通用语言编译运行的程序，它的强大功能和适应性，可以使它运行在 Web 应用软件开发的几乎全部平台上。通用语言的基础库、消息机制、数据接口的处理都能无缝地整合到 ASP.NET 的 Web 应用中。ASP.NET 同时也是语言独立化（Language-independent）的，所以用户可以选择一种最适合的语言来编写自己的程序，或者把自己的程序用很多种语言来写，现在已经支持的有 C#（C++ 和 Java 的结合体）、VB、JScript 等语言。将来这样的多种程序语言协同工作有能力保护用户现在的基于 COM+ 开发的程序，能够完整地移植到 ASP.NET 中。

（4）简单性和易学性　在 ASP.NET 上可以运行一些很平常的任务，并且使运行变得非常简单，如表单的提交、客户端的身份验证、分布系统和网站配置等。例如，ASP.NET 页面构架允许用户建立自己的用户界面，使其不同于常见的 VB-Like 界面。另外，通用语言简化了 WEB 的开发，把代码结合成软件就如装配计算机一样简单。

（5）高效可管理性　ASP.NET 使用一种基于字符、分级的配置系统，使用户的服务器环境和应用程序的设置更加简单。因为配置的信息都保存在简单文本中，新的设置有可能不需要启动本地的管理员工具就可以实现。这种被称为 Zero Local Administrator 的哲学理念使 ASP.NET 基于 Web 应用的开发更加具体和快捷。在一台服务器系统上安装一个 ASP.NET 的应用程序只需要简单地复制一些必需的文件，而不需要系统重新启动。

（6）多处理器环境的可靠性　ASP.NET 已经被刻意设计成为一种可以用于多处理器的开发工具，它在多处理器的环境下用特殊的无缝连接技术，将大大地提高运行速度。即使用户现在的 ASP.NET 应用软件是为某一个处理器开发的，将来在多处理器下运行时也不需要任何改变就能提高效能，而 ASP 则做不到这一点。

（7）自定义性和可扩展性　ASP.NET 设计时考虑了让网站开发人员可以在自己的代码中加入自己定义的外插模块。这与原来的包含关系不同，ASP.NET 可以加入用户控件和自定义组件。

（8）安全性　基于 Windows 认证技术和应用程序配置，用户可以确信自己的源程序是绝对安全的。

5.4.4　JSP

1. JSP 简介

简单来说，JSP（Java Server Page）是一种服务器端脚本语言（Server Side Script）。JSP 技术为创建显示动态生成内容的 Web 页面提供了一个简捷而快速的方法。它的设计目的是使构造基于 Web 的应用程序更加容易和快捷，而这些应用程序能够与各种 Web 服务器、应用服务器、浏览器和开发工具共同工作。JSP 由 Sun 公司主导，并采纳了计算机软硬件、通信、数据库领域多家厂商的意见，从而共同制定的一种基于 Java 的 Web 动态页面技术。JSP 秉承了 Java 的"编写一次，到处运行"（Write Once Run Anywhere）的精神，既与硬件平台无关，也与操作系统和 Web 服务器无关，是一种与平台无关的技术。据 Sun 公司介绍，JSP 可以应用在超过 85% 以上的 Web 服务器，包括 Apache、IIS、NetScape 等最常用的 Web 服务器。

JSP 包装了 Java Servlet 系统的界面，简化 Java 和 Servlet 的使用难度，同时通过扩展的 JSP 标签（Tag）提供了网页动态执行的能力。尽管如此，JSP 仍然没有超出 Java 和 Servlet 的范围，不仅 JSP 页面上可以直接书写 Java 代码，而且 JSP 是先被编译成 Servlet 之后才实际运行的。JSP 在服务器端，即 Web 服务器（Web Server）上执行，并将执行结果输出到客户端（Client）浏览器上，基本上与浏览器无关。JSP 与 JavaScript 不同，JavaScript 是客户端的脚本语言，在客户端执行，与服务器无关。

JSP 到底是一个什么样的语言呢？实际上 JSP 就是 Java，就是 Servlet，只是它是一个特别的 Java 语言，同时又引入了 <% %> 等一系列的特别语法。

2. JSP 的优点与缺点

（1）优点

1）一次编写，到处运行。除了系统之外，代码不用做任何更改。

2）系统的多平台支持。基本上可以在所有平台上的任意环境中开发，在任意环境中进行系统部署，在任意环境中扩展。相比 ASP/PHP 的局限性是显而易见的。

3）强大的可伸缩性。从只有一个小的 Jar 文件就可以运行 Servlet/JSP，到由多台服务器进行集群和负载均衡，再到多台 Application 进行事务处理、消息处理，由一台服务器到无数台服务器，Java 显示了一个巨大的生命力。

4）多样化和功能强大的开发工具支持。这一点与 ASP 很像，Java 已经有了许多非常优秀的开发工具，而且许多可以免费得到，并且其中许多已经可以顺利地运行于多种平台之下。

5）支持服务器端组件。Web 应用需要强大的服务器端组件来支持，开发人员需要利用其他工具设计实现复杂功能的组件供 Web 页面调用，以增强系统性能。JSP 可以使用成熟的 JAVA BEANS 组件来实现复杂商务功能。

（2）缺点

1）与 ASP 一样，Java 的一些优势正是它致命的问题所在。正是由于为了实现跨平台的功能、极度的伸缩能力，所以极大地增加了产品的复杂性。

2）Java 的运行速度是用 class 常驻内存来完成的，所以它在一些情况下所使用的内存比起用户数量来说确实是"最低性能价格比"了。它还需要硬盘空间来储存一系列的 .java 文件和 .class 文件，以及对应的版本文件。

5.5 常用的网页开发工具

FrontPage 是微软推出的一个全新的"所见即所得"的网页编辑软件，也是目前最流行的网站制作和管理工具之一。利用 FrontPage 可以轻松地编辑网页、绘制图片、描摹图像。用户可以精确地放置每一个元素在网页的任何位置，为网站设定专业而协调的外观，输入、编辑和优化 html 源代码，使用最新的网页技术，而这一切不需要编写任何程序。用户只需完成网站的基本框架，FrontPage 提供的网站样板主题功能就可帮助用户规划页面布局，安排每个网页的标题、网页导航等。由于程序是在服务器端执行的，速度也较其他下载到浏览器后再执行的方式快了许多。

Dreamweaver MX 是美国 Macromedia 公司开发的集网页制作和网站管理于一身的网页编辑器，是一套针对专业网页设计师特别开发的视觉化网页开发工具，利用它可以轻而易举地制作出跨越平台限制和跨越浏览器限制的充满动感的网页。Dreamweaver MX 以其优秀的功能、开放的插件（Plug）接口及良好的兼容性迅速占领市场份额。

Adobe Photoshop 是目前最流行的平面图形设计软件之一。它的功能完善、性能稳定、使用方便。Photoshop 提供数字化的图形创作和控制体验，包括处理常用图片问题，如污点、红眼、模糊和变形；允许用户在图形不失真的情况下测量和变换图片和矢量图；创建嵌入式链接复制图，以便一次编辑更新多张图片；支持非破坏性编辑，创建和编辑 32 位 HDR 图片、3D 渲染；支持在电视监控器前浏览等。

Fireworks 是 Macromedia 公司发布的一款专为网络图形设计的图形编辑软件，它大大简化了网络图形设计的工作难度。无论是专业设计家还是业余爱好者，使用 Fireworks 都不仅可以轻松地制作出十分动感的 GIF 动画，还可以轻易地完成大图切割、动态按钮、动态翻转图等制作。借助 Macromedia Fireworks，可以在直观、可定制的环境中创建和优化用于网页的图像并进行精确控制。Fireworks 业界领先的优化工具，可帮助您在最佳图像品质和最小压缩大小之间达到平衡。利用可视化工具，无须学习代码即可创建具有专业品质的网页图形和动画，如变换图像和弹出菜单等。

Flash 是一种交互式矢量多媒体技术，是一种创作工具，设计人员和开发人员可使用它来创建演示文稿、应用程序和其他允许用户交互的内容。Adobe Flash 是美国 Macromedia 公司（已被 Adobe 公司收购）所设计的一种二维动画软件，通常包括 Adobe Flash，用于设计和编辑 Flash 文档，以及 Adobe Flash Player，用于播放 Flash 文档。Flash 可以包含简单的动画、视频内容、复杂演示文稿和应用程序以及介于它们之间的任何内容。Flash 内置了常用的 Filter Class 滤镜类，能快速操作位图达到想要的实时特效。

案例：移动开发

移动开发也称为手机开发，或叫作移动互联网开发，是指以手机、PDA 等便携终端为基础，进行相应的开发工作。由于这些随身设备基本上都采用无线上网的方式，因此业内也称作无线开发。

移动开发类似于 Web 应用开发，关键的不同在于移动应用通常利用一个具体移动设备提供的独特性能编写软件。例如，利用 iPhone 的加速器编写游戏应用。移动开发使计算机端常见的或是重要的信息化系统、互联网应用都可以被移植到手机上以 App 方式使用，使用户无论在何时何地，都可以连线精彩的网络世界，登录信息系统。

一、App

App 是应用程序 Application 的意思，是指智能手机的第三方应用程序。比较著名的 App 商店有 Apple 的 iTunes 商店、Android 的 Android Market 以及微软的应用商城。

1. App 开发语言

运行在不同平台上的 App 软件所需要的应用开发语言是不一样的，例如 Android App 的开发语言是 Java，iOS App 的开发语言是 Objective-C 或者 swift 语言，WindowsPhone App 的编程语言则主要是 C++ 等。

2. App 开发环境

Eclipse：是一个开源的、基于 Java 的可扩展开发平台，是开发 Android App 软件的主要开发环境。

Android Studio：2013年谷歌推出的新的Android开发环境，开发者可以在编写程序的同时看到自己的应用在不同尺寸屏幕中的样子。Android Studio是一个Android集成开发工具，用于开发和调试Android App。

Xcode：App软件开发者使用Xcode可以进行跨平台研发，同时Xcode也是苹果公司开发的编程软件。Xcode可以帮助开发者快速建立iOS应用程序，它具有统一的用户界面设计，编码、测试、调试都可以在一个简单的窗口内完成。

Visual Studio：微软公司的开发工具包系列产品，是一款十分优秀的IDE。

3. App的优点

作为企业开辟全新的营销推广手段，其开发的原因主要有以下几点：

(1) 抢占商机　超越竞争对手，争取更多的商业机会，达到产品和服务的宣传目的。借力联盟等开放式聚合平台，实现企业竞争力的跨平台渠道传播，提升品牌传播速度和效率。

(2) 忠诚度高　90%的用户都不会主动卸载软件，它为企业创造更多的盈利机会。客户资源移动化管理，避免客户资源的流失和客户管理盲区的产生，全面整合客户的动态信息客户关系，全景透析及客户价值挖掘。

(3) 体验感强　以客户为核心，重视客户体验，可根据企业自身的特征，制作出最符合企业需求的客户端，从而展开相应的移动营销服务，满足不同价值客户的个性化需求。

(4) 成本低　相比派发宣传册与会员卡，移动应用程序复用率高，成本不会随着下载次数增加而增加。

二、微信小程序

2017年1月9日，张小龙在2017微信公开课上发布的小程序正式上线。

微信小程序简称小程序，英文名Mini Program，是一种不需要下载安装即可使用的应用，它实现了应用"触手可及"的梦想。用户扫一扫或搜一下即可打开应用，不用关心是否安装太多应用的问题。应用将无处不在，随时可用，但又无须安装卸载，体现了"用完即走"的理念。

对于开发者而言，小程序开发门槛相对较低，难度不及App，能够满足简单的基础应用，小程序开发认为适合生活服务类线下商铺以及非刚需低频应用的转换。

全面开放申请后，主体类型为企业、政府、媒体、其他组织或个人的开发者，均可申请注册小程序。小程序、订阅号、服务号、企业号是并行的体系。小程序能够实现消息通知、线下扫码、公众号关联等七大功能。其中，通过公众号关联，用户可以实现公众号与小程序之间相互跳转。

(案例来源：

1. 开发App软件需要什么编程语言和开发环境，https：//www.nasinet.com/newsDetail/699.html。

2. 企业开发App原因是什么，https：//m.680.com/jingxuangl/info-125556.html? ivk_sa=1022894f-0-1023404i，有删改。)

拓展学习：中国数字经济创新——从平台经济到区块链革命

导言：

区块链技术被认为是继蒸汽机、电力、互联网之后，下一代颠覆性的核心技术，如果说蒸汽机解决了人们的生产力，电力满足了人们基本的生活需求，互联网彻底改变了信息传递的方式。那么，区块链作为构造信任的机器，将可能彻底重构人类社会价值传递的方式，重构今天数字经济时代的整个社会经济结构。

感兴趣的读者可自行查阅相关知识，理解以上观点和看法。

思 考 题

1. 在电子商务网站建设前为什么要进行策划？
2. 电子商务网站的策划需要为企业解决哪些问题？
3. 电子商务网站开发可分为哪几个阶段？
4. 网站开发的方式有哪些？
5. 什么是虚拟主机？
6. 请描述一个 HTML 文件的基本结构。
7. App 开发的主流语言是什么？
8. App 的主要开发环境有哪些？
9. 请谈谈微信小程序的特点。

第 6 章　电子商务的安全体系

电子商务以开放的互联网网络环境为基础，其重要技术特征是利用 IT 技术来传输和处理商业信息。网络的全球性、开放性和共享性，使任何人都可以自由地接入，但同时在电子商务过程中也可能会遭遇安全威胁。

如何建立一个安全的电子商务应用环境，对电子商务全过程及敏感信息提供足够的保护，是每个人都十分关心的话题。本章将重点分析对电子商务安全进行保障的基本策略，并介绍有关电子商务安全的基本技术及原理。

6.1　电子商务安全概述

6.1.1　电子商务的安全隐患

目前，开展电子商务面临的安全隐患主要有以下几方面。

1. 系统故障，破坏系统的有效性

网络故障、操作错误、应用程序错误、硬件故障、系统软件错误及计算机病毒都可以导致系统运行的中断，因此要对此产生的潜在威胁加以控制和预防，以保证贸易数据在确定的时刻、确定的地点是有效的。

2. 窃听信息，破坏系统的机密性

传统的纸面交易都是通过邮寄封装的信件或通过可靠的通信渠道发送商业文件来达到保守秘密的目的。电子商务是建立在一个开放的网络环境上，数据可能被其他人截获、读取，从而造成商业机密和个人隐私的泄密。维护商业秘密是电子商务全面推广应用的重要保证。因此，要预防通过搭线和电磁泄漏等手段造成信息泄露，或对业务流量进行分析从而获取有价值的商业情报等一切损害系统机密性的行为。

3. 篡改信息，破坏系统的完整性

电子商务简化了贸易过程，减少了人为干预，同时也带来了维护贸易各方商业信息的完整和统一的问题。由于数据输入时的意外差错或欺诈行为，可能导致贸易各方信息的差异。

此外，其他人还可能修改截获的数据，如把资金数量、货物数量、交货方式等进行修改也会导致贸易各方信息的不同。贸易各方信息的完整性将影响到交易的进行和经营策略的变化，保持贸易各方信息的完整性是电子商务应用的基础！因此，要预防对信息的随意生成、修改和删除，同时要防止数据传送过程中信息的丢失和重复，并保证传送次序的统一。

4. 伪造信息，破坏系统的可靠性和真实性

电子商务可能直接关系到贸易双方商业交易的成功与否，如何确定要进行交易的贸易方是进行交易所期望的贸易方，是保证电子商务顺利进行的关键。在传统的纸面交易中，贸易双方通过在交易合同、契约或贸易字据等书面文件上手写签名或印章来鉴别贸易伙伴，确定合同、契约、单据的可靠性并预防抵赖行为的发生，这也就是人们常说的"白纸黑字"。在无纸化的电子商务方式下，通过手写签名和印章进行贸易方的鉴别已是不可能的，因此要在交易信息的传输过程中为参与交易的个人、企业或国家提供可靠的标识。

5. 抵赖交易行为，要求系统具备审查能力

当贸易一方发现交易行为对自己不利时，可能会否认电子交易行为。这就要求系统具备审查能力，以使交易双方中的任何一方都不能抵赖已经发生的交易行为。

6. 内部威胁

国内外从事信息安全的专业人士通过调查逐步认识到，媒体炒得火热的外部入侵事件，充其量占到所有安全事件的20%～30%，而70%～80%的安全事件来自内部。对内部人员造成的威胁必须引起高度重视。

6.1.2 电子商务的安全性需求

电子商务安全面临的诸多威胁，产生了对电子商务安全性的需求。要保障电子商务安全，就必须满足以下安全性需求。

1. 身份的可认证性

身份的可认证性，又称鉴别服务，是对贸易双方的身份进行鉴别，为身份的真实性提供保证，确认对方就是本次交易中所声称的真正交易方。认证性一般是通过认证机构和证书来实现的。

在传统交易中，交易双方往往是面对面进行活动的，这样很容易确认对方的身份。即使开始不熟悉、不能确信对方，也可以通过对方的签名、印章、证书等一系列有形的身份凭证来鉴别他的身份。然而，在进行网上交易时，情况就大不一样了，因为网上交易的双方可能素昧平生，相隔千里，并且在整个交易过程中都可能不见面。因此，如果不采取任何新的保护措施，就要比传统的商务交易更容易引起假冒、诈骗等违法活动。例如，在进行网上购物时，对客户来说，如何确信计算机屏幕上显示的页面就是大家所说的那个有名的网上商店，而不是居心不良的黑客冒充的呢？同样，对商家来说，怎样才能确信正在选购商品的客户不是一个骗子，而是一个当发生意外事件时能够承担责任的客户呢？

因此，电子交易的首要安全需求就是要保证身份的可认证性。在双方进行交易前，首先

要能确认对方的身份，要求交易双方的身份不能被假冒或伪装。

2. 信息的机密性

信息的机密性，又称保密性，是指信息在产生、传送、处理和存储过程中不泄露给非授权的个人或组织。机密性一般是通过加密技术对信息进行加密处理来实现的。经过加密处理后的密文信息，即使被非授权者截取，也由于非授权者无法解密而不能了解其内容。

在传统的贸易中，一般都是通过面对面的信息交换，或者通过邮寄封装的信件或可靠的通信渠道发送商业报文，达到保守商业机密的目的。电子商务是建立在一个开放的网络环境下，当交易双方通过互联网交换信息时，因为互联网是一个开放的公用互联网络，如果不采取适当的保密措施，那么其他人就有可能知道他们的通信内容，可能造成敏感商业信息的泄露，导致商业上的巨大损失。例如，如果客户的信用卡账号和用户名被人知道，就可能被盗用；如果企业的订货和付款信息被竞争对手获取，就可能丧失商机。

因此，电子商务的另一个重要的安全需求就是信息的保密性。对重要的商业信息一定要进行加密，即使别人截获或窃取了数据，也无法识别信息的真实内容。

3. 信息的完整性

信息的完整性是指交易信息在传送和存储过程中保持一致，没有被改变，也就是信息在交易处理过程中不能被非授权者加入、删除或修改。信息的完整性一般可以通过提取信息的数字摘要的方式来实现。

当攻击者熟悉了网络信息格式以后，通过各种技术方法和手段对网络传输的信息进行中途修改，从而破坏信息的完整性。这种破坏手段主要有以下三个方面：

（1）篡改　改变信息流的次序，更改信息的内容，如购买商品的出货地址。
（2）删除　删除某个消息或消息的某些部分。
（3）插入　在消息中插入一些信息，让接收方读不懂或接收错误的信息。

因此，保证信息的完整性也是电子商务活动中的一个重要的安全需求。要求交易各方能够验证收到的信息是否完整，即信息是否被人篡改过，或者在数据传输过程中是否出现信息丢失、信息重复等差错。

4. 信息的不可抵赖性

信息的不可抵赖性，又称不可否认性，是指信息的发送方不能否认已发送的信息，接收方不能否认已收到的信息，这是一种法律有效性要求。不可抵赖性可以通过对发送的信息进行数字签名来实现。

商海情况瞬间万变，交易一旦达成是不能被否认的，否则必然会损害一方的利益，因此电子交易通信过程的各个环节都必须是不可否认的。在传统的纸面贸易中，贸易双方通过在交易合同、契约或贸易单据等书面文件上的手写签名或印章来鉴别贸易伙伴，确定合同、契约、单据的可靠性并预防抵赖行为的发生。在无纸化的电子商务方式下，通过手写签名和印章进行贸易鉴别是不可能的。因此，要在交易信息的传输过程中为参与交易的个人、企业或国家提供可靠的标识，预防抵赖，即电子商务有不可抵赖性的要求。

因此，保证交易过程中的不可抵赖性也是电子商务安全需求中的一个重要方面。这意味着在电子交易通信过程的各个环节中都必须是不可否认的，即交易一旦达成，发送方不能否认发送的信息，接收方也不能否认收到的信息。

5. 信息的可靠性

可靠性是指电子商务系统的可靠性：在计算机失效、程序错误、传输错误、硬件故障、系统软件错误、计算机病毒和自然灾害等所产生的潜在威胁状态下，仍能确保系统安全、可靠。

保证计算机系统的安全是保证电子商务系统数据传输、数据存储及电子商务完整性检查的正确和可靠的根本。因此，要对潜在威胁加以有效控制和预防。

电子商务系统有着大量需要保密的信息，同时也传递着企业内部的大量指令，控制着企业的业务流程。企业内部网一旦被恶意侵入，可能给企业带来极大的混乱与损失。因此，保证内部网不被侵入，也是开展电子商务的企业应着重考虑的一个安全问题。

6.1.3 电子商务的安全机制

广义的电子商务安全的含义应包括如下四个方面：安全技术、法律保障、管理制度、安全意识。

1. 安全技术

电子商务的安全技术体系结构是保证电子商务中数据安全的一个完整的逻辑结构，如图6-1所示。电子商务安全体系由网络服务层、加密控制层、安全认证层、安全协议层和应用系统层组成。其中，下层是上层的基础，为上层提供技术支持；上层是下层的扩展与递进。各层次之间相互依赖、相互关联，构成统一整体，通过不同的安全控制技术，实现各层的安全策略，保证电子商务系统的安全。

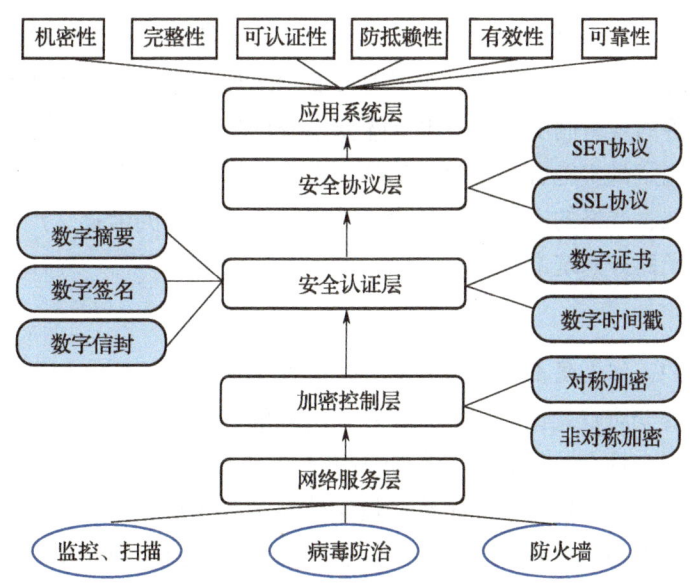

图6-1 电子商务安全技术体系结构

电子商务系统是依赖网络实现的商务系统，需要利用互联网基础设施和标准，所以构成电子商务安全框架的底层是网络服务层，它提供信息传送的载体和用户接入的手段，是各种电子商务应用系统的基础，为电子商务系统提供了基本、灵活的网络服务。

在通信连接方面，可以使用防火墙、代理服务器以及虚拟专用网（VPN）等技术。在鉴别和认证方面，可以采取加密和认证技术，确认交易双方身份的可靠性，保证交易双方能够信守合同，按质按量按时提供商品和按时如数支付货款。在交易过程中，必须确保交易中传递信息的安全保密；如交易中客户的姓名、信用卡的账号和密码，以及订货时的报价、数量和品种、交货日期等信息。对于这些容易被非法者截获、破译并被盗用的商务信息采取相应的保密措施；做到确保客户的货款安全，企业的商业机密信息不被窃取，国家的税收能够顺利收取。所有的这些电子商务活动的信息传播都需要有安全保密的技术措施来保证。

2. 法律保障

由于电子商务各项活动首先是一种商品交易，因此安全问题应当通过相关法律加以保护。必须保证电子合同和数字签名的法律地位，签约双方对电子合同的认可，电子合同的不可否认或修改，确保电子合同能够得以实施。另外，由于电子商务的交易是通过计算机及网络来实现的，其安全完全依赖于计算机及网络自身的安全程度。目前，我国已经公布了一些针对计算机以及网络安全的法律法规，在相关法律法规还不完善的情况下，可以充分利用现有的计算机安全和交易安全的法律法规来保障电子商务的正常开展，同时在不断地探索中制定出适合我国国情的电子商务相关法律法规。

3. 管理制度

由于电子商务交易系统是一个人机高度综合的系统。除了网络的安全管理外，人员的管理是非常重要的，而且是起决定性作用的因素。很多安全问题往往出于管理方面的漏洞，因此对整个系统的管理权限的分配和监督、管理人员的培训和考核、道德和业务水平的培养都必须制定出一套完善的规章制度，从组织上降低系统的安全风险。"没有规矩，不成方圆"，相关的规章制度的制定是实施有效管理的基础。在应用层面，根据特定商务系统和特定的环境制定出全面、有效、严格的安全管理制度，是实现安全交易的前提。严密、细致的管理制度可以大大降低电子商务系统遭受有意或无意破坏的可能性。

4. 安全意识

如果商务系统的工作人员都能清楚地了解企业网络的安全策略，如果每一个进行网上交易的顾客都能提高安全防范意识，培养处理安全问题的基本技能和素质，那么恶意攻击者就无机可乘，交易的安全性会大大提升。预防为主不仅需要技术，而且需要人们的安全意识。无论是商家或是顾客，都应把安全问题放在足够的高度来考虑，建立安全意识，遵循安全常识及规则，既而形成习惯。从系统的设计阶段、实施阶段一直到应用操作阶段，任何时候都不能忽视安全性。要知道，因缺乏安全意识而导致的安全漏洞，可以为恶意攻击者节约大量的时间，这是他们最愿意看到的现象。

从上面的分析可以看出,电子商务的安全问题涉及电子商务的各个环节和参加交易的各个方面,因此需要采取不同的对策和方法来解决。电子商务的安全问题是一个系统工程。

6.2 电子商务的安全技术

6.2.1 防火墙技术

1. 防火墙的概念

古时候人们常在住所之间砌起一道墙,一旦发生火灾,它能防止火势蔓延到别的住所,这种墙因此得名"防火墙"。现在,如果一个企业的网络连接到了互联网上面,它的用户就可以访问外部世界并与之通信。但同时,外部世界也同样可以访问该网络并与之交互。为安全起见,可以在该网络和互联网之间插入一个中介系统,竖起一道安全屏障。对外,这道屏障能够阻断来自外部通过互联网对内部网络的威胁和入侵,提供把守内部网络安全和审计的唯一关卡;对内,这道屏障能够控制用户对外部的访问。这种中介系统也叫作"防火墙"。

防火墙一般安装在被保护区域的边界处,如图6-2所示。被保护区域与互联网之间的防火墙可以有效控制区域内部网络与外部网络之间的访问和数据传输,进而达到保护区域内部信息安全的目的。同时,通过防火墙的检查控制可以过滤掉很多非法信息。换句话说,网络内部和外部之间的所有数据流必须经过防火墙,只有符合安全策略的数据流,才能通过防火墙。防火墙是提供信息安全服务、实现网络和信息安全的基础设施之一,是保护电子商务信息安全不可或缺的一道屏障。

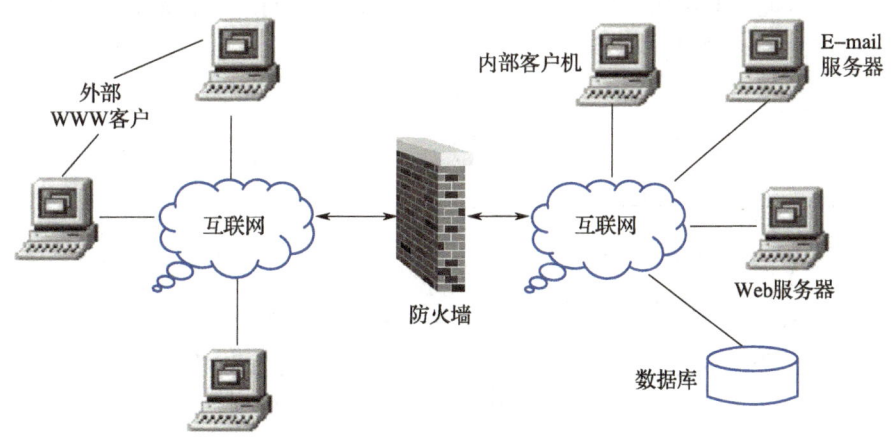

图6-2 防火墙的结构

2. 防火墙的功能

防火墙是设置在内部网络和外部网络之间的一道关卡,是内部网络的唯一出口,它可以监测、控制、修改通过防火墙的数据流,实现对内部网络的安全保护,一般具有以下功能:

(1)访问控制功能 一方面要限制外部网对内部网的访问,从而保护内部网特定资源免受非法侵犯;另一方面要限制内部网对外部网的访问,限制内部网对外提供不安全的服务,从而避免外部攻击者利用一些脆弱的网络协议来攻击内部网络。

（2）防御功能　防御功能主要包括以下三个方面：

1）支持防病毒功能。现在已有的防火墙产品能与防病毒服务器相连进行在线查杀病毒。

2）提供内容过滤。应用网关级防火墙可以对数据进行过滤，从而防止有价值的程序和数据被窃取。

3）防止或减轻黑客攻击（挟制、监测、报警）。由于防火墙是众多攻击者的目标，故抗攻击能力是防火墙的必备功能。

（3）集中化的安全管理　通过以防火墙为中心的安全配置方案，将所有安全软件配置在防火墙上，这种集中化的安全管理比将网络安全防护分散到各个主机上更经济，更便于管理。

（4）对网络访问进行记录和统计　因为所有进出信息都必须通过防火墙，所以防火墙非常适合收集关于系统和网络使用和误用的信息。作为访问的唯一点，防火墙能在被保护的网络和外部网络之间进行记录。

3. 防火墙技术

根据防火墙所采用的技术，可分为包过滤防火墙和应用代理防火墙。

（1）包过滤防火墙　网络上传输的每个数据包头都会包含一些特定信息，如源地址、目标地址、所用的端口号和协议类型等标志。数据包过滤技术就是根据每个数据包头内的标志来确定是否允许该数据包通过防火墙，其中过滤的依据是系统内设置的过滤规则。

数据包过滤（Packet Filtering）技术是在网络层对数据包进行选择，选择的依据是系统内设置的过滤逻辑，被称为访问控制表（Access Control Table）。通过检查数据流中每个数据包的源地址、目的地址、所用的端口号、协议状态等因素或它们的组合来确定是否允许该数据包通过。包过滤防火墙如图6-3所示。

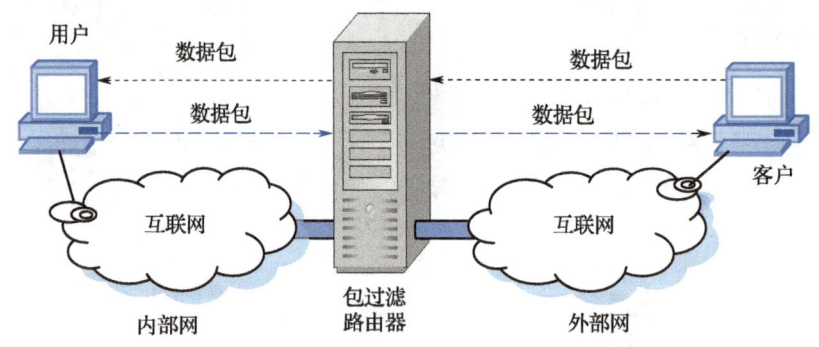

图6-3　包过滤防火墙

数据包过滤防火墙逻辑上比较简单、价格便宜、易于安装和使用、网络性能和透明性好，通常安装在路由器上。包过滤防火墙也有其缺点：一是非法访问，一旦突破防火墙，即可对主机上的软件和配置漏洞进行攻击；二是数据包的源地址、目的地址以及IP的端口号都在数据包的头部，很有可能被窃听或假冒。

包过滤防火墙简单易行、网络性能和透明性好，特别是在利用适当的路由器来实现防火墙功能时，往往不需要额外增加硬/软件配置。但要实现复杂的过滤，则需要管理人员设置相当详细的过滤规则。这就要求管理人员必须充分理解协议本身,以及该协议在不同应用程序中的作用。

此外,由于包过滤防火墙每次只对单个包进行检查,而不考虑任何之前的数据包,所以数据包之间缺乏上下文关联信息,无法检查到分布在多个数据包中的攻击信号。为此引出了另外一种防火墙技术——状态检测(Stateful Inspection)防火墙。这类防火墙能够从接收到的数据包中提取状态信息,并将这些信息保存在一个动态状态表中,以便利用该状态表验证后续的数据包。然后防火墙将依据当前数据包的状态、状态表以及过滤规则,判断是否允许该数据包通过防火墙。因此,该类防火墙通过跟踪输入流的包序列和数据包所处的状态来增强防火墙的控制能力。

(2) 应用代理防火墙　应用代理防火墙位于外部网络和内部网络之间,主要用于防范应用层攻击。它能够为应用软件解释协议流,并且根据协议内部可见部分控制它们通过防火墙的行为,从而使应用软件只接受正常的活动请求。该类防火墙完全分隔了两个网络之间的直接通信。每当外部网络的客户端软件请求访问内部网的某个应用服务器时,该请求总是首先被送到代理,并通过代理的安全检查后,再由代理代表外部客户端请求内部网络中的服务,如图 6-4 所示。因此代理扮演着外部网络和内部网络的"中间人"角色,介入了外部客户端软件和内部网服务之间的协议交换。由于所有内部网络和外部网络之间的数据流都必须经过防火墙的授权检查,因此防火墙可以有选择地过滤已知的攻击或可疑的数据,从而防止任何未授权的访问。

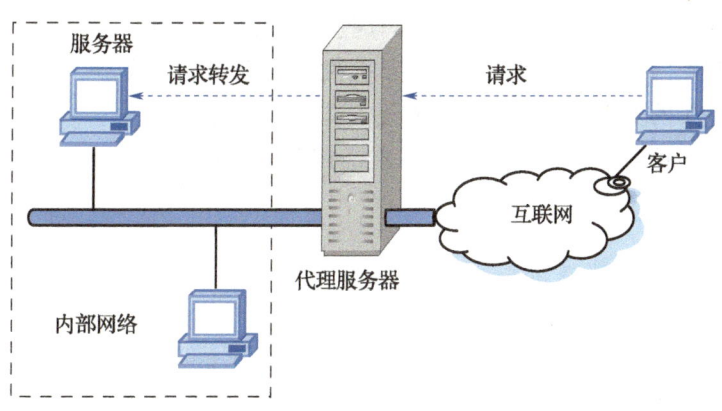

图 6-4　应用代理防火墙

代理类型的防火墙工作于应用层,它不像包过滤防火墙那样只能看数据包头的数据,而是可以依据数据包内的数据部分对数据包进行过滤,因此可以防范应用层攻击。但它的缺点也同样非常突出,即实现起来比较复杂。由于每个应用都要求提供相应的代理软件来实现监控过滤功能,因此它要求代理软件的设计者能够理解每个应用协议以及它们的缺陷。它的另外一个缺点是处理速度较慢。由于应用代理需要在应用层过滤每一个数据包,它的处理延迟会很大。

4. 防火墙的局限性

防火墙虽然能够很好地保护内部网络安全,防御外部攻击,但防火墙也不是万能的,它也有一些不能防护的地方。例如，防火墙无法防范内部用户的攻击。防火墙能防御外部非法攻击，但是一般无法防范网络内部人员的恶意攻击。而且，虽然防火墙能在一定程度上防止内部人员将机密信息通过网络（经过防火墙）传递出去，但对于内部人员将机密信息以磁盘等方式复制出去是无法防御的。因此，对内部人员的教育也是一个重要的问题。

（1）防火墙无法防范不通过它的连接　防火墙能够有效地对通过它的信息进行安全验证，但它不能防范不通过它的信息传输。例如，如果允许防火墙后面的内部系统进行拨号访问，也就是不通过防火墙直接访问外部网，那么防火墙绝对没有办法阻止入侵者进行拨号入侵。

（2）限制了有用的网络访问　防火墙为了提高内部网络的安全性，经常会限制或关闭一些有用但存在安全隐患的网络服务。由于大部分网络服务设计之初很少考虑安全问题，更多地考虑方便性、实用性。因此，在安全限制下，有很多网络服务是不能获得的。

（3）防火墙很难防范病毒　防火墙很难防范网络上或 PC 上的病毒，虽然许多防火墙可以扫描所有通过它的信息，但这种扫描主要是针对数据包的源地址、目的地址和端口号的，而不是数据的具体内容。即使是包含病毒扫描功能的数据包，过滤系统也很难防范病毒，因为现在病毒种类繁多，隐蔽性也较强，经常几天就需要对病毒库进行更新，通过防火墙进行扫描速度慢且有效性不高。因此，要求用户对通过防火墙收到的信息首先进行病毒扫描再读取，并定期对系统扫描杀毒。

（4）防火墙不能防备新的网络安全问题　防火墙是一种被动式的防护手段，它只能对现在已知的网络威胁起到防范作用，对那些新的攻击手段和新的网络服务，不能起到任何作用。

（5）防火墙不能防止数据驱动式攻击　有些表面上看来无害的数据，如电子邮件、FTP等，被邮寄或复制到内部主机上并执行时，就会发生数据驱动式攻击。数据驱动式攻击常常会先修改与主机有关的安全文件，为下次入侵做准备。

防火墙有这些防护盲点，所以人们必须在活用防火墙技术的同时，附以其他安全技术，保证网络和电子商务系统的安全。

6.2.2　加密技术

1. 加密技术的基本概念

加密技术是最基本的安全技术，是实现信息保密性的一种重要手段，目的是防止非法用户获取信息系统中的机密信息。一个密码体制由明文 M、密文 C、加密密钥 Ke、解密密钥 Kd 和加密/解密算法五个基本要素构成，如图 6-5 所示。

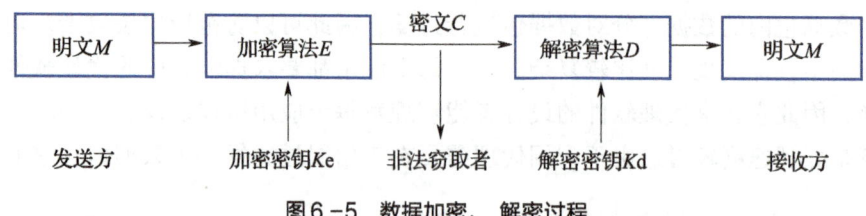

图 6-5　数据加密、解密过程

在加密和解密过程中，原来的信息（报文）称为明文（Plaintext），经过加密后得到的信息称为密文（Ciphertext），将明文转换为密文的过程称为加密变换，将密文转换为明文的过程称为解密变换,在加密或解密时需要用到的秘密信息,分别称为加密密钥和解密密钥。解密是加密的逆过程,加密和解密过程中依靠"算法"和"密钥"两个基本元素,两者缺一不可。

密码系统的工作过程:发送方用加密密钥 Ke 和加密算法 E 对明文 M 加密得到密文 C,并将密文 C 通过公共的信道传送给接受者(密文 C 可能被非法者窃取)。接收方收到密文 C 后用解密密钥 Kd(与加密密钥 Ke 成对)和解密算法 D 对密文解密,恢复原来的明文 M。对于不知道解密密钥 Kd 的第三者,要由密文 C 破解出明文 M(解密),在计算上是不可能的。

下面,我们通过古典密码学中的恺撒(Caeser)密码来理解加密、解密的概念。设明文信息为英文,首先给出英文字母与十进制数的对应关系,见表 6-1。

表 6-1 英文字母和十进制数的对应关系

字母	A	B	C	D	E	F	G	H	I	J	K	L	M
数字	0	1	2	3	4	5	6	7	8	9	10	11	12
字母	N	O	P	Q	R	S	T	U	V	W	X	Y	Z
数字	13	14	15	16	17	18	19	20	21	22	23	24	25

恺撒密码的加密变换及解密变换为

$$c = E_3(m) \equiv m + 3 \pmod{26}, \quad 0 \leq m \leq 25 \qquad (6-1)$$

$$m = D_3(c) \equiv c - 3 \pmod{26}, \quad 0 \leq c \leq 25 \qquad (6-2)$$

式中,m 为明文字母;c 为密文字母;E 为加密算法;D 为解密算法;数字 3 为恺撒密码的密钥。

例如,要对明文"SECURITY"进行加密,可以按下面的方法进行:

首先,将"SECURITY"中的每个字母转换为对应的数字,即 S→18,E→4,C→2,U→20,R→17,I→8,T→19,Y→24。

其次,将每个字母对应的数字带入加密公式(6-1),计算得到对应的密文数字。依此类推,可得明文"SECURITY"加密后的密文为"VHFXULWB"。显然,加密后的信息已经没有任何意义。

解密过程与加密过程类似。如要对密文字母"V"进行解密,则将其对应的数字带入解密公式即式(6-2),则密文"V"对应的明文为"S"。同理,可得密文对应的明文为"SECURITY"。

数据加密技术与密码编码学和密码分析学有关。密码编码学是密码体制的设计学,密码分析学是在未知密钥的情况下,从密文推出明文或密钥的技术,这两门学科合起来称为密码学。

加密技术分为对称密钥体制和非对称密钥体制两种。相应地,对数据加密的技术分为两类,即对称加密(私人密钥加密)和非对称加密(公开密钥加密)。对称加密的加密密钥和解密密钥相同,而非对称加密的加密密钥和解密密钥不同,其中加密密钥可以公开而解密密钥需要保密。

2. 对称加密技术

对称加密技术从传统的简单换位代替密码（如恺撒密码）发展而来，它的特点是加密和解密使用相同的密钥。对称加密技术的典型代表是数据加密标准（Data Encryption Standard，DES），它是由 IBM 公司提出、美国国家标准局于 1977 年公布的一种加密算法。1979 年美国银行协会批准使用 DES，1980 年它又成为美国国家标准协会（ANSI）的标准。DES 的公布在密码学发展过程中具有重要的意义。多年来，DES 一直活跃在国际保密通信的舞台上，扮演着十分重要的角色，但进入 20 世纪 90 年代以来，以色列的密码学家阿迪·萨莫尔（Adi Shamir）等人提出了一种"差分分析法"，可以有效地攻击 DES 算法。

DES 算法的基本思想来自分组密码，即将明文划分成固定长度的比特，然后以组为单位，在密钥的控制下进行一系列的线性或非线性变换而得到密文。分组密码一次变换一组数据。当给定一个密钥后，分组变换成同样长度的一个密文分组。若明文分组相同，那么密文分组也相同。DES 的加密密钥和解密密钥都为 64 比特，其中有效比特为 56 比特。DES 算法的一般过程，如图 6-6 所示。

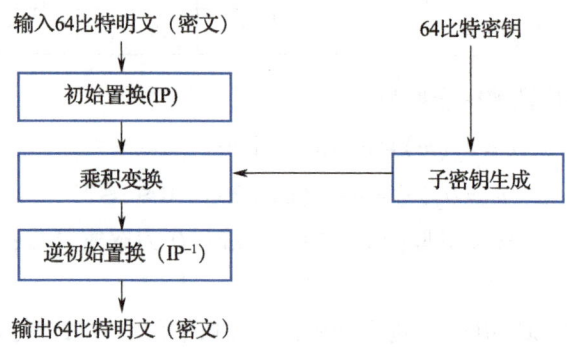

图 6-6　DES 算法的一般过程

（1）初始置换（Permutation）　初始置换是按照固定的矩阵进行（换位），此部分与密钥无关。

（2）子密钥生成　将外部输入的 56 位密钥（64 位中去掉 8 校验位）通过置换和移位操作生成加密和解密需要的 16 个 48 位的子密钥。

（3）乘积变换　乘积变换过程与密钥有关，且较复杂，是加密/解密过程的关键。该过程包括线性变换和非线性变换，通过多次重复的替代和置换方法，打乱原输入数据组，增加了系统分析的难度。

（4）逆初始置换　逆初始置换与初始置换类似，是与密钥无关的矩阵转换。

DES 解密算法与加密算法相同，解密密钥也与加密密钥相同。只是解密时逆向取用加密时用的子密钥顺序。

DES 算法最主要的优点是：可靠性较高、加密/解密速度快、算法容易实现和通用性强。DES 算法主要的缺点是：密钥位数少、算法具有对称性、容易被穷尽法攻击和密钥管理复杂。

针对 DES 算法的缺点，人们设计了一些新的加密算法，其中比较有影响力的有 AES 算法、IDEA 算法、3DES 和 RC5 等。

3. 非对称加密技术

为解决信息公开传送和密钥管理问题，美国学者 W. 迪菲（Whitfield Diffie）和赫尔曼（Hellman）于 1976 年提出了一种新的密钥交换协议，允许在不安全媒体上的通信双方交换信息，安全地达成一致的密钥，这就是"公开密钥系统"。与对称加密算法不同，非对称加密算法需要两个密钥：公开密钥（Public key）和私有密钥（Private key）。公开密钥与私有密钥是一对，如果用公开密钥对数据进行加密，只有用对应的私有密钥才能解密；如果用私有密钥对数据进行加密，那么只有用对应的公开密钥才能解密。因为加密和解密使用的是两个不同的密钥，所以这种算法叫作非对称加密算法。

非对称加密算法实现机密信息交换的基本过程是：甲方生成一对密钥并将其中的一把作为公用密钥向其他方公开，得到该公用密钥的乙方使用该密钥对机密信息进行加密后再发送给甲方；甲方再用自己的私钥对加密后的信息进行解密。甲方只能用其专用密钥解密由其公用密钥加密后的任何信息。

公钥密码体系用的最多的是 RSA 算法，它是由瑞费斯特（Rivest）、沙米尔（Shamir）和阿德尔曼（Adleman）三个人提出的。RSA 的数学原理是将一个大数分解成两个质数的乘积，加密和解密使用的两个不同的密钥实际上是两个很大的质数，用其中一个质数与明文相乘，可以加密得到密文；用另一个质数与密文相乘可以解密，但不能用一个质数求得另一个质数。即使已知明文、密文和加密密钥（公钥），想要推导出解密密钥（私钥）在计算上，也是不可能的。

RSA 算法的优点是：易于实现，使用灵活，密钥较少，在网络中容易实现密钥管理，便于进行数字签字，从而保证数据的不可抵赖性；缺点是：要取得较好的加密效果和强度，必须使用较长的密钥，从而加重系统的负担和减慢系统的吞吐速度，这使非对称加密技术不适合对数据量较大的信息进行加密。另外，RSA 算法体系的安全是建立在大质数因子分解困难的基础上。因子分解越困难，密码就越难以破译，加密强度就越高。反之，如果能有新的办法或者在一定条件下对大质数进行因子分解，就能对密文进行破译。

4. 对称密钥和非对称密钥的结合

利用非对称加密算法和对称加密算法的优点，安全专家们又设计出了一些综合保密系统。例如，利用 DES 算法加（解）密速度快、算法容易实现、安全性好的优点，对大量的数据进行加密，利用 RSA 算法密钥管理方便的特点，对 DES 的密钥进行加密。用 RSA 算法对 DES 的密钥加密后就可将其公开，而 RSA 的加密密钥也是可以公开的。因此，整个系统需要保密的只有少量的 RSA 的保密密钥。原因是 DES 的密钥量并不大（只有 64bits），RSA 只要对其他 1~2 个分组的加密即可完成对 DES 密钥的处理，也不会影响系统效率。这样，少量的密钥在网络中就能比较容易地分配和传输了。

根据电子商务系统的特点，全面地加密保护应该包括对远程通信过程中、网内通信过程中传输的数据实施加密保护。实际上，并非系统中所有的数据都需要加密。一般来说，管理级别越高，所拥有的数据保密要求也越高，而某些用户涉及的数据可能不需要任何级别的加密。因此，电子商务系统应以采用端口加密的方式为主，根据具体情况辅以链路加密方式。

这样就可以根据需要对网络中的数据有选择地采取不同级别的加密保护。

6.2.3 数字摘要

数字摘要（Message Digest）就是采用单向 Hash 函数将需要加密的明文"摘要"成一串固定长度（128 位）的密文。它有固定的长度，而且不同的明文摘要成密文，其结果总是不同的，而同样的明文其摘要必定一致。以此来验证文档或信息的一致性。数字摘要的使用过程如图 6-7 所示。

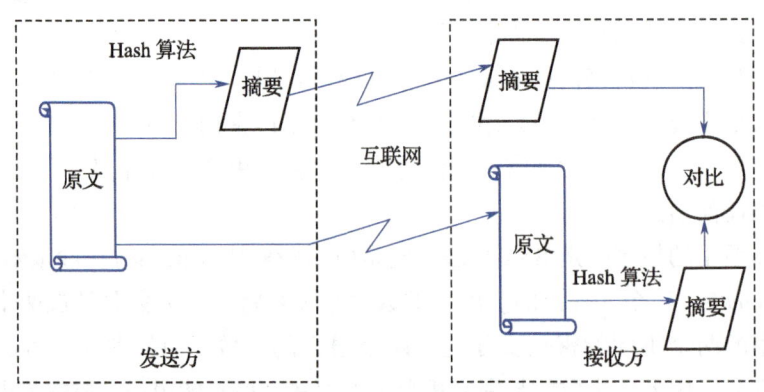

图 6-7 数字摘要的使用过程

1）对原文使用 Hash 算法得到信息摘要。
2）将信息摘要与原文一起发送。
3）接收方对接收到的原文应用 Hash 算法产生一个摘要。
4）用接收方产生的摘要与发送方发来的摘要进行对比，若两者相同则表明原文在传输过程中没有被修改，否则就说明原文被修改过。

6.2.4 数字签名

1. 数字签名的作用

在书面文件上亲笔签名或盖章是传统商务中确认文件真实性和法律效力的一种最为常用的手段。在电子商务中也需要有类似的功能，即数字签名（Digital Signature），其作用如下：

1）确认当事人的身份，起到了签名或盖章的作用。
2）能够鉴别信息自签发后到收到为止是否被篡改。

数字签名建立在公钥加密体制基础上，是公钥加密技术的另一类应用。它把公钥加密技术和数字摘要结合起来，形成了实用的数字签名技术。

完善的数字签名技术具备签字方不能抵赖、他人不能伪造、在公证人面前能够验证真伪的能力，在电子商务安全服务中的源鉴别、完整性服务、不可否认性服务方面有着特别重要的意义。

2. 数字签名验证的过程

数字签名和验证的具体步骤如图 6-8 所示。

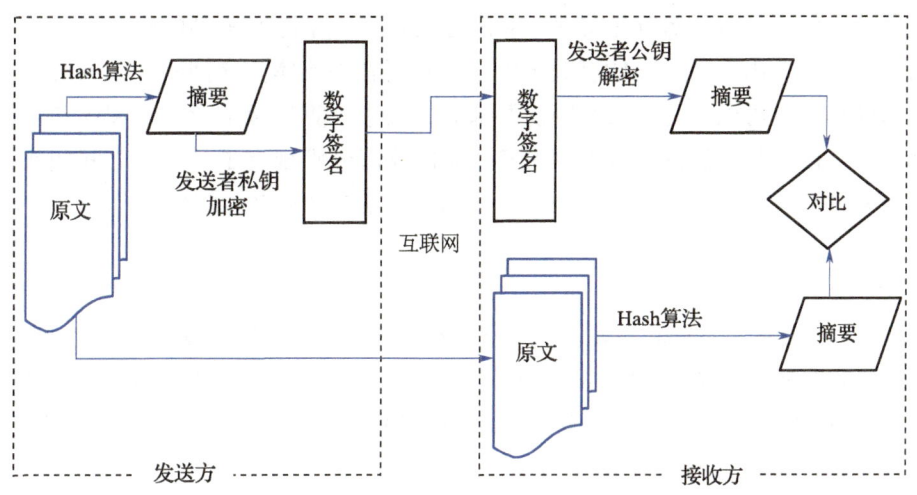

图6-8 数字签名和验证的具体步骤

1)报文的发送方从原文中生成一个数字摘要,再用自己的私钥对这个数字摘要进行加密来形成发送方的数字签名。

2)发送方将数字签名作为附件与原文一起发送给接收方。

3)接收方用发送方的公钥对已收到的加密数字摘要进行解密。

4)接收方对收到的原文用 Hash 算法得到接收方数字摘要。

5)将解密后的发送方数字摘要与接收方数字摘要进行对比。如果两者相同、信息完整且发送者身份是真实的则表明原文在传输过程中没有被修改,否则说明信息被修改或不是该发送方发送的。

由于发送方的私钥是由自己管理使用的,其他人无法仿冒使用,一旦发送方用自己的私钥加密发送了信息也不能否认,所以数字签名解决了电子商务信息的完整性鉴别和不可否认性(抵赖性)问题。

3. 数字签名与加密过程密钥对的使用差别

数字签名使用的是发送方的密钥对,是发送方用自己的私钥对摘要进行加密,接收方用发送方的公钥对数字签名解密,是一对多的关系,表明发送方公司的任何一个贸易伙伴都可以验证数字签名的真伪性。

密钥加密、解密过程使用的是接收方的密钥对,是发送方用接收方的公钥加密,接收方用自己的私钥解密,是多对一的关系,表明任何拥有该公司公钥的人都可以向该公司发送密文,但只有该公司才能解密,其他人不能解密。

6.2.5 数字指纹

数字指纹(Digital Fingerprinting)是指在原产品中嵌入与用户有关的信息,嵌入的内容对不同的购买者是不同的。当发行商发现侵权行为后,可根据嵌入的数字指纹来跟踪非法复制的源头,对盗版者进行指控,从而达到版权保护和威慑的作用。

数字指纹体制主要由两部分构成:一部分是用于向复制中嵌入指纹并对带指纹复制进行

分发的复制分发体制；另一部分是实现对非法分发者进行跟踪并审判的跟踪体制。往往上述两部分通过发行商、用户（还可能有登记中心、审判者等实体）之间的一系列协议实现。因此，数字指纹体制也可以分为算法和协议两部分。其中，算法包括指纹的编码和解码、指纹的嵌入和提取，以及复制的分发策略等内容，而协议部分则规定了各实体之间如何进行交互以实现具有各种特点的复制分发和跟踪体制（如实现用户的匿名性等）。

6.2.6 数字时间戳

在书面合同文件中，日期和签名均是十分重要的防止被伪造和篡改的关键性内容。在电子交易中，时间和签名同等重要。数字时间戳（Digital Time-stamp）技术是数字签名技术的一种变种应用，是由 DTS 服务机构提供的电子商务安全服务项目，专门用于证明信息的发送时间。

数字时间戳产生的过程如图 6-9 所示。

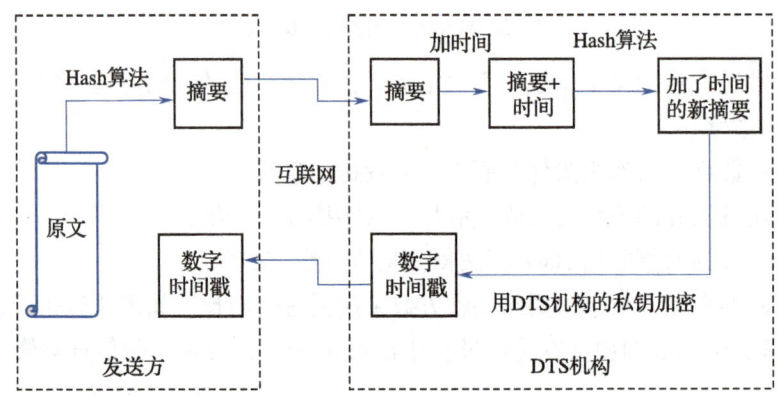

图 6-9 数字时间戳产生的过程

1）用户将需要时间戳的文件用 Hash 算法加密得到数字摘要。
2）将数字摘要发送到专门提供数字时间戳服务的 DTS 机构。
3）DTS 机构在原数字摘要上加上收到文件摘要的时间信息，用 Hash 算法加密得到新的数字摘要。
4）DTS 机构用自己的私钥对新的数字摘要进行加密，产生数字时间戳，发还给用户。
5）用户可以将收到的数字时间戳发送给自己的商业伙伴以证明信息的发送时间。

数字时间戳应当保证：
1）数据文件加盖的时间戳与存储数据的物理媒体无关。
2）对已加盖时间戳的文件不可能做任何改动。
3）要想对某个文件加盖与当前日期和时间不同的时间戳是不可能的。

6.3 电子商务安全认证

认证技术是解决电子商务活动中的安全问题的技术基础。认证采用对称密码、公钥加密、Hash 算法等技术为电子商务中的信息完整性和不可否认性，以及电子商务实体的身份真实性提供技术保障。

认证是信息安全中的一个重要内容，可分为消息认证（也称数据源认证）和身份认证。消息认证用于保证信息的完整性与抗否认性，身份认证则用于鉴别用户身份。在电子商务系统中有时候认证技术可能比信息加密本身更重要。例如，在网上购物和支付系统中，用户往往对购物信息的保密性不是很看重，而对网上商店身份的真实性倍加关注（这就需要身份认证）。另外，用户的个人信息（如银行账号、身份证、密码等）和提交的购物信息未被第三方修改或伪造，则网络买家不能抵赖（这就需要消息认证）。同样，商家也面临着这些问题。可见，电子商务的安全认证具有重要的意义。

6.3.1 数字证书的概念及分类

1. 数字证书的概念

为了保证互联网上电子交易及支付的安全性、保密性等，防范交易及支付过程中的欺诈行为，必须在网上建立一种信任机制。这就要求参加电子商务的买方和卖方都必须拥有合法的身份，并且在网上能够有效、无误地进行验证。数字证书提供了一种在网上验证身份的方式。

数字证书也叫数字凭证，是网络通信中标志通信各方身份信息的一系列数据。它提供了一种在互联网上身份验证的方式，是用来标志和证明网络通信双方身份的数字信息文件，与驾驶员驾照或身份证类似。在网上进行电子商务活动时，交易双方需要使用数字证书来表明自己的身份，并使用数字证书进行相关的交易操作。通俗来说，数字证书就是个人或单位在互联网上的身份证。数字证书主要包括证书所有者的信息、证书所有者的公开密钥和证书颁发机构的签名。

数字证书从本质上来说是一种电子文档，是由电子商务认证中心（以下简称为 CA 中心）所颁发的一种较为权威与公正的证书。当前阶段，我国 CA 中心的从业资格由中华人民共和国工业和信息化部颁发。

数字证书有很多格式版本，比较常用的版本是 X.509 V3 标准，由国际电信联盟制定，内容包括证书序列号、证书有效期和公开密钥等信息。无论哪一个版本的数字证书，只要获得数字证书，证书所有者就可以将其应用于网络安全中。

一个标准的数字证书主要包含以下内容：

1）证书的版本信息。
2）证书的序列号，每个证书都有一个唯一的证书序列号。
3）证书所使用的签名算法。
4）证书的颁发机构名称及用公钥的签名。
5）证书的有效期。
6）证书使用者的名称及其公钥的信息。

数字证书的颁发过程一般为：证书所有者首先产生自己的密钥对，并将公共密钥及部分个人身份信息传送给认证中心。认证中心在核实身份后，将执行一些必要的步骤，以确信请求确实由用户发送。然后，认证中心将发给用户数字证书，该证书内包含所有者的个人信息和公钥信息，同时还附有认证中心的签名信息。所有者可以使用自己的数字证书进行相关的各种活动。数字证书各不相同，每种证书可提供不同级别的可信度。

2. 数字证书的类型

数字证书有以下三种类型：

（1）个人证书　个人证书（Personal Digital ID），也称浏览器证书，是指由CA认证中心颁发的、安装在客户浏览器端使用的个人或企业证书。

（2）企业（服务器）证书　企业（服务器）证书（Server ID）是CA认证中心颁发的、安装在服务器上用以证明服务器身份的证书。它通常为网上的某个Web服务器提供数字证书。

（3）软件（开发者）凭证　软件（开发者）凭证（Developer ID）通常为国际互联网中被下载的软件提供数字证书。

上述三类凭证中前两类是常用证书，第三类则用于较特殊的场合，大部分认证中心提供前两类证书。

6.3.2　认证中心及认证机制

认证中心是基于互联网平台建立的一个公正的、有权威性的、独立的、受信赖的组织机构，主要负责数字证书的发行、管理以及认证等服务，以保证网上业务安全可靠地进行。例如，目前的网络支付结算就有绝对权威性的认证中心CA。电子商务的参与方客户、商家、银行、政府机构等实体，上网注册加入已有的认证中心，认证中心就能确保所有网络支付与结算过程以及各方的安全性。

CA的建立除了作为第三方所要求的保持公正和具备良好的信誉之外，还需要强大的技术支撑。例如，CA提供的公开密钥与数字摘要机制等必须是先进的，密钥的位数必须达到一定长度，以保证CA及其发行的证书安全可靠，并且在服务质量与认证速度、管理机制上均需达到很高的水平。

CA的技术基础是PKI（Public Key Infrastructure）体系，即公开密钥体系或公开密钥基础。该体系是一种遵循既定标准的密钥管理平台，能为所有网络应用服务提供加密和数字签名等密码服务及其必需的密钥和证书管理体系。PKI利用公钥理论和技术建立网络安全服务的基础设施，是信息安全技术的核心，也是电子商务交易与网络支付的关键和基础技术。PKI的基础技术包括加密、数字签名、数字摘要、数字信封、双重数字签名等。一个完整的PKI系统的基本构成包括权威的认证中心CA、数字证书库、密钥备份及恢复系统、证书作废系统、应用接口等。

CA作为数字证书的签发与管理机构、公开密钥的承载者，是PKI的核心。密钥服务系统的核心内容是实现密钥管理。公钥体制涉及一对密钥，私人密钥只由用户独立掌握，无须在网上传输；公开密钥则是公开的，需要在网上传送，故公钥体制的密钥管理主要是针对公钥的管理问题，目前较好的解决方案是数字证书密钥管理。

认证机构的职责包括：

1）证书的颁发。中心接收、验证用户（包括下级认证中心和最终用户）的数字证书申请，将申请的内容进行备案，并根据申请的内容确定是否受理该数字证书申请。如果中心接受该数字证书申请，则进一步确定给用户颁发何种类型的证书。新证书用认证中心的私有密钥签名以后，发送到目录服务器供用户下载和查询。为了保证消息的完整性，返回给用户的所有应答信息都要使用认证中心的签名。

2）证书的更新。认证中心可以定期更新所有用户的证书，或者根据用户的请求来更新用户的证书。

3）证书的查询。证书的查询可以分为两类：一是证书申请的查询，认证中心根据用户的查询请求返回当前用户证书申请的处理过程；二是用户证书的查询，这类查询由目录服务器来完成，目录服务器根据用户的请求返回适当的证书。

4）证书的作废。当用户的私钥由于泄密等原因造成用户证书需要申请作废时，用户需要向认证中心提出证书作废的请求，认证中心根据用户的请求确定是否将该证书作废。另外一种证书作废的情况是，证书已经过了有效期，认证中心自动将该证书作废。认证中心通过维护证书作废列表（Certificate Revocation List，CRL）来完成上述功能。

5）证书的归档。证书具有一定的有效期，证书过了有效期之后就将作废，但是我们不能将作废的证书简单地丢弃，因为有时可能需要验证以前的某个交易过程中产生的数字签名，这时就需要查询作废的证书。基于此类考虑，认证中心还应当具备管理作废证书和作废私钥的功能。

6）对签发的数字证书的真实性进行确认。

7）提供电子文件认证服务。

8）提供数字证书目录查询服务。

9）其他经信息产业行政管理部门核准办理的业务。

数字证书认证机构是提供身份验证的第三方机构，由一个或多个用户信任的组织、实体组成。在实际运作中，认证机构也可以由大家都信任的一方担任。如在客户、商家、银行的三角关系中，客户使用的是银行发行的卡，同时商家又与银行有业务关系。这样，客户和商家都信任的银行就可以担当认证机构。又如，商家自己发行购物卡，则认证机构可以由商家自己担当。

对于一个大型的应用环境，认证中心往往采用一种多层次的分级结构，各级的认证中心类似于各级行政机关，上级认证中心负责签发和管理下级认证中心的证书，最下一级的认证中心直接面向最终用户，如图 6-10 所示。这种形式被形象地称为认证中心的树形验证结构。

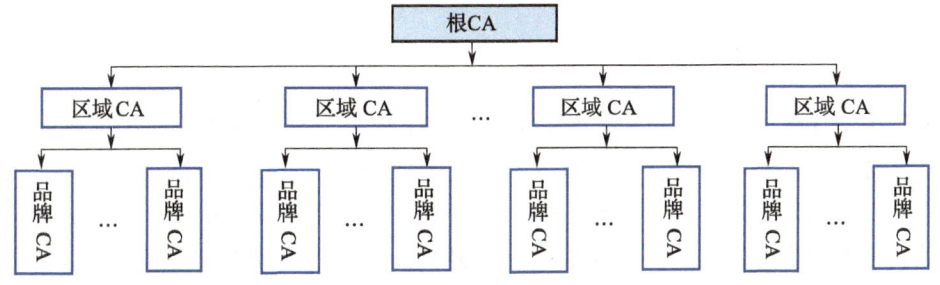

图 6-10　CA 认证中心的结构

在双方通信时，通过出示由某个认证中心（CA）签发的证书来证明自己的身份；如果对签发证书的 CA 本身不信任，则可先向上一级认证机构验证 CA 的身份，逐级进行，直到公认的权威 CA 处，便可确信证书的有效性，这就是所谓的信任树验证结构。每一个证书与数字化签发证书的认证中心的签名证书关联。沿着信任树一直到一个公认的信任组织，就可确认该证书是有效的。

例如，C 的证书是由名称为 B 的 CA 签发的，而 B 的证书又是由名称为 A 的 CA 签发的，A 是权威机构，通常称为根 CA（Root CA）。验证追索到了根 CA 处，就可确信 C 的证书的合法性。

目前世界上较早的数字认证中心是美国 Verisign 公司，该公司成立于 1995 年。国内常见的 CA 有：

1）中国金融认证中心（www.cfca.com.cn）：支持网上银行、网上证券交易、网上购物以及安全电子文件传递等应用。

2）中国商务在线（www.sinacol.com）：中国电信 CA 的安全认证中心 CTCA。

3）中国数字认证网（www.ca365.com）：有数字认证、数字签名、CA 认证、CA 证书、数字证书和安全电子商务。

4）中国协卡认证体系（www.sheca.com）：由上海 CA 认证中心发起，京津沪等国内 CA 权威机构联合共建的中国协卡认证体系。

6.4 安全认证协议

安全认证协议是比较成熟的一套安全机制。通常，安全认证协议应充分考虑以下五种标准的安全服务：

1）数据保密：防止信息被截获或非法存取泄密。

2）对象认证：通信双方对各自通信对象的合法性、真实性进行确认，以防第三方假冒。

3）数据完整性：阻止非法实体对交换数据的修改、插入、删除及防止数据丢失。

4）防抗抵赖：用于证实已发生过的操作，防止交易双方对发生的行为抵赖。

5）访问控制：防止非授权用户非法使用系统资源。

迄今为止，国内外已出现了多种电子支付协议，目前有两种安全在线支付协议被广泛采用，即安全套接层（SSL）协议和安全电子交易（SET）协议，两者均是成熟和实用的安全协议。

案例：电子商务信用体系

与传统商业相比，电子商务通常是买卖双方不见面的，买卖双方的信用状况信息不对称甚至缺失，往往需要凭经验、直觉、网上交流、网下调查等进行综合判断。而网下调查的成本很高，有些业务很难调查到，这就很容易在交易信息、供货、付款等方面出现诚信问题，影响用户对网上交易的信心。为了促进电子商务行业的健康发展，希望传统商业模式下的信用模式尽快完善，信用数据尽快共享。同时，需要为电子商务的参与者建立必要、实用的、符合电子商务特征的信用模式和信用数据管理机制。健全我国的信用管理体系，涉及的因素较多，但与信用有关的立法、执法是重中之重。我国已经有了一部《中华人民共和国电子签名法》，未来可能还需要有电子商务企业信用的管理办法、网上拍卖交易管理办法、电子商务税收及发票等一系列的政策法规。金融领域的信用管理体系也很重要，它直接影响电子支付和正常服务的履约，影响电子商务的效率和质量。底层的信用体系，会影响客户端对电子商务的信任、信心与效率。市场经济是信用化的商品经济，信用是市场经济的基础和生命线，特别是在经济进入全球化的过程中，信用是进入国际市场的通行证。电子商务作为一种商业活动，信用同样是其存在和发展的基础。电子商务信用体系的建设需要从以下几个方面考虑。

1. 政策方面

电子商务的信用建设是社会信用体系的重要内容。政府应积极进行电子商务信用体系建设的探索工作，加快研究电子商务信用管理体系，包括研究和制定交易规则、企业内部风险管理控制机制、客户和供应商的信用分析与管理等，确保电子商务交易安全可靠。政府应致力于营造良好的社会信用环境，强化对企业电子商务的信用监管，探索电子商务信用体系的相关立法，积极开展对电子商务企业，包括电子商务平台服务商、信息服务类网站、电子商务交易商等的征信和评级工作，制定和实施电子商务企业信用标识证制度等。

2. 企业信用管理技术方面

(1) 构建网上信用评估模型　企业信用部门在电子商务交易之前，首先应评估客户信用，可以根据客户的财务报表进行评估，或开发出适合本行业特点和本企业特征的信用评估系统。

(2) 加强网上客户档案管理　企业一般应对赊销客户的档案进行定期审查，根据客户信用信息的变化，及时调整信用额度。

(3) 建立合理的应收账款回收机制　企业内部的信用部门负责追收账款，采取多种方式（如定期追收、外部力量、法律手段等）以防止坏账。

3. 体系建设方面

(1) 加快信用服务体系建设　建立科学、合理、权威、公正的信用服务机构；建立健全相关部门信用信息资源的共享机制；建设在线信用信息服务平台，实现信用数据的动态采集、处理、交换；严格信用监督和失信惩戒机制，逐步形成既符合我国国情又与国际接轨的信用服务体系。

(2) 建立并完善电子商务国家标准规范体系　提高标准化意识，充分调动各方面的积极性，抓紧研究制定电子商务的标准规范体系；在互联互通、促进流通方面，积极采用国际标准；鼓励企业为主体，联合高校和其他科研机构研究制定电子商务关键标准和规范，参与国际标准制定，大力推进电子商务标准化进程。

(3) 加快建立统一的电子商务信用体系平台　建立社会信用制度和电子商务市场信用体系平台，规范诚信信息的采集、披露和使用。当前，失信行为给国家和企业造成的损失日益突出，加快信用立法，为商业化的社会征信机构开展电子商务，企业和个人信用信息的搜集、保存、服务等业务提供基本的法律依据，通过立法使信用行为上升为企业的法定义务。依靠先进的信息技术，逐步收集、处理分散在税务、银行、电信等不同的企业和个人信息及其他经营行为记录，建立覆盖全国的电子商务征信体系，从而在全社会形成守信践诺的激励机制。

（4）大力发挥社会中介组织和行业自律的作用，逐步健全电子商务的社会信用体系。在信用体系建设中，要大力发展以行业协会为主体和会员单位为基础的自律维权同业信用体系、以企业风险管理为基础的自我内控信用体系、以信用中介为主体和市场运行为基础的社会商务信用体系。加强电子商务行业自律，促进诚信经营，遵守行业公约，恪守职业道德，形成有效的诚信风险防控机制。

随着世界经济一体化、全球化进程的加快，电子商务在企业的广泛应用对扩大贸易机会、提高贸易效率、降低贸易成本、增强企业竞争力和应变能力有着不可估量的作用。因此，通过建立电子商务信用体系，加强对客户的调查和事前、事中、事后的风险控制，不仅有利于有效地降低企业经营的风险，提升企业的经济竞争力，而且有利电子商务在我国的快速发展。

（案例来源：电子商务信用管理，https：//www.wenmi.com/article/posy2905axhn.html，有删改。）

拓展学习：网络诈骗

导言：

网络诈骗是指以非法占有为目的，利用互联网采用虚构事实或者隐瞒真相的方法，骗取数额较大的公私财物的行为。网络诈骗与一般诈骗的主要区别在于网络诈骗是利用互联网实施的诈骗行为。网络欺诈的频繁出现，严重影响了在线金融服务、电子商务的发展，危害公众利益，影响公众应用互联网的信心。

请扫描二维码，阅读网络违法警示案例，结合自身工作、学习、生活环境，谈谈我们该如何有效防范网络欺诈。

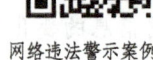

网络违法警示案例

思 考 题

1. 电子商务的安全隐患有哪些？
2. 电子商务的安全性需求是什么？
3. 电子商务的安全机制如何建立？
4. 非对称加密算法是如何实现机密信息交换的？
5. 数字摘要的作用是什么？
6. 数字签名的作用是什么？
7. 什么是数字指纹？
8. 什么是数字时间戳？
9. 什么是数字证书？
10. 什么是认证中心？
11. 安全认证协议考虑的安全服务有哪些？

第 7 章 电子商务的支付体系

任何交易都会包含支付环节。支付就是在消费购买、金融投资、资金转移等经济活动中,将资金用户的资金或货币付出的过程,以实现交易主体之间资金的划拨和转移。支付是电子商务发展中资金流的重要组成部分,它的发展在一定程度上决定着电子商务的发展深度和广度。

根据支付方式不同,一般可以将支付分为传统支付和电子支付两大类。本章将介绍这两类支付的特点、主要方式及发展趋势,并同时对互联网金融与新型支付工具做介绍。

7.1 传统支付方式

传统支付方式指的是通过现金流转、票据转让以及银行转账等物理实体的流转来实现款项支付的方式。传统支付方式主要有现金、票据和信用卡三种形式。

7.1.1 现金

现金有纸币和硬币两种形式,是由一国中央银行发行的。在现金交易中,买卖双方处于同一位置,交易是匿名的。同时,现金具有使用方便和灵活的特点,故而多数小额交易都是由现金完成的。其交易特点是:一手交钱,一手交货。

显然,现金是一种开放的支付方式,任何人只要持有现金,就可以进行款项支付,而无须经过金融机构干预。

现金交易存在如下缺点:

(1)受时间和空间制约 对于不在同一时间、同一地点进行的交易,无法采用现金方式进行交易。

(2)受不同发行主体的限制 对于不同国家,其现金的单位和代表的购买力不一样,这非常不利于跨国交易。

(3)不利于大宗交易 如果使用现金进行大宗交易,不仅不方便,而且也不安全。

7.1.2 票据

票据是对票面记载的金额在一定期限内完成支付行为的书面约束凭证,是国际通行的结算和信用工具。

票据分为广义票据和狭义票据。广义票据包括各种具有法律效力、代表一定权利的书面凭证，如股票、债券、货单、车船票、汇票等。狭义票据指的是《中华人民共和国票据法》（简称《票据法》）所规定的汇票、本票和支票，是一种载有一定的付款日期、付款地点、付款人的无条件支付的流通凭证，也是一种可以由持票人自由转让给他人的债券凭证。

票据的出现，使交易中的物流和资金流可以分离，通过使用票据，异地交易不必涉及大量现金，弥补了现金交易的不足，减少了携带大量现金的不便和风险。因此，票据交易大大促进了交易的繁荣。

但是，使用票据也存在一些问题，如易于伪造、容易丢失，商业承汇兑票可能存在拒绝付款和到期无力支付的风险。所以，使用票据仍然具有一定的风险。

7.1.3 信用卡

信用卡是由具有一定规模的银行或金融公司发行的、授权持卡人可凭此在指定商家进行记账消费或向特定银行支取一定款项的信用凭证。

信用卡于1915年诞生于美国，现在已在美国、加拿大、日本以及西欧等金融业发达的国家普及，大到买房置地、旅游购物，小到公用电话、公共汽车，均可使用信用卡。信用卡已成为一种普遍采用的支付工具，逐步取代了现金支付方式和票据支付方式。我国自1981年中国银行将信用卡这一新型的支付方式引进国内以后，其他银行也纷纷效仿。

使用信用卡作为支付方式非常高效便捷，可以减少现金流通量、简化收款手续、提高结算效率；同时客户可以使用信用卡在异地进行现金存取，免去随身携带大量现金的不便，十分方便灵活，并且具有较高的安全保障。

但是，使用信用卡作为支付方式也有一些缺陷，如交易费用高，具有一定的有效期、过期则失效，遗失会给持卡人带来风险和麻烦等。

7.1.4 传统支付方式的优缺点

1. 传统支付方式的优点

传统支付方式中的现金、票额等都是有形的，在安全性、认证性、完整性和不可否认性上有较高的保障，已经有一套适合其特点的比较成熟的管理运行模式。

2. 传统支付方式的缺点

随着人类进入信息化时代，电子商务逐渐成为企业信息化和网络经济的核心。这些工业化时代的传统支付结算方式存在着诸多方面的局限性：如运作速度和处理效率比较低；业务流程复杂，运作成本较高；不能提供全天候、跨区域的支付结算服务；企业资金回笼滞后，扩大了资金运作规模等。

7.2 电子支付方式

电子商务支付体系是电子商务系统的重要组成部分，它指的是消费者、商家和金融机构之间使用安全电子手段交换商品或服务，即把新型支付手段（包括电子现金、信用卡、借记卡、智能卡等）的支付信息通过网络安全传送到银行或相应的处理机构，来实现电子支付。

随着互联网技术和电子商务的迅速发展，电子支付系统已经成为现代金融系统领域最为关键的重要组成部分。从发达国家的支付系统发展集成来看，其经济活动中有 85%~90% 的交易是通过电子方式来完成的。

电子商务的电子支付发展有以下五个阶段：①银行利用计算机处理银行之间的业务，办理结算；②银行的计算机与其他机构的计算机之间的结算，如代发工资等；③利用网络终端向客户提供各项银行业务，如客户在 ATM 机上取款、存款等操作；④利用银行销售点终端（POS）向客户提供自动的扣款服务，此为电子支付的主要方式；⑤网上支付，即电子支付可随时随地通过互联网进行直接转账结算，形成电子商务环境。

1989 年，美国法律学会颁布的《统一商业法》中给出了电子支付的规范化定义：电子支付是这样一种支付方式，即支付命令发送方把存放于银行的资金通过一条线路划入收益方的开户银行，以支付给收益方的一系列转移过程。

结合我国的国情及社会经济发展现状，我们给电子支付这样一个定义：电子支付是指进行电子商务交易的当事人（包括消费者、商家和金融机构）使用安全手段和密码技术，通过电子信息化手段进行的货币支付和资金流转。从广义上说，电子支付就是发生在购买者和销售者之间的金融交换，而这一交换方式往往借助银行或其他金融机构支持的某种电子金融工具完成，如电子现金、电子支票和电子银行卡等。它无须任何实物形式的标记，以纯粹电子形式的货币，一般以二进制数的形式保存在计算机中。

该定义首先明确电子支付所涉及的实体，即消费者、商家和金融机构，三方缺一不可；其次提出电子支付的形式和途径，它有别于传统支付方式，是以金融电子化网络为基础，以商用电子化工具和各类交易卡为媒介，以计算机技术和通信技术为手段，以电子数据（二进制数据）的形式存储在银行的计算机系统中，并利用安全、认证技术，通过计算机网络以电子信息形式，实现方便、快捷、安全的资金流通和支付。

与传统支付方式相比，电子支付具有如下优势：

1）电子支付适应了整个社会向信息化、数字化发展的趋势。电子支付是通过网络、以先进安全的数字流转技术完成信息传输；而传统交易支付方式则以传统通信媒介通过现金、票据、银行汇兑的物理实体实现，无法满足信息社会高效、便捷的商务活动的需求。

2）电子支付的工作环境是跨时空的电子化支付，能够真正实现全球 7 天 24 小时的服务保证。交易方只要有一台能够上网的计算机，就可以足不出户，在很短的时间内快速地完成整个支付过程。传统交易支付方式则很难实现这一点。

3）电子支付的工作环境是基于开放的系统平台（如互联网），而传统交易支付方式则在较为封闭的系统中运行（如某银行的各分行之间）。工作环境的开放性使商家加入电子支付系统更加方便快捷、没有障碍；而开放性带来的普遍性也使消费者可以随时随地地进行消费支付活动。

4）电子支付有助于降低交易成本，最终为消费者带来实惠。传统支付系统要求银行、分行、银行职员、自动取款机以及相应的电子交易系统来管理现金和转账，成本非常高。电子支付只需现有的技术设施、互联网和现有的计算机系统就可以了,并且只需要少数系统维护人员。

根据支付时间的不同,可将电子支付分为以下三类:

1)预支付。预支付是指先付款、后购买。预支付系统基本上是通过将电子货币保存到硬盘或一张智能卡上的方式来工作。这些包含该电子货币的文件叫作虚拟钱包(Virtual Wallet)。在任何时候,都可以用这些电子货币支付在线商品和服务。

2)即时支付。即时支付即交易时付款。即时支付实现起来最复杂,因为它必须通过访问银行的内部数据库才能实现。即时支付的安全措施必须比其他付款类型更严格。即时支付可通过借记卡或直接借记实现。

3)后支付。后支付即先购买、再支付。

根据支付工具的不同,可以将电子支付分为以下三类:

1)电子货币类,如电子现金、电子钱包等。

2)电子信用卡类,包括智能卡、借记卡、电话卡等。

3)电子支票类,如电子支票、电子汇款、电子划款等。

这些方式各有特点和运作模式,分别适用于不同的交易过程。

7.2.1 电子现金和电子钱包

1. 电子现金的概念

电子现金(E-Cash)又称为数字现金,是一种以数据形式流通的货币。它把现金数值转换为一系列的加密序列数,通过这些序列数来表示现实中各种金额的市值,用户在开展电子现金业务的银行开设账户并在账户内存钱后,就可以在接受电子现金的商店购物了。

2. 电子现金的特性

电子现金在经济领域起着与普通现金同样的作用,对正常的经济运行至关重要。

电子现金具备以下性质:

(1)独立性 电子现金的安全性不能只靠物理上的安全来保证,必须通过自身使用的各项密码技术来保证。

(2)不可重复花费 电子现金只能使用一次,如果重复花费,就能容易地被检查出来。

(3)匿名性 无法将电子现金和用户的购买行为联系到一起,从而隐蔽电子现金用户的购买历史。

(4)不可伪造性 用户不能造假币,包括两种情况:一是用户不能凭空制造有效的电子现金;二是用户从银行提取 N 个有效的电子现金后,也不能根据提取和支付这 N 个电子现金的信息制造出有效的电子现金。

(5)可传递性 用户能将电子现金像普通现金一样任意转让,且不能被跟踪。

(6)可分性 电子现金不仅能作为整体使用,还应能被分为更小的部分多次使用,只要各部分的面额之和与原电子现金面额相等,就可以进行任意金额的支付。

3. 电子现金的支付流程

用 E-cash 作为典型的电子现金来进行网上支付,其流程如图 7-1 所示。

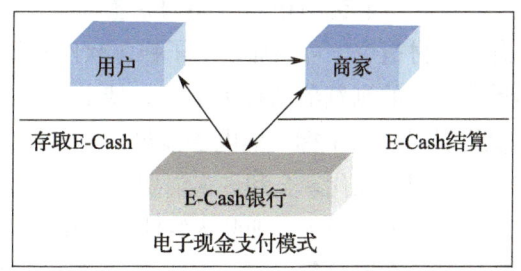

图 7-1 电子现金的支付流程

1）客户需要先在其电子钱包软件中储存 E-Cash 硬币，即一定数量的电子现金。
2）客户浏览商户的站点，确定欲购物品的品类、数量及价格等。
3）客户通过商户的站点递交一份购物表格。
4）商家收到订单后，即向客户的电子钱包发送支付请求，请求内容包括订单金额、可用币种、当前时间、商户的开户银行、商户的银行账户 ID 及订单描述等。
5）客户钱包将上述信息呈现给客户，请求是否付款。
6）客户同意付款，则将从电子钱包中采集与请求金额值相等的硬币。
7）在将所要支付给商户的硬币值送给商户之前，须用银行的公用密钥加密。
8）商户将接收的硬币值送给银行存入自己的账户。在先送往商户、后送给银行的支付信息中包含有关支付和加密的硬币值的信息。
9）在商户存款期间，支付信息与加密硬币一起被送往银行。
10）在收到支付信息后，作为存入请求的一部分，商户将其送往银行。客户可以用类似的存入信息格式向银行返回专用硬币。
11）在收到有效支付后，商户给用户发送所购商品或收据。

4. 电子钱包

电子钱包是在电子商务活动中网上购物顾客常用的一种支付工具，是在小额购物或购买小商品时常用的新式钱包。最近，电子钱包一直是全世界各国开展电子商务活动中的热门话题，也是实现全球电子化交易和互联网交易的一种重要工具。全球已有很多国家正在建立电子钱包系统，以便取代现金交易的模式。目前，我国也正在开发和研制电子钱包服务系统。

使用电子钱包购物，通常需要在电子钱包服务系统中进行。电子商务活动中的电子钱包软件通常都是免费提供的，可以直接使用与自己银行账号相连接的电子商务系统服务器上的电子钱包软件，也可以从互联网上直接调出来使用采用各种保密方式的电子钱包软件。

世界上除了 VISA cash 和 Mondex 两大电子钱包服务系统，还有其他电子钱包服务系统，如 Master Card Cash、Euro Pay 的 Clip 和比利时的 Proton 等。

5. 电子钱包的功能

电子钱包具有如下功能：
1）电子安全证书的管理：包括电子安全证书的申请、存储、删除等。
2）安全电子交易：在进行 SET 交易时，辨认用户的身份并发送交易信息。

3）交易记录的保存：保存每一笔交易记录以备日后查询；持卡人在进行网上购物时，账号和到期日期等卡户信息及支付指令，可以通过电子钱包软件进行加密传送和有效性验证。电子钱包能够在微软、网景等公司的浏览器软件上运行。持卡人要在互联网上进行符合SET标准的安全电子交易，必须按照符合SET标准的电子钱包。

在国外，电子钱包被设计成用于取代现金和许多消费者支付10美元以下硬币用的小额购物钱包。在电子钱包内只能完全装电子货币，即装入智能卡（IC卡）、电子现金、电子零钱、电子信用卡、在线货币、数字货币和网络货币等。在电子商务服务系统中设有电子货币和电子钱包的功能管理模块，叫作电子钱包管理器（Wallet Administration），顾客可以用它来改变保密口令或保密方式，用它来查看自己银行账号上收付往来的电子货币账目、清单和数据。电子商务服务系统中还有电子交易记录器，顾客可以通过查询记录器查询全部交易记录，可以了解自己买了什么物品，购买了多少，也可以把查询结果全部打印出来，也可以有选择地进行打印。

美国每年有3000多亿笔消费者现金交易，而只有600亿笔消费者利用银行卡、支票和有线划拨进行交易。Visa国际公司已在消费支付方面组成国际领导联合体，以便开发用于电子钱包的世界公用规范。

7.2.2 网络银行

1. 网络银行的概念

网络银行（Internet Bank），又称电子银行（Electronic Bank）、网上银行、在线银行（Online Bank）、虚拟银行（Virtual Bank），是指银行利用互联网技术，通过互联网向客户提供开户、销户、查询、对账、行内转账、跨行转账、信贷、网上证券、投资理财等传统服务项目，使客户可以足不出户就能够安全便捷地管理活期和定期存款、支票、信用卡及个人投资等。根据美联储给网络银行的定义，网络银行是指银行利用互联网作为其产品、服务和信息的业务渠道，向其零售商和公司客户提供服务的银行。可以说，网络银行是在互联网上的虚拟银行柜台，它实际上是银行业务在网络上的延伸。

世界上第一家网络银行是美国安全第一网络银行（Security First Network Bank，SFNB），成立于1995年10月。如今，全球开展网络银行业务已经成为商业银行竞争手段的新热点。1998年1月，CFB与惠普公司合作在我国香港开通了首家网络银行，此后华信银行也同惠普公司合作建成我国台湾地区首家网络银行。2000年，网络银行业务已占传统银行业务量的10%~20%，其中网上结算支付占有很大比例。

2. 网络银行的业务

网络银行业务是银行借助个人计算机或其他智能设备，通过互联网技术或其他公用信息网，为客户提供的多种金融服务。网络银行业务不仅涵盖传统银行业务，而且突破了银行经营的行业界限，深入证券、保险甚至是商业流通等领域。网络银行代表了银行业的方向，网络银行业务的迅速发展必将推动银行业新的革命。

与传统银行业务相比，网络银行业务有许多优势。一是可以减少网点数量、大大降低银行运营成本，有效提高银行盈利能力。开办网上银行业务，主要利用公共网络资源，不需设置物理的分支机构或营业网点，减少了人员费用，提高了银行后台系统的效率。二是无时空限制，有利于扩大客户群体。网络银行业务打破了传统银行业务的地域、时间限制，具有3A特点，即能在任何时候（Anytime）、任何地方（Anywhere）、以任何方式（Anyway）为客户提供金融服务。这既有利于吸引和保留优质客户，又能主动扩大客户群，开辟新的利润来源。三是有利于服务创新，向客户提供多种类、个性化服务。通过银行营业网点销售保险、证券和基金等金融产品，往往受到很大的限制，主要是由于一般的营业网点难以为客户提供详细的、低成本的信息咨询服务。利用互联网和银行支付系统，容易满足客户咨询、购买和交易多种金融产品的需求。客户除办理银行业务外，还可以很方便地进行网上买卖股票、债券等。网络银行能够为客户提供更加合适的个性化金融服务。

目前，西方商业银行的网络银行业务一般分为以下三类：

第一类是信息服务，主要是宣传银行能够给客户提供的产品和服务，包括存贷款利率、外汇牌价查询、投资理财咨询等。这是银行通过互联网提供的最基本的服务，一般由银行一个独立的服务器提供。这类业务的服务器与银行内部网络无链接路径，风险较低。

第二类是客户交流服务，包括电子邮件、账户查询、贷款申请、档案资料（如住址、姓名等）定期更新。该类服务使银行内部网络系统与客户之间保持一定的链接，银行必须采取合适的控制手段，监测和防止黑客入侵银行内部网络系统。

第三类是交易服务，包括个人业务和公司业务两类。这是网络银行业务的主体。个人业务包括转账、汇款、代缴费用、按揭贷款、证券买卖和外汇买卖等。公司业务包括结算业务、信贷业务、国际业务和投资银行业务等。银行交易服务系统服务器与银行内部网络直接相连，无论从业务本身或是网络系统安全的角度，均存在较大风险。

1996年6月，中国银行在国内率先设立网站，向社会提供网络银行服务，1998年开始提供网络银行业务，1998年3月我国第一笔互联网网上电子交易成功。1997年4月，招商银行开办网络银行业务。1999年，建设银行、工商银行开始向客户提供网络银行服务。目前，几乎所有银行都开通了网络银行服务。

3. 网络银行在电子商务中的地位

无论是传统交易，还是新兴电子商务，资金的支付都是完成交易的重要环节。所不同的是，电子商务强调支付过程和支付手段的电子化。能否有效地实现支付手段的电子化和网络化是网上交易成败的关键，直接关系到电子商务的发展前景。网络银行创造的电子货币以及独具优势的网上支付功能，为电子商务中电子支付的实现提供了强有力的支持。作为电子支付和结算的最终执行者，网络银行起着连接买卖双方的纽带作用。

电子商务与网络银行的发展是互动互利、相互影响的，电子商务也给网络银行带来了巨大的业务发展空间，因此随着电子商务的发展，网络银行的发展也是必然趋势。

（1）网络银行的特点　利用计算机和通信技术实现资金划拨开始的电子银行业务已经有几十年的历史了，传统的电子银行业务主要包括资金清算业务和用POS网络及ATM网络提供服务的银行卡业务。网络银行依托传统银行业务，并为其带来了根本性变革，同时也拓展了传统电子银行业务功能。与传统银行和传统电子银行相比，网络银行在运行机制和服务功能方面都具有不同的特点。

1) 全球化、无分支机构。传统银行是通过开设分支机构来发展金融业务和开拓国际市场的，客户往往只限于固定的地域，而网络银行是利用互联网来开展银行业务。因此，可以将金融业务和市场延伸到全球每个角落。打破了传统业务地域范围局限的网上银行，不仅可吸纳本地区和本国的客户，也可直接吸纳国外客户，为其提供服务。正如 SFNB 总裁詹姆斯·马什（James Mahan）所言："任何人，只要有一台电脑，都是我的潜在客户。"

2) 开放性与虚拟化。传统电子银行所提供的业务服务都是在银行的封闭系统中运作的，而网络银行的 Web 服务器代替了传统银行的建筑物、网址取代了地址，其分行是终端机和互联网这个虚拟化的电子空间。因此，有人称网络银行为"虚拟银行"，但它又是实实在在的银行，利用网络技术把自己与客户连接起来，在有关安全设施的保护下，随时通过不同的计算机终端为客户办理所需的一切金融业务。

3) 智能化。传统银行主要借助物质资本，通过众多员工辛勤劳动为客户提供服务。网络银行主要借助智能资本，靠少数脑力劳动者的劳动（如 SFNB 只有 15 名员工），提供比传统银行更多、更快、更好、更方便的服务，如提供多元且交互的信息、客户除可转账、查询账户余额外，还可享受网上支付、贷款申请、国内外金融信息查询、投资理财咨询等服务，其功能和优势远远超出电话银行和传统自助银行。

4) 创新化。网络银行是创新化银行。在个性化消费需求日趋凸显及技术日新月异的信息时代，网络银行提供的金融产品和拥有技术的生命周期越来越短，淘汰率越来越高。在这种情况下，只有不断采用新技术、推出新产品、实现持续创新才不至于被淘汰。以 SFNB 为例，它对基本支票账户不收取手续费，没有最低余额限制，这在美国银行界是开先河的，而且客户每个月可免费使用 20 次电子付款服务，免费使用自动柜员机或借记卡。与此同时，SFNB 还不断开拓新业务。1998 年，它与 AOL（美国在线）达成协议，允许客户通过 AOL 访问 SFNB，此举使 SFNB 的客户迅速增长，其存款额很快突破 1 亿美元。

5) 运营成本低。与其他银行服务手段相比，网络银行的运营成本最低。据介绍，在美国开办一个传统分行需要 150 万~200 万美元，每年的运营成本为 35 万~50 万美元。相比之下，建立一个网络银行所需的成本为 100 万美元。1998 年，美国 USWeb 网络服务与咨询公司的一次调查发现，普通的全业务支行平均每笔交易成本约 1.07 美元，而网络银行仅为 0.01~0.04 美元。

6) 亲和性增强。增加与客户的沟通与交流是企业获取必要信息、改进企业形象、贴近客户、寻找潜在客户的主要途径。在这方面，网络银行具有传统银行无法比拟的优势。网络银行可通过统计客户对不同网上金融产品的浏览次数和点击率，以及各种在线调查方式了解客户的喜好与不同需求，设计出有针对性的金融产品以满足其需求。这不仅方便了客户，银行也因此增强了与客户的亲和性，提高了竞争力。

(2) 网络银行的运行机制　目前网络银行的运行机制有两种模式：一种是完全依赖于互联网发展起来的全新的电子银行，其特点是银行的所有业务都是通过互联网进行的，如美国的 SFNB；另一种是传统银行在互联网上建立的网站，如美国花旗银行、中国招商银行、中国银行等，利用互联网提供传统银行业务服务，通过其发展家庭银行、企业银行等服务。

(3) 网络银行的功能　无论是国外已经发展成熟的还是国内刚刚起步的网络银行，其功能一般包括：银行业务项目、商务服务和信息发布。

1)银行业务项目。其主要包括家庭银行(储蓄业务)、企业银行(对公业务)、信用卡业务、各种支付、国际业务、信贷及特色服务等传统银行业务功能。

①家庭银行(Home Banking)。家庭银行为用户提供方便的个人理财渠道,包括网上开户、清户、账户余额、利息查询、交易历史查询、个人账户挂失、电子转账、票据汇兑等。

美国的美洲银行网上业务主要集中在家庭银行方面。通过其 Home Banking 网页,用户可以在一天中的任何时间办理银行业务,如储蓄、外汇及货币交易,当前账户余额查询,资金划拨,下载所需的理财软件等。还可以使用 Pay Bill 来支付如每月 5.95 美元的小笔开支。Home Banking 的理财软件可帮助用户规划各种金融事务,甚至跟踪和分析花费情况。

②企业银行(Firm Banking)。企业银行为企业或团体提供综合账户业务,如查阅本企业或下属企业账户余额和历史业务情况;划转企业内部各单位之间的资金;核对调节账户,进行账户管理等服务;电子支付职工工资;了解支票利益情况,支票挂失;将账户信息输出到空白表格软件或打印诸如每日资产负债表报告、详细业务记录表、银行明细表之类的各种金融报告或报表;通过互联网实现支付和转账等。工商银行的企业网上银行服务项目如图 7-2 所示。

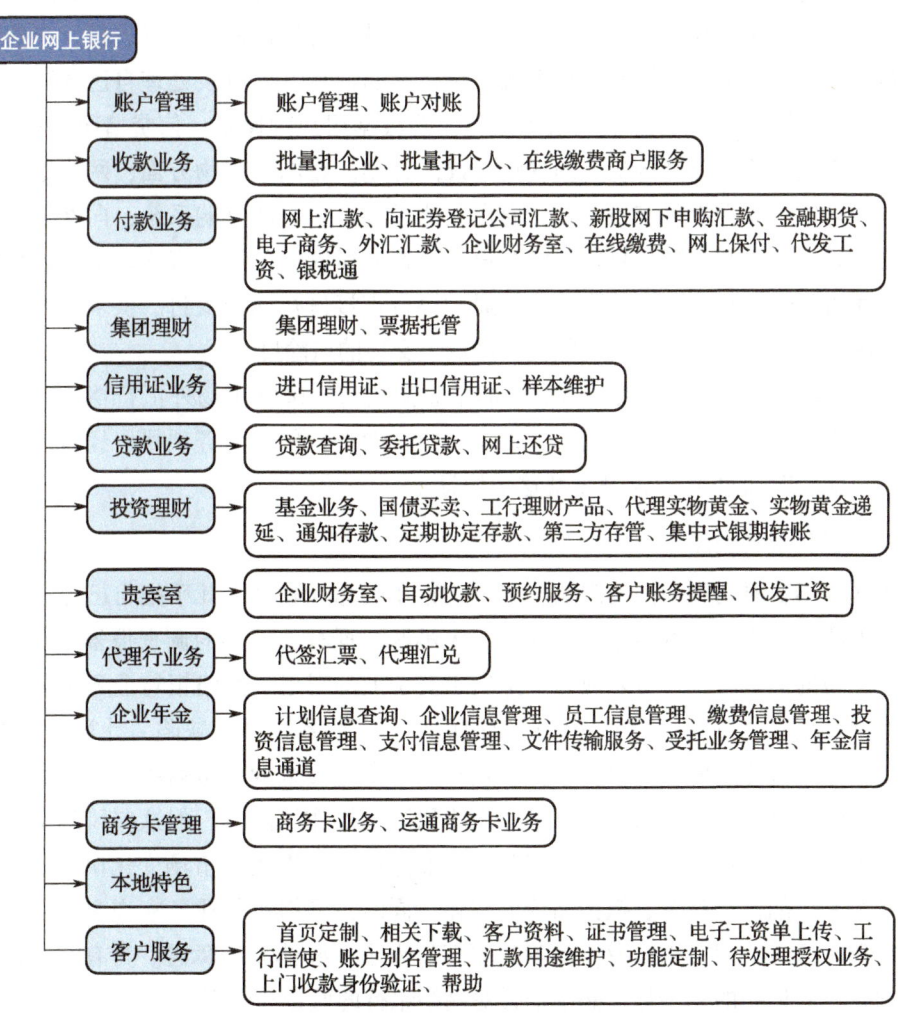

图 7-2 工商银行的企业网上银行服务项目

③信用卡业务。信用卡业务包括网上信用卡的申办、信用卡账户查询、收付清算等功能。与传统信用卡系统相比，网上信用卡更便捷。例如，用户可通过互联网在线办理信用卡申请手续；持卡人可通过网络查询用卡明细；银行可定期通过电子邮件向用户发送账单，进行信用卡业务授权、清算、传送黑名单、紧急止付名单等。

④各种支付。提供数字现金、电子支票、智能卡、代付或代收费等网上支付方式，以及企业之间转账或个人转账，如同一客户不同账号之间，包括活期转定期、活期转信用卡、信用卡转定期、银行账户与证券资金账户之间的资金互转等。

⑤国际业务。国际业务包括国际收支的网上申报服务、资金汇入、汇出等。

⑥信贷。信贷包括信贷利率查询、企业贷款或个人小额抵押贷款的申请等，银行可根据用户的信用记录决定是否借贷。

⑦特色服务。特色服务主要是指通过互联网向客户提供各种金融服务，如网上证券、期货、外汇交易、电子现金、电子钱包，以及各种金融管理软件的下载等。

2) 商务服务。商务服务主要提供资本市场、投资理财和网上购物等子功能。对资本市场来说，除人员直接参与的现金交易之外的任何交易均可通过网上银行进行。投资理财服务可通过客户主动进入银行的网站进行金融、账户等的信息查询以及处理自己的财务账目，也可由网络银行系统对用户实施全程跟踪服务，即根据用户的储蓄、信贷情况进行理财分析，适时地向用户提供符合其经济状况的理财建议或计划。在网上购物方面，网络银行可以网上商店的形式向供求双方提供交易平台，商户在此可建立自己的订购系统，向网上客户展示商品并接受订单，商户在收到来自银行的客户已付费的通知后即可向客户发货。客户可进入银行的网上商店，选购自己所需的商品，并通过银行直接进行网上支付。供求双方均通过网络银行这一中介机构建立联系和实现收支，降低了交易的风险度。

3) 信息发布。目前网络银行所发布的信息主要有：国际市场外汇行情、对公利率、储蓄利率、汇率、证券行情等金融信息，以及行史、业务范围、服务项目、经营理念等银行信息，使客户能随时通过 Web 网站了解这些信息。

4. 网络银行业务的监管

由于网络不受时间和空间的限制，银行业务在国际互联网上几乎把自己完全暴露在所有人面前，因此安全问题是网络银行面临的一大难题。据有关部门的调查报告显示，在不愿意使用网上交易的消费者中，有六成以上是出于安全上的考虑。网络银行业务主要存在两类风险。一类是系统安全风险，主要是数据传输风险、应用系统设计缺陷、计算机病毒攻击等，如果防范不严，可能造成银行资料泄密、威胁用户资金安全的严重后果。另一类是传统银行业务所固有的风险，如信用风险、利率和汇率风险、操作风险等，但这些风险又具有新的内涵。由于银行与客户不直接见面、客户分散、业务区域跨度大、市场变化快等原因，银行难以准确判断客户的信誉状况、抵押品价值变化。同时，网络银行业务在许多方面突破了传统的法律框架，这也给网上银行业务运营和监管带来了一些体制性障碍。为有效防范风险，确保网络银行业务运作的安全性，必须加强对网络银行的监督与管理。

随着网络银行业务的快速发展，许多国家对网络银行的监管日益重视。它们十分重视制定比较完整的法律框架和监管规则，包括修改原有规则和出台新的规则等。其主要内容有以下几项：

（1）网络银行的市场准入　一般对现有银行机构开展网络银行业务不需进行审批，但对设立独立的网络银行法人机构则要严格审批，批准后单独发给其营业执照。批设网络银行时，尤其重视对安全机制和风险控制的审查。申请者必须提交由独立专家提供的安全评估报告，提交详细的风险识别、判定、监控和处理计划及措施。

（2）网络银行的业务范围　主要是审批网络银行业务范围及竞争方式，即审批是否允许纯网络银行建立分支或代理机构，是否允许网络银行从事网络接入与数据处理服务和一般商业贸易服务等非金融业务等。

（3）检查网络银行的日常　对网络银行，除实施传统银行业务所必需的检查外，还需要进行交易系统安全性、客户资料保密与隐私权保护、电子记录准确性和完整性等方面的专门检查。

（4）银行客户权益保护、法律界定和国际协调　银行客户权益保护、法律界定和国际协调主要涉及网络银行通过电子手段向客户披露、传递业务信息的标准与合法性；电子信息保存标准与安全性；隐私权保护；纠纷处理程序；对洗钱、欺诈等非法活动实施电子跟踪、报告的合法性；对已加密金融信息的解密权限与范围；对跨国界的网上银行业务和客户延伸所引发的监管规则冲突的协商与调整；等等。

目前，一些国家已就网络银行新颁布了一系列关于信息保密、计算机和系统安全、网络银行客户权益保护、监管标准等方面的法规和规则，如美国已发布了"网络银行安全性和合理性审查程序""网络银行业务中的技术风险管理"和"网上银行审计员手册"，我国香港地区发布了"对虚拟银行授权的指导原则""电子银行服务安全风险管理指引"等。但总的来看，各国对网络银行的监管还处于探索阶段。

我国的网络银行业务发展很快，但目前银行的内控机制较薄弱，技术基础较差，社会信用制度不够健全。同时，随着金融业进一步对外开放，网络银行等现代科技与管理手段的广泛运用，我国金融业的竞争也将更趋激烈。在这种情况下，发展网络银行业务，对银行和金融监管部门都提出了严峻挑战。尽快制定符合我国实际的网络银行监管规则，加强对网络银行业务的监管已迫在眉睫。为规范和引导网络银行业健康发展，有效防范银行业务经营风险，保护银行客户的合法权益，根据《中华人民共和国中国人民银行法》《中华人民共和国商业银行法》，2001年，中国人民银行颁布了《网上银行业务管理暂行办法》，对网络银行业务的市场准入、网络银行业务的风险管理以及法律责任等，做出了明确的规定。

5. 网络银行风险类型分析

网络银行作为一种实体银行的虚拟工作环境，其风险范畴要比实体银行大得多。广义上的网络银行风险不仅包括实体银行风险中的一切基本类型，如信用风险、银行内部人员犯罪等，而且还包括具有网络特性的各种运营风险，如"黑客"的恶意攻击、客户密码被破译等。狭义上的网络银行风险仅指网络意义上的各种风险。在此，我们主要讨论狭义上的网络银行风险。

(1) 注意力分散风险　注意力分散风险主要是指网站因吸引不到足够的点击者，无法形成一定数量的固定浏览群体，而造成潜在客户流失、银行收益下降的可能。由于网络的普遍性与公平性，个体消费者在众多网站享有充分的自由选择权。同时，网络银行的虚拟性又使其失去了实体银行在营销过程中与客户进行面对面亲情交流的机会，造成客户与银行之间亲和力下降。

(2) 技术风险　这是网络银行风险的核心内容，是指技术方面的原因，使网站所提供的服务不能让客户感到满意，或者防火墙设置水平相对落后，易受"黑客"袭击等，导致网站和客户利益受到损害，甚至面临倒闭的危险。由于各家银行所选择的软硬件技术标准不同，对网络银行认识的侧重点不同，网络银行所显现的弱点各异。在计算机与网络越来越普及的情况下，各种电子网站随时都有遭受"黑客"袭击的可能，而网络银行更是"黑客"异常关注的重点之一。网络技术的不断升级和"黑客"攻击手段的不断翻新，使网络银行发生技术性风险的可能性越来越大，而且远远高于其他各种风险。因此，技术性风险应该是网络银行关注的首要风险。

(3) 实用性风险　所谓实用性，是指网络银行能够满足客户不同需求的特性。实用性风险则主要是指由于客户自身条件和需求内容不同，要求网络银行所提供的服务也各不相同而造成的风险。由于个体银行的经营理念和文化背景各不相同，有的强调稳健，有的则侧重快捷。稳健型网络银行视交易安全为第一，客户资金的安全能够得到充分保证，但在网上实际进行交易时，往往表现为手续繁杂，认证过程较长的弊端。快捷型网络银行在进行交易时一般速度较快，认证解密时间也较短，但安全性有所降低。还有的网络银行因强调其业务的特殊性，成为脱离实体银行的一个独立系统，或者两者关联部分较少；而有的网络银行则比较注意在现实业务的基础上发展网络银行业务，将两者融为一体。如此众多的差异导致了客户对网络银行的不同认识，客户在进行网上交易时都会根据自己的实际需求，对各个网络银行的交易及其特点进行一次认真的比较，以选择能够充分满足自身需求的网络银行。因此，实用性在网络银行有着其独特的地位与作用，如果在工作中如不加以重视，就会出现失去部分客户的风险。

(4) 链接服务风险　链接服务风险主要是指网络银行链接不到足够的电子商务网站，无法为客户在网上消费提供支付服务，造成客户转移注册，并最终导致收益受损的可能。在客户决定网络银行能否生存的情况下，客户在网上消费到哪里，所注册的网络银行就应跟踪链接到哪里。网络银行要实现盈利目标，就必须吸引到大量的客户。为此，网络银行一方面要向社会公众做好宣传与营销，提高自己的品牌力知名度；另一方面要做好与其他著名商务网站的链接，让它们提示客户在进行消费时优先链接到自己的网址，使用本行提供的交易支付工具。如果网络银行链接不到足够的电子商城或其他知名网站，就会出现客户流失现象，并最终影响银行的经济收益。

6. 网络银行的风险管理

网络银行作为一种虚拟的银行工作环境，风险防范必须从网络自身和外部运营环境两个方面着手，实行综合治理。

（1）内涵保证的管理　内涵保证的管理主要是指网络银行要着眼于自身和与之相关联的各种因素，不断加强自身建设，保证各项业务的健康稳定发展。

1）技术保证。在科学技术日新月异的今天，网络技术上的稍稍落后，就有可能给网络银行造成无法挽回的损失。网络的虚拟性、开放性和普遍性，客观上要求网络银行必须首先做好客户的网上认证工作，重点解决数据传输过程中的泄密问题，并努力使自己的防火墙技术完美；要及时更新与网络有关的一切新技术、新装备，保证各类网上业务都能够得到当前最好的后台技术支持。

2）业务创新保证。创新是企业生存与发展的动力，网络银行业务创新包括两个方面：一是指将实体银行中的窗口业务搬上网络，如网上信贷、网上储蓄、网上结算等；二是指网络银行根据互联网的发展与金融运行形势，适时对网上银行业务工具、业务品种和服务范围进行创新。如网上授信、企业和个人信用认证、代理收取企业订单、发票等。

3）实用性保证。实用性是网络银行发展的一个重要组成部分。在目前电子商务占国民经济比重还比较小的情况下，网络银行的实用性建设应综合考虑以下因素：①做好网络银行服务与实体银行服务的相互衔接，以方便客户无论是在网上还是在网下办理银行业务都能畅通无碍。②网站建设要符合大众心理特征，网页制作要别致新颖，并以此来吸引更多的浏览者和客户。③安全性与快捷性相结合，在确保安全的前提下，简化签约流程，提高方便度。程序设计要充分考虑网络带宽因素，使客户能够安全、方便、快速地完成业务交易。④链接保证。制订超前可行的友好链接计划，不仅要尽可能多地链接电子商城，成为B2C交易模式的信用媒介，而且还要更多地链接企业网站，着眼于在B2B交易模式中担当重任。只有友好链接在数量上和质量上都能够得到保证，网络银行业务的快速发展，才能成为可能。反过来，如果一家网络银行办得非常有特色，具有很高的知名度，那么其友好链接也很容易得到其他商务网站的认可，并把该银行指定为自己的结算银行。

（2）外延保证的管理　外延保证的管理主要是指为网上银行的运行创造一个宽松有利的外部环境。

1）法律法规保障。之前出台的《网上银行业务管理暂行办法》是从宏观方面规范了网络银行，但是还缺乏对各个细微层面的微观指导。需要进一步细化网络银行的准入制度和退出机制。同时，相关法律法规的制定还要充分考虑到客户和投资者隐私权的保护，以及投资者权益的保护等。

2）央行监管。当前，我国网络银行主要是由央行、证监会、保监会进行监管，这三方分工协作，资源共享。但考虑到网络银行具有在互联网上可以将证券、保险、股票、基金等投资理财整体融合在一起的特点，因此有必要进一步完善我国网络银行多元化的监管体系。

3）商业保险保障。网络是一个充满风险的虚拟世界。网络银行所面临的各种风险要远远超过实体银行。商业保险作为一种对发生风险时的经济补偿，可以在一定程度上抵免网络银行的风险损失。现在许多国外保险公司已经推出了基于网络安全的保险品种，我们应充分借鉴国外这一先进经验，适时推出我国网络保险新品种，以更好地支持我国网络银行健康稳定发展。

7.2.3 第三方支付

所谓第三方支付，就是一些和产品所在国家以及国外各大银行签约，并具备一定实力和信誉保障的第三方独立机构提供的交易支持平台。在通过第三方支付的交易中，买方选购商品后，使用第三方平台提供的账户进行货款支付，由第三方通知卖家货款到达，进行发货；买方检验物品后，就可以通知付款给卖家，第三方再将款项转至卖家账户。

1. 第三方支付的基本流程

在第三方支付交易流程中，支付模式使商家看不到客户的信用卡信息，同时又避免了信用卡信息在网络上多次公开传输而导致信用卡信息被窃。

以 B2C 交易为例：第一步，客户在电子商务网站上选购商品，最后决定购买，买卖双方在网上达成交易意向；第二步，客户选择利用第三方作为交易中介，客户用信用卡将货款划到第三方账户；第三步，第三方支付将客户已经付款的消息通知商家，并要求商家在规定时间内发货；第四步，商家收到通知后按照订单发货；第五步，客户收到货物并验证后通知第三方；第六步，第三方将其账户上的货款划入商家账户中，交易完成。

2. 第三方支付的特点

1）第三方支付提供一系列的应用接口程序，将多种银行卡支付方式整合到一个界面上，负责交易结算中与银行的对接，使网上购物更加快捷、便利。消费者和商家不需要在不同的银行开设不同的账户，可以帮助消费者降低网上购物的成本，帮助商家降低运营成本；同时，还可以帮助银行节省网关开发费用，并为银行带来一定的潜在利润。

2）较之 SSL、SET 等安全协议，利用第三方支付进行支付操作更加简单而易于被接受。SSL 是现在应用比较广泛的安全协议，在 SSL 中只需要验证商家的身份。SET 协议是目前发展的基于信用卡支付系统的比较成熟的技术。但在 SET 中，各方的身份都需要通过 CA 进行认证，程序复杂，手续繁多，速度慢且实现成本高。有了第三方支付，商家和客户之间的交涉由第三方来完成，使网上交易变得更加简单。

3）第三方支付本身依附于大型的门户网站，且以与其合作的银行的信用作为信用依托，因此第三方支付能够较好地突破网上交易中的信用问题，有利于推动电子商务的快速发展。

3. 第三方支付的主要产品

目前，第三方支付主要有支付宝、财付通（微信支付、QQ 钱包）、银联支付、云闪付、壹钱包、拉卡拉、快钱、易宝支付和京东支付等。

第三方支付开放平台财付通的主页，如图 7-3 所示。

图 7-3　财付通的主页

4．第三方支付的优缺点

第三方支付的优点如下：

1）比较安全。信用卡信息或账户信息仅需要告知支付中介，而无须告诉每一个收款人，大大降低了信用卡信息和账户信息失密的风险。

2）支付成本较低。支付中介集中了大量的电子小额交易，形成规模效应，因而支付成本较低。

3）使用方便。对支付者而言，所面对的是友好的界面，不必考虑背后复杂的技术操作过程。

4）支付担保业务可以在很大程度上保障付款人的利益。

第三方支付的缺点如下：

1）这是一种虚拟支付层的支付模式，需要其他"实际支付方式"完成实际支付层的操作。

2）付款人的银行卡信息将暴露给第三方，如果这个第三方的信用度或者保密手段欠佳，将带给付款人相关风险。

3）由于有大量资金寄存在支付平台账户内，并且其非金融机构，所以有资金寄存的风险。

7.2.4　常用的电商支付工具

本节将介绍常用的几种支付工具，包括电子支票、支付宝、微信支付、数字人民币和 PayPal（贝宝）等。

1. 电子支票

电子支票（Electronic Check）是一种借鉴纸张支票转移支付的优点，利用数字传递将资金从一个账户转移到另一个账户的电子付款形式。电子支票的支付是在与商户及银行相连的网络上以密码方式传递的，多数使用公用关键字加密签名或个人身份证号码（PIN）代替手写签名。用电子支票支付，事务处理费用较低，而且银行也能为参与电子商务的商户提供标准化的资金信息，故而可能是最有效的支付手段。

电子支票是纸质支票的电子替代物，它与纸质支票一样是用于支付的一种合法方式，它使用数字签名和自动验证技术来确定其合法性，如图7-4所示。监视器的屏幕上显示出来的电子支票样子十分像纸质支票，填写方式也相同。电子支票上除了必需的收款人姓名、账号、金额和日期外，还隐含了加密信息。电子支票通过电子邮件直接发送给收款人。收款人从电子邮箱中取出电子支票，并用电子签名签署收到的证实信息，再通过电子邮件将电子支票送到银行，把款项存入自己的账户。

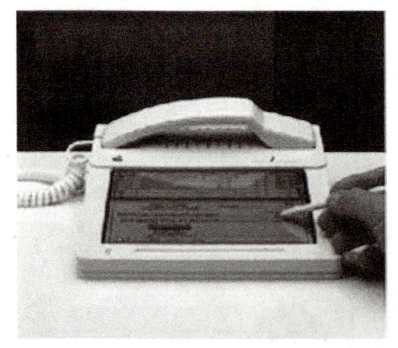

图7-4 电子支票

电子支票的交易一般分为以下几个步骤：

1）消费者和商家达成购销协议并选择用电子支票支付。
2）消费者通过网络向商家发出电子支票，同时向银行发出付款通知单。
3）商家通过验证中心对消费者提供的电子支票进行验证，验证无误后将电子支票送交银行索付。
4）银行在商家索付时通过验证中心对消费者提供的电子支票进行验证，验证无误后即向商家兑付或转账。

2. 支付宝

支付宝的基本功能就是为网络交易的双方乃至线下交易者提供"代收代付的中介服务"和"第三方担保"，其担保流程如图7-5所示。

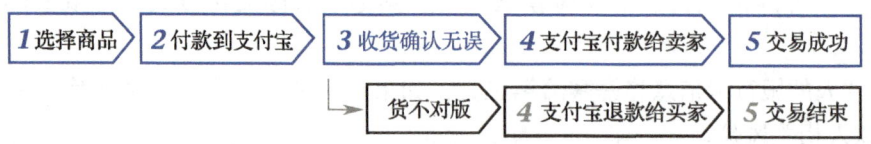

图7-5 支付宝担保流程

支付宝早期的基本模式是买家在网上把钱付给支付宝公司，支付宝公司收到货款之后通知卖家发货，买家收到货物之后再通知支付宝公司，这时才把钱转到卖家的账户上。在整个交易过程中，如果出现欺诈行为，支付宝将进行赔付。

要成为支付宝的用户，与PayPal的用户注册流程相似，用户必须有一个私人电子邮件地址，以便作为在支付宝的账号，然后填写个人的真实信息（也可以公司的名义注册），包括姓名和身份证码。用户在接受支付宝设定的"支付宝服务协议"后，支付宝会发电子邮件至用户提供的邮件地址，用户在点击了邮件中的一个激活链接后，才激活了支付宝账户，可以进行下一步的网上支付步骤。同时，用户必须将支付宝账号绑定一个实际的银行账号或者信用卡账号，与支付宝账号相对应，以便完成实际的资金支付流程。

3. 微信支付

微信支付是由腾讯公司微信及第三方支付平台财付通联合推出的互联网创新支付产品。

微信支付以绑定银行卡的快捷支付为基础，向用户提供安全、快捷、高效的支付服务。用户只需要在微信中关联一张银行卡，并完成身份认证，即可将装有微信的智能手机变成一个全能钱包，之后即可购买合作商户的商品及服务。用户在支付时只需要在自己的智能手机上输入密码，无须任何刷卡步骤即可完成支付，整个过程简便流畅。

目前，微信支付已实现刷卡支付、扫码支付、公众号支付、App 支付，可满足用户及商户的不同支付场景。

微信支付以支付为核心功能，还为商户提供用户身份识别、微信地址共享、支付结算、客户关系维护、售后维权、交易统计等一整套移动购物解决方案。

在安全机制方面，微信支付设置了包括硬件锁、支付密码验证、终端异常判断、交易异常实时监控、交易紧急冻结等在内的一整套安全机制来确保资金安全。

4. 数字人民币

数字人民币由中国人民银行发行，是有国家信用背书、有法偿能力的法定货币。数字人民币由指定运营机构参与运营并向公众兑换，以广义账户体系为基础，支持银行账户松耦合功能，与纸钞、硬币等价，具有价值特征和法偿性，支持可控匿名。

与比特币等虚拟币相比，数字人民币是法币，与法定货币等值，其效力和安全性是最高的。比特币是一种虚拟资产，没有任何价值基础，也不享受任何主权信用担保，无法保证价值稳定。这是央行数字人民币与比特币等加密资产的最根本区别。

我国研发数字人民币体系，旨在创建一种以满足数字经济条件下公众现金需求为目的、数字形式的新型人民币，配以支持零售支付领域可靠稳健、快速高效、持续创新、开放竞争的金融基础设施，支撑我国数字经济的发展，提升普惠金融的发展水平，提高货币及支付体系的运行效率。

5. PayPal

PayPal 就是我们通常说的贝宝，针对具有国际收付款需求的用户设计的账户类型。它是目前全球广泛使用的网上交易工具。它能帮助我们进行便捷的外贸收款、提现与交易跟踪，从事安全的国际采购与消费，快捷支付并接收包括美元、加元、欧元、英镑、澳元和日元等大多数国际主要流通货币。PayPal 全球在线支付如图 7-6 所示。

PayPal 账户是 PayPal 公司推出的最安全的网络电子账户，用户使用它可有效降低网络欺诈的发生。目前，在跨国交易中，超过 90% 的卖家和超过 85% 的买家认可并正在使用 PayPal 电子支付业务。

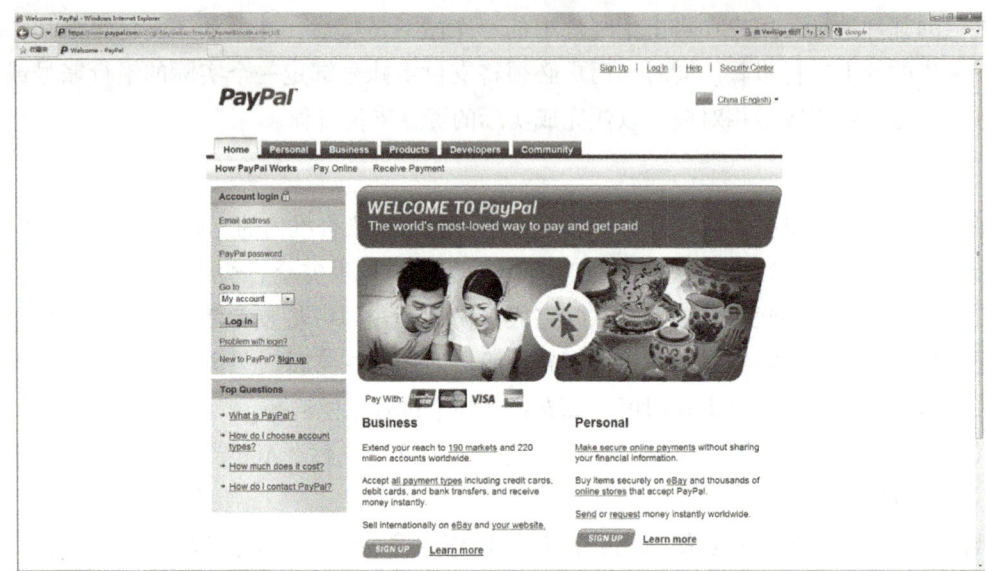

图7-6　PayPal全球在线支付

付款人通过PayPal支付一笔金额给商家或者收款人时，要经过以下几个步骤：

1）只要有一个电子邮件地址，付款人就可以登录开设PayPal账户，通过验证成为其用户，并提供信用卡或者相关银行资料，增加账户金额，将一定数额的款项从其开户时登记的账户（例如信用卡）转移至PayPal账户下。

2）当付款人启动向第三人付款程序时，必须先进入PayPal账户，指定特定的汇出金额，并提供收款人的电子邮件账号给PayPal。

3）接着PayPal向商家或者收款人发出电子邮件，通知其有等待领取或转账的款项。

4）如果商家或者收款人也是PayPal用户，其决定接受后，付款人所指定之款项即移转给收款人。

5）若商家或者收款人没有PayPal账户，就要按PayPal电子邮件内容的指示进入网页注册，取得一个PayPal账户。收款人可以选择将取得的款项转换成支票寄到指定的处所、转入其个人的信用卡账户或者转入另一个银行账户。

7.2.5　电子商务的支付问题及发展趋势

电子商务的支付问题主要有以下几个方面。

1. 支付工具的效力问题

网络银行，实质上就是现实银行在网上业务的拓展和延伸。随着网络技术的逐渐成熟，网络银行变得更快捷、方便、安全。广大零散个人客户更倾向采用这种方法。对于银行而言，随着个人收入的不断提高，个人客户与企业客户已经逐渐占到了同等重要的地位。面对如此巨大的个人金融市场，网络银行是最节约、最有效、最接近小额零售业务客户的一种手段。由于客户与银行都会积极推进网络银行的建设，其效力一般不会出现问题。

但电子支票和电子现金，因为与传统法律具有不一致之处，其效力存在一定的争议。

(1) 电子支票的效力问题　目前，《中华人民共和国民法典》已经将数据电文（包括电子数据交换和电子邮件）列为合同的书面形式之一，从而为电子签名的合法化奠定了基础。但是，目前我国的法律并未确定电子签名与手写签名具有同等的法律地位，某些法律条文仍严格规定必须采用书面签字形式，如我国现行的《中华人民共和国票据法》就不承认经过电子签名认证的非纸质的电子票据支付和结算方式，不使电子签名合法化，既不利于互联网的交易行为，也与国际惯例相违背。

(2) 电子现金的法律地位　电子现金其实与现实货币没有什么不同，是一般等价物的一种表现形式，但其法律地位一直难以确定。这是因为按照货币的实质和网络无国界性来推断，各国中央银行的地位都将受到挑战，因为任何一个有实力、有信誉的全球性公司，都可以发行购买其产品或服务的数字化等价物，从而避开银行的烦琐手续和税收。这会扰乱一国的金融秩序，任何国家都不会允许。但随着电子现金技术的不断成熟，其又具有网络化的方便性、安全性、秘密性，所以电子现金的发展优势是不可阻挡的。关键是要在法律方面进行调整：

第一，限制电子现金的发行人。目前情况下，可只允许银行发行电子现金。这样，现行的一些货币政策和法规可以应用于电子现金，而无须太大的改动。当电子商务环境成熟时，再扩展到有实力和有信誉的大公司和网络服务提供商。

第二，建立合理的电子现金识别制度。发行统一的电子现金是不可能的。所以必须建立合理的电子现金识别制度。

2. 税收与洗钱

由于电子现金可以实现跨国交易，税收和洗钱将成为潜在的问题。现在，通过互联网进行跨国交易时的国际税收问题已经产生，将来会更加突出。为了解决这个问题，国际税收规则必须进行调整。此外，由于电子现金不像真实的现金一样，流通时不会留下任何记录，税务部门很难追查，所以即使将来调整了国际税收规则，由于其不可跟踪性，电子现金很可能被不法分子用以逃税。

电子现金使洗钱也变得很容易。因为利用电子现金可以将钱送到世界上的任何地方而不留痕迹，如果调查机关想要获取证据，需要检查网上所有的数据并破译所有的密码，这几乎是不可能的。目前，唯一的办法是建立一定的密钥托管机制，使政府在一定条件下能够获得私人的密钥，而这又会损害客户的隐私权，但作为预防洗钱等违法行为的措施，许多国家已经开始了这种做法。

3. 网络安全问题

消费者的个人信息存储在银行，如果银行的网络遭到攻击，私人信息可能会泄露，若补救不及时，很可能给消费者造成巨大的损失。所以，应从法律上和技术上共同防止黑客攻击。

尽管电子支付还存在很多问题（其中主要是安全和信任问题），但作为电子商务的中心环节，其发展趋势是不可阻挡的，关键是从立法和技术两个方面进行逐步完善。

电子支付系统将会改变我们的生活方式以及贸易方式。在世界各地，电子支付系统正在运行当中并取得了极大的成功，得到众多用户和系统运营商的青睐。

未来的电子支付必然涉及与金融领域相关的银行、证券、保险、邮电、医疗、文体娱乐和教育等众多行业，市场潜力巨大。随着计算机和通信技术的发展，未来将通过互联网构造更加快捷灵活的电子支付系统。在不断发展的信息时代，电子支付必然走进千家万户。

案例：互联网金融

互联网金融是指传统金融机构与互联网企业利用互联网技术和信息通信技术实现资金融通、支付、投资和信息中介服务的新型金融业务模式。互联网金融不是互联网和金融业的简单结合，而是在实现安全、移动等网络技术水平上，被用户熟悉接受后（尤其是对电子商务的接受），自然而然地为适应新的需求而产生的新模式及新业务，是传统金融行业与互联网技术相结合的新兴领域。

当前互联网金融格局，由传统金融机构和非金融机构组成。传统金融机构主要是指传统金融业务的互联网创新以及电商化创新等，非金融机构则主要是指利用互联网技术进行金融运作的电商企业、P2P 模式的网络借贷平台、众筹模式的网络投资平台、手机理财 App，以及第三方支付平台等。

从互联网金融轻应用、碎片化理财的属性来看，相比传统金融机构和渠道而言，互联网金融更易受到中小微企业的青睐，也更符合其发展模式和刚性需求。

互联网金融的主要模式有：第三方支付、P2P 网贷、大数据金融、众筹、信息化金融机构、互联网金融门户等。

1. 第三方支付

第三方支付（Third Party Payment）狭义上是指具备一定实力和信誉保障的非银行机构，借助通信、计算机和信息安全技术，采用与各大银行签约的方式，在用户与银行支付结算系统之间建立连接的电子支付模式。

根据央行 2010 年在《非金融机构支付服务管理办法》中给出的非金融机构支付服务的定义，从广义上讲第三方支付是指非金融机构作为收、付款人的支付中介所提供的网络支付、预付卡、银行卡收单以及中国人民银行确定的其他支付服务。第三方支付已不局限于最初的互联网支付，而是成为线上与线下全面覆盖，应用场景更为丰富的综合支付工具。

从发展路径与用户积累途径来看，目前市场上第三方支付公司的运营模式可以归为两大类：一类是独立第三方支付模式，是指第三方支付平台完全独立于电子商务网站，不负有担保功能，仅仅为用户提供支付产品和支付系统解决方案，以快钱、易宝支付、汇付天下、拉卡拉等为典型代表。以易宝支付为例，其最初凭借网关模式立足，针对行业做垂直支付，而后以传统行业的信息化转型为契机，凭借自身对具体行业的深刻理解，量身定制全程电子支付解决方案。另一类是以支付宝、财付通为首的依托自有 B2C、C2C 电子商务网站提供担保功能的第三方支付模式。货款暂由平台托管并由平台通知卖家货款到达、进行发货。在此类支付模式中，买方在电子商务网站选购商品后，使用第三方平台提供的账户进行货款支付，待买方检验物品进行确认后，就可以通知平台付款给卖家，这时第三方支付平台再将款项转至卖方账户。

第三方支付公司主要有交易手续费、行业用户资金信贷利息及服务费收入和沉淀资金利息等收入来源。

两种模式的不同之处在于，前者主要针对企业客户，后者则主要对接个人客户。

2. P2P网贷

P2P（Peer to Peer lending），即点对点信贷。P2P网贷是指通过第三方互联网平台进行资金借、贷双方的匹配。需要借贷的人群可以通过网站平台寻找到有出借能力并且愿意基于一定条件出借的人群，帮助贷款人通过和其他贷款人一起分担一笔借款额度来分散风险，也帮助借款人在充分比较的信息中选择有吸引力的利率条件。

目前，P2P网贷主要有两种形式：第一种是纯线上模式，其特点是资金借贷活动都通过线上进行，不结合线下的审核。通常这些企业采取的审核借款人资质的措施有通过视频认证、查看银行流水账单、身份认证等。第二种是线上与线下相结合的模式，借款人在线上提交借款申请后，平台通过所在城市的代理商采取入户调查的方式审核借款人的资信、还款能力等情况。

P2P网贷模式可有效整合各角色参与度，高度发挥各自优势，实现资源高效利用，帮助广大中小企业"速效"融资，并让投资者的收益最大化体现，从而实现多方共赢。

3. 大数据金融

大数据金融是指集合海量非结构化数据，通过对其进行实时分析，可以为互联网金融机构提供客户全方位信息，通过分析和挖掘客户的交易和消费信息掌握客户的消费习惯，并准确预测客户行为，使金融机构和金融服务平台在营销和风险控制方面有的放矢。目前，大数据服务平台的运营模式可以分为以阿里小额信贷为代表的平台模式和京东、苏宁为代表的供应链金融模式。

数据体量巨大、数据类型繁多、价值密度低、处理速度快是大数据金融的四大特点，利用大数据有助于提升金融市场的透明度。但是，不可否认的是，大数据并不能改变人们观念上的偏见，数据之间的相关性也不等同于因果关系，覆盖面问题也会影响到数据的准确性。

4. 众筹

众筹也称为大众筹资或群众筹资，是指用团购预购的形式，集中大家的资金、能力和渠道，为小企业、艺术家或个人进行某项活动等提供必要的资金援助。

众筹平台是一种创新性的以互联网为依托的经营模式，其运营模式较为新颖，较之无借鉴的先例，当前的立法速度无法与之企及，导致诸多法律问题与之相伴而生。目前，这些问题主要集中在众筹平台是否涉嫌非法集资犯罪、代持股的风险、项目发起人知识产权权益易受到侵犯、是否突破《中华人民共和国证券法》关于禁止公开发行证券的规定、监管制度缺失所引发的问题等。

5. 信息化金融机构

所谓信息化金融机构，是指通过采用信息技术，对传统运营流程进行改造或重构，实现经营、管理全面电子化的银行、证券和保险等金融机构。金融信息化是金融业发展趋势之一，而信息化金融机构则是金融创新的产物。

金融机构的核心竞争力已逐渐转移到信息化程度上。信息化对于金融机构来说，意味着更加灵敏的市场反应，更大程度的利用信息价值。但受我国当前的国情影响，当前信息化机构存在缺乏统一技术规范、过分依赖外包、地区之间信息化建设发展不平衡以及配置机制不够合理等弊端。

6. 互联网金融门户

互联网金融门户的本质是"搜索+比价"，即采用金融产品垂直搜索方式，在平台上对各家金融机构的产品自身的价格、特点等进行比对分析，方便投资者选择合适的金融服务产品。目前，比较受瞩目的是陆金所等门户网站，每天的交易额都非常可观。

互联网金融的发展从余额宝开始逐步走入大众视线，其市场占有率以及影响力均不可小觑，对传统金融行业造成的冲击不可避免，但也推动了整个行业的进步，有可能重塑整个商业格局。

互联网金融本质仍属于金融，没有改变金融风险隐蔽性、传染性、广泛性和突发性的特点。加强互联网金融监管，是促进互联网金融健康发展的内在要求。同时，互联网金融是新生事物和新兴业态，要制定适度宽松的监管政策，为互联网金融创新留有余地和空间。通过鼓励创新和加强监管相互支撑，促进互联网金融健康发展，更好地服务实体经济。互联网金融监管应遵循"依法监管、适度监管、分类监管、协同监管、创新监管"的原则，科学合理地界定各业态的业务边界及准入条件，落实监管责任，明确风险底线，保护合法经营，坚决打击违法和违规行为。

（案例来源：互联网金融（基于互联网技术开展金融业务的服务模式）- 百度百科，有删改。）

拓展学习：钓鱼网站

导言：

钓鱼网站通常伪装成为真实网站，窃取访问者提交的账号和密码信息。它一般通过伪装的链接将收件人连到钓鱼网站，钓鱼网站URL和真实网站有细微差别。

有消费者曾发现过一个网址为 http://www.1enovo.com 的冒充网站，而真网站为 http://www.lenovo.com，诈骗者利用了小写字母 l 和数字 1 很相近的障眼法。诈骗者通过 QQ 散布 "lenovo 集团和××公司联合赠送 QQ 币"的虚假消息，引诱用户访问。一旦访问该网站，首先生成一个弹出窗口，上面显示"免费赠送 QQ 币"的虚假消息。就在该弹出窗口出现的同时，恶意网站在后台即通过多种 IE 漏洞下载病毒程序 lenovo.exe（TrojanDownloader.Rlay），并在 2s 后自动转到真正网站主页，用户在毫无觉察中就感染了病毒。病毒程序执行后，将下载该网站上的另一个病毒程序 bbs5.exe，用来窃取用户的传奇账号、密码和游戏装备。当用户通过 QQ 聊天时，还会自动发送包含恶意网址的消息。

请扫描二维码，了解中国工商银行网络金融安全技巧，并讨论如何进行防范。

网络安全知识

思 考 题

1. 传统支付方式有哪些优缺点?
2. 什么是第三方支付？主流第三方支付平台有哪些?
3. 什么是电子支票?
4. 请画出支付宝的担保流程。
5. 数字人民币与比特币的本质区别是什么?
6. 什么是众筹？众筹有什么风险?

第 8 章 电子商务的物流体系

电子商务物流是电子商务的重要组成部分。在电子商务时代，物流服务已经从原来的"货物配送"发展到集物流、信息流、资金流为一体的全方位服务，成为现代经济的重要组成部分和一种新的服务模式。

本章在介绍物流基本知识的基础上，将主要介绍电子商务物流的基本概念、常见模式和应用技术。

8.1 物流概述

8.1.1 物流与社会经济活动的关系

物流的出现与社会经济活动的进步有着密不可分的关系，对物流在社会活动中的重新认识，可以帮助我们更好地发展和利用物流。

1. 流通在再生产过程中的重要地位

要了解物流的概念，就必须首先从流通谈起。流通是社会再生产的一个重要环节。人类社会的生产和再生产过程可分为生产、分配、流通（交换）和消费四个环节，其中流通是所有交换的总和，它处于生产与消费之间，是连接生产与消费的纽带。

流通可分为广义的流通和狭义的流通。广义的流通是指所有可以流通的要素的流通，如资金流通、商品流通、信息流通和文化观念流通等。这些要素的流通往往不是孤立的，而是相互交织在一起的。狭义的流通只是针对商品流通而言的。本书中所讨论的流通主要是狭义的流通。

具体来说，流通在再生产过程中的地位可体现在以下几个方面：

1）生产规模决定流通规模。在社会再生产过程中，生产是前提，为分配、流通和消费创造物质基础，生产规模的大小决定着流通的广度和深度。

2）流通对生产也起着重要的反作用。高效的流通可以确保生产在每一阶段顺利进行。每一个企业的生产活动所需要的原材料都必须由不间断的流通过程提供保证，企业的产品也必须经过流通才能进入消费领域。如果流通不畅，生产过程的供和销都会受到严重的影响。

流通可将生产消费和生活消费中伴随着的废旧物进行收集、分类、处理，或使废旧物转化成新的生产要素，以此增加社会资源。

3）流通过程中渗透了生产环节。流通过程中还渗透了生产的某些环节，其中典型的就是流通加工。从职能上看，这样的活动应该属于生产系统，但现在已转移到流通过程中，并以此产生价值的增值，这就是流通加工的增值功能。

2. 流通活动的组成

随着现代社会经济的发展，社会生产分工越来越细，生产规模越来越大，而产品的消费尤其是消费品的消费却呈现出地域分布极广的矛盾。特别是随着国际贸易的发展和经济全球化，更加重了生产与消费在时间与空间上的分离，必须通过流通将两者连接起来。在现代经济中，商品的生产与消费之间出现了日益扩大的三种间隔。

（1）所有权间隔 所有权间隔也称社会间隔，是因商品的生产者和需要者在生产关系中所处的地位不同而产生的间隔。由于生产者与消费者是不同的两个主体，所以生产者将商品出售给消费者必须通过买卖交易来完成。生产者把商品的所有权转让给消费者，消费者得到这种所有权，以此实现商品所有权的转移。

（2）场所间隔 由于商品的生产场所与消费场所不一致，生产者必须通过商品运输将商品转移给消费者。

（3）时间间隔 由于商品的生产时间与消费时间不一致，如粮食的生产与消费，为了协调生产与消费的时间差，必须通过仓储保管加以完成。要克服生产和消费之间的所有权间隔、场所间隔和时间间隔，必须靠流通来连接。流通活动既包括商流，也包括物流。商流与物流是流通的过程要素。商物分离是物流学科能够独立存在的先决条件。

商物分离是指流通中的两个组成部分——商业流通和实物流通各自按照自己的规律独立运动。商流即商业性交易，实际上是商品价值运动，是商品所有权的转让，流动的是"商品所有权证书"，是通过货币实现的；物流是指商品实体的流通。在经济发展初期，流通过程中的商流与物流是统一在一起的，进行一次交易，商品便易手一次，商品实体便发生一次运动。但随着经济的发展，尤其是当今经济全球化和信息技术的发展，以及电子商务技术的发展，商流与物流的分离日益明显，特别是随着社会分工和物流服务商（第三方物流）的出现，商品的交易双方只进行商流的运作，而物流则由第三方进行。

8.1.2 物流的含义

物流的概念最早是在美国形成的，起源于20世纪30年代，原意为"实物分配"或"货物配送"（Physical Distribution，PD），1963年被引入日本，日文译为"物的流通"。20世纪70年代以后，日本用"物流"一词逐渐取代了"物的流通"。当时的"物流"被理解为"在生产和消费之间对物资履行保管、运输、装卸、包装、加工等功能，以及作为控制这类功能后援的信息功能，在物资销售中起桥梁作用"。我国是在20世纪80年代才接触物流这个概念的，当时在美国物流已被称为Logistics，已经不是过去PD的概念了。Logistics的原意为"后勤"，这是第二次世界大战期间军队在运输武器、弹药和粮食等给养时使用的一个名词，代表为维持战争需要的一种后勤保障系统,后来 Logistics 一词被用于物资的流通中。这时,物流就不单纯考虑从生产者到消费者的货物配送问题了,而且还要考虑从供应商到生产者对原材料的采购,以及生产者本身在产品制造过程中的运输、保管和信息等各个方面,包括如何全面、综合性地提高经济效益和效率等问题。

8.1.3 物流的职能

物流的职能是指物流活动所应具备的基本职责与功能。物流最基本的职能是组织物质资料进行物理性的流动,实现对用户的服务。这一基本职能的实现必须依赖物流具体职能的实现。物流的具体职能包括运输功能、储存保管功能、装卸搬运功能、包装功能、配送功能、废旧物的回收与处理功能、信息处理功能等。

8.2 电子商务物流

8.2.1 物流对电子商务的影响

电子商务物流体系既有普通物流体系的共性,也明显带有电子商务的特征。电子商务物流体系是建立在物流与电子商务关系之上的。

1. 物流是电子商务的支点

物理学家阿基米德说过:"给我一个支点和一个足够长的杠杆,我能撬起地球。"如果电子商务能成为撬起 21 世纪传统产业和新兴产业的杠杆,那么现代物流业将成为这个杠杆的支点。因为没有现代物流作为支撑,电子商务的巨大威力不能得到很好的发挥。合理化、现代化的物流,通过降低费用从而降低成本,优化库存结构,减少资金占压、缩短生产周期,保障了现代化生产的高效进行。如果没有现代化的物流,生产不能顺利进行,电子商务将成为无米之炊。亚马逊网上书店比世界上最大的零售商沃尔玛开通网上业务早 5 年。然而,沃尔玛拥有遍布全球的由通信卫星联系的物流配送系统,这使在送货时间上沃尔玛比亚马逊快了许多。

2. 物流现代化是电子商务的基础

电子商务以快捷、高效完成信息和所有权的交换而著称,然而只有商品通过现代化物流系统以最快的速度到达消费者手中,才标志着电子商务活动的最终实现。因此,物流现代化是电子商务的基础。它提高了电子商务的效益和效率,扩大了电子商务的市场范围,协调了电子商务的目标。物流现代化包括物流技术现代化和管理现代化。物流技术主要是指条码技术、信息处理技术、安全装载技术等软技术和自动化仓库、运输专业化、装卸设备效率化等硬技术。物流管理现代化是应用现代化的管理思想、理论和方法,有效地管理物流,实现基于电子商务供应链的集成。物流现代化中的物流信息化是电子商务物流的基本要求,表现为物流信息的商品化、信息收集的数据化、信息处理的电子化、传递的标准化等。

3. 物流可能是电子商务发展的瓶颈

随着科技的发展,网上结算、网络安全都构不成瓶颈。物流却可能是电子商务发展的瓶颈。这可以从两个方面来理解：一方面，虽然互联网可以解决商流、信息流、促销流和资金流问题，但无法解决物流问题，只能优化物流。物流问题的解决，尤其是社会化物流平台的构建，需要大规模的基础建设。另一方面，物流本身发展滞后。和电子商务的发展相比，即便是发达国家的物流，其发展速度也难以和电子商务的发展速度并驾齐驱。这是因为物流系统的建设，是基础性的，需要一点一滴的积累。

8.2.2 电子商务对物流的影响

1. 物流的服务对象发生了变化

电子商务的发展，网上商城、网上购物的出现，使物流不再仅仅面对燃料、粮食、水泥等这些大宗物资了。如今，物流更多呈现出了"多品种、小批量、多批次"的特点，物资也从以大宗物资为主体向多样化和"轻、薄、短、小"化方向发展。

2. 物流需求更加专业化

电子商务的发展要求物流更加专业化，因为实力雄厚的大企业自办物流尚具有可行性，而对广大中小企业来说，则不太可行。这就要求物流向专业化方向发展，第三方物流的实质就是物流专业化。第三方物流是指由商品的供、需方之外的第三方去完成物流服务。第三方物流解决了企业自办物流某些方面的问题，如节约了物流成本，提高了物流效率。例如，在欧洲，物流服务市场约1/4都是由第三方物流来完成的。很多仓储和运输业务都是由第三方物流来实现的。

3. 拓展了物流服务空间

电子商务不但对物流的增值服务提出了要求，而且使物流的增值服务成为可能。电子商务条件下物流的增值服务表现在服务的便利性、物流反应的快速性、服务低成本化和延伸服务。利用电子商务技术改造传统物流，加快了物流的反应速度，减少了不必要的物流过程和环节，从而起到降低成本的作用。

4. 对物流环节的影响

在电子商务条件下，物流的运作是以信息为中心的。网络信息的收集、整理、分析、传递和及时沟通，能够有效地实现对物流的控制，实现物流的合理化。虚拟库存（信息代替库存）和动态库存是物流合理化的表现。虚拟库存的办法是建立需求端数据收集系统，在供应链的不同环节采用 EDI 交换数据，建立基于互联网的企业内部网，为用户提供 Web 服务器，便于数据时时更新和浏览查询。由于供求信息得到及时传递和处理，物品在流动过程中满足生产和消费的需要，大大降低了库存水平。

5. 电子商务促进物流技术发展

电子商务的飞速发展，促使传统的物流技术向现代物流技术转变。传统的物流技术主要是指物资运输技术，包括运输材料、机械、设施等。现代物流技术则是以计算机信息技术为基础的，如地理信息系统（GIS）、全球卫星定位系统（GPS）、电子数据交换（EDI）、条码技术（Bar Code）等。

8.2.3 电子商务下的物流模式

从现阶段的形势来看，电子商务公司采取的物流模式一般有企业自营物流、借助传统流通渠道、物流企业联盟及第三方物流等配送模式。

1. 企业自营物流

电子商务企业自身开展经营的物流，称为自营物流。电子商务公司自身组织商品配送，掌握了交易的最后环节，有利于控制交易时间。特别是在本城市内的配送上，网站组织自己的配送队伍可以减少向其他配送公司下达配送订单的手续，在网上接受订购之后，可以立即进行简单的分区处理然后配送，这样往往使当日配送、限时送达成为可能。有些网站提出的本城区1小时内送达，也是建立在有一支随时出动的配送队伍的基础上的。

电子商务的信息业务与物流业务是截然不同的两种业务，企业必须对跨行业经营产生的风险进行严格的评估，其中成本控制和程序管理是最重要的。对于任何一个公司而言，拥有一支配送队伍都是一笔庞大的开支。出于对成本的考虑，配送队伍的规模必须与公司的业务量相适应。另外，如何保持适当的库存规模、如何制定恰当的配送路线、如何选择合适的物流工具、如何确定合理的送达时间都是需要严格管理的。不是所有的电子商务公司都有必要、有能力自己组织商品配送的，具有以下特征的从事电子商务的公司适合依靠自身力量解决配送问题：

1）业务集中在公司所在城市，送货方式比较单一。由于业务范围不广，公司独立组织配送所耗费的人力不是很大，所涉及的配送设备也仅限于汽车及人力车，如果交由其他公司处理，反而浪费时间、增加配送成本。

2）拥有覆盖面很广的代理、分销、连锁店，而公司业务又集中在其覆盖范围内。这样的公司一般是从传统产业转型或者依然拥有传统产业经营业务的公司，如计算机生产商、家电公司等。

3）对于一些规模比较大、资金比较雄厚、货物配送量巨大的公司来说，投入资金建立自己的配送系统，以掌握物流配送的主动权，也是一种战略选择。例如，亚马逊网站已经开始斥巨资建立遍布美国重要城市的配送中心，准备将物流主动权牢牢地掌握在自己手中。

2. 借助传统流通渠道

已经开展传统商务的公司，可以建立基于网络的电子商务销售系统，同时也可以利用原有的物流渠道承担电子商务的物流业务。传统流通渠道在电子商务环境下依然有其不可替代的优势。首先，传统商务历史悠久，有良好的顾客基础，已经形成的品牌效应在很大程度上是配送信用的保证。其次，那些具有一定规模的连锁、加盟经营店使准确及时在全国范围内成为可能。另外，由于传统渠道本身也有商品配送的任务，如果网站把商品配送任务交给传统流通渠道解决，那么可以充分利用一些闲置的仓储、运输资源，相对于使用全新的系统，成本降低了。

目前，从事传统销售业务的企业主要包括制造商、批发商、零售商等。从专业分工的角度看，制造商的核心业务是商品开发、设计和制造，但越来越多的制造商不仅有庞大的销售网络，而且还有覆盖整个销售区域的物流配送网。这些制造企业完全可以利用原有的物流网络和设施来支持电子商务业务，这样就不需新增物流、配送投资。与制造商相比，批发商和零售商具有组织物流的优势，因为它们的主业就是流通。在我国许多商场都开展了电子商务业务，其物流业务与一般销售的物流业务一起安排。

但是，从事传统销售业务的企业在信息交换、反应速度上与电子商务的要求还有一定的差距。这些企业要么借助电子商务改造信息处理系统，要么忍受一些效率上的不足。最近有一些规模比较大的传统流通企业纷纷触网，正是要综合利用网络和传统渠道的优势。

3. 物流企业联盟

物流企业联盟是指在物流方面通过签署合同形成优势互补、要素双向或多向流动、相互信任、共担风险、共享收益的物流伙伴关系。企业之间不完全采取导致自身利益最大化的行为，也不完全采取导致共同利益最大化的行为。一般来说，组成物流联盟的企业之间具有很强的依赖性，它们知道自己在物流联盟中的优势及担当的角色，内部的对抗和冲突减少、分工明确，使供应商把注意力集中在提供客户指定的服务上，最终提高了企业的竞争力，满足企业跨地区、全方位物流服务的要求。

4. 第三方物流

第三方物流（Third Party Logistics，3PL）是指由物流的实际需求方（第一方）和物流的实际供给方（第二方）之外的第三方部分或全部利用第二方的资源通过合约向第一方提供的物流服务，也称合同物流、契约物流。第三方是指提供部分或全部物流功能服务的一个外部提供者，是物流专业化和社会化的一种形式。物流一体化是物流产业的发展趋势，必须以第三方物流充分"发育"和完善为基础，即通过专业化物流管理人员和技术人员，利用专业化物流设备、设施，发挥专业化物流运作的管理经验，求得整体最优的效果。物流一体化的趋势为第三方物流的发展提供了良好的发展环境和巨大的市场需求。

第三方物流随着物流业发展而发展，是一个新兴的领域。企业采用第三方物流对于提高企业经营效率具有重要作用。首先企业将不是自己核心业务的业务外包给从事该业务的专业公司去做，这样从原材料供应到生产，再到产品的销售等各个环节的各种职能，都是由在某一领域具有专长或核心竞争力的专业公司相互协调和配合来完成。这样形成的供应链具有最强的竞争力。跨国公司在从事电子商务时，通常将物流业务外包给第三方物流服务商。在我国的电子商务企业中，将一部分物流作业活动委托给专业物流企业去完成的情况比较普遍。其次第三方物流企业作为专门从事物流工作的企业，有丰富的专门从事物流工作的专家，有利于确保企业的专业化生产，降低费用，提高企业的物流水平。

发展第三方物流可以促进企业物流活动合理化、效率化，提高整个社会的物流水平。特别是在信息时代，将先进的信息技术和网络技术应用到物流管理中，极大地促进了物流事业的发展，第三方物流事业具有广阔的发展前景。

8.3 跨境电子商务物流

8.3.1 跨境电商物流的概念

跨境电商物流（以下简称跨境物流）是指为了完成跨境电商交易中商品的运输交付任务而建设的物流运输体系，包括服务体系和各类交通配置等。与国内电商物流不同的是，跨境电商物流是发生在两个或两个以上国家之间的快递和物流业务。由于跨境电商交易双方分属于不同国境或关境，商品需要通过跨境物流方式从供应方国家转移到需求方国家，然后在需求方国家实现最后的物流和配送。相比于国内物流，跨境物流链条多了海关、商检、税务、外汇等多个复杂环节，流程较为烦琐。

随着跨境电商市场的发展和成熟，跨境物流行业存在着巨大的发展空间和市场，同时也会面临严峻的挑战和危机。面对复杂的国际物流运营环境，跨境物流需要整合上下游全供应链的资源，从而深度触达厂商的仓配和库存管理，连接消费需求，实现整个物流协调运作和一体化整合。

8.3.2 跨境电商物流的特征

跨境电商物流是依托跨境电商而存在的，因为跨境电商的交易模式有别于传统商务模式，相应的物流模式和物流服务也表现出一些突出特点。

跨境电商物流的主要特征如下。

1. 物流环节复杂

相比于国内传统物流系统，跨境物流具有跨国境的属性，其产业链和物流环节更长、更多，流程更加复杂，操作也更加烦琐。从商品流动方向来看，跨境物流包括输出国物流、国际物流、输入国物流三大部分，其中每一部分又会细分为诸多细节。输出国物流包括集货、包装、仓储、运输、流通加工、报关、报检、通关等环节；国际物流包括提货、单证、口岸交接、保险、运输等环节；输入国物流包括入关、商检、分拣、运输、仓储、配送等环节。

2. 物流周期长

跨境物流通常路途遥远、交通线路复杂，加之清关和商检，导致物流产业链和环节十分复杂，所以跨境物流周期通常较长。例如，跨境电商平台 eBay 的商品物流周期一般为 7~12 天，若使用普通专线物流，周期甚至长达 15~30 天。过长的物流周期严重影响了消费者的购物体验，成为制约跨境电商行业发展的主要因素之一。尤其对于那些生鲜冷冻等时效性要求较高的商品，必须使用成本昂贵的航空冷链物流渠道，这也给消费者增加了所承担的物流费用，让更多消费者望而却步。

3. 物流成本高

物流成本在电子商务总交易成本中占比高达 35%，我国部分地区跨境物流成本甚至高达 50% 以上。影响跨境电商物流成本的因素主要体现在：①物流渠道和基础设施建设成本。由于跨境电商跨越国境的特点，其交通路途遥远，因此对基础设施规模和技术提出了更高要求。小到物流配置中转仓库、中转站、交通运输工具，大到国与国合作建设铁路、开拓航空线路，都需要耗费巨额成本。②人力服务成本。跨境物流过程需要耗费大量人力成本，包括不同国家和地区的客服、分拣、仓储、配送人员。③其他成本。其他成本包括跨境物流服务过程中产生的隐性成本；同时，因跨境物流的高风险性，相应的风险成本也较高。

4. 信息化水平低

在电商物流服务体系中，需要实现实时的物流信息交互和共享，以便做好内部物流服务管理。更为重要的是，物流信息的实时更新直接关系到客户的购买体验。对跨境物流而言，不仅难以实现全程对物流包裹进行追踪，甚至内部信息交互的实现也存在障碍。其主要原因在于跨境物流信息基础配置并不完善，渠道信息化水平尚低，尤其是信息化水平落后的国家和地区，物流包裹的全程追踪和信息交互基本无法实现。

5. 退换货率高

跨境物流面临的尤为严峻的挑战是高退换货率。跨境物流过长的运输周期增加了货物破损和商品变质的风险，这也导致客户退换货率的增加。然而，跨境物流体系下，退换货流程极其复杂、操作极其烦琐、成本极其高昂。就我国而言，由于与欧美等地区持有不同的消费观念，退换货情况频繁发生，但大量货品难以完好无损地返回国内，跨境物流期间产生的成本甚至都超过了商品本身的价值。

8.3.3 跨境电商物流的运作模式

跨境电商物流的运作模式主要包括海外直邮和拼邮模式、保税仓备货模式以及海外仓模式。

1. 海外直邮和拼邮模式

海外直邮和拼邮模式是最早的跨境物流模式。海外直邮模式的流程如下：国内消费者在跨境电商平台上下单后，海外供货商按照订单采购、分拣、包装，通过国际货运将商品运送至国内，经海关对商品进行清关检查后，暂时转送至国内海关监管仓库储存，最后由国内物流公司将商品配送至消费者手中。海外直邮模式包括邮政小包直邮与国际快速直邮，其主要区别在于物流服务商不同。

海外拼邮模式与海外直邮模式的流程大致相同，主要区别在于海外拼邮把多个消费者订购的商品用同一包裹进行邮递，国内物流公司对邮寄的包裹进行分拣、独立包装，然后对各商品进行独立的物流配送。海外直邮则对每笔订单都进行独立包装，然后将其发往国内。如洋码头既采用海外直邮物流模式，又采用海外拼邮物流模式。其中洋码头旗下的贝海国际速递承担海外直邮物流服务；海外拼邮物流服务则承包给第三方国际物流公司。

海外直邮跨境物流模式和海外拼邮跨境物流模式的优点在于：①满足消费者的多元化消费需求，商家根据消费者的订单进行采购，避免压货风险；②海外直邮和拼邮模式几乎不会受到地域的限制，可以实现全球范围内的配送。

海外直邮跨境物流模式和海外拼邮跨境物流模式的缺点在于：①直邮跨境物流模式和拼邮跨境物流模式对商品体积、重量有严格的要求，导致可运输的商品种类有限；②消费者需要承担海关纳税成本；③运输时间成本和退换货成本比较高，流程比较复杂。

2. 保税仓备货模式

在跨境电商迅速发展下，自贸区和保税区的价值凸显，保税仓备货模式成为跨境电商市场中的新兴物流服务模式。保税仓是国内经海关批准设立的专门存放保税货物及其他未办结海关手续货物的仓库。保税仓备货模式是指通过国际物流公司首先将货品运送至保税区仓库，然后将商品在跨境电商平台上进行陈列展示、销售，消费者下单后，商品直接从保税区仓库出仓和配送。

保税仓备货模式实质上是一种先物流、后订单模式。它要求跨境电商企业利用数据挖掘技术对消费者数据进行监测、分析、处理，预测未来的市场变化，预先将热销商品通过国际货运运输至国内，经货物备案等流程后，将商品储存在规定的保税区内，消费者购买下单后，由保税区仓库完成分拣、包装、清关等流程，再由国内物流公司配送至消费者手中。如天猫国际下的菜鸟物流在上海、广州等地区设立了34个保税仓，并与国内中通快递、百世汇通、圆通快递等快递公司签订了战略合作协议。

保税仓备货模式的优点在于：①属于试点货物暂存模式，消费者在平台下单之后，由保税仓对商品进行出仓，节省了国际运输时间，使消费者获得更好的消费体验；②集中采购大幅度地降低了商品的采购成本和物流成本，从而为进口产品带来更具竞争力的价格，为跨境电商企业带来更高的利润；③商品在进口通关、检验检疫方面必须接受严格监控，各流程信息公开透明，商品质量和消费者权益能得到更好的保证。

保税仓备货模式的缺点在于：①消费者可购买的商品种类受限，长尾商品供给不足；②跨境电商企业难以对市场动态做出精准预判，进货过多易导致货物囤积风险，进货过少有可能导致供不应求；③目前仅个别城市设有保税区，覆盖率比较低。

3. 海外仓模式

海外仓模式是指跨境电商企业在本国或本地区之外的其他国家（一般为买方所在国）租赁或建立海外仓库。海外仓模式包括跨境进口电商的海外仓和跨境出口电商的海外仓两种模式。跨境出口电商是预先将所售的国内商品通过国际物流公司运送至海外仓，然后将商品在跨境电商平台上进行陈列展示、销售，国外消费者下单后，直接从海外仓对所订购商品进行出货、物流、配送等活动。跨境进口电商是将国外商品先储存在海外仓，国内消费者通过平台下单后商品从海外仓直邮到国内消费者手中。

截至2022年年初，菜鸟网络的跨境物流合作伙伴数量已经有89家，其物流覆盖能力可至全球224个国家/地区，跨境仓库数量达到231个，搭建起一张真正具有全球配送能力的跨境物流骨干网。菜鸟在全球拥有超过30个海外仓，运营海外仓面积上百万平方米，仅欧洲地区有超过10万 m^2 的出口海外仓，包括比利时、英国、德国、法国、波兰、西班牙等国家，能覆盖欧盟24国和英国全境，官方仓所在国3日达，泛欧7日达，每日能处理10万个订单。

海外仓模式的优点在于：①商品本土化配送时间缩短，买方无须承担清关成本，卖方承担的物流成本下降；②海外仓模式提升了商品在跨境电商平台的曝光率，商品销量也随之增加，继而提升了商品在海外仓的周期转化率，形成一个良性循环；③海外仓模式为买家退换货提供了便利，退回到海外仓的商品在不影响二次销售的前提下可进行二次销售，减少了成本损失；④海外仓模式突破了传统包裹、快递对于产品种类、体积、重量的限制，提升了本土化消费者的购物体验。

海外仓模式的缺点在于：①面临头程运输风险，包括清关风险、地域文化制约风险、侵权风险等；②面临仓库管理风险，包括资金投入后期运营维护风险、技术落后风险、管理人才匮乏风险、压货滞销风险、支付渠道风险、运行机制不成熟风险；③面临本土配送风险，主要体现在退货风险上。

8.4 现代物流技术

物流技术（Logistics Technology）是物流要素活动中所采用的自然科学与社会科学方面的理论、方法，以及设施、设备、装置与工艺的总称，可以包括各种操作方法、管理技能等，如流通加工、物品包装、物品标识、物品实时跟踪技术等。此外，还包括物流规划、物流评价、物流设计、物流策略等。

物流技术主要包括两个方面：物流硬技术和物流软技术。

物流硬技术是指物流设施、设备和手段。传统的物流硬技术主要是指材料（集装、包装材料等）、机械（运输机械、装卸机械、包装机械等）、设施（仓库、车站、码头、机场等）。随着计算机网络技术的应用普及，物流硬技术中综合了许多现代技术。典型的现代化物流技术手段和装备即电子商务物流技术，主要包括计算机、互联网、数据库技术、条码技术，同时还有电子数据交换（Electronic Data Interchange，EDI）、全球卫星定位系统（Global Positioning System，GPS）、地理信息系统（Geographical Information System，GIS）、射频识别技术（Radio Frequency Identification，RFID）等。

物流软技术是指为组织实现高效率的物流所需要的计划、分析、评价等方面的技术和管理方法等，主要包括物流系统化、物流标准化、各种物流设备的合理调配使用、库存、成本、操作流程、人员、物流线路的合理选择，以及为物流活动高效率而进行的计划、组织、指挥、控制和协调等。物流软技术又称为物流技术应用方案，主要包括运输或配送中的路线规划技术、库存控制技术、物流过程中的可视化技术，以及供应链管理（Supply Chain Management，SCM）、客户关系管理（Customer Relationship Management，CRM）、快速反应（Quick Response，QR）、准时生产（Just in Time，JIT）等。

8.4.1 条码及应用

1. 条码的概念

条码（Bar Code）是由一组规则排列的条、空及其对应字符组成的标记，用以表示一定信息的代码，主要用以表示商品的名称、产地、价格、种类等，是全世界通用的商品代码的表示方法。它是一种代替键盘向计算机中输入数字及字母等信息的手段，能够迅速、准确地识别商品，自动读取有关商品的信息。

条码的条纹由若干个黑色的"条"和白色的"空"组成，如图 8-1 所示。

目前，主要使用的条码有一维条码和二维条码。图 8-1 显示的是一维条码，而图 8-2 显示的是二维条码。

图 8-1 一维条码

图 8-2 二维条码

一维条码只在一个方向（一般是水平方向）上表达信息，而在另一方向（一般是垂直方向）则不表达任何信息，其一定的高度通常是为了便于阅读器对准。一维条码的应用可以提高信息录入的速度，减少差错率，但是一维条码数据容量较小，只能包含字母和数字，空间利用率较低，条码遭到损坏后便不能阅读。基于这个原因，在 20 世纪 90 年代出现了二维条码。二维条码是一种在水平方向和垂直方向均带有信息的条码。二维条码除了具有一维条码的优点外，同时还有储存信息量大、耐损性强、可靠性高，以及保密、防伪性强等优点。

2. 应用条码的优越性

（1）数据输入可靠准确　研究表明，键盘输入平均每 300 个字符出现一个错误，而使用条码输入出错率仅为 1/1000000。

（2）数据输入速度快　普通计算机的键盘输入，每分钟输入 200 个字符或字符串，而使用条码，做同样的工作只需 3s，速度提高了 20 倍。

（3）经济便宜　与其他自动化识别技术相比，推广应用条码技术所需费用较低。

（4）灵活、方便、实用　条码作为一种识别手段可以单独使用，也可以和有关设备组成识别系统，还可以和其他控制设备联系起来实现整个系统的自动化管理。

（5）容错性高　一般的条码都带有防止误读的校验码，这样即使是标签有部分缺欠或脏污，仍可以从正常部分读取正确的信息。

（6）易于制作　条码标签易于制作，对印刷设备和材料没有特殊要求，可使用专门的条码印刷设备，如图 8-3 所示，也可以使用 Word 等软件制作出标准的条码。

图 8-3 条码印刷设备

3. 条码的应用

物流过程的各个环节都可以采用物流条码来使商品实现自动识别，应用可谓十分广泛。物流条码在生产管理、销售信息系统（pos）、仓库管理、分货、拣选系统、市场销售链管理中均普遍采用。在销售信息系统中，在商品上贴上条码就能快速、准确地利用计算机进行销售和配送管理。过程为：在结算销售商品进行时，通过光电扫描读取并将信息输入计算机，然后输入收款机，收款后开出收据，同时通过计算机处理，掌握进、销、存的数据。

8.4.2 GIS 及应用

1. GIS 的概念与功能

GIS 即地理信息系统（Geographic Information System），经过了几十年的发展，到今天已经逐渐成为一门相当成熟的技术，并且得到了极广泛的应用。尤其是近些年，GIS 更以其强大的地理信息空间分析功能，在 GPS 及路径优化中发挥着越来越重要的作用。GIS 地理信息系统是以地理空间数据库为基础，在计算机软硬件的支持下，运用系统工程和信息科学的理论，科学管理和综合分析具有空间内涵的地理数据，以提供管理、决策等所需信息的技术系统。

GIS 的基本功能是将表格型数据（这些数据无论来自数据库、电子表格文件，还是直接在程序中输入）转换为地理图形显示，显示范围大至洲际地图，小到详细的街区地图。显示的内容包括人口、销售情况、运输路线等，即通过地理关系将信息连接在一起并以此来解决实际问题。

GIS 实现了各种信息的数字化处理，为系统地进行预测、监测、规划管理和决策提供科学依据。在物流领域应用便于合理调配和使用各种资源，提高经济效益。

GIS 最明显的作用就是能够把数据以地图的方式表现出来，把空间要素和相应的属性信息组合起来就可以制作出各种类型的信息地图。专题地图的制作从原理上讲并没有超出传统的关系数据库的功能范围，但把空间要素和属性信息联系起来后的应用功能大大增强了，应用范围也扩展了。

2. GIS 的应用

GIS 应用于物流分析，主要是利用 GIS 强大的地理数据功能来完善物流分析技术。国外公司已经开发出利用 GIS 为物流分析提供专门分析的工具软件。完整的 GIS 分析软件集成了车辆路线模型、网络物流模型、分配集合模型和设施定位模型等，然后根据实际需要进行有关物流分析。

（1）车辆路线模型　车辆路线模型用于解决一个起始点、多个终点的货物运输中，如何降低物流作业费用，并保证服务质量的问题，包括决定使用多少辆车，每辆车的行驶路线等。

（2）网络物流模型　网络物流模型用于解决寻求最有效的分配货物路径问题，也就是物流网点布局问题。如将货物 n 个仓库运往 m 个商店，每个商店都有固定的需求量，因此需要确定由哪个仓库提货送给哪个商店，使运输代价最小。

（3）分配集合模型　分配集合模型可以根据各个要素的相似点把同一层上的所有或部分要素分为几个组，用以解决确定服务范围和销售市场范围等问题。如某一公司要设立 x 个分销点，要求这些分销点要覆盖某一地区，而且要使每个分销点的客户数目大致相等。

（4）设施定位模型　设施定位模型用于确定一个或多个设施的位置。在物流系统中，仓库和运输线共同组成了物流网络，仓库处于网络的节点上，根据供求的实际需要并结合经济效益等原则，运用此模型就能很容易地解决在既定区域内设立多少个仓库、每个仓库的位置、每个仓库的规模,以及仓库之间的物流关系等问题。

8.4.3 GPS 及应用

1. GPS 的概念

全球定位系统(Global Positioning System, GPS),是一种以人造地球卫星为基础的高精度无线电导航的定位系统,它在全球任何地方以及近地面空间都能够提供准确的地理位置、车行速度及精确的时间信息。GPS 自问世以来,就以其高精度、全天候、全球覆盖、方便灵活吸引了众多用户。GPS 是美国从 20 世纪 70 年代开始研制的,历时 20 年,于 1994 年全面建成,具有在海、陆、空进行全方位实时三维导航与定位功能的卫星导航与定位系统。

以下三大部分共同组成了一个完整的 GPS 定位系统。

(1) 空间部分　GPS 定位系统的空间部分是由 24 颗 GPS 工作卫星所组成的,这些 GPS 工作卫星共同组成了 GPS 卫星星座,其中 21 颗为可用于导航的卫星,3 颗为活动的备用卫星。这 24 颗卫星分布在 6 个倾角为 55°的轨道上绕地球运行。卫星的运行周期约为 12 恒星时。每颗 GPS 工作卫星都发出用于导航定位的信号。GPS 用户正是利用这些信号来进行工作的。可见,GPS 定位系统卫星部分的作用就是不断地发射导航电文。

(2) 控制部分　GPS 定位系统的控制部分由分布在全球的若干个跟踪站所组成的监控系统所构成,根据其作用的不同,这些跟踪站又被分为主控站、监控站和注入站。主控站的作用是根据各监控站对 GPS 的观测数据,计算出卫星的星历和卫星钟的改正参数等,并将这些数据通过注入站注入卫星中去。同时,它还对卫星进行控制,向卫星发布指令,当工作卫星出现故障时,调度备用卫星,替代失效的工作卫星工作。另外,主控站也具有监控站的功能。注入站的作用是将主控站计算出的卫星星历和卫星钟的改正数等注入卫星中去。

(3) 用户部分　GPS 定位系统的用户部分由 GPS 接收机、数据处理软件及相应的用户设备,如计算机气象仪器等所组成。它的作用是接收 GPS 卫星所发出的信号,利用这些信号进行导航定位等工作。

2. GPS 的应用

GPS 技术可以提高铁路、公路等物流路网建设的质量和速度,在经济、国防、灾害防治等多个领域具有不可替代的作用。

(1) 用于汽车定位、跟踪调度、陆地援救　车辆导航已成为全球卫星定位系统应用的主要领域之一。我国已有数十家公司在开发和销售车载导航系统,导航系统和设备已经非常普遍了。GPS 导航仪如图 8-4 所示。

图 8-4　GPS 导航仪

(2) 用于铁路、公路运输管理　铁路开发的基于 GPS 的计算机管理信息系统,可以通过 GPS 和计算机网络实时搜集铁路列车、机车、车辆、集装箱及所运货物的动态信息,可实现列车、货物追踪管理。只要知道货车的车种、车型、车号,就可以立即从近 10 万 km 的铁路网上"流动"着的几十万辆货车中找到该货车,并能得知这辆货车现在何处运输或停在何处，以及所有的车载货物发货信息。

GPS 技术可以实现货物跟踪，实现有效物流配送方式，建立电子商务在企业内部和企业外部物流管理的新模式。

（3）用于军事物流　全球卫星定位系统首先是因为军事目的而建立的。在军事物流中，如后勤装备的保障等方面的应用相当普遍。在我国的军事和国防建设中，已经开始重视和应用全球卫星定位系统，随着全球卫星定位系统在军事物流方面的全面应用，国防后勤装备的保障将更加可靠。

（4）用于空中交通管理、精密进场着陆、航路导航和监视　现行航行系统多是利用全球导航卫星系统实现飞机航路和进场导航。

另外，我国测绘等部门多年使用 GPS 的经验表明，GPS 以全天候、高精度、自动化、高效益等显著特点，赢得广大测绘工作者的信赖，并成功地应用于大地测量、工程测量、航空摄影测量、运载工具导航和管制、地壳运动检测、工程变形监测、资源勘察、地球动力学等多种学科，从而给测绘领域带来一场深刻的技术革命。

中国北斗卫星导航系统（简称北斗系统）是我国自行研制的全球卫星导航系统。北斗系统具有以下特点：一是北斗系统空间段采用三种轨道卫星组成的混合星座，与其他卫星导航系统相比高轨卫星更多，抗遮挡能力强，尤其低纬度地区性能优势更为明显。二是北斗系统提供多个频点的导航信号，能够通过多频信号组合使用等方式提高服务精度。三是北斗系统创新融合了导航与通信能力，具备定位导航授时、星基增强、地基增强、精密单点定位、短报文通信和国际搜救等多种服务能力。

8.4.4　RFID 及应用

1. RFID 的概念

RFID（Radio Frequency Identification）即射频识别技术。它是一项利用射频信号通过空间耦合（交变磁场或电磁场）实现无接触信息传递并通过所传递的信息达到识别目的的技术，是信息数据自动识读、自动输入计算机的重要方法和手段。它是以计算机技术和通信技术的发展为基础的综合性科学技术，包括条码技术、磁条技术、光学字符识别、系统集成化、射频技术、生物识别技术等集计算机、光、机、电、通信技术为一体的高新技术学科。

从信息传递的基本原理来说，射频识别技术在低频段基于变压器耦合模型（初级与次级之间的能量传递及信号传递），在高频段基于雷达探测目标的空间耦合模型（雷达发射电磁波信号碰到目标后携带目标信息返回雷达接收机）。

最简单的 RFID 系统由电子标签（Tag）、阅读器（Reader）、天线（Antenna）和数据库组成。

2. 主要应用

（1）物品配送管理　配送中心的拣货作业是最繁重、最易出差错的工作。信息的准确性和及时性是供应链与物流管理的关键，这恰恰是射频识别技术最突出的优点之一。如果每件商品都贴上了智能标签，无须打开产品的外包装，系统就可以对其成箱、成包地进行识别，从而准确地随时获得产品的相关信息。例如，种类、生产商、生产时间、生产地点、颜色、尺寸等。智能电子标签系统可以实现对商品从原料、半成品、成品、运输、仓储、配送、上架、最终销售，甚至退货处理等所有环节进行实时监控，不仅能极大地提高自动化程度，而且可以大幅降低差错率，从而显著提高供应链的透明度和管理效率。

（2）仓储管理　智能电子标签系统可用于智能仓库货物管理，有效解决同仓库及货物流动有关的信息管理，不但可增加一天内处理货物的件数，而且还能监看这些货物的一切流动信息。一般而言，读写器贴在货物要通过的仓库大门边上，每个货物都贴电子标签，所有电子标签信息都被存储在仓库的中心计算机里，该货物的有关信息都能在计算机里查到。当货物被装走运往别地时，读写器识别并告知计算中心它被放在哪里。这样管理中心可以实时地了解到已经生产了多少产品和发送了多少产品，并可自动识别货物，确定货物的位置。智能电子标签系统能完全有效地解决仓库里与货物流动有关的信息的管理，并可自动识别货物，确定货物的位置。

（3）物品跟踪识别　UID（Ubiquitous Identifications，物品跟踪识别）将电子标签嵌入各物体中，使之相互通信，进行信息处理，让用户时刻掌握所要的信息，提供更高水平的信息服务和环境控制，这种环境称为"计算无处不在"。

应用 RFID，能够跟踪物品在运输过程中所处的位置。智能标签的出现，不仅可以实现运输过程的全自动化，而且当这些物品到达某个地方，标签信息就会被自动读入系统，并融入"UID 中心"供顾客和企业查询。这样，各专业运输企业不仅能够像 UID 中心那样提供包裹的位置，而且位置更加准确，成本也可能低得多。

在货物的跟踪、管理及监控方面，澳大利亚和英国的西思罗机场将射频识别技术应用于旅客行李管理中，大大提高了分拣效率，降低了出错率。欧共体在几年前，就要求生产的新车型必须具有基于射频识别技术的防盗系统。

应用 RFID，能提供快速准确的航空行李服务，已成为航空公司和机场提供良好服务、增强市场竞争力的重要手段。要增加行李处理容量，处理每一件行李的时间必须减少，同时要保证行李的安全，防止出错。航空公司利用 RFID 很容易能侦测到旅客利用转机夹带非法物品的可能性。智能标签的出现满足了这一需求。英国航空、日本航空和新加坡航空已经成功地实现电子标签跟踪行李，其他很多航空公司也在进行类似的试验。

8.4.5　EOS 及应用

电子订货系统（Electronic Ordering System，EOS）是指不同组织之间利用通信网络和终端设备以在线连接方式进行订货作业与订货信息交换的体系。电子订货系统是将批发、零售商场所发生的订货数据输入计算机，即刻通过计算机通信网络连接的方式将资料传送至总公司、批发商、商品供货商或制造商处。因此，EOS 能处理从新商品资料的说明直到会计结算等所有商品交易过程中的作业，可以说 EOS 覆盖了整个商流。

在竞争激烈的时代，如何有效管理企业的供货、库存等经营管理活动，并且在要求供货商及时补足售出商品的数量且不能缺货的前提下，就必须采用 EOS 系统。EDI/EOS 因包含了许多先进的管理手段和方法，因此在国际上使用得非常广泛。EOS 按应用范围可分为三类：

企业内的 EOS（如连锁店经营中各个连锁分店与总部之间建立的 EOS 系统），零售商与批发商之间的 EOS 系统，零售商、批发商和生产商之间的 EOS 系统。

电子订货系统是由批发、零售商场、供货商、商业增值网络中心等角色构成的。

8.4.6 POS 及应用

销售时点信息系统（Point of Sale System，POS）最早应用于零售业，以后逐渐扩展至金融、旅馆等服务性行业，利用 POS 信息的范围也从企业内部扩展到整个供应链。现代 POS 不局限于电子收款技术。它要考虑将计算机网络、电子数据交换技术、条码技术、电子监控技术、电子收款技术、电子信息处理技术、远程通信、电子广告、自动仓储配送技术、自动售货、备货技术等一系列科技手段融为一体，从而形成一个综合性的信息资源管理系统。同时，它必须符合和服从商场管理模式，按照对商品流通管理及资金管理的各种规定进行设计和运行。

POS 包含前台 POS 和后台 MIS（管理信息系统）两大基本部分。前台 POS 是指通过自动读取设备（如收银机），在销售商品时直接读取商品销售信息（如商品名、单价、销售数量、销售时间、销售店铺、购买顾客等），实现前台销售业务的自动化，对商品交易进行实时服务管理，并通过通信网络和计算机系统传送至后台，通过后台 MIS 的计算、分析与汇总等掌握商品销售的各项信息，为企业管理者分析经营成果、制定经营方针提供依据，以提高经营效率的系统。

后台 MIS 负责整个商场进、销、调、存系统的管理，以及财务管理、库存管理、考勤管理等。它可根据商品进货信息对厂商进行管理，又可根据前台 POS 提供的销售数据，控制进货数量，合理周转资金。还可以分析统计各种销售报表，快速准确地计算成本与毛利，也可考核售货员、收款员的业绩，是职工分配工资、奖金的客观依据。因此，商场现代化管理系统中前台 POS 与后台 MIS 是密切相关的，两者缺一不可。

8.5 电子商务与供应链管理

供应链管理是近年来在国内外逐渐受到重视的一种新的管理理念与模式。随着经济全球化的到来，以及全球制造的出现，供应链在制造业管理领域得到了普遍应用。

8.5.1 供应链的概念

供应链（Supply Chain）是指由原材料和零部件供应商、产品的制造商、分销商和零售商到最终用户组成的价值增值链，分为内部供应链和外部供应链两种。内部供应链由采购、制造、分销等部门组成，外部供应链则包括原材料和零配件供应商、制造商、销售商和最终用户。

供应链意味着在上下游企业之间形成一条从供应商到制造商再到分销商的贯穿所有企业的"链"，把所有相邻企业依次连接起来，实现了管理的"纵向一体化"。这条链上的节点企业必须达到同步、协调运行，才有可能使链上的所有企业都受益。供应链是围绕核心企业，通过对信息流、物流、资金流的控制，从采购原材料开始，制成中间产品以及最终产品，最后由销售网络把产品送到消费者手中的将供应商、制造商、分销商、零售商、直到最终用户连成一个整体的链状结构模式。

供应链包含所有加盟的节点企业，从原材料的供应开始，经过链中不同企业的制造加工、组装、分销等过程直到最终用户。节点企业在需求信息的驱动下，通过供应链的职能分工与合作，以资金流、物流为媒介实现整个供应链的不断增值。

国际供应链协会（SCC）2001年发布的供应链运作参考模型（Supply-Chain Operations Reference-model V5.0，SCOR）将供应链的运作分为五个基本环节：计划（Plan）、采购（Source）、生产（Make）、发运（Deliver）和退货（Return），如图8-5所示。

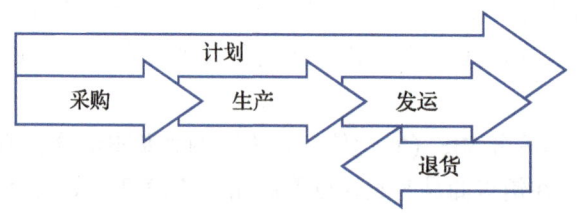

图8-5 国际供应链协会（SCC）发布的供应链运作参考模型

在电子商务环境下，将最终形成集成化供应链管理体系，把供应商、生产商、分销商、零售商等一条链路上的所有环节都联系起来进行优化，使生产资料以最快的速度，通过生产、分销环节变成增值的产品，送到有消费需求的消费者手中。这不仅降低了成本，减少了社会库存，而且使社会资源达到优化配置，更重要的是通过信息网络、组织网络实现了生产及销售的有效连接和物流、信息流、资金流的合理流动，从而实现了供应链管理的最终目标：社会目标（满足社会就业需求）、经济目标（创造最佳利益）和环境目标（保持生态与环境平衡）的最佳融合。

8.5.2 电子商务在供应链管理中的应用

在供应链管理中，电子商务和手段已被广泛应用。它的应用领域主要包括：

1）通过EDI，基于互联网的EDI或外联网自动处理订单。在B2B中，当存货低于一定水平时，订单可以自动生成并发送给供应商，订单处理实现了快速、廉价和精确（不需要重新输入数据）。在B2C中，基于Web的电子表格加快了流通速度，使之更加精确（智能代理能够检查输入数据并提供即时反馈），从而降低了供应商的处理成本。

2）利用电子支付缩短订单履行周期以及支付与送货的间隔，支付处理成本可以显著降低，欺诈也可以被限制。

3）通过引入按订单制造（拉动式）生产流程和向供应商提供更快、更准确的信息，企业的存货水平可以被显著降低。通过允许业务伙伴以电子化方式跟踪和监视订单和生产活动，企业可以改进存货管理，并使存货水平和存货管理费用最小化。

4）直接开展数字化产品销售。如果产品可以被数字化（如软件），订单就能立即履行。在其他情况下，电子商务订单接收系统与公司的后台系统相结合，这种结合能缩短周期并消除错误。

5）利用商务网站广泛开展供应链成员之间的商务合作，强化供应商关系管理和客户关系管理。

案例：智慧物流

智慧物流是一种以信息技术为支撑，在物流的运输、仓储、包装、装卸搬运、流通加工、配送、信息服务等各个环节实现系统感知、全面分析、及时处理及自我调整功能，实现物流规整智慧、发现智慧、创新智慧和系统智慧的现代综合性物流系统。

1. 我国智慧物流的兴起

IBM 于 2009 年提出，建立一个面向未来的具有先进、互联和智能三大特征的供应链，通过感应器、RFID 标签、制动器、GPS 和其他设备及系统生成实时信息的"智慧供应链"概念，紧接着智慧物流的概念由此延伸而出。与智能物流强调构建一个虚拟的物流动态信息化的互联网管理体系不同，智慧物流更重视将物联网、传感网与现有的互联网整合起来，通过以精细、动态、科学的管理，实现物流的自动化、可视化、可控化、智能化、网络化，从而提高资源利用率和生产力水平，创造更丰富的社会价值的综合内涵。

2009 年，国务院《物流业调整和振兴规划》提出，积极推进企业物流管理信息化，促进信息技术的广泛应用；积极开发和利用全球定位系统、地理信息系统、道路交通信息通信系统、不停车自动交费系统、智能交通系统等运输领域的新技术，加强物流信息系统安全体系的研究。2011 年 8 月，《国务院办公厅关于促进物流业健康发展政策措施的意见》持续强调，加强物流新技术的自主研发，重点支持货物跟踪定位、无线射频识别、物流信息平台、智能交通、物流管理软件、移动物流信息服务等关键技术攻关。适时启动物联网在物流领域的应用示范。两项政策都从国家宏观层面，强调了发挥地理信息系统等关键信息技术，在物流信息化中的作用。

2009 年 8 月 7 日，温家宝总理在无锡提出了"感知中国"的理念，表示中国要抓住机遇，大力发展物联网技术。11 月 3 日，温家宝总理再次指示要着力突破传感网、物联网关键技术。进入 2010 年，物联网成为当年"两会"的热门话题，"积极推进'三网'融合，加快物联网的研发应用"也首次写入政府工作报告。

智慧物流理念的提出，顺应历史潮流，也符合现代物流业发展的自动化、网络化、可视化、实时化、跟踪与智能控制的发展新趋势，符合物联网发展的趋势。

2. 我国智慧物流的发展现状

目前，在我国物流信息化建设方面，实现物流采购、运输、仓储、配送等物流各环节的信息化运作，实现物流供应链从上游供应商企业到下游销售商的全流程信息共享。尤其是物联网在智慧物流中的应用，大力推动物流业的革命性发展，我国智慧物流发展的具体体现主要集中在以下几个方面：

（1）产品的智能可追溯系统　如食品的可追溯系统、药品的可追溯系统等，这些产品的智能可追溯系统为保障食品安全、药品安全提供了坚实的物流保障。例如，粤港合作供港蔬菜智能追溯系统，通过安全的 RFID 标签，可实现对供港蔬菜进行溯源，实现了对供港蔬菜从种植、用药、采摘、检验、运输、加工到出口申报等各环节的全过程监管，可快速、准确地确认供港蔬菜的来源和合法性，加快了查验速度和通关效率，提高了查验的准确性。通过 RFID 标签与数据库形成的物联网实现对供港蔬菜的自动化识别、判断和监管，可提高监管效率，实现快速通关。目前，在医药领域、农业领域、制造领域，产品追溯体系都发挥着货物追踪、识别、查询、信息等方面的巨大作用，有很多成功案例。

（2）物流过程的可视化智能管理网络系统　这是基于 GPS 卫星导航定位技术、RFID 技术、传感技术等多种技术，在物流过程中可实时实现车辆定位、运输物品监控，在线调度与配送可视化与管理系统。目前，全网络化与智能化的可视管理网络还没有，但初级的应用比较普遍，如有的物流公司或企业，建立了 GPS 智能物流管理系统；有的公司或企业建立了食品冷链的车辆定位与食品温度实时监控系统等，初步实现了物流作业的透明化、可视化管理。在公共信息平台与物联网结合方面，也有一些公司或企业在探索新的模式。

（3）智能化的企业物流配送中心　这是基于传感、RFID、声、光、机、电、移动计算等各项先进技术，建立全自动化的物流配送中心，建立物流作业的智能控制、自动化操作的网络，实现物流与制造联动，实现商流、物流、信息流、资金流的全面协同。例如，有一些先进的自动化物流中心，实现了机器人码垛与装卸、无人搬运车进行物料搬运、自动化的输送分拣线上开展拣选作业、出入库由自动化的堆垛机自动完成，物流中心信息与制造业 ERP 系统无缝对接，整个物流作业系统与生产制造实现了自动化、智能化。这也是物联网的初级应用。

（4）智慧供应链　利用计算机信息技术、传感技术、EDI 技术、RFID 技术、条码技术、视频监控技术、移动计算机技术、无线网络传输技术、基础通信网络技术、物联网技术等现代信息技术，构建完善的采购需求计划系统、物料需求计划系统、运输管理系统、仓储管理系统、配送管理系统，实现产品生产供应全流程可追溯；构建数据交换平台、物流信息共享平台、财务管理和结算系统、物流分析系统、决策支持系统，实现物流企业的信息化运作，实现整体供应链的信息共享，打造智慧供应链体系。

（案例来源：智慧物流的发展现状及存在的问题 – 百度文库，有删改。）

拓展学习：菜鸟网络

导言：

2013 年 5 月 28 日，阿里巴巴集团、银泰集团联合复星集团、富春控股、顺丰集团、三通一达（申通、圆通、中通、韵达）、宅急送、汇通，以及相关金融机构共同宣布，"中国智能物流骨干网"（简称 CSN）项目正式启动，合作各方共同组建的"菜鸟网络科技有限公司"正式成立。菜鸟网络计划首期投资人民币 1000 亿元，希望在 5~8 年的时间，努力打造遍布全国的开放式、社会化物流基础设施，建立一张能支撑日均 300 亿元（年度约 10 万亿元）网络零售额的智能骨干网络。

中国智能骨干网不仅是电子商务的基础设施，更是我国未来商业的基础设施。中国智能骨干网将应用物联网、云计算、网络金融等新技术,为各类 B2B、B2C 和 C2C 企业提供开放的服务平台,并联合网上信用体系、网上支付体系共同打造我国未来商业的三大基础设施。

感兴趣的读者可自行了解菜鸟网络的智慧物流发展模式和最新进展。

思 考 题

1. 物流有哪些基本职能?
2. 电子商务下主要有哪些物流模式?
3. 什么是跨境电子商务物流?
4. 跨境物流有哪些特征?
5. 什么是海外仓模式?
6. 什么是保税仓备货模式?
7. 什么是物流软技术?

第 9 章 网络营销与新媒体营销

网络营销是以现代营销理论为基础，借助网络、通信和数字媒体技术等实现营销目标的商务活动。网络营销为企业提供了新的技术和手段，是现代企业一个新的营销渠道。新媒体营销是借助新媒体平台进行网络营销的方式。

本章介绍网络营销的基本理论和方法，同时介绍近年来新兴的短视频营销、直播营销、微信营销和微博营销等新媒体营销模式。

9.1 网络营销概述

9.1.1 网络营销的含义

网络营销是基于互联网及社会关系网络连接企业、用户及公众，向用户及公众传递有价值的信息和服务，为实现顾客价值及企业营销目标所进行的规划、实施及运营管理活动。

从广义上讲，企业利用一切网络（包括社会网络、计算机网络，企业内部网、行业系统专线网及互联网，有线网络、无线网络，有线通信网络与移动通信网络等）进行的营销活动都可以被称为网络营销。从狭义上讲，借助互联网为达到一定营销目标而开展的营销活动称为网络营销。

1. 网络营销不是孤立存在的

网络营销是企业整体营销战略的一个组成部分，网络营销活动不可能脱离一般营销环境而独立存在。在很多情况下，网络营销理论是传统营销理论在互联网环境中的应用和发展。

2. 网络营销不等于网上销售

网络营销是为最终实现产品销售、提升品牌形象的目的而进行的活动，网上销售是网络营销发展到一定阶段产生的结果，因此网络营销本身并不等于网上销售。网络营销是进行产品或者品牌的深度曝光。

3. 网络营销不等于电子商务

网络营销和电子商务是一对紧密相关又有明显区别的概念，两者很容易造成混淆。电子商务的内涵很广，其核心是电子化交易，强调的是交易方式和交易过程的各个环节。网络营销的定义已经表明，网络营销是企业整体战略的一个组成部分。网络营销本身并不是一个完整的商品交易过程，而是为促成电子化交易提供支持，是电子商务中的一个重要环节。尤其是在交易发生前，网络营销发挥着重要的信息传递作用。

4. 网络营销是对网上经营环境的营造

开展网络营销需要一定的网络环境，如企业网站、顾客、网络服务商、合作商、供应商、销售商和相关行业的网络环境等。开展网络营销的过程，就是与这些环境因素建立关联的过程，这些关系都发展好了，网络营销才能取得成效。

9.1.2 网络营销的特点

市场营销的最重要、最本质的特征，是在组织和个人之间进行信息的广泛传播和交换。如果没有信息的交换，任何交易都会变成无本之源。遍布全球的各个企业及个人通过互联网跨时空地联结在一起，使相互之间信息的交换变得方便、快捷并且呈现出以下一些特点。

1. 跨时空

互联网超越时间和空间限制，企业能有更多时间和更大的空间进行营销，可每周 7 天、每天 24 小时，随时随地地提供全球性营销服务，以达到最大限度占有市场份额的目的。

2. 成长性

遍及全球的互联网用户数量飞速增长，而且其中大部分是年轻的、高收入的、受过高等教育的人。由于这部分群体的购买力强，而且具有很强的市场影响力，因此网络营销是一个极具开发潜力的市场渠道。

3. 经济性

网络营销使交易双方通过互联网进行信息交换，代替传统的面对面交易，可以减少印刷与邮递成本，进行无店面销售可免交租金，节约水电与人工等销售成本，同时也减少了由于多次交换带来的损耗，提高了交易的效率。

4. 交互式

企业可以通过互联网展示商品目录、连接资料库提供有关商品信息的查询、可以和顾客双向沟通、可以收集市场情报、可以进行产品测试与消费者满意调查等。网络营销是产品设计、商品信息提供以及服务的最佳工具。

5. 个性化

在互联网上进行的促销活动具有一对一、理性、消费者主导、非强迫性等循序渐进式的特点。这是一种低成本、个性化的促销方式，可以避免传统推销活动所表现出的强势推销的干扰。同时，企业可以通过信息提供与交互式沟通，与消费者建立起长期的、相互信任的良好合作关系。

6. 整合性

互联网上的营销可从商品信息提供、支付、下单到售后服务一气呵成，是一种全流程的营销渠道。企业可以借助互联网将不同的营销活动进行统一设计规划和协调实施，以统一的传播资讯向消费者传达信息，避免不同传播因不一致性产生的消极影响。

9.1.3 网络营销的职能

网络营销的职能不仅表明了网络营销的作用和网络营销工作的主要内容，同时也说明了网络营销可以实现的效果。对网络营销职能的认识有助于全面理解网络营销的价值和网络营销的内容体系。

通过对网络营销实践应用的归纳总结，网络营销的基本职能表现在以下几个方面。

1. 网络品牌

网络品牌建设是以企业网站建设为基础，通过一系列的推广措施，达成顾客和公众对企业的认知和认可。网络营销的重要任务之一就是在互联网上建立并推广企业的品牌，以及让企业的网下品牌在网上得以延伸和拓展。网络营销为企业利用互联网建立品牌形象提供了有利的条件，无论是大型企业还是中小型企业都可以用适合的方式展现品牌形象。网络品牌价值是网络营销效果的表现形式之一，通过网络品牌的价值转化可以实现持久的顾客忠诚和更多的直接收益。

2. 网站推广

获得必要的访问量是网络营销取得成效的基础。对中小企业而言，由于经营资源的限制，发布新闻、投放广告、开展大规模促销活动等宣传机会比较少。因此，通过互联网手段进行网站推广的意义显得更为重要，这也是中小企业对于网络营销更为热衷的原因。即使对于大型企业，网站推广也是非常必要的，知名度高并不意味网站访问量大。因此，网站推广是网络营销最基本的职能之一，也是网络营销最基础的工作。

3. 信息发布

信息发布也是网络营销的基本职能，无论哪种网络营销方式，结果都是将一定的信息传递给目标人群，包括顾客、潜在顾客、媒体、合作伙伴、竞争者等。掌握尽可能多的网络营销资源，充分了解各种网络营销资源的特点，向潜在顾客传递尽可能多的有价值的信息，是网络营销取得良好效果的基础。

4. 销售促进

营销的基本目的是为增加销售提供帮助，网络营销也不例外，大部分网络营销方法与直接或间接促进销售有关，但销售促进并不限于促进网上销售。事实上，网络营销在很多情况下对于促进网下销售也十分有价值。

5. 销售渠道

一个具备网上交易功能的企业网站本身就是一个网上交易场所，网上销售是企业销售渠道在网上的延伸。网上销售渠道建设也不限于网站本身,还包括建立在综合电子商务平台上的网上商店,以及与其他电子商务网站不同形式的合作等。网络营销的过程也是建立销售渠道的过程。

6. 顾客服务

互联网提供了更加方便的在线顾客服务手段,包括从形式最简单的常见问题解答,到电子邮件、邮件列表,以及在线论坛和各种即时信息服务等。在线顾客服务具有成本低、效率高的优点,在提高顾客服务水平方面具有重要作用,同时也直接影响到网络营销的效果,因此在线顾客服务成为网络营销的基本组成内容。

7. 顾客关系

顾客关系是与顾客服务相伴而产生的一种结果,良好的顾客服务才能带来稳固的顾客关系。顾客关系对于开发顾客的长期价值具有至关重要的作用,以顾客关系为核心的营销方式成为企业创造和保持竞争优势的重要策略。

网络营销为建立顾客关系、提高顾客满意度和顾客忠诚度提供了更为有效的手段,通过网络营销的互动性和良好的顾客服务手段,增进顾客关系成为网络营销取得长期效果的必要条件。

8. 网上调研

通过在线调查表或者电子邮件等方式,可以完成网上市场调研。相对传统市场调研,网上调研具有高效率、低成本的特点,因此成为网络营销的主要功能之一。

网上调研主要的实现方式包括通过企业网站设立的在线调查问卷、通过电子邮件发送的调查问卷,以及与大型网站或专业市场研究机构合作开展专项调查等。网上调研具有调查周期短、成本低的特点。网上调研不仅为制定网络营销策略提供支持,也是整个市场研究活动的辅助手段之一。合理利用网上调研手段对市场营销具有重要价值。

9. 资源合作

资源合作是独具特色的网络营销手段,为了获得更好的网上推广效果,需要与供应商、经销商、客户网站以及其他内容、功能互补或者相关的企业建立资源合作关系,实现资源共享及利益共享的目的。常见的资源合作形式包括交换链接、交换广告、内容合作、客户资源合作等。

10. 网上销售

建立网站及开展网络营销活动的目的之一是增加销售。一个功能完善的网站本身就可以完成订单确认、网上支付等电子商务功能,即企业网站本身就是一个销售渠道。随着电子商务价值越来越多地被证实,更多的企业将开拓网上销售渠道,增加网上销售手段。实现在线销售的方式有很多种,利用企业网站本身的资源来开展在线销售是一种有效的方式。

9.2 网络营销策略

企业在实现营销目标时,必须制定与企业相适应的营销策略,因为不同的企业在市场中所处的地位是不同的。企业在制定网络营销策略时,应该考虑各种因素对网络营销策略制定的影响。

1960 年，美国密歇根州立大学的杰罗姆·麦卡锡（Jerome McCarthy）教授提出了著名的"4P"组合。麦卡锡认为，企业从事市场营销活动，一方面要考虑各种外部环境，另一方面要制定市场营销组合策略。"4P"强调企业根据目标市场需要和市场定位，对企业内部可控制的营销要素产品（Product）、价格（Price）、渠道（Place）和促销（Promotion）进行优化组合，使之协调配合，为企业取得良好的经济效益和社会效益。"4P"组合是从企业的角度提出的营销策略，是网络营销理论的基础。

20 世纪 90 年代，美国营销理论专家罗伯特·劳特朋（Robert F. Lauterborn）又从消费者的角度提出了"4C"理论，强调网络营销要考虑四个方面，包括消费者需求（Consumer's Wants and Needs）、成本（Cost）、便利（Convenience）和沟通（Communication）四大要素，简称"4C"策略。

要注意的是，"4C"所提出的营销理念和标准最终要通过"4P"来实现。"4P"与"4C"不是矛盾和对立的，"4C"只是特别强调了顾客需求和双向互动沟通的重要性。

9.2.1 产品策略

1. 网络营销产品的概念

根据网络营销产品在满足消费者需求中的重要性，其整体概念可分为以下五个层次：

（1）核心利益层　核心利益层是指产品能够提供给消费者的基本效用或益处，是消费者真正想要购买的基本效用或益处。例如，消费者购买食品的核心是为了满足充饥和营养的需要；购买计算机，是为了利用它作为上网的工具等。同一种产品可以有不同的核心需要，如人们对服装、鞋帽的需要，有些以保暖为主，有些则以美观为主。所以，要了解顾客需要的核心所在。

（2）有形产品层　有形产品层是指产品在市场上出现时的具体物质形态，主要表现在品质、特征、式样、商标、包装等方面，是核心利益的物质载体。对物质产品来说，首先产品的品质必须有保障；其次，必须注重产品的品牌；再次，注意产品的包装；最后，在式样和特征方面要根据不同地区的亚文化来进行有针对性的加工。

（3）期望产品层　在网络营销中，顾客占有主导地位，消费呈现出个性化的特征，不同的消费者可能对产品要求不一样，因此产品的设计和开发必须满足顾客的个性化消费需求。这种顾客在购买产品前对所购产品的质量、使用方便程度、特点等方面的期望值，就是期望产品。

（4）延伸产品层　延伸产品层是指由产品的生产者或经营者提供的购买者服务需求，主要是帮助其更好地使用核心利益的服务。在网络营销中，对于物质产品来说，延伸产品层要注意提供满意的售后服务、送货、质量保证等。

（5）潜在产品层　潜在产品层是指在延伸产品层之外，由企业提供能满足顾客潜在需求的产品层，它主要是产品的一种增值服务，与延伸产品的主要区别是顾客没有潜在产品仍然可以很好地使用需要的产品的核心利益和服务。在高新技术发展日益迅猛的时代，有许多潜在需求和利益还没有被顾客认识到,这需要企业通过引导和支持更好地满足顾客的潜在需求。

2. 网络营销产品(服务)的特点

网上客户自身的某些特点及其在购买体验上的局限性,使网络营销的产品具有以下特点:

(1) 标准性　这类产品的质量和性能由一些固定的数量指标来规定,产品之间没有多大差异,在购买前后都非常透明且稳定,因此不需在购买时进行验证或比较。这类产品有:书刊、计算机、家电、通信产品等。

(2) 重购性　有些产品虽需要使用之后才能对其好坏做出评价,但客户已经有这种产品的购买和使用体验,对产品的质量和性能非常熟悉。这类产品以日常生活用品居多,一般价值不大,但需重复购买。这类产品有:生活家居用品或服务、食品、化妆用品、金融保险服务等。

(3) 时尚性　随着人们生活质量的不断提高,对时髦、前卫的产品或特色服务的需求越来越多。但这类产品和服务在现实生活中往往"可遇不可求"或没有时间进行深入了解,但在网上却很容易找到相关的信息。由于网民中时尚新潮者较多,网友之间联系非常密切,根据客户反馈信息定制的时尚类产品在网上很容易销售。这类产品主要有:服装、礼品、保健服务等。

(4) 快捷性　有些产品或服务采用网上订购并送货上门的服务方式,大大节省了人们的时间,如票务服务、订餐、旅(酒)店预订服务等。

(5) 廉价性　网上产品价格一般都比网下低,尽管这样,一些网民喜欢在网上不经意"漫游",希望能"淘"到既价廉物美又称心如意的产品。这类产品一般属于耐用品,并非网民所必需,一些拍卖网站和价格对比网站提供的类似服务,能更好地满足这些网民的需求。

3. 网络产品的营销策略

(1) 产品标准化　由于客户无法亲眼见到网上产品实体,将产品标准化会大大增强其购买决心,促其尽快决策。

(2) 产品认证　一些国际质量认证、行业认证、原产地认证将大大提高产品质量和性能的可信度,如 ISO 9000、ISO 14000 认证等。网上对产品认证和标准参数等要有突出、醒目的介绍。

(3) 式样新颖、功能独特　网民收入和文化程度普遍较高,他们敢于标新立异,追求个性化。对此,应该在深入市场调研的基础上,有针对性地开发一些迎合市场潮流的产品或提供特色服务。

(4) 量身定做　少数技术先进企业的内部生产系统高度柔性化和智能化,客户可在其设计系统引导下,按自己的意愿自行设计产品,企业按客户的设计进行生产。戴尔公司允许客户通过网站输入某些配件和功能要求,按客户要求组装后,由联邦快递公司完成配送业务,客户可通过互联网对整个过程进行了解和监控。

(5) 产品差异化　由于技术水平和生产能力的提高,产品同质化的趋势越来越明显,竞争也日趋激烈。要想在性能和价格都非常透明的网络营销中拔得头筹,就要和竞争者错位经营,提供差异化的产品和服务。

(6) 技术开发　技术开发不仅是指产品的生产、制造技术要处于领先地位，网络营销技术也要及时更新。例如，通过三维动态展示或演示，能使客户获得更为直观的印象。国外已经设计了一些网络营销软件，例如可"嗅"到产品气味；通过客户提供的腰围尺寸等，可以看到新款牛仔裤穿在身上的形象。这对满足客户对购买经验的需求、扩大销售无疑将起到促进作用。

(7) 网上与网下相结合　网络营销不能孤立地去开展，必须和网下其他销售策略结合起来才能发挥奇效。通过网下产品实体的展示功能，可有效地弥补网上营销的不足。

9.2.2　定价策略

价格是营销策略中最活跃、最灵活、最具竞争力的因素。网络营销价格策略是网络营销策略的重中之重。但由于网络的无限联通性、信息广泛性，网络营销价格策略又与传统营销价格策略有所不同。网络营销中的价格是买、卖双方通过广泛调查比较并经过网上反复询盘、还盘、磋商后最终确定的成交价格。网络营销中价格的透明性和可比性，使网络营销的价格策略在传统营销的价格策略基础上有了新的特点。

1. 网络营销定价的目标

(1) 以维持企业生存为目标　当企业经营管理不善，或由于市场竞争激烈、顾客的需求偏好突然发生变化等原因而造成产品销路不畅、大量积压、资金周转不灵，甚至濒临破产时，企业只能为其积压了的产品定低价，以求迅速出清存货，收回资金。但这种目标只能是企业面临困难时的短期目标，长期目标还是要获得发展，否则企业终将破产。

(2) 以获取当前理想的利润为目标　追求目前利润的最大化，而不考虑长期效益。选择此目标，必须是产品声誉好，而且在目标市场上占有竞争优势地位，否则还应以长期目标为主。

(3) 以保持和提高市场占有率为目标　市场占有率是企业经营状况和企业产品竞争力的直接反映，它的高低对企业的生存和发展具有重要意义。一个企业只有保持或提高市场占有率，才有可能生存和发展。因此，这是企业定价选择的一个十分重要的目标。所以要实行全部或部分产品的低价策略，以实现提高市场占有率这一目标。

(4) 以应付或抑制竞争为目标　有些企业为了阻止竞争者进入自己的目标市场，而将产品的价格定得很低，这种定价目标一般适用于实力雄厚的大企业。中小企业在市场竞争激烈的情况下，一般是以市场为导向，随行就市定价，从而也可以缓和竞争、稳定市场。

(5) 以树立企业形象为目标　有些企业的定价目标实行的是"优质优价"，以高价来保证高质量产品的地位，以此来树立企业的形象。

2. 网络营销定价的特点

(1) 全球性　网络营销市场面对的是开放的和全球化的市场，用户可以在世界各地直接通过网站进行购买，而不用考虑网站是属于哪一个国家或者地区的。这种目标市场从过去受地理位置限制的局部市场，拓展到了范围广泛的全球性市场。这使网络营销产品在定价时必须考虑目标市场范围的变化给定价带来的影响。但由于各国（地区）的经济发展水平和购买力存在差异，加之关税、运输等因素，使全球很难实现统一定价，网络营销产品价格是在全球存在差异基础上的相对统一。

如果产品的来源地和销售目的地与传统市场渠道类似，则可以采用原来的定价方法。如果产品的来源地和销售目的地与原来传统市场渠道差距非常大，定价时就必须考虑这种地理位置差异带来的影响。例如，网上商店的产品来自美国，购买者也在美国，那产品定价可以按照原定价方法进行折扣定价，定价也比较简单。如果购买者在中国或者其他国家，那么采用针对美国本土的定价方法就很难面对全球化的市场，影响了网络市场全球性作用的发挥。为解决这些问题，可采用本地化方法，在不同市场的国家建立地区性网站，以适应地区市场消费者需求的变化。因此，企业不能以统一市场策略来面对差异性极大的全球性市场，必须采用全球化和本地化相结合的原则。

（2）低价位定价　互联网是从科学研究应用发展而来的，因此互联网使用者的主导观念是网上的信息产品是免费的、开放的、自由的。在早期互联网开展商业应用时，许多网站采用的收费方式想直接从互联网赢利，结果被证明是失败的。雅虎（Yahoo）公司是通过为网上用户提供免费的检索站点起步，逐步拓展为门户站点，一步一步获得成功的，它成功的主要原因是遵循了互联网的免费原则和间接收益原则。

因此，如果在网上定价过高或者降价空间有限的产品，最好不要在消费者市场上销售。如果面对的是工业、组织市场，或者产品是高新技术的新产品，网上顾客对产品的价格不太敏感，这类产品就不一定要考虑低价策略了。

（3）顾客主导定价　所谓顾客主导定价，是指为满足顾客的需求，顾客通过充分的市场信息来选择购买或者定制生产自己满意的产品或服务，同时以最小代价（产品价格、购买费用等）获得这些产品或服务。简单地说，就是顾客的价值最大化，顾客以最小成本获得最大收益。

顾客主导定价的策略主要有：顾客定制生产定价和拍卖市场定价。这两种主要定价策略将在下面详细分析。根据调查分析，由顾客主导定价的产品并不比企业主导定价的产品获取的利润低，根据国外拍卖网站的分析统计，在网上拍卖产品，只有20%的产品拍卖价格低于卖者的预期价格，50%的产品拍卖价格略高于卖者的预期价格，30%的产品拍卖价格与卖者预期价格相吻合，在所有拍卖成交产品中有95%的产品成交价格卖主比较满意。因此，顾客主导定价是一种双赢的发展策略，既能更好地满足顾客的需求，又不影响企业的收益，而且可以对目标市场了解得更充分，企业的经营生产和产品研制开发可以更加符合市场竞争的需要。

3. 网络营销价格策略

（1）免费策略　免费策略就是将企业的产品或服务以免费形式供客户使用，试图吸引并留住客户。免费价格形式有以下几类：①对产品和服务完全免费，如免费的新闻信息报道、免费的软件下载、免费的电子邮件信箱、个人主页空间、贺卡等。②对产品或服务实行限次免费，即产品或服务可以被消费者有限次地免费使用，例如许多免费试用软件，当超过一定期限或者使用次数后，这种产品或服务就不能继续使用。③对产品或服务的部分功能实行免费，让消费者试用，但要使用其全部功能则必须付费购买。

（2）折扣价格策略　网络营销可以帮助企业降低流通成本，因而一般商品网上定价都在网下价格的基础上进行打折。网络营销中的折扣策略是和竞争对手展开竞争的有力武器。许多电子商务网站的产品定位和客户群都非常相似，为实现销售目标，都依靠低价和折扣策略来抢夺目标市场。

（3）使用定价策略　在传统交易关系中，产品买卖是完全产权式的，顾客购买产品后即拥有对产品的完全产权。但随着经济的发展，生活水平的提高，人们对产品的需求越来越多，而且产品的使用周期也越来越短，许多产品购买后使用几次就不再使用，造成浪费，因此制约了许多顾客对这些产品的需求。

所谓使用定价，就是顾客通过互联网注册后，可以直接使用某公司的产品，顾客只需要根据使用次数进行付费，而不需要将产品完全购买。这减少了企业为完全出售产品而进行的不必要的大量的生产和包装浪费，同时还可以吸引过去那些有顾虑的顾客使用产品，扩大市场份额。顾客每次只是根据使用次数付款，避免了购买产品、安装产品、处置产品的麻烦，还可以节省不必要的开销。

按使用次数定价，一般要考虑产品是否适合通过互联网传输，是否可以实现远程调用。比较适合的产品有软件、音乐、电影等。对于软件，如我国的用友软件公司推出网络财务软件，用户在网上注册后在网上直接处理账务，而无须购买软件和担心软件的升级、维护等事情；对于音乐产品，也可以通过网上下载或使用专用软件点播；对于电影产品，则可以通过视频点播系统来实现远程点播，无须购买影带。

（4）拍卖竞价策略　根据供需关系，网上拍卖竞价方式有下面几种：①竞价拍卖，最大量的是C2C交易，包括二手货、收藏品，也可以是普通商品以拍卖方式进行出售。②竞价拍买，它是竞价拍卖的反向过程，消费者提出一个价格范围，求购某一商品，由商家出价，出价可以是公开的或隐蔽的，消费者将与出价最低或最接近的商家成交。③集体议价，在互联网出现以前，这种方式在国外主要是多个零售商结合起来，向批发商（或生产商）以数量换价格的方式。互联网普及后，美团、拼多多等团购或拼购网站固化了这种模式。

（5）自动调价议价策略　根据季节变动、市场供求状况、竞争状况及其他因素，在计算收益的基础上，设立自动价系统，自动进行价格调整。同时，建立与消费者直接在网上协商价格的集体议价系统，使价格具有灵活性和多样性，从而形成新的价格。例如，团购网站中的定价，就是商家依据薄利多销的原理，对团购者给出低于零售价格的团购折扣和单独购买得不到的优质服务，从而使消费者获得更多实惠。

总之，网络营销的定价策略很多，一般都与网下定价相结合，并和其他网络营销策略组合使用。随着网络商务市场的不断发展，许多新型的网络价格策略必将不断涌现出来。企业应根据产品特性和网上市场发展状况来决定定价策略。

9.2.3　渠道策略

1. 网络营销渠道的功能

与传统营销渠道一样，以互联网作为支撑的网络营销渠道也应具备传统营销渠道的功能。

营销渠道是指与提供产品或服务以供使用或消费这一过程有关的一整套相互依存的机构，它涉及信息沟通、资金转移和事物转移等。

（1）订货系统　它为消费者提供产品信息，同时方便厂家获取消费者的需求信息，以求达到供求平衡。一个完善的订货系统，可以最大限度地降低库存，减少销售费用。

（2）结算系统　消费者在购买产品后，可以用多种方式进行付款，因此厂家（商家）应有多种结算方式。

（3）配送系统　一般来说，产品分为有形产品和无形产品。无形产品如服务、软件、音乐等，可以直接通过网上进行配送。有形产品的配送，要涉及运输和仓储问题。国外已经形成了专业的配送公司，如知名的美国联邦快递公司，它的业务覆盖全球，实现全球快速的专递服务，所以从事网上直销的 Dell 公司将美国货物的配送业务都交给它完成。现阶段，我国物流配送体系正逐步成熟，有了许多专业性快递配送企业。

2. 网络营销渠道的选择

作为一种新型的市场，网络虚拟市场同样存在营销渠道的选择问题。对从事网络营销的企业来说，熟悉网络营销渠道的结构，分析研究不同网络营销渠道的特点，合理地选择网络营销渠道，有利于产品顺利完成从生产领域到消费领域的转移，促进产品销售。一般来说，企业可以同时采用网络直接分销渠道和网络间接分销渠道两种方式，以达到销售量最大的目的。

（1）网络直接销售　网络直接销售是指厂家通过网络分销渠道直接销售产品，中间没有任何形式的网络中间商介入。网络直接销售形式主要表现为自建网站。企业在互联网上建立自己独立的站点，申请域名，制作主页和销售网页，由相关人员专门处理有关产品的销售事务。例如，戴尔和我国的海尔。

对大多数企业来说，制约其建立网上直销渠道的首要因素是网站的访问量不高。网站推广是企业在建立网站后所需要做的一项非常重要并且有一定技术难度的活动。在网站访问量有限的条件下，相比而言，生产型企业通过建立直销网站开展 B2B 交易，能够取得较好的效果，而 B2C 交易则需要依赖网站庞大的访问量，才有可能取得显著的成效。当然，企业即使不准备在短期内建立网上直销渠道，也并不意味着企业无须建立自己的网站。网站除了可以作为网上直销平台，还有很多其他价值，例如有助于树立企业的网络品牌。

（2）网络间接销售　网络间接销售是指利用网络中间商销售商品的模式。网络交易中介机构的存在，简化了市场交易过程。利用网络交易中间商的目的就在于，他们能够更加有效地推动商品广泛地进入目标市场。从整个社会的角度来看，网络交易中介机构凭借自己的经验、专业知识以及掌握的大量信息，在把商品由生产者推向消费者方面比生产企业自己推销更简化，也更经济。网络中间商主要有两大类：商品或服务经销中间商和网络信息中间商，如阿里巴巴、淘宝网等。

（3）双道法　一般来说，选择营销渠道的最佳方案是双道法，即企业同时使用网络直接分销渠道和网络间接分销渠道，以达到销售量最大的目的。尤其在买方市场的情况下，通过两条渠道推销产品比通过单一渠道更容易实现"市场渗透"。企业除利用自己的网站进行网上直销外，还可积极利用网络间接分销渠道销售自己的产品，通过中间商的信息服务、广告服务与撮合服务，扩大企业的影响，开拓企业产品的销售领域，降低销售成本。因此，对于从事网络营销活动的企业来说，必须熟悉、研究国内外电子商务交易中间商的类型、业务性质、功能、特点及其他有关情况，以便能够正确地选择中间商，顺利地完成商品从生产到消费的整个转移过程。

9.2.4 促销策略

1. 网络促销的含义及特点

网络促销是指利用现代化的网络技术向虚拟市场传递有关产品和服务的信息，以启发需求，引起消费者的购买欲望和购买行为的各种活动。网络促销实际上是厂家利用网络技术和市场进行沟通的过程，其目的主要是树立企业形象、沟通信息和促进产品销售。它突出地表现为以下三个明显的特点：

1）网络促销是通过网络技术传递产品和服务的存在、性能、功效及特征等信息的。它是建立在现代计算机与通信技术基础之上的，随着计算机和网络技术的不断改进而改进。

2）网络促销是在虚拟市场上进行的，这个虚拟市场就是互联网。互联网是一个新兴媒体，是一个连接世界各国的大网络，它在虚拟网络社会中聚集了广泛的人口，融合了多种文化。所以，从事网络促销的人员需要跳出实体市场的局限性，采用虚拟市场的思维方法。

3）互联网虚拟市场是全球性的。互联网虚拟市场的出现，将所有的企业，不论是大企业还是中小企业，都推向了一个世界统一的市场。传统的区域性市场的小圈子正在被一步步打破。

2. 网络促销的形式

网络促销的形式有四种，分别是网络广告、销售促进、站点推广和关系营销。其中网络广告和站点推广是主要的网络促销形式。

1）网络广告是指在互联网上发布、传播的广告信息。它是互联网作为市场营销媒体最先被开发和利用的营销技术。网络广告已经形成了一个很有影响力的产业市场，因此企业的首选促销形式就是网络。其形式有按钮型广告（Button）、旗帜型广告（Banner）、电子邮件广告、主页型广告（Homepage）、列表分类播发型广告、电子杂志广告、新闻式广告、公告栏广告、链接广告和综合型广告等。

2）站点推广就是利用网络营销策略扩大站点的知名度，吸引上网者访问网站，起到宣传和推广企业及企业产品的效果。站点推广主要有两大类方法：一类是通过改进网站内容和服务，吸引用户访问，起到推广效果；另一类是通过网络广告宣传推广站点。前一类方法费用较低，而且容易稳定顾客访问流量，但推广速度比较慢；后一类方法，可以在短时间内扩大站点知名度，但费用较高。

销售促进就是企业利用可以直接销售的网络营销站点，采用一些销售促进方法，如价格折扣、有奖销售、拍卖销售等方式，宣传和推广产品。销售促进是利用短期性的刺激工具，刺激客户对某一商品的大量购买，巩固或提高市场占有率。可采用有奖促销、赠品促销、积分促销、折扣促销、服务促销等方式。

关系营销是指通过借助互联网的交互功能吸引用户与企业保持密切关系，培养顾客忠诚度，提高企业收益率。企业采用网络公共关系策略，利用各种网络传媒技术，宣传产品特色，树立企业形象，引起公众注意，培养人们对企业及其产品的好感、兴趣和信心，提升知名度和美誉度，为后续营销活动做好感情铺垫。在产品销售前期，良好的公共关系促销会比广告更为有效。可以采用的方式包括网络礼仪、危机处理、公益活动等。企业在开展网络营销时，对促销策略要进行有效的组合，以达到良好的效果。

9.3 网络营销的常用方法

网络营销的具体方法很多，其操作方式、功能和效果也有所区别。常用的网络营销方法有以下几种。

1. 搜索引擎营销

搜索引擎营销是目前最主要的网站推广营销手段之一。基于自然搜索结果的搜索引擎推广，因为是免费的，因此受到众多中小网站的重视。搜索引擎营销是网络营销的主要组成部分之一。搜索引擎营销的主要方法包括：竞价排名、分类目录登录、搜索引擎登录、付费搜索引擎广告、关键词广告、搜索引擎优化、地址栏搜索、网站链接策略等。

搜索引擎优化是指通过对网站结构（内部链接结构、网站物理结构、网站逻辑结构）、高质量的网站主题内容、丰富而有价值的相关性外部链接进行优化，从而使搜索引擎更加友好，以获得在搜索引擎上的优势排名为网站引入流量。竞价排名是指购买搜索结果页上的广告位来实现营销目的，各大搜索引擎都推出了自己的广告体系，相互之间只是形式不同而已。搜索引擎广告的优势是相关性，由于广告只出现在相关搜索结果或相关主题网页中。因此，搜索引擎广告比传统广告更加有效，客户转化率更高。

2. 病毒式营销

病毒式营销是一种常见的网络营销方法，常用于网站推广和品牌推广等。病毒式营销又称基因营销或核爆式营销，是利用公众的积极性和人际网络，让营销信息像病毒一样传播和扩散，营销信息被快速复制传向数以万计、数以百万计的受众。它能够快速复制，广泛传播，将信息短时间内传向更多的受众。也就是说，病毒营销是通过提供有价值的产品或服务，"让大家告诉大家"，利用别人宣传，实现"营销杠杆"的作用。病毒式营销已经成为网络营销独特的手段，被越来越多的商家和网站成功利用。病毒式营销也是口碑营销的一种，它是利用群体之间的自发传播，让人们迅速熟悉服务和产品，达到宣传的目的。

3. 移动营销

移动营销（Mobile Marketing）是指面向移动终端（手机或平板电脑）用户，在移动终端上直接向分众目标和受众定向精确传递个性化即时信息，通过与消费者的信息互动达到市场营销目标的行为。

移动互联网技术的发展促使互联网冲破 PC 枷锁，开始将营销从桌面固定位置转向不断移动的人。

移动营销早期称作手机互动营销或无线营销。移动营销的发展方向是在强大的云端服务支持下，利用移动终端获取云端营销内容，实现把个性化即时信息精确有效地传递给消费者个人，达到"一对一"的互动营销目的。

移动营销的模式，可以用"4I 模型"来概括，即 Individual Identification（分众识别）、Instant Message（即时信息）、Interactive Communication（互动沟通）和 I（我的个性化）。

1）Individual Identification（分众识别）。移动营销基于手机进行一对一的沟通。由于每一部手机及其使用者的身份都具有唯一对应的关系，并且可以利用技术手段进行识别，所以能与消费者建立确切的互动关系，能够确认和回答消费者是谁、在哪里等问题。

2）Instant Message（即时信息）。移动营销传递信息的即时性，为企业获得动态反馈和互动跟踪提供了可能。当企业对消费者的消费习惯有所觉察时，可以在消费者最有可能产生购买行为的时间发布产品信息。

3）Interactive Communication（互动沟通）。移动营销"一对一"的互动特性，可以使企业与消费者形成一种互动、互求、互需的关系。这种互动特性可以甄别关系营销的深度和层次，针对不同需求识别出不同的分众，使企业的营销资源有的放矢。

4）I（我的个性化）。手机的属性是个性化、私人化、功能复合化和时尚化的。当前，人们对于个性化的需求比以往任何时候都更加强烈。利用手机进行移动营销也具有强烈的个性化色彩，所传递的信息也具有鲜明的个性化。

未来，依托大数据为驱动力将使移动营销更加精准、投资回报率更高。大数据移动营销不仅仅是量上的，更多是数据背后对用户的感知。移动营销公司利用数据挖掘技术，分析受众的个人特征、媒介接触、消费行为甚至是生活方式等，帮助广告主找出目标受众，然后对广告信息、媒体和用户进行精准匹配，从而达到提升营销效果的目的。

大数据的应用让移动营销更精准地体现在三个方面：一是精准定制产品，通过对移动用户大数据的分析，企业可以了解用户需求，进而定制个性化产品；二是精准信息推送，避免向用户发送不相干的信息造成用户反感；三是精准推荐服务，通过对用户现有的浏览和搜索行为数据的分析，预测其当下及后续的需求，由此开展更精准和更实时的营销推广。

4. BBS 营销

BBS 营销又称论坛营销，就是利用论坛这种网络交流平台，通过文字、图片、视频等方式传播企业品牌、产品和服务的信息，从而让目标客户更加深刻地了解企业的产品和服务，最终达到宣传企业品牌、产品和服务的效果，加深市场认知度的网络营销活动。

BBS 营销就是利用论坛的人气，通过专业的论坛帖子策划、撰写、发放、监测、汇报流程，在论坛空间高效传播，包括各种置顶帖、普通帖、连环帖、论战帖、多图帖、视频帖等。再利用论坛强大的聚众能力，举办各类贴图、视频等活动，调动网友与品牌之间的互动积极性，从而达到企业品牌传播和产品销售的目的。

5. 网络广告

几乎所有的网络营销活动都与品牌形象有关，在所有与品牌推广有关的网络营销手段中，网络广告的作用最直接。与传统的四大传播媒体（报纸、杂志、电视、广播）广告及户外广告相比，网络广告具有得天独厚的优势，是实施现代营销媒体战略的重要一部分。

无论以什么形式出现，网络广告所具有的本质特征是相同的：网络广告的本质是向互联网用户传递营销信息的一种手段，是对用户注意力资源的合理利用。网易主页上的广告如图9-1所示。

图9-1 网易主页上的广告

6. E-mail 营销

基于用户许可的 E-mail 营销与滥发邮件不同，其比传统的推广方式或未经许可的 E-mail 营销具有明显的优势，比如可以减少广告对用户的打扰、增加潜在客户定位的准确度、增强与客户的关系、提高品牌忠诚度等。开展 E-mail 营销的前提是拥有潜在用户的 E-mail 地址。这些地址可以是企业从用户、潜在用户资料中自行收集整理的，也可以利用第三方的潜在用户资源。

7. 邮件列表

邮件列表实际上也是一种 E-mail 营销。与 E-mail 营销一样，邮件列表也是基于用户许可的原则，用户自愿加入、自由退出。稍微不同的是，E-mail 营销直接向用户发送促销信息，而邮件列表则是通过为用户提供有价值的信息，在邮件内容中加入适量的促销信息，从而实现营销目的。邮件列表的表现形式很多，常见的有新闻邮件、各种电子刊物、新产品通知、优惠促销信息、重要事件提醒服务等。

8. 个性化营销

个性化营销的主要内容包括用户定制自己感兴趣的信息内容，选择自己喜欢的网页设计形式，根据自己的需要设置信息的接收方式和接受时间等。个性化服务在改善客户关系、培养客户忠诚度以及增加网络销售方面具有明显的效果。据研究，为了获得某些个性化服务，在个人信息可以得到保护的条件下，用户才愿意提供有限的个人信息，这正是开展个性化营销的前提保证。

9. 会员制营销

会员制营销已经被证实为电子商务网站的有效营销手段之一。国外许多网上零售型网站都实施了会员制计划，几乎覆盖了所有行业。会员制营销方式同样被国内一些电子商务网站采用，除了对网上销售具有直接的促进作用之外，也可以产生良好的广告效果。

网络营销的方法并不限于上面所列举的几种，营销环境不同，各种方法所发挥的作用也会有所差异。网络营销效果会受到很多因素的影响，需要企业根据具体情况选择最有效的策略。

9.4 网络市场调查

网络市场调查是指在互联网上针对特定营销环境进行调查设计、收集资料和初步分析的活动。网络市场调查是企业营销前期工作中重要的环节之一，是发现顾客需求的最佳方法。企业通过调查可以获得竞争对手的资料，摸清目标市场和营销环境，为经营者细分市场、识别顾客需求、确定营销目标等提供相对准确的决策依据。企业通过市场调查还可以了解顾客的潜在需求、竞争对手在顾客心目中的地位、顾客的生活方式等。这些信息的收集都有助于企业根据顾客的需求来更新产品的设计，使产品能够更贴近顾客的需求，从而在竞争中占得先机，提高收入和利润。

9.4.1 市场需求调查

市场需求调查的主要目的在于掌握市场需求量、市场规模、市场占有率，以及如何运用有效的经营策略和手段，其具体内容包括：

1）现有市场对某种产品的需求量和销售量。
2）市场潜在需求量有多大，也就是某种产品在市场上可能达到的最大需求量有多少。
3）不同的市场对某种产品的需求情况，以及各个市场的饱和点及潜在的能力。
4）本企业的产品在本市场的占有率，以及其他市场的占有率。
5）分析研究市场的进入策略和时间策略，从中选择和掌握最有利的市场机会。
6）分析研究国内外市场的变化动态及未来的发展趋势，便于企业制定长期规划等。

9.4.2 消费者购买行为调查

消费者购买行为调查的具体内容包括：

1）消费者的家庭、地区、经济等基本情况。
2）社会的政治、经济、文化教育等发展情况，对消费者需要将会产生什么影响。
3）不同地区和不同民族的消费者的生活习惯和生活方式有何不同？有哪些不同的需求？
4）了解消费者的购买动机，包括理智动机、感情动机和偏爱动机。

5）了解消费者喜欢在何时、何地购买，购买的习惯和方式，以及反馈和要求。
6）了解消费者对某种产品的使用次数，每次购买的单位数量及对该产品的态度。
7）调查某新产品进入市场，哪些消费者最先购买。
8）对潜在的消费者的调查和发现等。

9.4.3 营销因素调查

营销因素调查的具体内容包括：

（1）产品的调查　产品的调查包括：企业现有产品处在产品生命周期的哪个阶段，应采取什么产品策略；产品的设计和包装，产品应采用的原料和制造技巧；产品的保养和售后服务等。

（2）价格调查　价格对产品的销售量和企业盈利的大小都有着重要的影响。价格调查的内容包括：有哪些因素会影响产品价格；产品的价格策略是否合理；产品的价格是否被广大消费者接受，价格弹性系数如何等。

（3）分销渠道的调查　分销渠道的调查内容包括：企业现有的销售力量是否适应需要，如何进一步培训和增强销售力量；现有的销售渠道是否合理，如何正确地选择和扩大销售渠道，减少中间环节，以利于扩大销售，提高经济效益等。

9.5 新媒体营销

9.5.1 新媒体与新媒体平台

1. 新媒体营销的概念

媒体是指人们用来传递信息和获取信息的工具、渠道、载体和中介等。新媒体营销是指通过现代化移动互联网手段，利用抖音、快手、微信和微博等新兴媒体平台工具进行产品营销的一系列运营手段。通过策划与品牌相关的优质、传播性强的内容和线上活动，企业可向用户广泛或精准地推送信息，提高用户参与度和企业知名度，从而充分利用粉丝经济达到相应的营销目的。

2. 新媒体平台

新媒体平台主要有视频和音频平台、直播平台、社交平台、自媒体平台、问答平台等类型。

（1）视频和音频平台　视频有短视频、长视频等多种形式。短视频平台有抖音和快手等，长视频平台包括腾讯视频、爱奇艺和 B 站等。音频平台有喜马拉雅和猫耳等。

（2）直播平台　典型的直播平台有斗鱼、花椒和映客等。现在很多其他类型的平台都有现场直播功能，如抖音、快手、微博和淘宝等。直播平台的特点是直观和实时交互，用户代入感强。

（3）社交平台　微信是目前拥有最多用户的社交平台之一。微信中的微信公众号、微信群、微信小程序等，通过系统的运营，能给企业和品牌产品带来更高的知名度。

微博也是目前较受欢迎的社交平台之一，用户活跃度高、号召力非常强，是品牌营销推广的优秀载体。

小红书是社交电商平台，该平台上既有购买者又有销售者，同时还有第三方内容分享者。在小红书上分享好的产品和服务体验，可以引发用户"种草"的冲动，最终促成交易。

（4）自媒体平台

1）头条号。头条号是今日头条旗下的自媒体平台，它通过智能推荐算法将优质内容推荐给相应的用户，以消重机制保护原创者的版权，入驻媒体或自媒体可借助头条广告和自营广告实现内容变现。

2）百家号。百家号是百度旗下的自媒体平台，通过手机百度、百度搜索、百度浏览器等多种渠道分发企业或个人在百家号发布的文章。百家号新手账号转正后会自动开通广告收益，但原创者真正获得收益的速度相对较慢，一般需要坚持更新一个月，才可能有一些收益。

3）大鱼号。大鱼号是阿里巴巴文娱体系为内容创作者提供的统一账号平台，其内容分发渠道有 UC 浏览器、优酷、土豆等。大鱼号新手账号度过新手期非常容易，而且很快，但转正后获得收益的速度较慢。

4）企鹅号。企鹅号是腾讯为个人或企业提供的自媒体账号平台，其分发内容的渠道有 QQ 浏览器、天天快报、腾讯新闻、微信看一看和 QQ 看点等。

（5）问答平台　用户提出问题，系统将问题分发给感兴趣的普通用户或专家，收到问题的普通用户或专家可以回答问题，问题的解答会由系统反馈给提出问题的用户和感兴趣的用户。常见的问答平台有知乎、360 问答等。

3. 新媒体的特点

新媒体能在短时间内迅速吸收大量读者，使"人人都是新闻传播者"成为现实。正是因为这种特性，新媒体渐渐地改变了人们的思想观念甚至是生活方式。新媒体具有以下传播特点：

（1）传播方式双向化　传统媒体信息传播的方式是单向的、线性的、不可选择的，表现为特定的时间内由信息的发布者向受众发布信息，受众被动接受信息，缺少信息的反馈。新媒体传播方式是双向的，每个受众既是信息的接受者，同样也是信息的传播者，进而互动性强，传播效果明显。

（2）接收方式从固定到移动　无线移动技术的发展使新媒体具备移动性的特点，通过移动互联网技术，使得用手机浏览网页、看电视等实现动态化，不局限于固定场所。

（3）传播行为更加个性化　微博、微信、博客、播客等新的传播方式使每个人都成为信息的发布者，可以个性地表达自己的观点，传播自己关注的信息。传播内容与传播形式等完全是"我的地盘我做主"。

（4）传播速度实时化　相对于传统传播媒介的传播方式，新媒体的传播借助互联网技术，信息传播变得更加迅速，实时接收信息，实时做出相应反馈。

（5）传播内容多元化　从传统媒介到新媒体，最大的变化同时体现在传播内容的多元化和融合化。传统纸质媒体通过平面展示文字信息、图片信息，如今，借助新媒体形式，同时传播带有文字、图片、声音等信息，提高了信息传播量，提升了信息传播的深度和广度。

（6）便于企业宣传　以往的企业宣传仅仅是录制企业宣传片或将宣传页上传到官网。在新媒体平台协助下，企业可以采用多种形式简单便捷地达到自我宣传的目的。

9.5.2　新媒体营销的主要模式

1. 短视频营销

短视频营销就是企业和品牌主借助短视频这种媒介形式进行社会化营销（Social Marketing）的一种方式。短视频主要依托于移动智能终端实现快速拍摄与美化编辑，是在社交媒体平台上实时分享和无缝对接的一种新型视频形式。短视频内容融合了技能分享、幽默搞笑、时尚潮流、社会热点、街头采访、公益教育、广告创意、商业定制等主题。

短视频长度从几秒到几分钟不等，由于内容较短，可以单独成片，也可以成为系列栏目。

国外比较有代表性的短视频发布平台有 Instagram、Vine、Snapchat 等。国内有代表性的短视频平台有抖音、快手、微视、西瓜视频和美拍等。

短视频营销是视觉营销的一种方式，但是它比图文更立体，比长视频更能利用碎片化时间。

2. 直播营销

直播营销是指在现场随着事件的发生、发展进程，同时制作和播出节目的营销方式。该营销活动以直播平台为载体，以达到企业获得品牌价值的提升或促进销量的增长为目的。相较传统电视，互联网视频的一大优势就是能够满足用户更为多元的需求。不仅仅是单向的观看，还能一起发弹幕吐槽，喜欢谁就直接献花打赏，甚至还能动用民意的力量改变节目进程。这种互动的真实性和立体性，也只有在直播的时候能够完全展现。在这个碎片化的时代里，人们在日常生活中的交集越来越少，尤其是情感层面的交流越来越浅。直播，这种带有仪式感的内容播出形式，能让一批具有相同志趣的人聚集在一起，聚焦在共同的爱好上，情绪相互感染，达到情感上的共鸣。

3. 微信营销

微信拥有庞大的用户群，借助移动终端、天然的社交和位置定位等优势，帮助商家实现点对点精准化营销。微信的点对点产品形态注定了其能够通过互动的形式将普通关系发展成强关系，从而产生更大的价值。

个人和企业都可以打造一个微信公众号，并实现和特定群体的文字、图片、语音的全方位沟通、互动。商家通过微信公众平台，展示商家微官网、微会员、微推送、微支付和微活动，目前已经形成了一种主流的线上与线下微信互动营销方式。

微信营销主要有微信公众平台推广和微信广告两种方式。

（1）微信公众平台推广　微信公众平台是为个人、企业和其他组织提供业务服务与用户管理服务的服务平台。企业在申请微信公众平台服务号后进行二次开发，可以实现商家微官网、微会员、微推送、微支付、微活动、微报名、微分享和微名片等诸多功能。可以说，微信公众平台是企业与用户之间的一座桥梁，企业可通过信息互动和提供服务使自己获得品牌影响力。同时，它还是一个移动的客户关系管理系统，可以使企业与用户进行一对一的沟通。这种管理客户和营销方式的成本比传统营销方式更低、效果更好。

（2）微信广告　微信广告是基于微信生态体系，整合朋友圈、公众号和小程序等多重资源，结合用户社交、阅读和生活场景，利用专业数据算法打造的社交营销推广平台。

按照传播渠道的不同，微信广告可以分为朋友圈广告、公众号广告和小程序广告等。朋友圈广告是以类似于微信好友的原创内容的形式在朋友圈中展示的原生广告。用户可以通过点赞、评论等方式进行互动，并依托社交关系链进行转发，为品牌推广带来加成效应。朋友圈广告按曝光次数计费。公众号广告是基于微信公众平台生态，以类似于公众号文章内容的形式，在包括文章底部、文章中部、互选广告和视频贴片等四个广告资源位进行展示的内容广告。小程序广告是一个基于微信公众平台生态，利用专业数据处理算法实现成本可控、效益可观、精准触达等目的的广告投放系统。小程序广告包括 Banner 广告、激励式广告、插屏广告和格子广告等形式。

4. 微博营销

微博营销是指通过微博平台为商家、个人等创造价值的一种营销方式，也是指商家或个人通过微博平台发现并满足用户的各类需求的商业行为方式。微博营销以微博作为营销平台，每一个听众（粉丝）都是潜在的营销对象，企业利用更新自己的微博向网友传播企业信息、产品信息，树立良好的企业形象和产品形象。每天更新内容就可以跟大家交流互动，或者发布大家感兴趣的话题，这样来达到营销目的。

该营销方式注重价值传递、内容互动、系统布局、准确定位。微博的火热发展也使其营销效果尤为显著。微博营销涉及的范围包括认证、有效粉丝、朋友、话题、名博、开放平台和整体运营等。自 2012 年 12 月后，新浪微博推出企业服务商平台，为企业在微博上进行营销提供帮助。

案例：种草营销

很多人每天打开朋友圈、微博和抖音，都可以看到微商、代购以及达人们"种草"的内容，动态可谓是发了一波又一波。或许很多人会对此感到厌烦，但不可否认，这些天天在朋友圈内"种草"的人，其实很有可能就是一部"行走的种草机"。

对于品牌来说，新消费时代意味着要以消费者为中心，重新定义品牌产品组合，重新构建生产、销售和服务的逻辑和链条，而"种草"作为新消费时代消费主义的象征，让消费路径极速缩短，从"种草"到"拔草"，可能只需要花几分钟。

"种草"一词起源于美妆圈，意为向他人推荐产品、以激发他人购买欲望的行为。"种草营销"是口碑营销（场景沉浸营销）的一种，一般来自网络红人、直播平台传播出来的内容宣传，简单来说就是指意见领袖（KOL）在各种社交平台上生产原创内容来吸引用户，进行场景沉浸营销，引发主动搜索，进而购买产品、实现营销效果转化的一种营销方法。

目前，营销方式正从传统的 AIDMA 营销法则（Attention，注意；Interest，兴趣；Desire，欲望；Memory，记忆；Action，行动）逐渐向含有网络特质的 AISAS（Attention，注意；

Interest，兴趣；Search，搜索；Action，行动；Share，分享）模式转变。AISAS 漏斗模型如图 9-2 所示。在全新的营销法则中，两个具备网络特质的"S"——Search（搜索）、Share（分享）的出现，指出了互联网时代下搜索和分享的重要性，而不是一味地向用户进行单向的理念灌输，充分体现了互联网对于人们生活方式和消费行为的影响与改变。

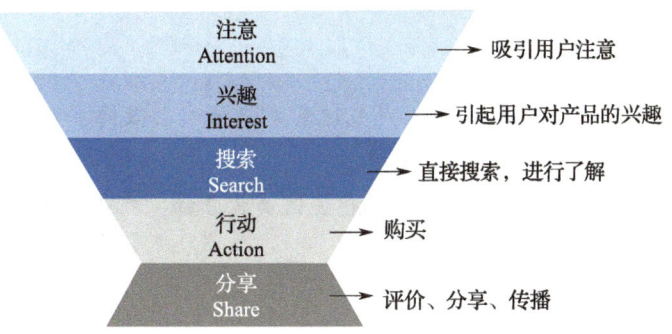

图 9-2　AISAS 漏斗模型

从本质上来说，"种草"就是一种消费模仿的行为，通过消费者的从众效应驱使人们对品牌产品进行打卡、购买以及拥有；而这种消费模仿的根源则在于"认同"两字，品牌的"种草营销"通常离不开以下三个渠道：KOL 种草、熟人口碑传播、社群裂变传播。

1. KOL 种草

在"种草"行为中，KOL 的作用尤为突出，他们往往在某一区域具备一定的影响力。大 KOL 可以利用自身的流量和影响力来为品牌背书，小 KOL 可以通过分享高质量的原创内容来促进消费者采取购买行动。

具有公信力的 KOL 向受众种草时，会深化消费者对 KOL 的向往和模仿。在"种草"期间，消费者会十分欣赏所关注的 KOL 生活态度、生活方式等，产生"我也可以变成这样"的期望。

这种长期的关注和投入，使消费者在 KOL 创设的语境中获得了很强的"身份感"和"代入感"，更加容易产生价值与情感上的共鸣。

2. 熟人口碑传播

这里的熟人，不仅仅局限于家人朋友，也可能是一些存在弱关联的人，比如朋友的朋友。再如一个在朋友圈内存在很久的微商，经过时间的沉积，也容易产生"我们是熟人"的感觉，而这些人都可以在一定程度上影响个人的购买决策。毕竟，信任是消费的前提，而熟人之间的口碑恰恰又是建立信任机制的重要渠道，而品牌要积累熟人口碑来促进传播，最重要的还是要建立起良好、个性化的"用户体验"。

3. 社群裂变传播

在互联网时代，许多社交媒体的用户都习惯于并且更加倾向于在自己的兴趣圈内进行互动沟通，他们在各大社群内积极地分享观点、爱用好物。这种源于群体归属感而凝结起来的网络社群，具备超强的传播力。在这里，所有用户共享消费偏好与消费信任。

目前看来,"种草营销"的价值是毋庸置疑的。这种营销方式不仅可以帮助品牌快速地抢占市场,还能为品牌培养高黏性的忠实粉丝。

(案例来源:新消费时代下,品牌必须了解的"种草营销"!https://baijiahao.baidu.com/s?id=1729982400787868323&wfr=spider&for=pc,有删改。)

> **小常识:**
> KOL(key opinion leader)的意思是关键意见领袖,在微博、互动社区、某个领域有非常强的专业知识,并且有评论话语权。
> KOC(key opinion consumer)的意思是关键消费领袖,就是粉丝量不大,知名度不高,但是能影响身边消费者购买的关键人。

拓展学习:互联网思维

导言:

互联网思维就是在(移动)互联网+、大数据、人工智能等科技不断发展的背景下,对市场、用户、产品、企业价值链乃至对整个商业生态进行重新审视的思考方式。

感兴趣的读者可自行阅读"互联网九大思维的20条法则"这篇文章,谈谈你对互联网思维的理解,并且结合工作、学习、生活中碰到的问题,设计策划一种新产品、新服务模式。

思 考 题

1. 什么是网络营销?
2. 什么是"4P"理论?什么是"4C"策略?
3. 网络营销产品整体概念可分为哪几个层次?
4. 网络营销促销的主要形式是哪几种?
5. 什么是病毒式营销?有何特点?
6. 市场需求调查的具体内容是什么?
7. 消费者购买行为调查的具体内容是什么?
8. 新媒体平台主要有哪些类型?
9. 直播营销的好处是什么?
10. 简述微信营销的主要方式。

第 10 章 电子商务实践及应用

电子商务的实践园地是多种多样、多姿多彩的，大学生都可以在此找到施展才华的广阔天地。

为支持电子商务实践及应用，支持"双创"活动，本章将介绍电子商务的一些典型应用，包括网上商店与网上开店（微店）、网上证券、网上保险等，同时着重对 Web 2.0 和 Web 3.0 的特征及应用进行探讨和分析。

10.1 网上商店与网上开店

本节介绍网上商店与网上开店的一些基本常识，希望对有志于网上创业的读者能有所帮助。

10.1.1 网上商店

网上商店又称"虚拟商店""网上商场"或"电子商场"。它有别于传统的实体商店，以互联网为载体和工具，是电子零售商业的典型组织形式。

网上商店具体来说是指厂商、零售商或个人通过互联网将商品或服务信息传达给特定顾客，顾客通过互联网下订单，采取一定的付款和配送方式，最终完成交易的一种经营模式。

1. 网上商店的特征

与传统的实体店零售方式相比，网上商店表现出以下特征：

（1）店铺的虚拟性　网上商店是在互联网上提供购物的站点，这种"虚拟性"，使网上商店脱离时空限制，使远程交易达成成为现实。它拓展了经营时间，开拓了更广阔的市场空间。

（2）商品的特殊性　由于网络的特殊性，使规格和标准统一的商品更适合在网上进行销售。目前，网上商店销售的商品主要有电子产品、旅游服务、金融服务、图书音像制品、服装家具饰品、鲜花和礼品等，其中以价格适中、便于邮寄的快速消费品为主。随着网络消费环境的成熟、物流水平的不断提高、安全问题的进一步解决，未来将有更多的商品实现网上销售。

(3) 顾客的特定性　网上购物群体一般具有以下特征：年轻、个性化明显、需求广泛、思想开放、思维活跃，对新事物接受较快，愿意尝试新事物和新的生活方式。

(4) 经营的特色性　由于网上商店所经营的商品主要是以图片的形式呈现在消费者面前的，用户只能通过视觉或听觉来感知商品的相关信息，根本无法通过触觉、嗅觉或试用等来感知商品。因此，网上商店需要采取有效的技术措施改善用户体验，从而增加交易的机会。

(5) 服务的针对性　网上商店所经营的商品或服务针对性比较强，经营者能够针对目标市场加以控制。一些大型的购物网站，如当当网、京东商城等拥有巨大的注册用户群，它们往往能依据用户的浏览习惯对用户的购买行为进行分析，针对不同的用户提供全新的、个性化的定制服务。

(6) 技术的依赖性　网上商店系统应该具有用户浏览功能、商店顾客注册与登录功能、顾客购物比价功能、商店管理功能等。另外，网上支付的安全性也需要技术来保障。如果无法保障支付安全和便利，将大大降低顾客的购物体验，势必影响顾客的网络购物行为。

(7) 支付的多样性　与传统商店的现时收款方式相比，目前网上商店的支付方式呈现多样性，主要的付款方式有：网上支付、邮局汇款、银行汇款、手机支付等。

2. 网上商店的分类

根据销售特点的不同，网上商店可分为以下两种类型：

(1) B2C 网上商店　B2C 网上商店分为"纯网络"型 B2C 网上商店和传统零售企业 B2C 网上商店两类。

"纯网络"型网上商店是指没有实体业态，纯粹依托互联网进行商品销售的 B2C 交易模式。

"纯网络"型网上商店又可以分为两种类型。一种是综合型网上商店。这种网上商店如同大百货商场或超级市场一样，销售的商品门类繁多、品种齐全，面向各种不同的消费群体。但由于销售的商品多，网站建设需要有一定的"规模"，因此项目前期投入较大，维护费用也很高，需有较多的资金支持。综合型网上商店的网络理论基础是"赢家通吃"，认为只有第一才能生存，要尽可能把商店规模做大，通过规模效应来降低成本。另外一种是专业型网上商店。这类网上商店如同专卖店，销售的是相关的某一类商品，如书籍、汽车、计算机软硬件、鲜花、礼品、玩具等。其优势在于专业、有针对性，能够满足顾客在某一方面的消费需求，便于挑选到满意的商品，尤其适用于零售。由于商品种类单一，可降低经营成本，因而是目前网上商店采用较多的一种形式。这类商店没有传统零售企业那样庞大的店面，一般只有很小的周转仓库，用于周转率极高的畅销商品，不太畅销的商品通常是接到顾客的订单后从生产商那里购买，通过专业的快递公司送到顾客手中。网上书店亚马逊、当当网上书店都是专业型网上商店，但现在它们也都在往多元化、综合化发展方向，这也是一个趋势。

传统零售企业 B2C 网上商店是指传统零售企业建立网络商店，在线上与线下同时展开销售。这种类型的网上商店比较普遍，是传统零售企业开展电子商务的主要方式。近几年网络用户规模不断扩大，为网上商店提供了广阔的发展空间。

目前，有很多传统零售企业涉足电子商务，如连锁商业巨头沃尔玛、家乐福等都建立了网上商城。由于这些企业经营经验丰富、资金雄厚、商品种类齐全、连锁店遍布世界各地，虽是后来者，却也显示了其强大的竞争力。

(2) C2C 网上商店　C2C 网上商店是指商品直接由消费者出售给消费者的网上商店。这一思想源于传统的跳蚤市场，它主要是消费者之间借助网站平台（主要是第三方平台）进行的自由交易。

C2C 网上开店是指经营者在提供网上开店服务的 C2C 网站注册一个虚拟的网上商店，将待售商品的信息发布到网页上，对商品感兴趣的浏览者通过线上或线下支付方式向经营者付款，经营者通过物流渠道将商品发送给购买者。网上开店投入小、经营方式灵活，已成为许多人创业的主要方式。目前，主要的 C2C 网站有淘宝、拍拍网、百度有啊、易趣等。

3. 网上商店的优势

网上商店作为一种新兴的商业模式，与传统零售模式有着较大的差别。归纳起来，网上商店的优势体现在以下几个方面：

(1) 网上商店商品种类多　可以包含国内外的各种产品，充分体现网络的优势。在传统商店中，无论店铺空间有多大，它所能容纳的商品都是有限的，而网上商店则是商品的展示平台，是一种虚拟空间。只要有商品，就可以通过网上商店进行展示，可以把世界上的各类知名品牌全部展示在上面。

(2) 网上商店不受时空限制　作为网络商店，可以提供 7×24 小时服务，任何时候都在为用户服务，只要用户登录网站，就可以挑选自己需要的商品。在传统商店中，消费者往往受营业时间的限制，无法及时完成交易。此外，网络无地域、无国界的特点，使网上商店的服务范围可扩展到任何地方，用户可以通过网上商店买到世界各地的商品。

(3) 商品价格的低廉性　一般来说，网上商品的价格比传统商场的商品价格便宜。网络可以省去很多传统商场无法省去的相关费用，所以商品的附加费用很低，商品的价格相对较低。对于 C2C 购物网站，用户通过竞价的方式，能够买到更便宜的商品。对于消费者来说，时间和费用成本大幅降低，这一点是传统商店无法相比的。

(4) 网上商店库存小、资金积压少　网上商店中很多商品一般是在客户下订单后再进行商品调配的，不需要很多库存，从而减少了资金的积压。因为在网上商店中，商家可以通过客户下订单和配送商品的时间差，进行商品的调配，而传统商店需要在客户选购商品的同时提供商品。不同的商品，具有不同的库存需求，对于价格、样式、功能等方面变化不大的商品，可以有适量的库存；而对于市场需求、价格变化较大的商品，一般都是在接到订单后，再进行商品调配。这样，一方面可以减少不必要的损失，另一方面也会减少资金的积压。

(5) 网上商店商品信息更新快　网上商店商品信息的更新，只需要将新产品的图片、产品说明信息上传到网上，或者对商品信息、价格进行修改，任何地方的用户都可以及时看到最新的商品信息。在传统商店中，购买者要等到商家拿到商品，放置到货架后才能看到。在修改商品信息或调整价格，特别是要在较大地域范围内统一修改时，传统商店的时效性低于网上商店。

4. 网上商店的流程

网上商店的流程可以分为两部分：第一部分是网上商店的前台部分，即客户在网上登录、挑选商品放到购物车、核对所购物品的品种数量下订单、选择付款方式和送货方式等购物的一系列过程。第二部分是网上商店的后台管理部分,包括客户管理、网站维护、订单受理、应收款查询、库存管理和售后服务等部分。网上商店的前台、后台流程如图 10-1 所示。

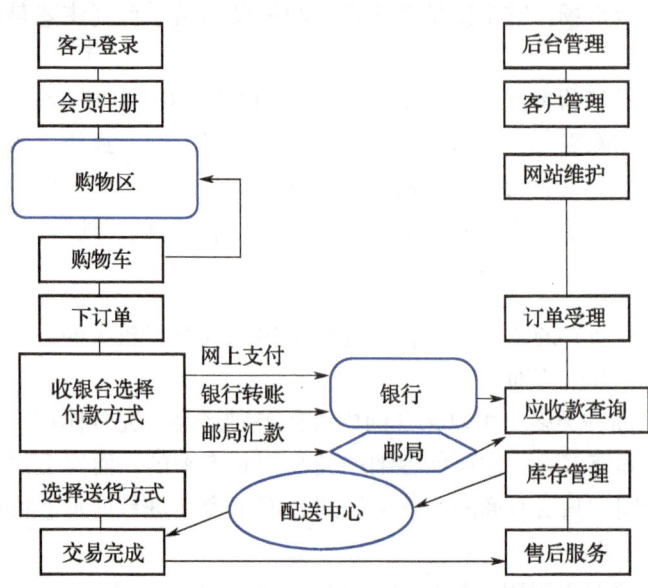

图 10-1 网上商店的前台、后台流程

10.1.2 网上开店

网上开店以其低成本和快捷的交易方式得到创业者的青睐。许多人在网上开店,通过网上销售商品赚取利润。越来越多的网友也随时准备加入网上开店的队伍中。

但是网上开店不只是在某个大型网上商场注册一个会员,上传几个商品,从而进行销售那么简单。网上开店虽然投资不大、项目不太复杂,但是需要对它进行全面的了解。

1. 网上开店的定义

网上开店是一种在互联网时代诞生的新销售方式,区别于网下传统商业模式,其投入不大、经营方式灵活,可以为经营者提供不错的利润空间,因此已成为许多人创业的首选。

2. 网上开店的途径

目前,网上开店主要有以下三种途径:

1)在专业的大型网站上注册会员,开设个人网店。像阿里巴巴、京东、当当网等许多大型专业网站都向个人提供网上开店服务,只要支付少量的相应费用(网店租金、商品登录费、网上广告费、商品交易费等)或免费就可以拥有个人网店,进行网上销售。

2)自立门户型的网上开店。经营者亲自动手或者委托他人进行网店设计。网店的经营与大型购物类网站没有关系,完全依靠经营者个人的宣传吸引客户。自立门户型的网店建设方式有两种:一种是完全根据商品销售的需要进行个性化设计,需要进行注册域名、租用空间、网页设计、程序开发等一系列工作,个性化较好,费用较高;另一种是向一些网络公司购买自助式网站模块,操作简单,费用较低,但是缺乏个性化。自立门户型的网店建设费用较高，同时还需要投入足够的时间与金钱进行网站宣传，优点是网店内容不需要像第一种类型的那样受到固定格式的限制，也不必缴纳诸如商品交易费之类的费用。

3）既在大型网站上开设网店，又有独立的商品销售网站。这种方式将前两者的优点集中，不足之处是投入会相对较高。

3. 网上开店的经营方式

如果考虑网上开店，应该根据个人的实际情况，选择一种适合自己的经营方式。网上开店的经营方式主要有以下三种：

1）网上开店与网下开店相结合的经营方式。此种经营方式因为有网下店铺的支持，在商品的价位、销售的技巧方面都更高一等，也容易取得消费者的认可与信任。

2）全职经营网店。经营者将全部的精力都投入网站的经营上，将网上开店作为自己的全部工作，将网店的收入作为个人收入的主要来源。

3）兼职经营网店。经营者将经营网店作为自己的副业，比如现在许多在校学生利用课余时间经营网店。也有一些职场人士利用工作的便利开设网店，增加收入来源。

4. 网上开店的优势

显而易见，网上开店之所以大行其道，是因为网上开店具有一些优势，主要表现在以下几个方面：

1）开店成本极低。网上开店与网下开店相比综合成本较低：许多大型购物网站提供租金极低的网店，有的甚至免费提供，只是收取少量商品上架费与交易费；网店可以根据顾客的订单再去进货，不会因为积货占用大量资金；网店经营主要是通过网络进行，基本不需要水、电、管理费等方面的支出；网店不需要专人时时看守，节省了人力方面的投资。

2）经营方式灵活。网上开店不像网下开店那样必须经过严格的注册登记手续。网店在商品销售之前甚至可以不需要存货或者只需要少量存货，因此可以随时转换经营商品。

3）网上开店不受营业时间、营业地点、营业面积这些传统因素的限制。网上开店，只要服务器不出问题，可以一天24小时、一年365天不停地运作；无论刮风下雨，无论白天晚上，无须专人值班看店，都可照常营业。消费者可以在任何时间登录网站进行购物，网上开店基本不受经营地点的限制。网店的商品数量也不会像网下商店那样，生意大小常常被店面面积限制，只要经营者愿意，网店可以摆上成千上万种商品。

4）网店的消费者范围广泛。网店开在互联网上，只要是上网的人都有可能成为商品的浏览者与购买者。这个范围可以是全国的网民，甚至全球的网民。只要网店的商品有特色、宣传得当、价格合理、经营得法，每天都会有不错的访问流量，大大增加了销售机会，可以取得良好的销售收入。

5. 适宜网上开店的人群

目前，在网上开店的人群主要有：

1）在校学生。在校学生主要是指大学生，因为学业压力较小，可以有时间进行商品的采购，进行网上交易。

2）自由职业者。网上开店因为手续简单、投资较少、容易操作，成为许多自由职业者的选择。

3）网下开店经营者。许多有实体店面的经营者在网上也开店，将生意渠道扩展到网上，扩大了销售渠道。

4）收藏爱好者。收藏者的收藏品往往都是一些市场上不容易看到的东西，开一个网店进行销售，通常效果不错。

5）拥有特别进货渠道的经营者。一些有特别进货渠道的经营者在网上开店效果都不错，因为进货渠道特别，比如批发产品、国外带回来的产品，这些产品通常价格比较低或在国内不常见，可以取得不错的销售收入。

6. 网上开店需要的个人能力

要开一个赚钱的网店，需要经营者有以下良好的个人能力：

1）良好的市场判断能力，可以选择出适销对路的商品。

2）良好的价格分析能力，既要进到价格更低的商品，又要将商品标出一个适合的出售价格。

3）良好的网络推广能力，可以通过各种方式让更多的浏览者进入自己的网店，而不坐等顾客上门。

4）敏锐的市场观察力，可以随时把握市场的变化，据此调整自己的经营商品与经营方式。

5）热情的服务意识，可以通过良好的售后服务建立起自己的忠实客户群体。

7. 网上开店的投入准备

网上开店需要一定的投入准备，主要包括：

1）硬件：可以上网的计算机、扫描仪、数码相机、联系电话。这些硬件应尽量配齐，方便经营。

2）软件：安全稳定的电子邮箱、有效的网下通信地址、网上的即时通信工具（阿里旺旺、微信、QQ等）。

8. 淘宝网开店

图10-2是淘宝网的首页，页面干净整洁，商品分类清晰，以方便、快捷、易用为第一原则。淘宝网最主要的功能模块分别是"我要买""我的淘宝""购物车""收藏夹""搜索"和"网站导航"。

下面以在淘宝网开店为例，详细介绍其开店流程：

1）在淘宝网上注册自己的账户。首先，进入淘宝网的首页，打开这个网站后，单击"免费注册"，可以选择手机号码注册或邮箱注册。一般选择"邮箱注册"，填好一切资料，单击"同意协议并提交注册信息"，如果没有意外的话网站就会提示注册成功。接下来就是进入你自己的邮箱，收取淘宝网确认邮件，单击确认链接，激活账号，开网店的第一步就完成了。在淘宝网，可以一个账号同时是买家和卖家两个身份。

第10章 电子商务实践及应用

图10-2 淘宝网的首页

2）进行支付宝实名认证。单击"我的淘宝"后，你可以看到"卖宝贝请先实名认证"的提示。单击它，然后根据提示操作即可。支付宝实名认证，就是确认你的真实身份。这个认证从一定程度上增加了网上开店的复杂性，但很大程度上提升了整个淘宝网交易的安全性。过去一定要上传身份证等待淘宝网人工验证，现在淘宝网已经和全国各家银行合作，只要你有一些银行的实名登记的银行卡，淘宝网就可以通过银行系统认证你的身份。

3）发布10件以上的商品。发布10件不同的宝贝（并保持出售中的状态），就可以免费开店了。发布商品的步骤是：依次进入"我的淘宝"—"我是卖家"—"我要卖"。淘宝网认为有10件以上出售中的商品才有开店的资格，不到10件商品只能算个人闲置物品交易。

4）淘宝网后台申请开店。依次进入"我的淘宝"—"我是卖家"，找到"我要开店"按钮。单击这个按钮后根据提示输入必要的信息，比如店铺的名字等，然后确认提交就可以了。

5）安装阿里旺旺。在淘宝网上做生意，和买家沟通主要不是通过QQ、手机或者其他方法，而是阿里旺旺。阿里旺旺是淘宝网卖家和买家沟通的法宝，有很多卖家功能集成在里面，在买卖过程中有任何纠纷，阿里旺旺的聊天记录都是以后处理纠纷的最重要的证据。

完成以上几个步骤，就诞生了一家淘宝网店。下面，还需要给网店起个吸引人的店名，对网店进行装修，将网店打扮得漂亮点些，才能吸引更多的人过来浏览，购买商品。

10.1.3 开微店

微商源于微信朋友圈，当时大家把自己的商品晒到朋友圈做熟人之间的交易。微商在市场运营策略上，不再以平台为中心，而是通过微博、微信这样的沟通渠道，直接联系到客户，从而带来销量。微电商更加重视买家之间的口碑相传，在买家的社交圈子上，形成广泛的二次传播，吸引更多的客户。

微店是帮助卖家在手机开店的软件。微店作为移动端的新型产物，任何人通过手机号码都可以开通自己的店铺，并通过一键分享到 SNS 平台来宣传自己的店铺并促成成交，降低了开店的门槛和复杂手续，如图 10-3 所示。

图 10-3 微店

2014 年年初，几家国内手机微店 App 平台上线，如温州易米旗下的微店、北京口袋旗下的微店、上海宽窄旗下的喵喵微店。这三大平台俗称微店业的三大元老，占据着业内 80% 以上的市场份额。随后，更多的公司纷纷涉足微店行业。目前，微店比较有代表性的是口袋微店系统，另外还有微信微店、拍拍微店、京东微店、淘宝小店和有赞网等众多微店系统。

下面介绍在微信开微店的基本步骤：

1）先去微信公众平台申请一个微信公众号（订阅号）就可以，提交等待审核，一般是 2 个工作日就可以审核通过。

2）到微订官网注册一个微订账号，这是微店和微信公众号对接的平台，可以在里面添加店铺和商品。

3）将审核通过的微信账号在微订系统后台进行"公众号配置"。进入微订系统后台选择"设置"，然后单击"公众号配置"，选择"自动配置"输入微信公众号登录账号和密码，单击立即配置，即完成微订系统和微信公众平台的对接，后续在微订系统后台新建的店铺和商品将展现在微信中。

4）在微订系统后台新建一个店铺。在后台"店铺中心—店铺管理"中单击新建店铺，填写店铺信息，以及将店铺的 Logo 上传，保存即可完成店铺的新建。

5）在微订系统后台新建商品。登录后台找到"店铺中心—商品管理"中单击新建商品，填写商品信息，以及上传商品图片，保存即可完成商品的新建。

6）用微信扫描二维码或者搜索公众号查看新建店铺和新建的商品，在手机上进行下单测试，一切正常即可完成开店。

10.2 网上证券

证券投资是人们重要的一种理财方式。目前，证券已经实现了完全电子化交易，是行业电子商务应用的一个典范。

10.2.1 网上证券概述

网上证券交易,通常是指投资者利用互联网资源,包括公用互联网、局域网、专用网、无线互联网等各种手段,获取国内外各交易所的及时报价,查找国际国内各类与投资者证券交易相关的财经咨询信息,分析市场行情和投资咨询,并通过互联网进行网上委托下单,实现实时交易的全过程。其交易对象主要包括:股票、债券和基金。从广义上来说,网上证券交易在以上内容的基础上还包括个人理财等其他金融增值服务。

传统证券交易受到营业部地理位置、投资咨询手段、物质条件和人力资源的限制,大批股民整天待在证券交易所里,到了出现行情的时候,股民争抢终端机,买单、卖单打不进去,交易环境较差。随着互联网技术的发展和电子商务浪潮的兴起,网上证券交易体现了越来越显著的优点。

(1) 网上交易不受地域限制 开放性是互联网的最大特点,网上交易打破了地域限制,股民在任何地方只要能上网并申请开通网上委托功能,就可以看到股市行情并可以进行证券交易。有了联网计算机,股民的家庭或工作场所就变成了大户室。所以网上证券交易为广大普通投资者提供了一个获取信息和参与交易的平等通道。

(2) 提供丰富的资讯 券商可以通过网站提供大容量的信息和有深度的研究报告,满足不同投资者对不同信息的需求。一般的广播电视股评比较容易受到散户投资者的欢迎。对大中户投资者而言,这些信息已远远不能满足需要,他们需要的不仅是大众化的信息,而且是有深度的行业研究报告和上市公司的财务报表等。而目前满足这些需求,最快捷、最方便的方式就是上网,通过券商网站可以得到不同层次的专业性信息。

(3) 方便投资者 由于网上证券交易包容了证券活动的各个方面,投资者可以从网站搜集情报信息,不去证券交易所也可以进行股票买卖交易、清算和交割等,节省了投资者往返证券交易所的时间,减少了各种费用支出。网上交易的行情数据是由券商和电信局共同维护的,不需要投资者维护。所以投资者在任何时候打开计算机都可以看到完整的行情走势,既不需要整天联系,也不需要做收盘作业,所有数据都时刻准备好了。

(4) 降低交易成本 网上证券交易可以减少证券营业部的固定投资和成本,如对房租、计算机、装修和人员的投入。有关统计资料表明,一般营业部一次性投资在500万~2000万元人民币,日常月营业费用为25万~80万元。由于网上交易是通过"虚拟营业部"完成的,因此可以大大降低成本,如减少交易厅席位的费用、装修成本;计算机的配置、维护成本;验资、报单、交割等岗位的员工工资成本等。在支持同等客户的条件下,网上交易的投资是传统营业部的30%~50%,日常营运费用是传统营业部的25%。此外,还可以节约其他附加费用,如为吸引客户而支付的报刊费、午餐费等。

(5) 行情分析、下单委托、查询资料方便直观 对投资者而言,网上交易意味着可以享受高速便捷、功能全面的服务。网上交易为投资者提供直观的图形走势,下单委托也十分方便,而且可以查询个人的股票、资金、成交等资料。通常在网上进行委托下单,委托信息可在瞬间到达营业部,而且一般不存在占线、断线问题。与现有的其他证券委托方式相比,网上证券具有许多优势,参见表10-1。

表 10 – 1 证券交易委托方式对比

项目	网上交易系统	柜台委托	大户室自动终端	电话委托
操作地点	任一位置	证券部内	证券部内	任一位置
股价更新间隔	可自由设置	约15s	约5s	约15s
股价走势图	有	有	有	无
盘中分析	有	无	有	无
历史数据	有	无	有	无
现金存取款地点	联网银行	证券部内	证券部内	证券部内
设备能否多用	计算机一机多用	专用	专用	电话一机多用

（6）网上交易的安全性有保障 由于网上交易使用基于公共和私人密匙的国际标准加密协议、利用网关技术、在未来还可采用数字签名技术等进行身份认证，因而网上交易的安全性得到了极大的提高。

10.2.2 网上证券交易的服务机构

网上证券交易的服务机构一般有以下四类：

（1）ISP 服务商 ISP 服务商主要是指电信部门，负责券商、财经资讯商的主机托管业务，如重庆电信等。券商负责提供证券实时行情及网上交易，如海通证券、国泰君安证券、华泰证券等。

（2）财经资讯提供商 财经资讯提供商负责提供即时的财经资讯，如和讯、海融等国内知名资讯商。

（3）IT 服务商 IT 服务商主要是为证券商及财经资讯商提供网站制作、技术支持等服务的 IT 服务商。国内较知名的有杭州恒生和深圳金证等公司。

（4）监管部门 监管部门主要是指中国证监会、沪深交易所、各地证管办及中国证券业协会等。它们负责对网上交易进行监督管理。

10.2.3 网上证券交易业务管理系统的功能

证券交易业务管理系统是一套较复杂的软件，它是依据证券业务的特点，利用计算机网络及其他通信设施，对证券交易的业务信息进行及时有效的管理的一个应用软件。证券交易业务管理系统围绕整个交易流程设计，能全面、正确、完整、及时地收集、加工、整理和清算在整个交易过程中所发生的各类资金、证券等有关信息，它包括下列组成部分。

（1）客户委托子系统 客户委托子系统是由客户自己操作或由操作员代操作的委托单处理系统。它接受客户委托信息，如证券名称、买卖类别、委托数量以及委托价格等。同时，在输入价格时，系统向客户显示指定证券的最近成交价、最近叫卖价和最高价供客户参考，并对购买股票数额、报盘的限价要求进行判别。在对客户委托检查合法性后形成一条委托记录传给报盘台。若买入股票，要冻结该客户相应的金额；若卖出股票，则冻结该客户相应的股票数量。在资金或股票不够的情况下，系统判为买空或卖空。

(2) 资金管理子系统　资金管理子系统实现对客户资金账户的管理及客户资金的管理。资金账户管理包括资金账户的开户、销户及冻结、解冻、挂失、清密等各种处理。资金管理包括保证金存取、冲账、利息结算等处理。

(3) 证券管理子系统　证券管理子系统包括证券（股票）账户管理及客户各类证券的托管。证券（股票）账户管理包括股东账户开户、销户及挂失、更新等处理。证券管理包括证券的转入、转出、清理，以及分红、派息、权证管理等。

(4) 系统管理子系统　系统管理子系统主要提供给客户进行资金和证券的查询，包括客户资金、证券、委托历史及成交历史的查询，并即时打印买卖成交报告书。

(5) 报表管理子系统　报表管理子系统分为两部分：一部分是前台实时报表管理部分，包括资金、证券两部分，只处理当日实时报表；另一部分是后台报表管理部分，它包括日终处理后的各类报表，并增加各报表的历史查询打印、管理分析等内容。

(6) 报盘管理子系统　报盘管理子系统主要处理客户委托单的申报。它把客户的一张张委托单在报盘机屏幕及打印机上按照"三公"原则逐一处理打印，并生成相应的记录，同时将交易所传回的成交记录录入系统的成交库，进行实时回报并显示。

(7) 即时处理子系统　即时处理子系统实现对客户委托进行实时处理，以便客户能得到最及时的交易服务。当客户证券卖出成交返回后，即时处理子系统将资金即时增加到客户的账户上。当客户证券买入成交返回后，则将所需的资金即时从客户的账户中划出。客户提出撤单要求，即试图撤销客户指定的委托单，若撤单成功，则对其资金或股票进行解冻，使客户资金或股票即时回笼，以便客户即时使用。

(8) 日终处理子系统　当日交易结束后，日终处理子系统进行结算处理，包括收市处理、备份，以及数据库清零等。收市处理是将交易所传回的成交回报库与当天的资金库、委托库、证券库进行成交配对，正确的成交记录存入成交库，错误的成交记录进行错误检查并做相应处理，最后计算各种费用。收市处理结束后就进行日库、历史库和其他库的备份，并对当日数据库清零。

(9) 系统维护子系统　系统维护子系统是这套管理软件的核心模块，它控制着整个系统的各个参数设置及上岗操作员的密码设置和权限分配，还包括系统各个数据库的维护，如重建索引，以及证券派息、权证管理等。

(10) 监管子系统　监管子系统实现对客户的资金和证券账目、客户交易情况以及员工工作情况进行实时检索、查询和监管。

10.2.4　网上证券交易系统的使用

目前，各大券商都推出了自己的网上证券交易系统，同时也有手机证券交易系统。

券商网上提供的主要信息有：财经资讯、行情交易、证券业务、市场研究、在线交流、社区服务及数据资料。一般在券商网站首页上都会有个股点评、实时速递、盘中解析、每日股评、个股追踪、专家门诊、名家评点、股市沙龙、专题论坛等栏目。

进行证券交易必须在证券公司先开户，并去银行办理银证通关联手续，然后下载网上证券交易软件安装后即可交易。

网上证券委托系统一般都会有以下几大部分：

（1）大盘分析　大盘分析包括上证 30 指数、上证领先走势、上证 A 股走势、上证 B 股走势、上证 ADL 指标、上证多空指标、上证买卖力道、上证分类指数走势；深证综指走势、深证成指走势、深证领先走势、深证 A 股走势、深证 B 股走势、深证 ADL 指标、深证多空指标、深证买卖力道、深证分类指数走势、创业指数走势。

（2）报价分析　可按自选股、分类股、板块股或按商品顺序进行报价分析。

（3）即时分析　即时分析包括分时走势图、买卖力道、量比指标等。

（4）技术分析　技术分析有 5 分钟线、15 分钟线、30 分钟线、60 分钟线、日线、周线和月线。

（5）多股并列　多股并列可按自选股、分类股、板块股或按商品顺序进行选择。例如，按分类股可分上证 A 股、上证 B 股、深证 A 股、深证 B 股、上证债券、深证债券等；如按板块可分为医药板块、国企大盘、纺织服装、ST 板块、IT 板块和房地产板块等。

（6）特别报道　特别报道包括涨跌幅排名、成交价振幅排名、成交量排名、成交量（量比）变化排名、资金流向排名、买卖量差（委比）排名和综合指标排名。

（7）公告信息　公告信息包括上海证交所公告、深圳证交所公告、创业板市场公告、券商信息、金融资讯、紧急公告和网上交易风险揭示书。

（8）在线服务　在线服务包括专家门诊、个股点评、业内观点、预约开户等。

（9）系统工具　系统工具包括通信设置、设定自选股、设定板块股、下单、盘后数据下载、设置、自动升级。

如果选择下单，则进入网上证券交易委托系统。在此，投资者可进行股票买卖与撤单，进行股票、资金、成交情况查询，也可更改密码。

10.3　网上保险

电子商务的发展使保险的经营方式、服务手段、服务界限及服务功能发生了显著变化。网上保险营销将逐步代替传统的代理人营销方式，形成新的保险销售方式，这就是人们所说的"网上保险"。网上保险以其高效率、低成本、个性化交易等突出优势，有效地克服了传统营销模式带来的种种弊端，将会成为金融服务的一个新亮点。

10.3.1　网上保险概述

从狭义上讲，网上保险是指保险企业通过互联网开展的电子商务活动，主要包括通过互联网买卖保险产品和提供服务。从广义上讲，网上保险还包括保险企业的内部活动，保险企业之间的活动，保险企业与非保险企业之间以及与保监委、税务部门等政府相关机构之间的信息交流和活动。

网上保险是保险公司和保险中介机构以信息技术为基础，以互联网为主要渠道来支持公司一切活动的经济行为。它包含两个层次的意义：一是指保险公司利用网络进行内部管理，即利用网络对公司员工和代理人进行培训，利用网络与公司股东、代理人、保险监督机构等相关人员和机构进行信息交流，保险中介机构利用网络开展业务等企业活动；二是指保险公司通过互联网开展电子商务，即利用网络与客户交流信息，利用网络为客户提供有关保险的信息，乃至实现网上签单。

网上保险最主要的目的就是改变人们的保险习惯，变原来的被动接受保险为主动寻求保险。国际经验表明，保险公司的竞争最终归结到客户服务、销售渠道拓展和管理、成本的控制上，而网络恰恰会在这些方面给我国保险业发展带来机会。网上保险最早出现在美国。美国国民第一证券银行首创通过互联网销售保险单，营业仅一个月就销售了上千亿美元的保单。

我国第一家保险网站出现在1997年，是由中国保险学会和北京维信投资顾问公司共同发起成立的"中国保险信息网"。随后国内出现了许多较大型的保险商业网站，除了已经更名为"中国保险网"的首家网站外，还有上海的"易保"、太平洋保险公司的"太保网"、平安公司的"PA18新概念"、泰康人寿的"泰康在线"等。我国保险业目前已进入快速发展时期，平均年增长率为39.6%。

10.3.2 网上保险的优点

传统保险经营方式已经逐步暴露出其弱点，如投保人上门投保，常因资料不全，跑两三次才能办好一份保险；保险推销员素质不高导致人们拒绝投保；"告知不详"使保险客户缺乏对保险公司的信任感；"理赔难"是常听到的反馈；保险业务"货比三家"很难实现等。与传统的保险经营方式相比，网上保险作为一种全新的经营方式，具有许多优点。

(1) 快捷方便，不受时空限制　由于保险合同是要式合约，基本上都是信息流，网络营销渠道可使投保手续更便捷。客户通过网络进行保险，中介服务成本低、进入障碍小、接触面广，有效地促进了保险业的发展，拉近了客户与保险公司的距离，足不出户就可以咨询、投保，避免了与保险代理人打交道的麻烦，还可从网上获得咨询信息及高效优质的服务。网上保险实现了全天候24小时作业，缩短了保险公司与客户的距离，真正实现保险无时不在、无处不在的保障功能。

(2) 降低营销成本　网上保险的一大特点就是消除了中介费用，降低了营销成本。通过互联网，保险公司免去了代理人、经纪人等中介而直接与保户进行业务往来，大大缩短了投保、承保、保费支付和保险金支付等的进程。美国Booa公司的一份研究报告表明：网络将使整个保险行业成本降低60%以上，特别是在销售和客户领域成本更会剧减。

(3) 保护投保人的隐私　旧的传统的投保方式，不可避免地在中介环节上知悉投保人的隐私；网上投保可以排除中介环节知悉投保人的隐私，能使投保人感到方便、安全，最大限度地满足客户的需求。

(4) 信息丰富，选择广泛　投保人可以从网上获得大容量、高密度、多样化的专业信息，减少投保的盲目性、局限性和随意性，实现投保的理性化。投保人足不出户就可以方便、快捷地从保险服务系统上获得从公司背景到具体险种的详细情况，还可以对数家保险公司的险种进行对比，瞬间做到货比三家，从而在多家保险公司及多种保险产品中实现多元化的比较和选择，告别了信息不对称、选择单一及被动接受保险中介生硬推销的传统保险服务。

(5) 降低投保人风险　网上投保透明度高，投保人可以通过网络比较险种、自行计算保费,从而减少中介环节因利益驱动给投保人带来的风险。

(6) 个性化服务　保险公司通过网络可以随时随地听到客户的意见、要求和投诉,及时了解和掌握市场的需求动态。网上保险可以为投保人提供规范化和个性化的服务,根据投保人的具体情况量身定制保险套餐,最大限度地满足投保人对投保条件的个性化需求。对保险公司来说,通过网络可以加强对投保人潜在的需求的深层把握,有利于创新险种、拓展业务。

(7) 提高经营效率　利用网络进行保险企业管理可以提高经营效率。网络的利用使"保险运行"整体提速,使保险的搜寻、谈判、销售、签单等方面的费用减少,有利于提高保险公司的经营效益。先进的企业管理方法是保险公司能持续、快速、高质量发展的"法宝"。

图10-4是寿康人寿网站首页,据此可以看到保险公司开展的一些主要业务。

图10-4　寿康人寿网站首页

10.3.3　网上保险的模式

从国内外网上保险的发展状况来看,网上保险有如下三种运营模式:

(1) 传统的保险公司与互联网嫁接的模式　这种模式是指一些传统的保险公司利用计算机网络技术对传统保险产业进行改造,全面提高企业整体素质,实现了保险行业传统服务模式的重大变革。它主要侧重于改进公司服务内容和形式,以此支持保险营销队伍,开拓出除代理人和员工之外的新的销售方式。此类网站拥有明确的业务和客户资源,有母公司的强有力的支持,但目前的业务还是要依赖传统部门完成。这种模式为传统保险公司提高管理水平、整合内部和外部资源,实现跨越式发展提供了前所未有的机遇。在国内,这种保险网站的代表有"PA18新概念""太保网"及"泰康在线"。

(2) 第三方保险商务平台　这类网站既不是网上保险公司,也不是网上保险经纪人。它们的定位是保险行业的技术服务提供者,是一个开放性保险商务专业平台。它们被保险公司、保险中介及相关机构或个人共用,可容纳大多数保险企业开设门店及网上交易和清算。它们通过在互联网上建立交易平台、内容平台等，介绍行业内的信息和资讯，进行不同保险公司业务的比较，并给出建议和投资组合分析，让广大的投保人可以在保险公司中"货比三家"。这类大型保险中立网站的出现，将有效避免我国网上保险启动初期网站重复建设的弊病，实现集约化。"易保"就属于专业的第三方网站。

这类保险网站存在的最大问题是，由于政策限制其本身没有保险业务经营权。它的解决办法有两种：一是和保险公司签订协议，为它们提供客户的导入，然后提取一定的佣金；二是做成投资理财的专家型网站，成为客户的理财顾问，代客户进行投资理财。现在它们只能收取平台使用费，却不能收取佣金，这对长远发展是不利的。

（3）虚拟的保险网站　虚拟的保险网站是指经营保险业务的电子商务企业，它没有可依托的传统意义上的保险公司，而是纯粹虚拟的网上保险网站。它直接在网上经营保险业务，提供个性化的服务，具有很高的灵活性。但这种形式在国内还未出现，估计在近几年不会出现。主要原因是，我国目前不允许保险业实现自由费率，在价格、服务差别不大的情况下无法实现差异性。

10.3.4　网上保险的基本功能

虽然网上保险的功能在不同的保险网站上表现出较大的差异，但仍可以从它的不同发展阶段归纳出它的基本功能：

（1）形象和产品介绍　保险公司在网上宣传公司形象和产品，如在主页上设有公司简介、机构名录、保险知识、保险新闻、险种介绍、服务之窗等内容的栏目。此外，网站上还要详尽地介绍网上各险种的具体情况，使访问者随意浏览、多角度地查询保险产品，获得险种名称、特点、保险责任、费率乃至条款全文等不同程度的资料信息。网上保险的投保流程如图 10-5 所示。

（2）网上保险产品推介　保险网站可推荐各种保险产品或套餐，为投保人量身定制投保方案。

（3）网上推出直销保险　在网上推出直销保险单，由投保人利用在线表格提供投保的基本情况，从而向投保人提供直销保险业务。

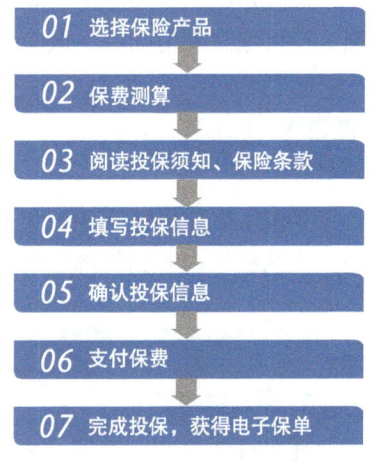

图 10-5　网上保险的投保流程

（4）计算保费　各保险公司的投保收费标准是固定的，因此可以通过网络数据库自动计算保费，由投保人检查，参见图 10-6。

（5）核保与缴纳　这一步的目标是实现电子商务型的网上保险，即"全自动化"的网上保险服务。对投保人在网上提出的投保意向，保险公司核保后通过网络发出已填好的保险单，投保人可以通过网上银行将保险费划拨到保险公司的账户，承保过程完全通过网络完成。续期保险费的缴纳、各种保险金的领取、市场调查等都可以通过网络实现，使投保人足不出户就可以得到全方位的保险服务。

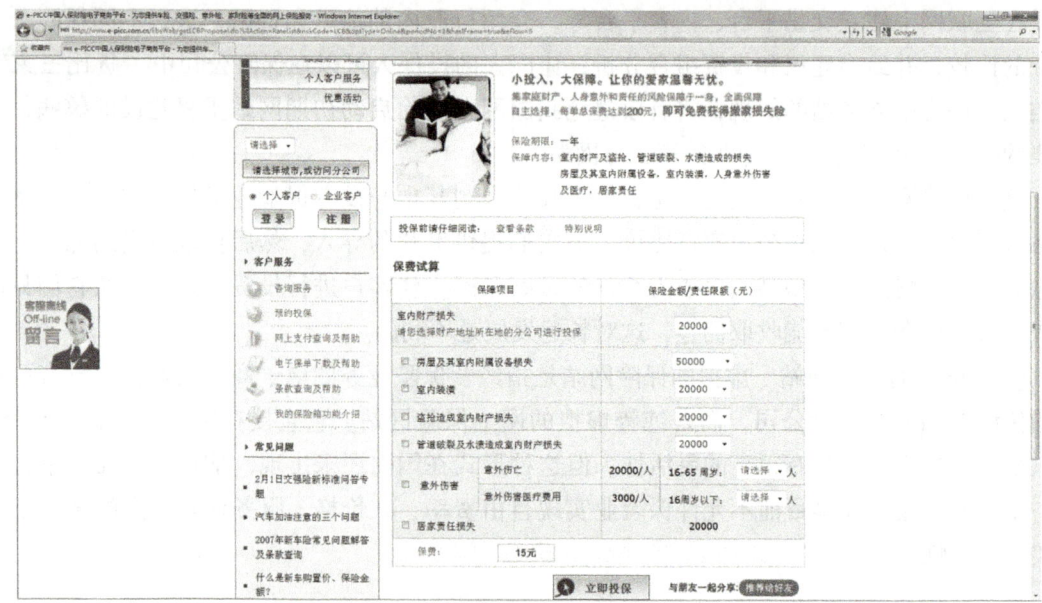

图 10-6　自助式保险费用试算

（6）理赔服务　保险公司应帮助投保人了解各大保险公司的理赔作业流程、注意事项、争议解决办法、查询理赔所需单证和出险联系电话及地址，同时提供方便快捷的网上报案系统。在出现意外情况后，保险公司根据承保情况提供理赔服务。

10.4　Web 2.0

Web 2.0 是相对 Web 1.0（2003 年以前的互联网模式）的新的一类互联网应用的统称，是一次从核心内容到外部应用的革命。

10.4.1　Web 2.0 的特征

1. 多人参与

在 Web 1.0 里，互联网内容是由少数编辑人员（或站长）定制的，比如各门户网站；在 Web 2.0 里，每个人都是内容的供稿者。

2. 人是灵魂

在互联网新时代，信息是由每个人贡献出来的，各个人共同组成互联网信息源。Web 2.0 的灵魂是人。

3. 可读可写互联网

在 Web 1.0 里，互联网是"阅读式互联网"，而 Web 2.0 是"可读可写互联网"。虽然每个人都参与信息供稿，但在大范围里看，贡献大部分内容的是少部分人。

4. Web 2.0 的元素

Web 2.0 包含了我们经常使用到的服务，例如博客、播客、百度百科、P2P 下载、社区、分享服务等。博客是 Web 2.0 里十分重要的元素，因为它打破了门户网站的信息垄断。未来，博客的地位将更为重要。

对于 Web 1.0 和 Web 2.0 的区别，Reilly 做了对比，详见表 10-2。

表 10-2　Web 1.0 和 Web 2.0 的对比

项目	Web 1.0	Web 2.0
典型企业案例	大英百科全书在线	百度百科
典型个人案例	个人网页	博客
经营重点	域名投机	搜索引擎优化
经营核心	页面浏览数	每次点击成本
服务重点	屏幕抓取	网络服务
管理重点	发布	参与
技术重点	内容管理系统	百度百科
核心技术	目录（分类）	标签（社会性标签）
客户重点	黏性	聚合

10.4.2　Web 2.0 的应用技术

Web 2.0 技术主要包括博客（Blog）、RSS、百科全书（Wiki）、社会网络（SNS）、P2P 等。

下面对 Web 2.0 应用技术做简单介绍：

Blog（博客）是 Weblog 的简称，是个人或群体以时间顺序所做的一种记录，并且不断更新。Blog 之间的交流主要是通过反向引用（Track Back）和留言/评论（Comment）的方式来进行的。Blog 的作者（Blogger），既是这个 Blog 的创作人，也是其档案管理人。

微博（Micro-Bloging）是一种非正式的迷你型博客，可以通过手机、IM 软件（Gtalk、MSN、QQ、skype）和外部 API 接口等途径发布消息。微博的另一个特点还在于这个"微"字，一般发布的消息只能是只言片语，像推特（Twitter）这样的微博平台，每次只能发送 140 个字符。

Wiki 源于夏威夷语的 Wee Kee Wee Kee，是一种提供"共同创作（Collaborative）"环境的网站，也就是说，每个人都可以任意修改网站上的页面资料。Wiki 站点可以有多人（甚至任何访问者）维护，每个人都可以发表自己的意见，或者对共同的主题进行扩展或者探讨。Wiki 是指一种超文本系统。这种超文本系统支持面向社群的协作式写作，同时也包括一组支持这种写作的辅助工具。Wiki 系统属于一种人类知识网格系统，人们可以在 Web 的基础上对 Wiki 文本进行浏览、创建、更改，而且创建、更改、发布的代价远比 HTML 文本小。同时，Wiki 系统还支持面向社群的协作式写作，为协作式写作提供必要帮助。Wiki 的写作者自然构成了一个社群，Wiki 系统为这个社群提供简单的交流工具。与其他超文本系统相比，Wiki 有使用方便及开放的特点，所以 Wiki 系统可以帮助人们在一个社群内共享某领域的知识。

RSS 是 Really Simple Syndication（简易信息聚合）或 Rich Site Summary（丰富站点摘要）或 RDF Site Summary（RDF 站点摘要）的简称，是一种用于共享新闻和其他 Web 内容的数据交换规范。RSS 是站点用来与其他站点之间共享内容的一种简易方式（也叫聚合内容）的技术。

Tag（标签）是一种新的组织和管理在线信息的方式。它不同于传统的、针对文件本身的关键字检索，而是一种模糊化、智能化的分类。

SNS 既可以指 Social Network Service（社会性网络服务），也可以指 Social Network Sites（社交网站）。国内 SNS 平台的代表是：人人网（校内网）、开心网、白社会等网站。1967 年，哈佛大学的心理学教授斯坦利·米尔格兰姆（Stanley Milgram）创立了六度分割理论，简单地说："你和任何一个陌生人之间所间隔的人不会超过六个，也就是说，最多通过六个人你就能够认识任何一个陌生人。"按照六度分割理论，每个个体的社交圈都不断放大，最后成为一个大型网络。后来有人根据这种理论，创立了面向社会性网络的互联网服务，通过"熟人的熟人"来进行网络社交拓展。例如，根据相同话题进行凝聚（如贴吧）、根据爱好进行凝聚（如 Fexion 网）、根据学习经历进行凝聚（如 Facebook）、根据周末出游的相同地点进行凝聚等，都被纳入"SNS"的范畴。

P2P 是英文 Peer-to-Peer（对等）的简称，又被称为"点对点"。"对等"技术，是一种网络新技术，依赖网络中参与者的计算能力和带宽，而不是依赖几台服务器。P2P 还是英文 Point to Point（点对点）的简称。它是下载术语，意思是在下载的同时，计算机还要继续做主机上传。这种下载方式，人越多速度越快，但缺点是对硬盘损伤比较大（在写的同时还要读），还有对内存占用较多，影响整机速度。P2P 的另一个重要特点是它改变了互联网现在的以大网站为中心的状态、重返"非中心化"，并把权力交还给用户。

Web 1.0 到 Web 2.0 的转变，可以概括地说，从模式上，由单纯的"读"向"写""共同建设"发展；由被动地接收互联网信息向主动创造互联网信息迈进；从基本构成单元上，由"网页"向"发表/记录的信息"发展；从工具上，由互联网浏览器向各类浏览器、RSS 阅读器等内容发展；从运行机制上，由"Client Server"向"Web Services"转变；从作者上，由程序员等专业人士向全部普通用户发展；从应用上，由初级的"滑稽"应用向全面大量应用发展。Web 2.0 的精髓就是以人为本，提升用户使用互联网的体验。

与 Web 1.0 最大的不同就是 Web 2.0 所提倡的个性化，在其中，个人不是作为被动的客体而是作为一种主体参与互联网，个人在作为互联网的使用者之外，还同时成为互联网主动的传播者、作者和生产者。

Web 2.0 的相关主题与理念的标签云图，如图 10-7 所示。

图 10-7　Web 2.0 相关主题与理念的标签云图

10.4.3　Web 2.0 环境下的消费者行为模式

1. 消费者参与传播

从信息源的角度来看，Web 2.0 带来的最大变化就是信息源的多样化，消费者也参与信息的生产和传播。在传统营销活动中，营销信息的传播模式基本上是营销人员到顾客的单向流动模式。顾客之间，由于时间、空间和心理上的距离，也很少进行沟通。在这个传播过程中，只有一个单向的信道，顾客要获得对于某种产品或者服务的信息，只得寻求营销人员的帮助。在 Web 2.0 的背景下，传统的"单信道、单向度"传播模式向"多信道、网状"传播模式发生了转变，人人都可以平等地发表自己的意见。顾客不仅可以向产品、服务提供者反馈意见，顾客之间也可以进行互动交流，在网上发布自己对产品、服务的消费体验和购后的评价。

因此，传统的营销观念必须做出很大的调整，由"发布信息"向"影响并控制信息流"转变。由传统的无差异地对待所有消费者的"大众营销"，向有差异地对待普通消费者和"信息节点消费者"的"小众营销"转变。通过在公司网站上增加博客内容，以个人的角度从不同层面介绍与公司业务相关的问题，丰富了企业网站内容，从而为用户提供更多的信息资源，在增近顾客关系和提升顾客忠诚方面具有一定的价值，尤其对于具有众多用户消费群体的企业网站更加有效，如化妆品、服装、运动健身、金融保险等领域。

2. 消费者网络社区群体

Web 2.0 的一个重要原则就是建立和依靠社会网络。网络社区群体正在逐渐向线下转移，不再只是游戏社区之类，而是进入人们现实的生活，形成了大批基于个人喜好和用户体验的相关社区。

这种网络社区具有很大的稳定性和延续性，而且在社群内部信道是十分畅通的，当意见领袖接触到某种概念时，他会将这种概念传播出去，而社群内的其他成员由于在心理上对其有好感，便会很乐意接受这些信息。当网络社群的参与者分享个人喜好或者共同体验，并通过网络跟帖或发表新帖表述意见时，浏览信息所获得的用户体验可以得到提高。这种用户体验分享的方式，达到的效果已不仅仅是单个的累加，而是几何级数的增长。

Web 2.0 带来的为数众多、特质各异的网络社区群体环境，实际上是一个个高质量的细分市场。与传统市场细分标准中的地理因素、人口因素、心理因素、行为因素四大标准相比，个人喜好和用户体验是一种更加有效的细分法则，因为喜好和体验在很大程度上直接决定了消费者的购买决策。此外，Web 2.0 也为营销人员的市场定位工作带来了极大的便利，营销人员可以根据社群的喜欢和需求来准确地理解潜在目标市场的需要和可能的购买决策过程，并利用 Web 2.0 的媒体特性来进行营销宣传。

10.5　Web 3.0

Web 3.0 是本体技术以及知识组织观念在网络空间中的延伸和深入发展，实现了更加"智能化的人与人和人与机器的交流"功能的互联网模式。

Web 3.0 强调的是任何人，在任何地点都可以创新。Web 3.0 的最大价值不是提供信息，而是提供基于不同需求的过滤器，每一种过滤器都是基于一个具体需求。如果说 Web 2.0 解决了个性解放的问题，那么 Web 3.0 就是解决信息社会机制的问题，也就是最优化信息聚合的问题。所以，Web 3.0 的核心内涵就是信息的高度整合和高度的智能化服务。

从信息媒体网络化角度分析，Web 3.0 具有以下四个方面的特征。

1. 微内容的自由整合与有效聚合

Web 3.0 将应用 Mash-up 技术对用户生成的内容信息进行整合，使内容信息的特征更加明显，便于检索。Web 3.0 将精确地对代表信息内容特征的标签进行整合，以提高信息描述的精确度，从而便于互联网用户的搜索与整理。同时，对于 UGC（user generated content，用户原创内容）的筛选性过滤也将成为 Web 3.0 不同于 Web 2.0 的主要特征之一。互联网用户的发布权限需要经过长期的认证，对其发布的信息做不同可信度的分离，可信度高的信息将会被推到互联网信息检索的首项，同时提供信息的互联网用户的可信度也会得到相应的提高。

聚合技术的应用将在 Web 3.0 模式下发挥更大的作用，TAG/RSS 基础聚合设施、渐进式语义网的发展也将为 Web 3.0 构建完备的内容聚合与应用聚合平台。将传统意义的聚合技术和挖掘技术相结合，将创造出更加个性化、搜索反应迅速、准确的"Web 挖掘个性化搜索引擎"。

2. 适合多种终端平台，实现信息服务的普适性

Web 3.0 的网络模式将实现不同终端的兼容，从 PC 互联网到 WAP 手机、PDA、机顶盒、专用终端，不只应用在互联网这一单一终端上。

最初的 Web 2.0 在使用终端上还有一些限制。Web 3.0 新的移动终端开发技术使各种终端的用户群体都可以享受到在互联网上自由冲浪的便捷。

3. 良好的人性化用户体验以及基础性的个性化配置

Web 3.0 同样以人为本，将用户的偏好作为设计的主要考虑因素。Web 3.0 在对 UGC 筛选过滤的基础上同时引入偏好信息处理与个性化引擎技术，对用户的行为特征进行分析，既寻找可信度高的 UGC 发布源，又对互联网用户的搜索习惯进行整理、挖掘，得出最佳的设计方案，帮助互联网用户快速、准确地搜索到自己想要的感兴趣的信息，避免了大量信息带来的搜索疲劳。

个性化搜索引擎以有效的用户偏好信息处理为基础，以用户进行的各种操作及用户提出的各种要求为依据，分析用户的偏好。将偏好分析系统得出的结论归类到一起，在某一内容主题（如体育）方面形成一种内容搜索的聚合、推送，达到更好地满足用户搜索、浏览的目的。

4. 有效和有序的数字新技术

Web 3.0 将建立可信的社交网络，可管理的 VOIP（Voice Over Internet Protocol，语音协议）与 IM（即时通信、实时传信），可控的 Blog/Vlog/Wiki，实现数字通信与信息处理、

网络与计算、媒体内容与业务智能、传播与管理、艺术与人文的有序、有效结合和融会贯通。

Web 2.0 模式下的网络社交平台，只是简单地将人与人通过互联网这一平台连接起来。利用互联网在社交网络平台上结交朋友，并不能确保注册信息的可靠性和有效性，并不是每一次交际圈的扩展都会带来相应的利益需求。这一过程将会导致本身信息的外泄和零乱、不可靠信息的泛滥，这些都违背了人们想利用互联网来扩展人际交往的初衷。这一问题在 Web 3.0 模式下，将通过对用户的真实信息的核查与认证来解决。高可信度的信息发布源为以后交际圈的扩展提供了可靠的保障。与此同时，人们在交际的过程中，也可以更迅速地找到自己需要的人才，并且可以完全信任这些可信度高的用户提供的信息，利用这些进一步扩展对自己的有利的交际圈。

Web 3.0 模式下可管理的基于 IP 的语言传输（Voice Over Internet Protocol，VOIP）与即时通信，同样为互联网用户的使用提供了方便快捷的服务方式。可信度越高、信用度越好的用户发布的信息越会被自动置顶，这既提高了信息源发布者的可信度，又使这些有用、真实的信息更快地出现在用户面前，发挥信息的最大效力，提高了信息的使用率，降低了信息查找的时间损耗。

Web 3.0 模式下可控的博客（Blog）/视频博客（Vlog）/维基（Wiki），同样也是为了提高消息的利用率与查找信息的便捷性而生的。这些在 Web 2.0 模式下允许用户随意发布的 Blog/Vlog/Wiki 会使网络上堆积大量杂乱无章的信息，为用户的搜索带来极大的不便。由此，Web 3.0 提出了"可控"这一概念，使信息的发布与使用连接起来。如果想搜索高可信度的信息，可以点击可信度高的用户撰写的 Blog/Vlog/Wiki，这实现可信内容与用户访问的对接，提供了可靠的保障。

案例：知识付费

互联网改变了人们的学习方式，也使人们提高了学习效率。但是面对网络上"泥沙"俱下的知识碎片，迫切需要专业的内容平台对知识内容进行筛选、组织，向知识获取者提供更有价值的信息。

近年来，在资本的助推下，喜马拉雅、得到、知乎等内容平台纷纷崛起。知识付费不仅满足了都市年轻人对知识的渴求，而且是人们消费观念升级、版权意识增强的一个缩影。

数据显示，从 2015 年至 2021 年，我国知识付费市场规模呈逐年上升态势。2015 年知识付费市场规模为 15.9 亿元，2019 年其市场规模持续增加到 278 亿元，2022 年超过 600 亿元。

缓解时代加载在都市年轻人身上的焦虑是知识付费的商业逻辑。生活、工作、学习倒逼用户不得不采用这种方式增长知识。在北京、上海、广州、深圳以及一些经济相对发达的城市，年轻人都很推崇知识付费这种新潮的生活方式。理由很简单：上下班路途时间长，职场压力大，知识付费平台可以提供碎片化时间场景下的学习内容，随时随地为自己充电，极大地缓解了职场焦虑。得到的创始人罗振宇正是看到了用户侧的强烈需求，才创办了得到。"大家需要的其实是碎片化的学习场景。"罗振宇说，得到的核心理念就是为用户节省时间、提高效率。通过每天短短的 20min，让用户学知识、长见识、扩展认知，实现终生成长。"真知灼见"是一款致力于传播金融管理知识的在线学习平台。创始人李路飞对职场人的焦虑感同身受。他认为，对于知识的投资永远是回报最高的，焦虑感将使知识付费行业逐步爆发。

知识付费的关键是"内容创新能力＋持续服务能力"。专业的内容平台会帮助用户整合头部知识提供者，平台相当于为知识获取者提供了中介服务，代替他们去筛选、组织知识内容。为此，知乎推出了"获得感"社区内容标准，强化社区治理并更新流量分发机制，对那些能够使用户开阔眼界、带来帮助和产生共鸣的内容给予 2 倍以上的流量曝光，希望用充满获得感的内容来帮助用户找到自己需要的解答，并获得正向的感受和体会。根据获得感标准，知乎将给科学领域内容加大曝光权重，把优质的科学内容传递给更多用户，同时为创作者提供更大的成长空间和商业价值。据悉，在新标准内测阶段，知乎的知识技能观点类答主数量提升了 259%，视频数量增加 791%，知识技能观点和解释类答主收益大幅提升 200%。

围绕声音分享智慧的喜马拉雅则通过智能生态的建设来提升平台的服务品质。近年来，喜马拉雅逐步加大对汽车、智能家居、智能音箱、智能穿戴等硬件终端的布局。数据显示，喜马拉雅已经与阿里、百度、小米、华为等企业达成合作。此外，60 多家车企也植入了喜马拉雅的车载内容，满足了用户随时随地"听"知识的需求。为了确保高质量的内容持续供给，喜马拉雅通过专业生产内容、专业用户生产内容、用户生产内容三种模式构建了稳定的金字塔结构供给模型。丰富的内容布局也是喜马拉雅深受用户喜爱的原因之一。通过与超过 140 家出版社及包括阅文集团在内的 90 多家网文平台的长期合作，喜马拉雅拥有了大量音频改编市场的优质资源。

流量红利期已经过去，摆在行业面前更大的问题是如何用优质内容留住用户。每一个内容平台都应该找到适合自身禀赋的成长模式，知识付费的未来，依然尊重内容为王的发展规律。

（案例来源：消费观念升级 知识付费方兴未艾，https：//ent.cnr.cn/ywyl/20211007/t20211007_525625773.shtml，有删改。）

拓展学习：电商创新创业项目策划

导言：

中国"互联网＋"大学生创新创业大赛，是由教育部与政府、各高校共同主办的一项技能大赛。大赛旨在深化高等教育综合改革，激发大学生的创造力，培养造就"大众创业、万众创新"的主力军；推动赛事成果转化，促进"互联网＋"新业态形成，服务经济提质增效升级；以创新引领创业、创业带动就业，推动高校毕业生更高质量创业就业。

请扫描二维码，登录中国"互联网＋"大学生创新创业大赛，观摩学习优秀案例，结合电商课程所学，策划一个创新创业项目，并撰写该项目策划书。

全国大学生
创业服务网

思 考 题

1. 画出网上商店的基本流程图。
2. 叙述淘宝网开店的基本步骤。
3. 叙述在微信开微店的基本步骤。
4. 列举主流的微店系统。
5. Web 2.0 有哪些典型的应用技术?
6. 总结 Web 3.0 具有哪些特征。

第 11 章 电子政务

运用计算机、网络和通信等现代信息技术手段,实现政府组织结构和工作流程的优化重组,超越时间、空间和部门分隔的限制,建成一个精简、高效、廉洁、公平的政府运作模式,以便全方位地向社会提供优质、规范、透明、符合国际水准的管理与服务,是电子政务的基本目标和任务。

本章主要分析电子政务的分类、作用和发展目标,介绍美国的联邦企业架构模型,分析国内外电子政务的发展情况和趋势。

11.1 电子政务概述

相对整个电子商务进程来说,我国在电子政务方面的发展起步较晚。在 20 世纪 40 年代,信息科学逐步渗透各个领域的应用研究,而到了 20 世纪 80 年代,政府才开始集中投入办公自动化与信息管理。在 20 世纪 90 年代初,由美国总统克林顿首次提出了"电子政务"的概念,全球电子政务的发展自此才正式拉开了序幕。

11.1.1 电子政务的概念

所谓电子政务,就是政府机构运用现代信息和通信技术,通过互联网对信息进行管理操作,做到信息集成化处理,优化组织结构和业务流程,同时以各类信息服务设备为基础,使各类社会对象超越时间和空间的限制,提供自主化服务,为社会建立一种透明规范化的政府机构管理方式。

电子政务是通过互联网的方式,让任何人都能够访问政府网站,与政府直接沟通交流,这是跨越了邮件、电话等传统媒介的新形式。政府的信息化巧妙地使用电子技术,为普通市民、商业伙伴、公务人员等铺好了一条通往自身核心的专门渠道,这不仅仅有利于政府部门的自身发展,做到业务整合和流程改善,更重要的是,进一步加强了政府部门与市民个人、企业商家之间的信息反馈作用,综合提高了政府的服务能力。

11.1.2 电子政务的类型

电子政务按主要传递对象进行分类,可以分为四类:面向市民/消费者的政务(Citizen-

Oriented Governance)、面向商业的政务（Business-Oriented Governance）、面向政府机构的政务（Government-Oriented Governance），以及面向公务人员的政务（Employees-Oriented Governance）。以上四种类型的电子政务一方面主要是通过互联网作为信息传递的渠道，例如发布节假日安排、重要通知等；另一方面也是实现了双向沟通，同步开展了对内网上政务和对外在线服务。

1）面向市民/消费者的政务，主要是针对社会公众，推行公共服务的政府机构政务建设。目前，国内外电子政务的着重点都是以面向市民作为电子政务的发展目标，以拉近政府机构与公众之间的关系，提高公众认可度作为发展方向，将公共服务全面有效的整合集中，把推向社会公众每个人作为电子政务的发展准则。

2）面向商业的政务，主要是针对政府机构的合作对象，在机构和各类商业部门之间建立一种非商业的互动机制，推进双方业务往来，提高信息沟通效率的政府服务方式。

3）面向政府机构的政务，主要是通过建立政府机构之间的相互联系，从而提供一个服务公众的统一平台。现阶段政府机构之间的政务合作主要在教育、医疗、人力资源等方面展开，同时也连同面向市民政务与面向商业政务一起，建立单个或多个机构的合作关系。

4）面向公务人员的政务，主要是一种在线或非在线的机构内部或机构之间的人员业务服务往来。

11.1.3 电子政务的作用

电子政务的具体实施对各个政府机构的影响是极其深远的，信息技术的普及已经从单一的数据信息处理，深化到政府机构之间、机构与个体之间的牵引，在电子政务的发展过程中，这个演变是显而易见的。从20世纪90年代开始推行电子政务起，越来越多的国家政府意识到了政府信息化的重要性，它所带来的变革与挑战也被逐渐接受。

电子政务所实现的意义和价值，体现了其在各个方面的综合影响力。

1. 信息资源集成整合，组织业务优化重组

在政府机构中，信息化渗透的第一步就是从数据处理和信息管理开始，随着政府信息化的成熟运用，各级政府机构收集的信息资源和各类数据碎片不断积累，形成了一定规模的政府信息资源。但是与此同时也出现了一个问题，各个领域、机构之间的信息冗余现象十分严重，并产生了"信息孤岛"。借用政府机构的统一平台，能够对各级政府的信息资源进行标准的分类整合，继而实现信息资源的统一标准化、独立共享化。传统上，政府的组织结构呈现金字塔式、逐层堆叠的模式，在信息传递的过程中容易产生重复成本和信息失真的可能性，极大地降低了政府工作的整体效率。政府机构的划分准则较为复杂，业务模块往往交叉重复，信息流也被分割成极为复杂的交接循环。

电子政务的开展，形成了办公无纸化模式，明显提高了各级政府机构的信息下达效率和准确性。信息技术的进一步深入，也改变了传统意义上的信息逐层传递的方式，因为组织结构开始向扁平化、网络化过渡，建立的信息渠道实现了跨层级、跨机构、跨部门的特点，做到了点对点的直接沟通交流。政府业务流程通过电子政务的信息技术支撑，克服了机构部门之间的物理空间隔阂，直观地从业务流程出发，以发散式的方法塑造整体业务活动，这种精

简化的协同办公真正优化了政府的组织结构和业务管理，提高了整体效率，降低了在财力和人力方面的投入成本。

2. 政府职能规划转型，综合能力得到加强

自电子政务推行以来，政府职能逐渐从管理型政府转变为服务型政府，业务重心从自上而下的信息传递转变为从内而外的服务提供，工作对象从工作本身转变为社会公众。这是自电子政务概念产生之初，最为明确的政府转型目标，建立了"以服务社会公众为中心"的政府管理理念。全球在电子政务的发展过程中，也始终贯彻了这个唯一不变的原则。

这一管理理念主要的核心是"公众为中心"，根据国家体制、政府机构性质决定具体实施方式。不同国家中央政府的电子政务理念，都是在以公众为服务对象的基础上，进一步发展产生的。日本所倡导的公共服务理念是"无处不在（Ubiquitous）"，它是基于构建基础设施创建整个网络环境，连接业务涉及的人、事、物，从而跨越时间和空间的限制。韩国推行的是"透明的政府"，通过互联网等通信技术集合各个政府平台，使公众同时得到大于一个平台的公共服务，最重要的是公众有了参与政府决策的权利，做到了政府机构的透明化民主管理。

政府在通过转变管理理念成功实现转型之后，公共服务的整体水平已在原有的基础上得到了提升，通过多方位的政府职能整合，公众个体、商业伙伴以及社会都从中获得了益处。

3. 响应速度、力度提升，公众认可度提高

一方面，政府机构通过统一的平台与机构外部的个人、企业等进行直接互动交流，信息达到了直接接收和反馈，激励了公众对政府公共事务的积极性。在政府平台同时反映政府施政的举措和公众的回应，政府能对公众普遍产生的问题做到快速响应，及时对合理建议纳入相关政策进行参考，而公众也能参与政府决策，两方都借助于网络通信技术做到有效沟通，这有助于提升政府在公众社会中的认可度。

另一方面，从电子政务的核心以及管理理念可以看到，公众的满意度是政府机构在进行政府信息化阶段迫切渴望获得的。政府信息的公开化、业务流程的透明化、公共服务的精简化让公众参与诸多政府原本内部执行的环节，电子政务的推行让个体、企业与社会都有机会对政府机构的执行水平和能力起到监督作用，这样的举措提升了政府的公信力。

11.2 国外电子政务应用

11.2.1 美国

美国是第一个提出电子政务概念并大规模切实推行电子政务普及的国家，也是率先对电子政务战略做出调整的国家之一。在初期，美国也遭遇了大多数国家在开展电子政务时出现的问题，例如政府部门之间自然形成的"信息孤岛"，缺乏统一的平台作为独立的机构和系统的沟通桥梁，政府部门没有激励机制促进积极的信息资源共享，以规避可能发生的利益冲突。

自2001年起，美国政府开始组建团队，通过分析研究，成功地提出了一整套应对方案和

一系列极具针对性的解决方法,其中最成功并且被其他国家学习效仿的,就是美国联邦企业架构(Federal Enterprise Architecture,FEA),这是一个针对整个联邦政府的跨机构部门的通用架构,可以被认为是美国电子政务整合统一的重要基础。这里需要阐明的是,联邦企业架构中的企业并不是指普遍意义上以盈利为目的的公司团体,而是更广泛意义上的只具有一个统一目标的组织。联邦企业架构模型如图 11 -1 所示。

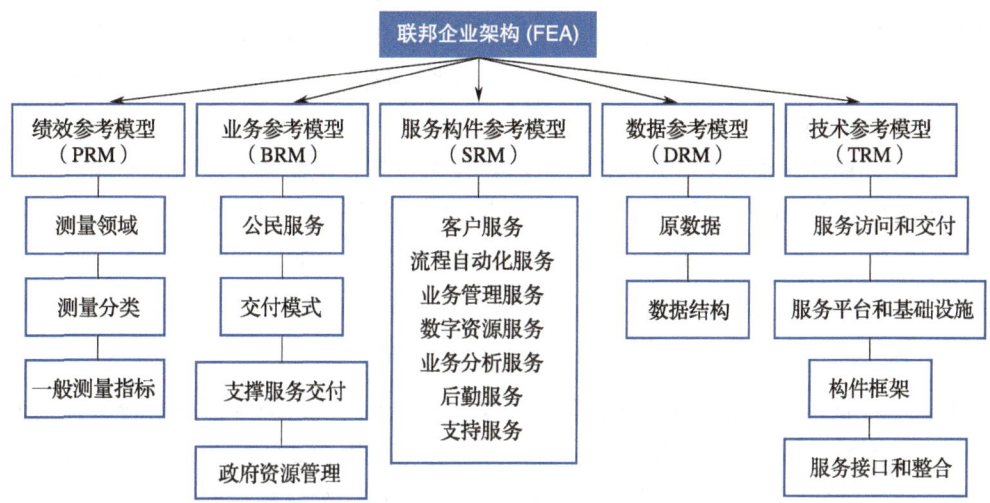

图 11 -1　联邦企业架构模型

如图 11 -1 所示,联邦企业架构模型主要由五个参考模型组成,分别是:绩效参考模型(Performance Reference Model,PRM)、业务参考模型(Business Reference Model,BRM)、服务构件参考模型(Service Components Reference Model,SRM)、数据参考模型(Data Reference Model,DRM)和技术参考模型(Technology Reference Model,TRM)。

1. 绩效参考模型(PRM)

PRM 是整个 FEA 联邦企业架构中最重要的一个参考模型,是针对电子政务的最终对象公众、企业以及其他政府机构的满意度所设立的绩效评估体系。绩效参考模型有三个部分:测量领域(Measurement Areas)、测量分类(Measurement Category)和一般测量指标(Generic Measurement Indicator)。

整个 PRM 通过获取各领域的绩效数据(包括任务和业务成果、客户成果、流程和活动、人力资本、技术以及固定资产六个领域的数据),在各自测量领域内对数据按属性和特征做测量分类。例如,任务和业务成果中的分类有公民服务、支持服务的交付和政府资源管理。最后确立一般测量指标,详细的指标数据可以根据政府机构的具体情况各自确立,无须进行统一制定。

PRM 在 FEA 中扮演着与政府服务对象直接相关的角色,通过建立起一系列的成果标准,为政府机构和各部门提供统一的测量准则,具体解释了业务流程和业务成果之间的关系,为提高机构部门的运作效率指出了详细的决策方向。

2. 业务参考模型(BRM)

BRM 在联邦企业架构中起到梳理业务流程和优化组织结构的作用。在系统性地提出 BRM 之前，推行电子政务经常遇到部门业务重复和信息冗余严重的问题，而 BRM 正是针对业务流程本身进行重新规划整合，而不是如同以往对政府部门做设置划分。

整个业务模型分四个部分进行运作：公民服务、交付模式、支撑服务交付和政府资源管理。BRM 通过内部资源的管理，按照业务的性质对信息和数据做标准化处理，政府机构和部门为了提供最终的公民服务，选择合理的方式和路径，建立专门业务机制，将服务和信息送达公民、企业或其他政府机构。

BRM 在建立业务流追踪时，可以跨越政府机构的界限，模糊政府部门的职能区分，根据业务的具体内容做集成化信息处理，设立统一的对外服务平台，为政府机构的不同部门提供相互合作的契机，同时为整个社会减少政府的重复投入，提升职能部门的运作效率，实现动态的业务流程改造。

3. 服务构件参考模型(SRM)

SRM 是针对业务或绩效进行划分的模型架构，从业务出发对服务性质进行类别划分，最后提出七种服务领域。这七种服务领域包括客户服务、流程自动化服务、业务管理服务、数字资源服务、业务分析服务、后勤服务和支持服务。SRM 针对这些服务领域根据功能在业务层面继续细分，得出了 29 个服务类型构件，详细地对业务流程和业务功能进行了组成分析。SRM 服务构件参考模型是在业务构成的服务构件基础上，深入分析服务构件的业务流程，挖掘服务的功能性作用。

4. 数据参考模型（DRM）

DRM 是 FEA 中的基础性模型，通过对数据信息的分类以及加入业务参考模型的融合，达到跨政府部门限制的信息共享，建立起基于数据标准的统一业务服务平台。此模型中主要分析原数据的数据结构，根据数据元素的不同性质做类型划分，结合业务流的数据应用做集成化处理，在数据层面上实现业务流程的畅通，在政府部门之间无障碍地进行信息共享，最终呈现标准化数据协作业务流程的统一平台。

5. 技术参考模型（TRM）

TRM 是 FEA 中的实现工具，是现代通信和网络技术支撑电子政务体系的框架模型，建立了政府机构和部门实现电子政务的技术标准和规范，在硬件产品和软件系统的应用上，给予具体的规格和规范准则。

TRM 有四个核心内容：服务访问和交付、服务平台和基础设施、构件框架，以及服务接口和整合。TRM 主要是从技术层面上为服务构件提供具体接入方法，引导政府机构和部门正确衔接服务框架。

FEA 的建立，为政府提供了一个开展电子政务的统一平台。美国政府之后基于 FEA 开发的联邦企业架构管理系统（FEAMS），则是将电子政务的推行延伸至政府各部门的雇员身上，每个雇员皆可通过管理系统成为整个国家电子政务框架中的信息源和信息共享者。

除了实现在上文中提到的一些作用外，美国更是成为全球电子政务开展中的先锋模范，其率先推行了透明化的政务公开模式，为公众社会提供包括政府领导人演讲、政府工作最新动态等的重要信息，加强了政府和公众之间的纽带联系。政府服务出现了既细分又统一的特性，虚拟政府的职能力度更为强大，行政成本的大幅度降低弥补了电子政务推行的难度。在推行的初期阶段，美国政府减少了 20 多万人力，1000 多亿美元的开支。美国电子政务建设的核心理念就是"以公众为中心"，通过管理体系的建设，组织架构的成熟完善，逐年推进电子政务的开展，始终将自己摆在电子政务建设佼佼者的位置之上。

11.2.2 英国

如同美国在经历电子政务建设时提出了联邦企业架构（FEA）的国家电子政务总体框架，英国在政府机构和部门出现"信息孤岛""信息冗余"现象时，也相继发展出了一系列应对措施，形成了一套完整的国家电子政务设计部署框架，即电子政府互操作框架（E-Government Interoperability Framework，E-GIF），用以指导电子政务建设中信息的阻塞效应，增强政府部门之间、政府公众之间信息的互操作性。

英国政府在 2000 年 9 月发布了初版的 E-GIF，随后每 6~12 个月进行改版，政府部门逐渐将重心从基础政务运营转向对外公众服务的提升上。可以说，E-GIF 是英国所有电子政府建设的核心主线和发展基础。E-GIF 主要是为了突破政府机构和部门之间信息的畅通传递，来满足公众、企业和其他政府部门的需求，提供更为人性化的服务。英国政府在制定 E-GIF 的同时，通过发布一系列的相关标准规范，统一信息系统的标准化进程，共享架构内涉及的信息数据，以实现政府内部和外部对象互操作的目标。

E-GIF 的核心就是建立一套完整的标准体系，解放公众和政府部门之间信息的传递和互操作性。E-GIF 和标准体系的核心内容包括：①发布并强制执行电子政务的建设原则，统一电子政务建设的技术标准，以 XML 语言进行数据交换和整合，从四个方面系统连接、数据整合、原数据管理、服务访问入手对技术标准分类，实现规范的互操作标准。②建立相关的组织机构专门负责建设框架和沟通人员，时刻反馈信息和意见。③持续关注互联网技术的发展，保证标准体系同步更新。

以标准体系为核心的 E-GIF 具体建设步骤分为六步，如图 11-2 所示。

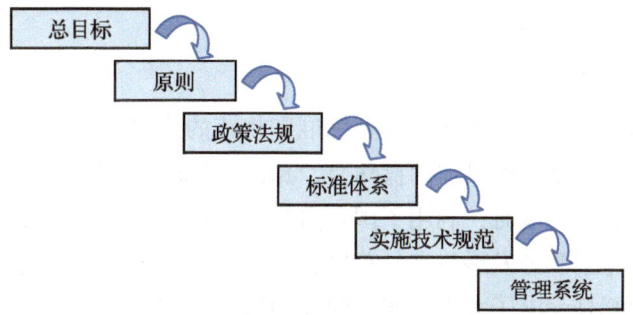

图 11-2　以标准体系为核心的 E-GIF

1. 设立国家电子政务建设的总目标

英国政府分析本国的具体情况：国家在公共管理方面已经相当成熟，以公众为中心的电子政务理念也十分明确，当前首要的便是在信息化高水平的基础上，进一步发展政府网站的对外服务，将整个政府与公众之间的业务运营放到虚拟空间中，实现其一直秉持的"英国在线"战略，政府 24 小时为公众提供服务。

2. 设立国家电子政务建设的原则

根据国家电子政务建设的总目标，英国政府设立了多个原则体系，指导电子政务建设的具体方向。在总目标的指引下，政府设立了以公众为中心、降低成本、优化政府部门结构、部门职能整合的总体原则，并在此基础上针对细分后的机构部门，又设立了一系列的具体原则，包括：统一标准原则、开放源代码原则、强调实用与共享原则。

3. 制定国家电子政务建设的政策法规

从电子政务建设的原则出发，英国政府提出了能保障 E-GIF 具体落实的法律法规：一方面发布总体的政策法案以推动电子政务的建设，另一方面制定了技术指标，用以规范标准体系实施的技术问题，涉及无线局域网、数字电视、安全等诸多技术领域。在这两个方面制定了合法的政策法规后，基于标准体系的 E-GIF 建设，也有了更详细的指导准则，为电子政务的推动提供了法律依据。

4. 建立国家电子政务建设的标准体系

标准体系的构建要完全遵循国家电子政务建设的总目标和原则，合乎电子政务建设的技术法规，围绕国家电子政务的核心持续深入地完善。标准体系的建立要强调互操作性的实现，不可将无关的技术标准规范强行实施。英国政府还特别引进了国际互联网开放标准，采用 XML、XSL 语言作为核心标准，大幅降低了系统建设的维护费用和风险，同时与全球互联网标准做到了规范统一。

5. 制定标准体系的具体实施技术规范

标准体系的建立为国家电子政务的建设提供了总体上的实施技术规范，但在实际问题中，不同政府机构和部门可能还需要制定进一步的实施技术规范。在 E-GIF 中，制定实施技术规范可能是最主要也是工作量最大的任务之一。

6. 开发国家电子政务管理系统

在总目标和原则的指导下，逐渐具体到标准和规范的建立，最后即是开发一个统一的平台将电子政务的核心内容落实到具体的操作上，真正实现政府部门的公众服务完全虚拟化。

英国在推行电子政务发展时，利用了国家自身良好的基础和信息资源技术，形成了有别于其他国家的独特的电子政务发展特点。英国在决定开展电子政务之后，迅速建立起了一支强大的领导团队，包括任命电子大臣一职、建立内阁办公室下的电子政务部，负责电子政务和电子商务的发展建设，每周首相都能收到国家信息化工作的发展情况。英国政府为了保障电子政务开展的核心"以公众为中心"，着重推进了政府接入口的服务。英国公众通过网络即能了解住房、医疗、税务等保障体系的个人情况。

英国电子政务的发展力度和深度是值得学习的，启用标准体系为核心的国家电子政务建设的方法极具参考价值，将公众的需求作为推动电子政务发展的出发点，根据国家的基础实力和投资能力，调节国家战略目标，与全球国际互联网标准对接，是加快电子政务发展的重要参数。

11.2.3 新加坡

新加坡在 2000 年进入发达国家行列，作为一个面积仅 600 多平方公里，人口 500 多万的城市国家，却曾经连续五年在埃森哲《全球 IT 报告》中列为全球三大最佳电子政府之一，可见其在电子政务发展领域内所占据的领先地位。

新加坡对国家信息化建设一直保持着高度关注，从 20 世纪 80 年代初政府开始先行将信息技术融入政务应用和民众应用上，90 年代后期大力开展基础设施建设，致力于电子化信息普及，随后把政府电子服务的概念提升至"电子政府"的创建上来，全面推进了国家电子政务建设的脚步。分析新加坡电子政务成功建设的实例可以看到，新加坡政府对开展电子政务建设的力度、投入和执着是不可忽视的，建设过程中的总规划、总理念、管理方法、运行机制等细节筹备也是经过仔细推敲的，因而值得借鉴。

1. 服务全面集中、机构高度整合

如同其他国家电子政务建设制定的核心目标，新加坡政府也本着以公众为中心的服务理念，决定统筹政府机构的服务内容，提供一个"一站式"电子政务系统。然而，原先的政府网站分别是由其政府各机构部门独立建设的，业务也是按照部门的职能进行划分走向，这就为公众制造了很多不便，因此新加坡政府在原有的基础上，建立了一个政府中心网点，所有的政府服务都需要通过其引导，也就是之后提出的一个电子政务建设战略核心目标："多个机构，一个门户。"

对外服务的流程设置与不同机构之间的业务流如何达到协调合作，这是当时急需解决的难题之一，而本着新加坡政府核心目标的指导，最终将电子政务总体规划大体分为三大部分：电子市民中心、政府电子商务中心和商务中心站点。

1）电子市民中心，主要针对新加坡公民个人提供全程服务，其内容涵盖了医疗、教育、休闲、工作。一个人从幼年到老年，此中心网站都能进行阶段性的指导帮助。当前，对于新加坡市民和居民的政府服务包括：文化、娱乐与运动，国防安全，教育、学习与就业，家庭及社会发展，医疗与环境，住房，交通与旅游七个主要方面的服务内容，甚至提供个人财务税务查询、宠物许可证在线缴费、手机服务等支付业务。

2）政府电子商务中心，主要是针对政府项目向新加坡企业进行在线采购的服务站点。站点整合了政府各机构部门的财务系统和采购软件，一方面为政府提供一个较为齐全的供应商和投标商选择，更主要的是为企业减少了经营成本，提供了全球性的商业机会。

3）商务中心站点，主要是针对企业提供一站式服务的平台。一家新兴企业从注册、经营到最后消失都可以通过商务中心站点办理业务，而无须亲临政府机构，很大程度地简化了

业务办理手续。例如，站点内的网上企业注册系统（Registry of Company and Businesses，RCB）。任何一家国内公司只要在RCB注册即被认为合法有效，注册文件都只需用电子文档形式传送，这为企业提供了极大的便利，也节省了政府的业务工作。

2. 推行力度稳定、重视程度不减

在新加坡开始投入电子政务推广建设时，首先就是为所有公众提供一个未来与政府直接接触的桥梁，硬件设施的完善是开展电子政务，普及全民信息化的首要前提。新加坡政府通过信息交换技术（Information Communication Technology，ICT）计划及其他措施，实现了网络宽带覆盖99%地区，所有高校铺设有线或无线局域网。同时，政府积极出资改善家庭上网环境，解决由于收入、语言、信仰等不同而产生的信息不对称问题。新加坡政府针对公众信息化水平不同，也相应地提供了前期培训，设立了帮助指导中心，制订了电子政务教育计划，任何一名新加坡公民都要接受信息技术和互联网应用教育，让电子化生活进入所有人的视野。

从宏观战略上看，新加坡政府也在构建电子政务的未来发展方向和远景。其先后推出了五个信息交换技术ICT计划和3个电子政府计划，每三个季度反馈实施效果，及时更正具体方案。政府持续性地提出电子政务发展规划，整体把握新加坡未来5~10年的发展方向。可以说，新加坡政府针对国家的特性，开发出了一整套较为完善的电子政务规划方案，从管理理念、领导机制、施行体系都进行了持之以恒的深入研究，使新加坡政府信息化的进程迈进了一大步。

11.3 国内电子政务应用

纵观我国政府在电子政务方面开展的历史进程：1999年，由中国电信和多个政府机关部门牵头的"政府上网工程"正式启动；2001年，重新组建由朱镕基总理为组长的国家信息化领导小组；2002年，中共中央办公厅、国务院办公厅下发《国家信息化领导小组关于我国电子政务建设指导意见》的通知，提出要把电子政务建设作为今后一个时期我国信息化工作的重点，政府先行，带动国民经济和社会发展信息化；2006年，面向整个社会负责对外窗口的中国政府网正式开通；2007年，通过了《中华人民共和国政府信息公开条例》对电子政务规范建设做进一步管理；2009年，国家电子政务外网（一期）建设初步完成，以公众为中心的电子政府服务构建的重要性更为明确。

虽然我国电子政务建设的起步晚于不少国家，但是重视程度却不低，发展的速度和取得的成绩也是有目共睹的。我国的政府信息化从零开始，正一步步逐渐缩短与世界位居前列国家之间的距离，从政府门户网站的初步建设转向以应用服务为主旨的政务整合阶段。随着我国信息技术的成熟发展，必将摆脱早期建设的技术障碍，以提供更人性化的服务为总目标，规划性地对我国电子政务建设指引未来的前进方向。

11.3.1 上海

作为国内商业化程度和国际声誉都较高的大都市上海，在我国电子政务建设的初期也是

全国第一批开展政府信息化工程的试点城市，如今上海在电子政务领域的建设成效也占据了国内领先位置。上海根据中央针对电子政务发展的部署纲要，建设了"中国上海"政府门户网站，在联合国公布的一项世界政府网站评比中，上海曾在 81 个互联网用户比例较高的城市中综合排名第三。

上海在电子政务建设初期已经对大部分政府机构部门单独建立了各自的系统，并且主要还是针对各部门管辖的业务范围，但是由于建设的独立进行造成系统的融合性欠缺，各自的系统结构侧重点不同，使上海市政府在希望进一步统一整个政府网络平台时，遇到了前所未有的困难。无论是内部业务的整合、资源信息的共享，还是对公众服务项目的疏通，建立一个跨部门、跨系统的一站式虚拟政府门户网站都成为一个任重而道远的目标。但是，这期间上海市政府还是通过一步一步地从总体战略落实到细节步骤的方法，将上海电子政务建设的脚步持续推进。

"中国上海"作为上海市政府的门户网站，实现了政府信息化的总部署和服务于公众的总主旨，初步整合了网上虚拟政府的内外工作，如图 11-3 所示。

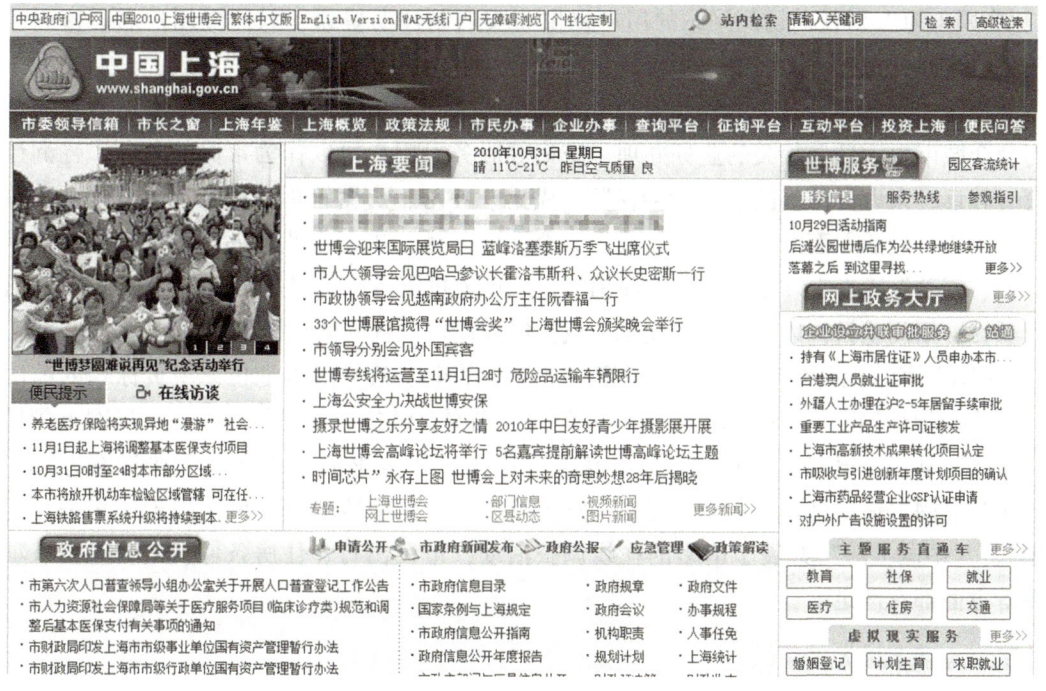

图 11-3 "中国上海"门户网站主页

1. 统一机构部门，公开化政府信息

"中国上海"力求成为上海市政府的综合平台，一系列机构部门的网站入口都位于主页的显目位置，包括市政府部门网站、区县政府网站、本市重要机构网站、友好城市网站，以及国家中央部门、其他省级政府与城市网站。同时，针对子网站的发展要求和绩效评估，"中国上海"特设子网站的访问统计，方便政府内部人员和外部公众对市级各部门和区县网站监督评价，通过委办局和区县两个对象分类，具体对管辖下的部门网站做页面访问量、信

息报送统计的排名。

"中国上海"网站的一大特点就是综合上海市政府的各类信息，整合发布市政要闻，做到公开的信息对政府公务人员和普通市民都有一定价值。政府部门有专门的政府信息公开指南作为指导申请公开信息，市级各部门可通过"中国上海"网站平台进行信息推广，同时提供一系列政府政策信息和规范条例的查询。政府信息的公开化，让政府公告文件、颁布的政策法规都有迹可循，政府的运行水平都能从政府财政报告或其他重要年度数据中体现，公众对政府的执行能力有了更具体的监督依据。

政府信息的公开化不只是面对上海市民和政府人员，更是面向上海这个城市的访客。上海城市新闻、各类专题报道、针对来沪人员的政策发布，都是将访客带进上海这座城市整体环境的媒介与桥梁。

2. 公众拥有独立平台，参与互动性增强

作为国内服务型电子政务的成功代表，上海市政府的"中国上海"门户网站为民设想的公众服务更加具体周全，与国外领先的电子政务模式连接的更紧密。

"中国上海"对任何访问网站的用户提供非实名制注册登录，只需要用户名、密码、类型三项内容即可拥有个人平台，平台内包括上海地图、办事指南、政策法规、公众热键、表格下载、便民问答等以政府对外业务为主要分类标准，以公众个人服务为出发点，具体落实了与公众城市生活息息相关的业务办理、查询等服务。用户可以作为市民的角色，咨询计划生育、教育、人力资源、就业、社会保障、婚姻、住房、户籍管理、养老保险、死亡殡葬等几乎涵盖所有生活方面的政府工作，或作为企业的角色，进行企业申办、财税管理、知识产权保护、劳动保障、人才培训、破产注销等，或作为投资者，了解上海投资新闻、招标公告、重点项目、招商项目，以及各项产业基地或具体到地理位置的区县投资项目。

"中国上海"把公众与政府的沟通摆在了重要的电子政务战略地位，主页标题的前两位是"市委领导信箱""市长之窗"，更有专门的互动平台链接市政府各委、办、局网上领导信箱，各区、县、街道（乡镇）网上领导信箱，市人大代表书面意见和市政协提案办理，市委、市政府网上信访受理（投诉中心）。公众与政府的互动活动也不再仅限于一来一往的邮件形式，"中国上海"开展了诸多的在线调查活动，市民出行、住房条件、市政府实事项目征集等方面都有涉足。

3. 公众服务成为主导

"中国上海"的建设推动着全市各级政府部门的门户网站运作，相继落实的公安、财政、工商、社会保障、税务等网站，为政府全面展开网上服务提供了扎实的基础条件。政府工作的网络化运营也有条不紊地展开，各种在线咨询、业务处理、结果查询、监督反馈都得以实现。

虽然上海在职能部门电子政务上已经做到"人有所需，必有所应"，但是如何对前台服务进行简化操作，将细分的业务转移至后台职能部门之间的合作整合，这也是几乎所有国家电子政务建设发展中遇到的瓶颈问题。"中国上海"在面临这一道门槛时，也是逐步推进建设进程，在尽量不影响部门独立系统运作的前提下，不断尝试改变政府运作的模式，通过信

息技术的支撑来把握政府门户网站的发展方向。"中国上海"除了在个性化窗口提供网上实事办理之外，门户网站也通过对主题的分类将服务内容多模块化，有主题服务直通车、虚拟现实服务、百件实事网上办等，任何用户点击相关主题都可进入办理大厅进行操作，具体如图 11-4 所示。

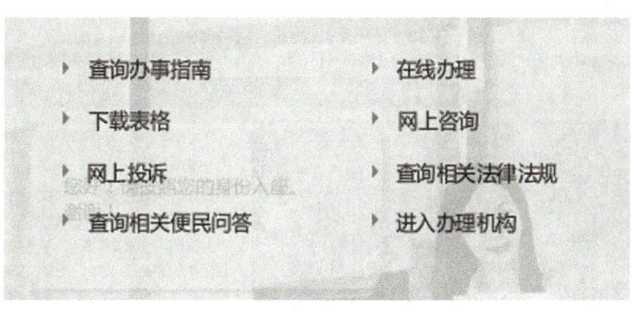

图 11-4 "中国上海"办理大厅业务

"中国上海"作为上海市政府的门户网站，集合上海各政府机构和部门的子网站，将服务于民的核心目标作为建设的宗旨，通过加大电子政务的普及力度，推动服务政府的职能转变和改革，将政府信息化的脚步踏进上海每户人家，进一步开展公众网络教育让任何人都有能力参与政府工作中，为电子政务的建设提建议、谋规划，具体构建起跨部门、合业务的系统平台。

11.3.2 北京

为了跟进全球网络时代的脚步，作为我国核心门户的首都北京也全面加快了信息化建设的速度，从政府到普通市民都从中感受到了信息化建设带来的便捷。北京市政府也将办公自动化和电子政务建设作为信息化建设的核心内容，希望利用政府机构部门的先进带头作用，将影响力传递至地理范围可及、信息脉络可达的角角落落，整体提升北京市的经济实力和综合竞争力，改善居民的生活质量。

"数字北京"是 1999 年提出的关于北京信息化改革的总体概念，其主张利用基础设施作为信息化扩展平台，集成北京综合信息资源，建设一系列以电子政务为核心的信息化网络。开展方法主要是通过打通政府部门的子系统信息阻隔，贯穿网站信息源，搭建一个交互性强的政府统一平台，为政府内部高效办公、外部积极互动提供扎实的基础。北京市政府在 2007 年就已经实现了 100% 网上办事服务指南，成功开展了公务员电子政务培训、"百万家庭上网工程"市民培训等。

"数字北京"项目着重开展的北京市政府电子政务建设，以"首都之窗"作为政府的门户网站和依托，如图 11-5 所示。它的"一站式"在线服务平台整合了政府机构和部门公众服务，借助信息资源的共享，顺利建设了一个综合性的电子政务窗口。北京市电子政务的建立，运用现代信息技术，融合政府部门的信息资源，从而推动政府与市民、企业和部门机构之间的沟通合作。2002 年，北京电子政务在线服务平台正式开通，2003 年进一步实现公众服务网上办理，2005 年全面建成一体化的政府网络平台，之后逐年将电子政务重点规划放在政府向服务工作转型上。当然，北京市政府在电子政务建设过程中的各个阶段都面临不同的挑战，主要包括信息资源整合、法律制度健全、安全性等，为此投入了大量的财力、人力并获得了卓越的成效。

图11-5 "首都之窗"门户网站主页

北京市在2001年成立了信息资源管理中心，保障北京市信息资源顺利实现联网互通、共享交换，主要为政府部门、企业和公众提供信息服务。此外，中心开发的全国首个北京市政务空间地理数据库共享服务系统，为政府机构和部门之间的"信息孤岛"难题提供了解决方法，改进了政府内部交换平台资源共享的格局。政府各级部门通过共享渠道获取政务信息基础数据，基于提供的信息服务建立部门需要的应用系统。信息库的数据由各信息提供部门负责更新维护，保障了数据的及时性和有效性。这种基于信息共享建立的部门业务系统不存在以往系统信息独立、难以共享的局面，发挥了各个部门系统的总体效用，克服了不少其他城市、国家电子政务建设中普遍存在的瓶颈问题，为政务管理和公众服务提供了有效的支撑。

在北京市电子政务建设快速发展的同时，不可缺少的是关于电子政务的立法程序，北京相继出台了多部法规政策，《北京市政务与公共服务信息化工程建设管理办法》《首都之窗管理办法》《北京市政务信息公开管理办法》等，针对信息资源管理、网站维护、安全性等方面都设立了相关的法律依据。同时，市政府也积极咨询专家学者，参考国外制定的相关法律，联系政府部门在电子政务立法环节加快进程。为了摆脱缺乏法律保护而对政府部门系统建设形成的约束，北京市政府综合电子政务建设的方方面面，将问题分类逐个突破，在不阻挠电子政务正常发展的前提下，先规范信息化进程再立法深入。

11.3.3 香港

香港电子政务建设的规划工作始于2007年香港回归祖国之后。当时正处亚洲金融危机的时代背景中,为重塑政府执政威信和香港市民对于香港发展的信心,香港特区政府在1998年提出了"数码21新纪元"系列的资讯科技策略,其目标在实现"致力加强香港的资讯基建设施和服务",主要面向公众提供一整套政府机构服务。此电子政务策略在2001年、2004年、2008年又经历了三次深入发展。香港特区政府对电子政务的发展始终保持着先进的理念,利用现代电子信息技术和成熟的科技发展成果,提出了一系列卓有成效的电子政务建设方法,并获得了国际社会的认可。在韩国首尔举行的2008年世界电子政务论坛中,中国香港在86个参与评估城市中,荣获"电子政府最佳作业模式"亚军;香港政府一站通在"万维网推广协会2008 WebAward"中,荣获"最佳政府网站"奖。

香港电子政务的发展大致分为两个阶段:第一阶段着重放在电子政务基础建设上,为市民提供基本的电子服务内容,实现信息可获取和交易电子化;第二阶段主要是融合各类电子服务内容,加强政府机构的服务理念和质量。这两个阶段的划分是为香港电子政务建设正确有序的发展建立一个标杆,在此标杆的指导下逐步开展具体的建设工作。2004年7月,香港特区政府整合政府机构内部负责信息科技事务的部门,建立了政府资讯科技总监办公室,负责总体推动领导香港电子政务;2004年9月成立电子政务督导委员会,负责电子政务总策略方针的制定,缓和建设发展期间的机构部门分歧;各机构部门又相继成立了相关的信息科技管理组,具体实施电子政务各项措施。

作为香港特区政府的门户网站"香港政府一站通",是香港电子政务建设的核心与立足点,如图11-6所示。在2004年,香港特区政府注意到采用当时各个部门自行提供电子政务服务的方法,其弊端已经逐渐显露出来,香港市民对服务的使用率是较低的,零散的服务内容也无法更好地吸引市民对政府工作保持关注。因此,为了建立香港特区政府的良好形象,树立以人为本的特色,在2006年3月香港特区政府拨款1.708亿元开始构建"香港政府一站通",并于9月推出试用版,2007年8月正式推出。

图11-6 "香港政府一站通"网站

香港特区政府在推行电子政务发展时,贯彻的主要战略即"数码21"资讯科技策略。在经历了三次主要改革之后,香港电子政务的发展方向也越来越清晰。特别是2008年的深入探讨，提出了"推动数码经济、推广先进科技及鼓励创新、发展香港为科技合作及贸易的枢纽、促进新一代公共服务以及建立数码共融的知识型社会"等五大方面的战略任务，不仅要通过应用资讯科技提高电子政务服务水平，促进香港的经济发展，还要融合公私营合作改革创新，提供市民更为需要和满意的电子政务服务。

"香港政府一站通"作为"数码21"资讯科技策略的主要平台，体现了香港电子政务发展的主体理念。建立以公众市民为对象的服务平台，政府门户网站对浏览者划分类别（本港居民、商务及贸易、非本港居民、青少年四大类），对服务种类更是细分十一个类别，包括：入境事务，通信及科技，文化、娱乐及运动，就业，房屋及社会服务，税务及应课税品，保健及医疗服务，运输及驾驶事务，政府、法律及治安，环境，教育及培训。建立亲民健康的政府形象，门户网站链接关于就业、环保的宣传短片，提供政府服务信息、时事通知，关注天气、交通等。这一系列便民服务的使用，有效地提高了电子政务服务的使用率，此外新设立的身份认证管理机制，也为市民使用个人服务提供了安全保障。

"数码21"资讯科技策略并不只集中于"香港政府一站通"门户的建设，为了全面发展香港电子政务，香港特区政府一方面在基础管理环节加大应用电子化手段进行有效实施，另一方面也致力于在新兴领域有所突破。

例如，香港政府在医疗保障系统中投入了大量的精力，研究香港未来如何解决日益严重的老龄化城市问题，以及日趋频繁的流行病、传染病威胁。2005年7月，由健康与医疗发展咨询委员会发表的《创设健康未来》一文中，探讨了一系列医疗服务制度，提出了一种公营和私营医疗系统共存并相互竞争的新医疗环境，这种环境主要还是要促进不同机构医疗系统的融合，为香港市民提供一个更完善更可靠的医疗服务体系。建立一个全港电子健康记录系统的想法由此而生，市民个人拥有唯一的电子健康记录，获得个人授权后医生才能调取相关病历记录。这份电子健康记录为医疗组织在实际诊治救助过程中起到了指导性的作用，同时在进行医疗监察、数据统计分析等方面提供了具体信息，并能够联合保险公司、社会福利机构等为香港市民建立一个完善的医疗保障体系。

香港特区政府一直贯彻着"以人为本"的理念来发展电子政务，秉持着"政府服务于民，解决客户需求"为第一原则的宗旨，为提高电子服务的使用率，通过政府门户网站的精简设计和便捷使用，吸引市民客户参与政府规划、项目推广，在与政府外客户、机构的互动中采纳意见，并以此为导向修订政策实施的具体内容，整体提高政府电子服务水平。

11.4 电子政务的发展

11.4.1 电子政务的发展方向

从全球范围来看，世界各国电子政务发展持续推进，越来越多的国家正在大力推进数字政府战略，以数据为中心，强化电子参与，整合线上和线下渠道，提升以人为本的数字政务服务能力。从美国、英国、新加坡等国的电子政务发展历史，回顾我国的政府信息化阶段，可以看清我国还处于整个电子政务发展的初步时期，已经完成全国性的电子政务总体框架、设立核心目标、规划发展路线等，但各地方的电子政务建设水平略有高低，政府对外服务的推广仍有待提高。

从物理技术层面上，电子政务要求政府机构和部门有完善的基础设施和成熟的信息技术支持，为电子政务发展创造理想的信息环境。任何一个国家在开展电子政务建设前，第一步就是全国性的创建信息通信基础设施，培养信息技术人才，对公众、企业和机构内部员工进行整体培训，为电子政务的推广铺好前进的基石。政府利用信息技术对数据资源集成共享、链接各机构门户系统，整合电子政务总体架构，为机构部门之间的业务协调合作提供先提条件，通过信息技术对政府机构进行有效的重组优化，从业务流划分职能模块，协助政府自动化办公、流程式操作。

从政府管理层面上，制定详尽的全国性电子政务总体发展规划，建立健全电子政务管理规范标准和评估体系，加快多方面的立法进程，才能保障电子政务建设工作的顺利开展。在政府信息化阶段，整个发展趋势是逐渐朝着面向公众服务的方向发展的，一个只从政府自身角度出发的政府门户网站是无法与公众、企业建立起正常的交流渠道的。服务型政府的理念是国际上发达国家在内普遍认可的。政府制定的任何发展目标、原则和内容都应围绕这个核心内容深入展开，继而加入法规、体制、标准的约束，在现有技术的基础上从政府部门各自的运作模式和部门之间的协同模式切入，整体从上而下的落实全国性的电子政务建设。

11.4.2 发展电子政务面临的问题

当前，我国在电子政务和政府信息化方面存在以下几个问题。

1. 信息共享问题

我国在建设电子政务初期阶段，是由中央开展总体规划、提出核心内容、部署核心战略，但是具体的政府网站建设则是由各自的职能部门分别负责，部门系统之间自然而然地形成了"信息孤岛"和资源共享的瓶颈。

就目前信息技术水平来说，解决政府机构部门之间的信息共享障碍并不是难题，但是缺乏一个权威机构对各个政府机构部门做统筹协同，建立相关的制度和绩效评估体系进行资源共享，对信息资源做标准化处理，那么这样的电子政务系统自然不会得到社会公众的认同。政府只从自身角度出发，不针对业务内容做职能划分，用户看到的只是一个个机构能做什么，而不知道自己需要谁来做、怎么做，电子政务的深刻内涵又如何传达，这也可以看出政府对政府信息化和电子政务的认识还是不够的。

政府机构和部门对信息资源的处理也是有待加强的。政府门户网站的业务分类是从各政府部门的职能进行划分的，业务流程不是从公众的需求出发，继而产生了一系列信息冗余，并对用户的理解造成了混淆。对信息数据标准化的统一，也是实现信息共享的先决条件。

2. 立法约束问题

政府机构的电子政务缺乏有力的法律支持，没有对电子政务建设的法规条例就无法开展建设的规范性。全国电子政务建设工作是一项普及面广、影响力大的工程项目，负责其建设发展任务的政府机构和部门处于各个决策层面上。如果没有透明公正的法律规范，必定在建设过程的某些方面造成混乱局面。

美国在电子政务开展之初就颁布了《2002电子政府法案》，韩国也有《电子政府法》保障网上政府顺利建立。虽然我国在早期也出台了有关计算机网络安全的很多规定条例，以及后期制定了《电子签名法》《政府信息公开法》《电子交易法》等，但是电子政务的建设是一个长期而持续的发展阶段，没有一套完善的法律法规体系在背后支撑，遗留诸多法律漏洞，对于政府信息化建设的长远目标和规划都将是致命的。

在电子政务发展过程中，随着虚拟政府规模的逐步扩大，持续投入的资金、人力如何管理都需要靠配套的法律法规予以监督保护。一方面，从政府决策层内部对项目进行管理，防止某些资金漏洞的出现。另一方面，也要维护社会公众的利益，保障政府信息的透明公开。我国电子政务的建设已经进入了全面发展时期，缺乏完善的法律体系会使这时期内的问题日益突出，权力利益之间的矛盾会逐步尖锐化，为缓和政府机构部门之间的冲突，制定系统完善的法律政策首当其冲。

3. 理念落实问题

电子政务建设的初衷就是进行政府信息化改革，将政府职能转移至网络平台，建立虚拟政府形态，为社会、个人、企业以及其他政府机构部门提供所需服务，为政府与社会公众构建一种新的沟通渠道。如果在电子政务建设的过程中时刻以用户为中心的话，整体的发展方向、具体的执行措施、背后的技术支持都要应运而生。

在政府门户建设方面，树立以公众为中心的意识，以提高用户的满意度和使用率为目标，就能对政府网站的功能建设提出可行性的建议。

在网站的功能分类上，以用户在政府工作需求上的使用习惯为标准，对政府信息资源做集成整合，实现"一个入口，一线服务"，目标是集合前台的应用服务，而不是集合政府机构部门的职能，却分散了业务流程。

在政府信息公开化方面，政府机构现在的立足点往往摆在了政府工作的宣传上，但电子政务的宗旨是体现在社会公众的服务上，虽然建立政府的良好形象也是电子政务的一个方面，但是绝不可喧宾夺主。信息公开化也缺乏坚固的后台支持，什么信息政策是公众想知道的，什么问题是社会现在热议需要解答的，政府所选择公开的信息是不可滞后或忽视的。

针对国内电子政务建设发展提出的不足之处，总结归纳以下三点建议：

1）以现有设施为立足点，整合业务类资源。
2）以规范标准为框架，调整信息化战略。
3）以需求应用为标准，建立服务型政府。

4. 安全问题

电子政务系统是政府社会服务电子化过程中建立起的主要模型。以社会外部对象为信息发送终端，则整个电子政务体系主要就信息数据的公开与私密作为分界线，将电子政务的内部业务和外部服务进行划分，有针对性地向授权用户开放数据信息。电子政务的安全保障体系主要是为电子政务信息的正确传递，避免未授权获取非法内容建立一套完整可靠的保护制度，其中涉及的技术和系统涵盖了整个电子政务框架。

电子政务安全普遍划分为五个部分：硬件设施安全、软件系统安全、网络安全、管理安全以及应用安全。

（1）硬件设施安全　硬件设施安全主要是从物理层面考虑，其安全保障的目标包括计算机、服务器、路由器、机电设备、网络线路等，所面临的风险主要是不可预测因素造成的网络设备和线路的不可用、信息泄露等，如设备老化造成信息遗失、电子辐射导致信息泄露、设备遭遇停电后故障、自然灾害（地震、火灾、水灾等）和设施被盗。

除了避免信息遗失进行的数据备份工作之外，加强政务设施安全看管力度也是必要之举；对信息进行有效加密，防止不法之徒窥觎机密内容，有意盗取政府财产。对设备集中场所提高环境质量水平，严格按照国家标准《计算机场地安全要求》（GB/T 9361—2011）等的规定执行。

（2）软件系统安全　软件系统安全主要包括操作系统、数据库、应用系统三个部分的安全维护。

操作系统由于普遍采用较权威的生产商的系统产品，产品本身的安全系数较低，需要及时对安全漏洞安装补丁程序或升级版本提高系统操作质量，因此操作系统的安全管理、合理配置相对更关键。数据库安全管理通过数据库管理系统对数据调用、处理、存储、删除等环节进一步授权、验证，选择适合各类政务信息和人员的数据库管理系统，保证了数据库的安全高级别。应用系统是电子政务安全在计算机终端对于用户操作而言更为重要的部分，包含系统身份认证用以完善数据的保密性和不可抵赖性，通过应用系统的功能进行必要的加密解密和相关数字签名、数字证书、安全套接层（SSL）协议等对授权认证进行辅助操作，确保用户和数据的一对一使用关系，保证应用系统内部的整体安全性。

（3）网络安全　网络安全是电子政务安全体系的重中之重，电子政务网络一般划分为政务内网和政务外网，通常政务内网和外网之间采用物理隔离，即采用两套完全独立的网络设备和系统，而政务外网和互联网之间则使用逻辑隔离，即主要运用防火墙监视两网之间的信息运作，辨别信息可靠性和安全性，控制访问。

对于政府内网来说，与外网的逻辑隔离并不能保障完全安全，还要在内网之间建立访问控制，设立用户和部门的安全级别，杜绝通过网络监听等手段获取关于安全信息的文件，网络之间的文件传输以密文形式传递，加以身份认证、数字签名技术限制任意数据传输；对于政府外网来说，除了采用防火墙有效隔离，还要使用监测系统防范外部入侵，实时更新入侵程序代码，对网络操作监控记录，重点管理网络交换段，拒绝非法请求。

（4）管理安全　管理安全主要是针对电子政务系统中关于设备网络的维护管理，从而提高电子政务安全性的一个侧重方面。电子政务系统通过人员组织的合理调配与明确分工，实行权责清晰，具体落实安全管理制度，做到"事前有人管，事后有人担"，有安全策略制定小组负责统一管理，包括人员培训、安全记录审核、分析调查事故等。

（5）应用安全　电子政务网络中应用安全占据了较大的风险比例，用户非法访问和监听数据、用户和信息无法一一核实，都对电子政务网络应用层面制造了较大的漏洞。电子政务网络通过设置身份认证管理数据共享问题，限制用户访问权限，避免用户因疏漏导致数据流传交换，目前主要存在的问题是，用户登录系统的口令采用静态存储方式，易被盗取利用非法访问获得信息。

电子政务安全保障体系是一套复杂全面的工程，它需要考虑来自多个技术领域的安全问题，并提供有针对性的解决策略和实施办法，建立并完善一套电子政务安全保障体系是政府在发展电子政务的每一个阶段都必须当作首要任务去解决的。

11.4.3 电子政务的立法问题

电子政务发展至今经历了多个历史性的跨越阶段，由办公自动化、政府信息化开始，进入互联网与通信结合，到提出以人为本的重大改革，整个过程中从技术层面上来看，每一次飞跃都利用了创新型的技术支持，完美融合了技术理念并被人们善用，但是相对于技术的阶段性发展，在电子政务法制建设的过程中，各个国家思考的角度和给予的重视程度是不同的。特别是几个电子政务发展水平较高的国家，相应的法律保障体系也更完善，我国在学习效仿他国先进技术的同时，如何跟上他国的法制建设水平也是要考虑的问题。

在电子政务建设发展历程中，法制障碍一次又一次地引起了政府的高度关注，构建一套适合本国电子政务发展的法制体制框架，必定能够协助电子政务策略实施，改善政府运行效率，提高政府电子服务水平，激发政府部门的创新执行力，增进政府与公众之间的理解交流。我国在建设电子政务法律法规过程中，他国在法制建设中的宝贵经验是有很高的借鉴价值的。

作为最早开始电子政务发展的美国，自20世纪90年代以来共颁布了几十部关于电子政务的法律法规，内容涉及了电子政务战略、资源、安全、采购等多个方面，其中最主要的有：《信息自由法》《总统档案法》《阳光政府法》《计算机安全法案》《联邦信息安全管理法案》《电子政务法案》《隐私法》《个人隐私权保护法》《联邦采购简化法》《统一电子交易法》《电子签名法》《政府绩效法》《网络安全研究和发展法》等。特别是针对信息安全方面的法规，美国政府对国防外交的情报保密标准划分为三类：机密级、秘密级、绝密级。在9.11事件之后的一系列资料泄露，再一次让美国政府把信息安全的法制建设提上了议程，2003年美国通过了《网络空间安全战略》和《保护关键基础设施和关键资产国家战略》。

在亚洲，电子政务法规政策建设相对成熟的是日本，日本电子政务相关的法律法规有三十几项，主要包括《政府采购协定》《电信行业法》《电子商务准则》《电子署名及认证业务法》《行政机关信息公开法》《个人信息保护法》《电子投票法》《信息技术基本法》等。与其对应的是日本提出的一系列电子政务发展的规划方案：《促进政府广泛应用IT的总体计划》《电子日本战略》《e–日本优先政策计划》《政府信息电子提供基础计划》《e–日本2002计划》等。

新加坡政府不仅电子政务先进理念位于世界前列，而且有可靠的法律法规制度扶持，因而才能立于亚洲电子政务发展中的不败之地。新加坡在1980年提出实施《全国电脑化计划》，1986年开始实行《国家IT计划》，1992年提出"2000年信息技术总体方案"，2000年实施"资讯通信21计划"。新加坡政府在出台这些政策战略的同时，提出了相关法规，包括《电子政务行动计划》《政府采购法案》《新加坡当局电信法》《全面电子商务法》《信息安全指南》《滥用计算机法》《知识产权综合法案》《反垃圾邮件法》《电子交易法》等。

在电子政务立法阶段主要是针对以下几个领域开展法律法规制定，有电子商务交易、电子通信、信息自由、政府电子采购、电子签名、数据与隐私保护、电子政务专项等。世界各国由于所处的电子政务建设阶段不同，发展的电子政务法规也有所不同，日本和美国在立法方面的完善程度成为很多国家的参考标准。整体而言，电子政务法律法规的制定是配合国家政府信息化的发展速度，推动电子政务的具体开展工作。

自20世纪80年代开始，我国制定了一系列顺应国家信息化发展的法律法规，主要作用是规范网络秩序、优化网络环境，其中有2005年实施的《电子签名法》《电子政务标准》《计算机信息系统安全保护条例》《个人信息数据保护法的提案》《政府采购法》《中华人民共和国政府信息公开条例》《行政许可法》等。我国在计算机和网络领域内颁布了许多法规，涉足信息安全、数据保护、电子签名、行政管理等，但仍然急需对电子政务进行专项立法，制定出完整的纲领性文件，指导我国电子政务总体发展措施。在按照国际惯例的前提下，根据我国的国情需要，电子政务立法工作应该一方面统一国际标准，同时更应保持我国的发展特色，法律法规呈相辅相成作用，不矛盾不冲突，通过电子政务的立法进一步解决由于时代特征突出的问题。

随着我国信息化水平的不断提高和"互联网+"行动计划的深入实施，"互联网+政务"已成为政府转型的必经之路，在提高政府行政效率、提升政府公共服务能力等方面起到越来越重要的作用。

案例：数字化时代的电子政务

"跑一趟就能搞定，可以在窗口领证，也可以邮寄到家，办事省心、服务贴心！"2022年5月9日上午，市民何女士在湖南省长沙市政务服务中心完成自助体检，不到20min，就轻松办理了驾驶证换领业务。这样的办事效率，让她直呼惊喜。

2022年4月19日，中央全面深化改革委员会第二十五次会议指出，加强数字政府建设是创新政府治理理念和方式的重要举措，对加快转变政府职能，建设法治政府、廉洁政府、服务型政府意义重大。

近年来，随着大数据、云计算、人工智能等新一代数字技术融入数字政府建设，政务服务日趋智能，社会治理更加精准，数字政府服务效能持续增强。流动的数据、流畅的体验，让数据多跑路、百姓少跑腿，给人们带来实实在在的获得感、幸福感、安全感。

1. **强化平台支撑，技术创新驱动制度变革**

数字平台是数字政府建设的一个重要基础。

"信息的可用性不能仅仅停留于信息的生产与加工上，还需要将一个个信息节点打造成互通互联的信息网络和数据平台。"吉林大学行政学院教授张贤明表示，得益于数字平台的建设提速，多地政务服务跑出"加速度"。

"真的太方便了，我用手机预约办理健康证，预约当天就能体检。"近日，工作在浙江省杭州市余杭区的张大姐，真实体会到了"互联网+政务服务"带来的便利。

为应对余杭区健康证待办人员范围广、数量多、流动性大等难点问题，2021年，余杭区数据资源管理局联合多个部门，创新打造健康证管理应用程序——"健康真周到"，实现了线上预约、线下体检、在线申领,大幅缩短了办证周期。

面对大量的基础数据,有关部门、技术公司在线上与线下多次沟通,充分利用已有系统,采用"数据+系统+流程"的建设模式,进行深度开发,仅用2个多月时间就搭建好应用程序的分析预警功能。

"应用内数据还将与就医、传染病数据进行汇集,形成动态监控。"余杭区数字政府科工作人员顾佳思表示,"健康真周到"逐步完善后,将为更多的场景赋能,如在"家政一键通"应用中对从业人员的健康证进行全面监管和服务。

3分钟可以做什么?对于福建省福州市市民吴鸿亮而言,可以在福州市行政服务中心拿到他的网约车驾驶员从业资格证。

"原本以为会在这里等很久,没想到这么快就拿到证件了,服务真的非常高效。"吴鸿亮满意地说。

据了解,近几年,福州市积极推进"数字福州"建设,优化电子政务资源配置,推出智能辅助审批创新应用——审批业务从"阅卷式"审核办理,向"零人工"服务模式转型升级。

以"网约车驾驶员从业资格证核发"业务为例,过去办理时长一般在一至两个小时。"如今,办事人提交材料后,智能审批系统可通过数据查询核验、文字识别比对、图像识别等技术手段自动校验业务的申请条件,只需一秒钟即可生成智能审查报告。"系统研发商浪潮软件福建交付处总经理张涛告诉记者。

同时,福州市行政服务中心还不断完善网络服务平台,启用市、县统一的"福州市政务服务管理平台",横向对接省网上办事大厅,纵向贯通市、县、乡、村四级平台,实现群众办事"只上一张网"。

"数字平台建设不仅让广大群众办事快、办得好,也为我们政务服务工作者提供了许多便利。"福州市行政服务中心审批处职员张泽雅告诉本报记者,依托平台的多种数字化手段,不同部门的协同效率获得大幅提升。"例如,在工程建设联办业务中,我们可以通过系统发起在线协商,快速征集多部门会商意见,这样的改变使部门之间的联系更密切、协同更高效。"

"数字化转型使审批变备案、容缺审批等成为可能,使市场和社会获得更大的数字红利。"中国人民大学公共管理学院教授马亮表示,数字平台建设会在很多方面推动政府职能转变,这反映出技术创新驱动制度变革的规律。

2021年7月,国家网信办发布的《数字中国发展报告(2020年)》显示,全国一体化政务服务平台基本建成。截至2020年年底,平台已发布53个国务院部门的数据资源9942项,为各地区各部门提供共享调用服务达540余亿次。

"未来,要构建更完整的大数据治理体系与政务一体化平台,提升全流程、一体化在线服务平台功能。"张贤明建议,应将公众、社会、企业等最关注的领域与问题摆在显著位置,优先加强这些领域的数字平台建设。

2. 打造"城市大脑",社会治理协同高效

在数字时代,除了面向政务服务,数字政府还是推进国家治理体系和治理能力现代化的重要支撑。

在天津市大数据管理中心的超大屏幕上,节点闪烁,线条流动,网络密集。

天津大数据管理中心有关负责人介绍,在大屏幕上,能看到两个常用终端实时连通:一个是社区网格员提交居民反馈问题的应用"津治通";另一个是市民办理证照、生活缴费、问题上报的手机移动端平台"津心办"。

"津治通""津心办"原本相互独立,但在"城市大脑"的协调指挥下,两个应用现已实现业务在线交互、数据实时流动,使问题处理更畅通、更便捷。

据介绍,"城市大脑"是数字政府建设的重要组成部分,可以对城市进行全局实时分析,利用城市的数据资源优化调配公共资源,不断推进系统跨部门、跨区域协调联动,实现"一网统管",让城市管理、社会治理充满智慧。

"五一"假期,中新天津生态城游客不少。"本以为路上会很堵,没想到还挺顺畅。"自驾游车主王英发现,赶路途中,有时甚至可以深踩"一脚油门"。

深踩"一脚油门"的奥秘,就藏在"城市大脑"中。具体而言,是藏在基于"城市大脑"数据运行的 AI 信号灯里。

"安装在红绿灯上的设备可实时感知车流量、车速及排队长度。数据上传平台后,通过人工智能算法得出最优的信号灯配时方案,信号灯时长便可自主动态延长或缩短。"中新天津生态城智慧城市发展局运营中心主管王亮说。

天津"城市大脑"已接入"慧治网约车""津工智慧""冷链食品一码明"等首批重点应用场景。未来,"城市大脑"将继续从数字治理领域出发,打造一批具有普惠性、感知性的应用场景,推动城市治理数字化。

实际上,除了天津,最近几年,许多城市也在引入"城市大脑"技术。

258 个历史建筑调查数据、160 个里院(楼房)征收数据、222 条中山路两侧商业数据……当这些"扁平"的数据变成酷炫立体的三维场景呈现在眼前时,一幅从空中俯瞰山东省青岛市市南区西部老城的立体画卷徐徐展开,真实、鲜活地反映着数字虚拟空间感。

城市更新既是好事,又是难事。因为这项工作涉及群众衣食住行的方方面面,需要多个部门的协调合作。"智慧大脑"恰恰是解决该项难题的"金钥匙"。

近日,青岛市南区历史城区数字智脑平台投入启用。为便于统筹调度历史城区的项目规划建设、产业招商、房屋征收等工作进展,平台分别建设了相应板块。

"在规划建设版块,我们不仅集合了工程类型、当月新开工工程、当月完工工程等项目信息,还可直观对比工程建设前后的实景三维面貌,用户可对场景进行 720°浏览查看。"智脑平台建设方、海信网络科技有限公司的孙晓晓举例介绍。

以人民为中心,全力打造城市数智治理平台和体系,这是许多地方建设"城市大脑"的初心。专家预测,"城市大脑"的未来目标已不只是单点功能的优化,而是让城市管理更加协同高效,同时预防潜在的技术风险。

3. 聚焦"跨省通办",畅通数据要素流通

结合数字防疫工作,近两年,数字政府展现出巨大的潜能。但在取得进步的同时,数字

政府建设仍有很大提升空间。"跨省通办"成为各地数字政府建设的重点之一。

2022年政府工作报告提出,加强数字政府建设,推动政务数据共享,进一步压减各类证明事项,扩大"跨省通办"范围,基本实现电子证照互通互认,便利企业跨区域经营,加快解决群众关切事项的异地办理问题。

北京城市副中心正与河北、天津建立政务服务"跨省通办",实现140个全程网办事项"跨省通办";江西省瞄准基本医保关系转移接续"跨省通办"目标,力争办理时限不超过15个工作日……各地结合自身实际,在百姓少跑腿这件事上下功夫,为国家"跨省通办"服务标准的顶层设计提供了"可复制样本"。

"数字政府能不能成功、成功到什么程度,取决于数据的治理能力。"中央党校(国家行政学院)教授汪玉凯认为,无论是目前重点推进的"跨省通办",还是未来要实现的"全国通办",畅通数据要素流通都是前提。

有市民通过"@坪山"反映家门口的污水井盖年久失修,过往车辆路过常会产生较大噪声。3分钟后,广东省深圳市坪山区民生诉求中心予以立案,按照全区统一的事件分级分类清单分拨至区排水公司。第二天下午4点,坪山区排水公司便完成井盖更换,全程处置仅用时1天。

一个井盖在24小时之内火速"上岗",这背后,是坪山区落实首席数据官制度的生动实践。

2021年8月,深圳市首席数据官制度试点实施方案公布,旨在进一步完善公共数据共享协调机制,加强公共数据开发利用,推动公共数据与社会数据深度融合,加快培育数据要素市场。

为此,坪山区主动打破"数据孤岛",通过政务云平台,搭建边坡预警系统,实现重点隐患边坡实时预警监测;借助智慧水务平台,实时查看全区河湖水质变化和积涝点;依托智慧查违平台,大幅提高违建发现率。

坪山区政务服务数据管理局局长胡锴介绍,首席数据官制度重点针对数据的开放共享进行系统性的改革探索,从而促进数据要素流动,激发数字经济活力,为政府的数字化转型和城市的数字化发展提供坚强有力的支撑和保障。

多个省份在加速数字政府建设的同时也强调了数字安全的重要性。《江苏省数字政府建设2022年工作要点》指出,要落实数据分类分级管理制度,探索制定重要数据和核心数据目录;《广东省数字政府改革建设2022年工作要点》强调加强数字政府网络安全保障,强化省市政务云一体化安全运营能力,加强政务网络安全管控;《湖南省2022年政务管理服务工作要点》指出,建立健全内容、平台和数据安全防护体系,加强日常监测预警。

"始终绷紧数据安全这根弦,要加强政府数字安全保障能力建设,确保国家秘密、个人隐私和企业商业机密的安全可控。"马亮建议,要建立完善数字政府应急预案,强化数字政府建设项目安全审查,对上马项目加强前期论证,加强常规性应急演练。

请扫描二维码了解数字化时代的中国电子政务。

(案例来源:政务服务智能化 社会治理精准化 政务服务跑出"加速度",http://www.gov.cn/xinwen/2022-05/17/content_5690765.htm,有删改。)

数字化时代的中国电子政务

拓展学习：中国电子政务网

导言：

电子政务作为互联网与商务活动紧密结合的产物，能够促进产品充分流动和要素有效配置，既为市场机制更好地发挥资源配置的决定性作用提供了新渠道，又为政府精准施政、有效作为提供了新手段。

跨境电商平台是跨境电商的公共服务平台，理论上关、检、税、汇都应该接入并通过系统运行监督。

请扫描二维码登录中国电子政务网，了解电子政务的发展现状，并注意收集阅读跨境电商的有关文章，就跨境电商政府监管、税收政策、服务支持谈谈你的看法。

中国电子政务网

思 考 题

1. 请谈谈你对电子政务的理解。
2. 按传递对象进行分类，电子政务有哪些类型？
3. FEA 是由哪几个模型共同组建的？
4. 以标准体系为核心的 E-GIF，它的具体建设步骤是什么？
5. 从政府管理层面上，如何促进电子政务的发展？

第 12 章　电子商务与数字经济

数字经济蓬勃发展，最直观的例子便是电子商务的繁荣。数字经济方兴未艾，关系国家发展大局，是中国经济在第四次工业革命中高速发展的宝贵机遇，对实现高质量发展和中华民族伟大复兴具有非常重要的战略意义。

本章介绍数字经济的基本概念和基本框架，并探讨电子商务背景下的数字化转型。

12.1　数字经济的内涵与特征

2021 年 10 月，习近平总书记在中共中央政治局第三十四次集体学习时指出：发展数字经济是把握新一轮科技革命和产业变革新机遇的战略选择。

中国信通院发布的《中国数字经济发展报告（2022 年）》显示：数字经济已经由经济的组成部分，转变为经济发展的引领力量，2021 年我国数字经济规模达到了 45.5 万亿元，占 GDP 的比重达到了 39.8%。数字经济年均增速高达 15.9%，明显高于同期 GDP 的平均增速，数字经济已经成为支撑经济高质量发展的关键力量。

"十四五"是我国经济从高增速转向高质量发展的关键时期，数字经济对推动我国经济结构升级、效率变革和动能转换具有重要意义。在人工智能、大数据、云计算、物联网等新一代信息技术的支撑下，我国数字经济将进一步快速发展，有利于促进实体经济振兴，稳住我国经济发展基本盘，催生新业态、新模式、新经济，推动经济转型升级和高质量发展。

12.1.1　数字经济的内涵

根据《"十四五"数字经济发展规划》，数字经济是继农业经济、工业经济之后的主要经济形态，是以数据资源为关键要素，以现代信息网络为主要载体，以信息通信技术融合应用、全要素数字化转型为重要推动力，促进公平与效率更加统一的新经济形态。

数字经济总体上是一个含义相对宽泛的概念，从不同的视角出发，内涵边界有所不同。

从发展路径来看，数字经济包括数字产业化和产业数字化两个方面。通过数字产业化，关键技术和核心产业能够不断把消费、生产、服务过程中所创造的数据变成生产要素，从而提供新服务、新应用；通过产业数字化，推动传统企业、重点产业数字化转型，实现农业数字化和制造业智能化升级，以及生产性、生活性服务业网络化普及，从而持续利用数字技术改造并赋能三次产业。

从构成要素来看，数字经济包括数据和数字技术两个关键要素。数据自古有之，在互联网出现后，因为数码化而记录、积累成为可供计算机快速提取、分析的大数据。近几年来，大数据被广泛地运用于人类社会生产、生活和社会治理领域，成为并列于资本、劳动和自然资源的新要素。这一新要素的出现，对世界政治、经济、文化的影响很大，值得社会各界认真研究。数据要素具备低边际成本、无损耗、易复制等特点，是数字经济深化发展的引擎；数字技术具备迭代快、扩散快、渗透性强等特点，两者通过加快创新的供给和扩散，优化生产函数中的要素配置，提高生产过程中的技术效率，降低交易成本，从而提高产业竞争优势。

从新结构经济学的五大产业类别来看，数字产业属于换道超车型产业。新结构经济学根据一个产业和世界前沿的差距、是否符合比较优势，以及新技术、新产品研发周期的长短等，将实体经济体的产业分为五种类型：追赶型、领先型、转进型、换道超车型和战略型。其中换道超车型产业的特征是：产品、技术研发周期特别短，通常6~18个月就有新一代技术投入应用，研发的关键投入是人力资本。数字产业符合这些条件，是典型的换道超车型产业。

12.1.2 数字经济的特征

数字经济作为一种有别于农业经济和工业经济的新型经济形态，呈现出一些传统经济所不存在的独有特征，具体表现在以下几个方面。

1. 数字化

在数字经济时代，一切信息均能够以数字化形式表达、传送和储存，数据成为驱动经济发展的关键生产要素。从生产要素来看，农业经济的核心要素是土地，工业经济的核心要素是资本、煤炭、石油，而数字经济的核心要素是数据。数字经济领域时刻有海量数据产生，而且随着移动互联网和物联网的蓬勃发展，人与人、人与物、物与物的互联互通得以实现，数据资源、数据量呈几何级数爆发式增长。庞大的数据量及其处理和应用需求催生了大数据概念，数据日益成为重要的战略资产。数据资源将是企业的核心实力，谁掌握了数据，谁就具备了优势，对国家也是如此。美国政府认为，大数据是"未来的新石油"。数据是驱动数字经济技术创新与模式创新的核心力量。对数据的分析、挖掘与利用，可以释放巨大价值，数据日益成为重要战略资源和新型生产要素。

2. 智能化

智能化是指事物在互联网、大数据、物联网、人工智能等技术支撑下能动地满足人类需求的属性。智能化的实现依赖于算法，算法是计算机程序运行的一系列规则，作为构建平台的底层技术要素，定价算法、推荐算法等被广泛运用于电子商务、新闻媒体、交通、医疗等各领域。

近年来，人工智能研究在多个领域实现突破，数字经济进入以智能化为核心的发展阶段。目前，其商业模式还主要集中在单一的弱人工智能应用上，包括语音识别、自动驾驶、机器人写稿、图像识别、医疗辅助等诸多领域，具有代表性的公司有谷歌、百度、科大讯飞、阿里巴巴、苹果等。未来，智能化技术发展将对数字经济发展产生质变效应，推动人类生产生活方式的新变革。

利用共享时代的优势，加快传统企业的数字化转型，将是未来所有企业的核心战略。在共享时代，利用个人、企业、政府甚至社会的闲置资源，依靠互联网、大数据、云计算等数字技能，推动传统企业向数字化转型发展。传统企业依靠"互联网+企业"的模式，应用数据化思维，建立连接内外资源、协作共享的机制，通过建立数字化的协同平台以及资源、财务、法务共享平台，实现互联互通，做到精细化管理，最终实现传统企业的智能化发展。

3. 平台化

互联网平台模式是数字经济的重要组织形式。平台是一种居中撮合、连接两个或多个群体的市场组织，主要功能是促进不同群体之间的交互与匹配。平台具有跨界网络效应，即一个平台产品或服务对用户的价值取决于平台另一边用户的规模。例如，网约车平台上司机越多，平台对乘客的价值就越大。在网络效应作用下，数字经济在许多细分领域容易形成"赢家通吃""一家独大"的市场格局，数字平台的崛起成为全球数字经济发展的重要现象与必然规律。依托"云网端"新基础设施，互联网平台创造了全新的商业环境。信息流不再被工业经济供应链体系中的巨头所阻隔，供应商和消费者的距离大大缩短，沟通成本大大降低，直接支撑了大规模协作的形成。

4. 共享化

首先，共享时代要求数字资源具有共享性。数字经济的一大发展方向应当是不断拓展数字信息资源，发展关于数字技术的集成、存储、分析以及交易业务，在共享时代下释放数字技术资源的新价值。其次，共享时代需要数字技术与产业融合发展，以便创造出更多的商业发展模式。数字技术与产业融合成为数字经济的重要发展方向，通过产业融合，实现产业数字化、智能化，产业的边界逐渐模糊，最终形成产业开放化发展，以及产业之间价值网络转型升级。最后，共享时代要求数字经济发展具有强大的服务功能，由此才能带动对共享商业模式的更多需求。融合服务业与数字技术发展的服务型数字产业是共享时代数字经济发展的重要方向，也体现出数字经济在共享时代的应用性，以数字技术为基础的数字金融、智能支付、智慧物流、智慧健康、电子商务、数字信息服务等服务型数字产业将在共享时代迅猛发展。

5. 跨界融合

随着数字经济的发展，跨界融合的特点日益突出：一是供给方和需求方的界限日益模糊，逐渐成为融合的"产销者"。在供给方面，企业可以通过大数据技术挖掘用户需求、分析用户的消费行为和习惯，有针对性地开发产品。在需求方面，透明度增加、消费者参与和消费新模式的出现，使企业不得不改变原来的设计、推广和交付方式。二是人类社会网络世界和物理世界日益融合。随着数字技术的发展，网络世界不再仅仅是物理世界的虚拟映像，而是真正进化为人类社会的新天地，成为人类新的生存空间。同时，数字技术与物理世界的融合，也使现实物理世界的发展速度向网络世界靠近，人类社会的发展速度将呈指数级增长。随着人工智能、VR（虚拟现实）、AR（增强现实）等技术的发展，物理世界、网络世界和人类社会之间的界限逐渐消失，将构成一个互联互通的新世界。

12.2 数字经济的体系框架

当代经济社会正从传统的技术经济范式向数字技术创新应用推动的数字技术经济范式转变。数字经济是数字技术驱动下,经济发展与政府治理模式加速重构的新型经济形态。

12.2.1 数字经济体系框架的演进

2017 年,结合数字经济发展特点,中国信息通信研究院从生产力角度提出了数字经济"两化"框架,即数字产业化和产业数字化,认为数字经济已经超越了信息通信产业部门范畴,应充分认识到数字技术作为一种通用的技术,正在广泛应用到经济社会各领域各行业,促进经济增长和全要素生产率提升,开辟经济增长新空间。

2019 年,中国信息通信研究院注意到组织和社会形态的显著变迁,从生产力和生产关系的角度又提出了数字经济"三化"框架,即数字产业化、产业数字化和数字化治理,认为数字经济蓬勃发展,不仅推动经济发展质量变革、效率变革、动力变革,而且带来政府、组织、企业等治理模式的深刻变化,体现生产力和生产关系的辩证统一。

当前,以数据驱动为特征的数字化、网络化、智能化深入推进,数据化的知识和信息作为关键生产要素在推动生产力发展和生产关系变革中的作用更加凸显,经济社会实现了从生产要素到生产力,再到生产关系的全面系统变革。为此,将数字经济体系框架进一步升级为"四化"。

12.2.2 数字经济的"四化"框架

基于生产要素创新、生产力提升和生产关系变革的视角,数字经济应该包括数字产业化、产业数字化、数字化治理和数据价值化,具体如图 12-1 所示。

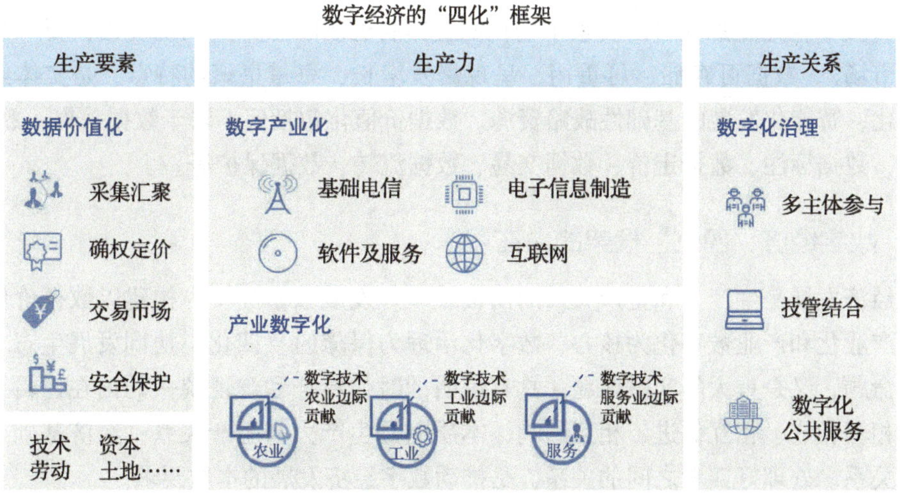

图 12-1 数字经济的"四化"框架

(资料来源:中国信息通信研究院)

1. 数字产业化

数字产业化即信息通信产业是数字经济发展的先导产业，为数字经济发展提供技术、产品、服务和解决方案等。它具体包括电子信息制造业、电信业、软件和信息技术服务业、互联网行业等，还包括但不限于5G、集成电路、软件、人工智能、大数据、云计算、区块链等技术、产品及服务。

2. 产业数字化

产业数字化是数字经济发展的主阵地，为数字经济发展提供广阔空间。产业数字化是指传统产业应用数字技术所带来的生产数量和效率的提升，其新增产出构成数字经济的重要组成部分。数字经济不是数字的经济，而是融合的经济，实体经济是落脚点，高质量发展是总要求。产业数字化包括但不限于工业互联网、两化融合、智能制造、车联网、平台经济等融合型新产业、新模式和新业态。

3. 数字化治理

数字化治理是数字经济创新快速健康发展的保障。数字化治理是推进国家治理体系和治理能力现代化的重要组成，是运用数字技术建立健全行政管理的制度体系，创新服务监管方式，实现行政决策、行政执行、行政组织、行政监督等体制更加优化的新型政府治理模式。数字化治理包括治理模式创新，利用数字技术完善治理体系，提升综合治理能力等。数字化治理包括但不限于以多主体参与为典型特征的多元治理，以"数字技术+治理"为典型特征的技管结合，以及数字化公共服务等。

4. 数据价值化

价值化的数据是数字经济发展的关键生产要素，加快推进数据价值化进程是发展数字经济的本质要求。习近平总书记多次强调，要"构建以数据为关键要素的数字经济"。党的十九届四中全会首次明确数据可作为生产要素按贡献参与分配。2020年4月9日，中共中央国务院印发《关于构建更加完善的要素市场化配置体制机制的意见》明确提出，要"加快培育数据要素市场"。数据可存储、可重用，呈现爆发增长、海量集聚的特点，是实体经济数字化、网络化、智能化发展的基础性战略资源。数据价值化包括但不限于数据采集、数据标准、数据确权、数据标注、数据定价、数据交易、数据流转、数据保护等。

12.2.3 数字经济"四化"框架的内在逻辑

数字经济发展是生产力和生产关系的辩证统一。发展数字经济，构建以数据价值化为基础、数字产业化和产业数字化为核心、数字化治理为保障的"四化"协同发展生态，既是重大的理论命题，又是重大的实践课题，具有鲜明的时代特征和辩证统一的内在逻辑。四者紧密联系、相辅相成、相互促进、相互影响，本质上是生产力与生产关系、经济基础与上层建筑之间的关系。处理好四者之间的关系，是推动数字经济发展的本质要求。

数字产业化和产业数字化重塑生产力，是数字经济发展的核心。生产力是人类创造财富的能力，是经济社会发展的内在动力基础。数字产业化和产业数字化蓬勃发展，加速重塑人类经济生产和生活形态。数字产业化代表了新一代信息技术的发展方向和最新成果,伴随着技术的创新突破,新理论、新硬件、新软件、新算法层出不穷,软件定义、数据驱动的新型数字产业体系正在加速形成。产业数字化推动实体经济发生深刻变革,互联网、大数据、人工智能等新一代信息技术与实体经济广泛深度融合,开放式创新体系不断普及,智能化新生产方式加快到来,平台化产业新生态迅速崛起,新技术、新产业、新模式、新业态方兴未艾,产业转型、经济发展、社会进步迎来增长全新动能。

数字化治理引领生产关系深刻变革,是数字经济发展的保障。生产关系是人们在物质资料生产过程中形成的社会关系。数字经济推动数据、智能化设备、数字化劳动者等创新发展,加速数字技术与传统产业融合,推动治理体系向更高层级迈进,加速支撑国家治理体系和治理能力现代化水平提升。在治理主体上,部门协同、社会参与的协同治理体系加速构建,数字化治理正在不断提升国家治理体系和治理能力现代化水平。在治理方式上,数字经济推动治理由"个人判断""经验主义"的模糊治理转变为"细致精准""数据驱动"的数字化治理。在治理手段上,云计算、大数据等技术在治理中的应用,增强态势感知、科学决策、风险防范能力。在服务内容上,数字技术与传统公共服务多领域、多行业、多区域融合发展,加速推动公共服务均等化进程。

数据价值化重构生产要素体系,是数字经济发展的基础。生产要素是经济社会生产经营所需的各种资源。农业经济下,技术(以农业技术为主)、劳动力、土地构成生产要素组合。工业经济下,技术(以工业技术为引领)、资本、劳动力、土地构成生产要素组合。数字经济下,技术(以数字技术为引领)、数据、资本、劳动力、土地构成生产要素组合。数据不是唯一的生产要素,但作为数字经济全新的、关键的生产要素,贯穿于数字经济发展的全部流程,与其他生产要素不断组合迭代,加速交叉融合,引发生产要素多领域、多维度、系统性、革命性群体突破。一方面,价值化的数据要素将推动技术、资本、劳动力、土地等传统生产要素发生深刻变革与优化重组,赋予数字经济强大发展动力。数据要素与传统生产要素相结合,催生人工智能等"新技术"、金融科技等"新资本"、智能机器人等"新劳动力"、数字孪生等"新土地"、区块链等"新思想",生产要素的新组合、新形态将为推动数字经济发展不断释放放大、叠加、倍增效应。另一方面,数据价值化直接驱动传统产业向数字化、网络化、智能化方向转型升级。数据要素与传统产业广泛深度融合,乘数倍增效应凸显,对经济发展展现出巨大的价值和潜能。数据推动服务业利用数据要素探索客户细分、风险防控、信用评价,推动工业加速实现智能感知、精准控制的智能化生产,推动农业向数据驱动的智慧生产方式转型。

12.3 数字经济的体系建设

发展数字经济,工程宏大,意义深远,要着力构建四个体系。四个体系具有目的性、导向性,能够实现数字经济发展的最终目标。

12.3.1 数字经济的创新体系

塑造全面创新格局，发挥数字化引领创新先导作用，推进技术、产业、管理全面创新。激发创新主体活力，构建各类主体广泛参与、线上与线下相结合的开放创新网络。优化创新体制，打造国家科技基础设施和创新资源开放共享平台，优化数字经济创新成果保护、转化和分配机制。

12.3.2 数字经济的产业体系

构建以新一代信息产业为先导产业，以深入应用数字技术的农业、工业和服务业为融合产业，以相关产业公共服务平台为支撑产业的数字经济产业体系。加强商业模式、生产模式、服务模式、管理模式等创新，构建开放生产组织体系，形成网络化、集群化协同分工格局，培育成熟的数字经济产业生态体系。

12.3.3 数字经济的市场体系

完善要素市场体系，加快构建数据交易市场，健全数字技术交易市场，强化资本市场对数字经济发展的支撑。大力拓展国际市场，充分利用两个市场、两种资源，推动数字经济走出去，树立国际优势。加快形成包容有序的市场秩序，清除市场壁垒，支持新模式、新业态创新发展，维护线上与线下的公平竞争环境。

12.3.4 数字经济的治理体系

发挥治理体系的改革指引作用，正确处理政府和市场的关系，建构整体、协同、系统的数字经济治理格局。着力解决"治理主体是谁"的问题，构建多元化、立体化的治理主体；着力解决"治理主体之间关系"的问题，构建边界清晰、分工协作、平衡互动的治理结构；着力解决"用什么方法治理"的问题，构建运用大数据、云计算等数字技术的治理手段；着力解决"保障治理有效运转"的问题，构建政策、法律、监管三位一体的治理制度。

12.4 电子商务背景下的数字化转型

12.4.1 电子商务与数字化转型

电子商务一般是指在互联网上以虚拟数字形式进行的商务活动，是数字及数字化产品的流通和消费方式。数字经济则是数字及数字化产品和服务的生产、流通、消费的总称。从概念关联上说，数字及数字化服务是电子商务的核心内涵，电子商务是数字经济最主要的组成部分，发展电子商务是发展数字经济的重要抓手，是数字经济取得快速增长的引擎之一。两者使用的范围不同，数字经济更多的是指代一个整体的经济系统。在这个系统中，数字技术被广泛使用并由此带来了整个经济环境和经济活动的根本变化。电子商务更多的是指代一种商务渠道和商务模式。

"数字化"是"信息化"概念的延续。1997年，我国召开的首届全国信息化工作会议将信息化和国家信息化定义为：信息化是指培育、发展以智能化工具为代表的新的生产力并使之造福于社会的历史过程。国家信息化就是在国家统一规划和组织下，在农业、工业、科学技术、国防及社会生活各个方面应用现代信息技术，深入开发广泛利用信息资源，加速实现国家现代化进程。

"信息化"这个概念更偏重提取真实世界中的关键信息并将其放入计算机世界进行管理，这是由信息本身的定义决定的。20世纪40年代，信息论的奠基人香农给出了信息的明确定义：信息是用来消除随机不确定性的东西。这意味着信息本身是要排除噪声进行加工处理的。信息化从定义和实践两个方面来看，都更偏重于信息的采集、加工和传递，通过对信息处理方式的持续改良提升生产力和生产效率。

数字化是信息化基础上的延续，是基于信息化的成果产生的，更强调虚拟化，也就是通过数字化技术对人类社会的仿真，是将物理世界数字化。数字化是将真实世界完整地"放入"计算机世界中。数字化的目的是更大限度地释放个体人的潜力，最大限度地抵消对真实环境，尤其是空间因素对人的限制，大量依靠可与人互动、协调的设备进行各项人类活动，从而将距离对人类活动的限制降至最低。

在数字化这个概念的基础上，数字化转型是指通过利用现代技术和通信手段，改变企业为客户创造价值的方式。数字化转型通常需要客户的深度参与，因为转型一般涉及核心业务流程、员工，以及与供应商及合作伙伴的交流方式的变革。数字化转型通常使用的技术概念包括移动化、物联网、云平台、云计算、人工智能、互联网安全、SDCI（软件定义互联基础架构）等。

数字化转型和电子商务的关系，从概念上来说，数字化转型涉及数字化技术的应用，改造传统模式。电子商务作为一种基于互联网的商务形式，受到数字化技术应用的影响，同时也反过来能够引领和带动数字化进程，两者是相互影响的关系。数字化转型赋能电子商务，电子商务带动数字化转型。

12.4.2 数字化转型赋能电子商务

数字化转型赋能电子商务，主要体现在企业数字化转型在驱动消费，改造生产、采购、仓储物流等方面的作用。

1. 数字化转型赋能消费

过去的生产逻辑是规模化生产，制造商把货推给经销商，经销商推给消费者，所以制造商没办法知道消费者的需求，只有找咨询公司做调查，才能决定要不要生产订单，这中间的流程就会将库存压给经销商，而且存在利益博弈。

数字化转型的核心逻辑是以消费者为中心，捕捉到大量的数据和标签，从以产品为中心转向数据加算法驱动的实时客户运营。改变上游，改变零售，改变批发与生产制造，改变产品的设计，改变整个价值链。现在越来越多的品牌选择电子商务这一路径，从而绕过渠道，直接到达消费者，品牌商借此可以获得品类数据、消费数据、评价数据。企业数字化转型的关键是价值链的重构，消费、营销、渠道、零售、品牌、设计、生产、交易、支付、物流都不断重组。运用数字技术实现的价值链重构，可以有效地驱动消费，推动电子商务不断进步。

2. 数字化转型赋能生产

数字化转型技术在生产领域的典型应用是数字孪生。数字孪生也被称为数字映射、数字镜像，是充分利用物理模型、传感器更新、运行历史等数据，集成多学科、多物理量、多尺度、多概率的仿真过程，在虚拟空间中完成映射，从而反映相对应的实体装备的全生命周期过程。

简单来说，数字孪生就是在一个设备或系统的基础上，创造一个数字版的"克隆体"。与设计图纸与实体的关系相比，数字孪生最大的特点在于：它是实体对象的动态仿真，会根据实体对象的物理设计模型、实体传感器反馈的数据，以及实体运行的历史数据实时变动。对制造业企业来说，数字孪生为生产提供了许多好处。首先，它提供了对整个工厂的完整的可见性，使上自管理者、下至基层员工，对于工厂的性能更有信心。其次，它提供的流程视图清楚地说明了管理者应该关注哪些方面，以及可以在哪些方面进行持续的流程改进。最后，它实现了智能资源的实时分配，为虚拟现实和增强现实等技术提供了完整的实时数据。数字孪生和工业4.0时代为企业提供不断改进的生产流程和更高的生产效率，企业自然能够在市场中更具竞争力。

3. 数字化转型赋能采购

在数字化转型技术加持下，供应链数据的可视化实现了供应链上下游企业的需求到供应的一致性，而大数据分析则可以给出未来的交货趋势，为库存精益化提供有效保障。供应链的可视化与智能化技术的应用为推动产业链的商业价值提供了机会。在当前产业链的大趋势下，首先在供应链中实现可视化与智能化，使供应风险得到管控，同时提高灵活性、速度和质量，并降低供应链运营成本。电子采购解决方案，提供了降低采购运作管理成本和支出成本的途径。采购协同创造了提高员工与供应商采购与寻源效率的机会，也提高了供应链的速度和质量。自动化流程提高了生产率，并允许减少第三方成本比如第三方物流的费用。通过分析，可以确定在采购、税收及运输职能方面新的节约机会。同时，数字化平台能够更好地进行风险管理。通过供应商和产品质量信息的有效结合，能够确保产品最终符合企业道德和国家质量标准。供应链自动化在世界各地提供标准化操作流程，使每一个跨境贸易都能根据不同国家的法规自动完成验证，确保满足所有监管条件。同时，自动化的供应链系统也能对所有供应链事件进行实时监控，减少交易延迟、降低供应链风险，创建更加敏捷可靠的全球供应链环境。

4. 数字化转型赋能仓储物流

在数字化转型技术中，物联网无疑是近年来受到很多关注的技术。物联网技术的蓬勃发展为"万物互联"时代奠定了基础，而这恰恰是物流迎来数字化时代的前奏。沿着"物流基础设施物联网化、供应链全链条数字化和物流全场景智能化"的发展方向，物流行业有望在"成本、安全、效率、体验"上取得进一步突破。物联网化将保证物流数据被完整、全面地收集，让载具、货物、人员等各类物流要素可以被实时、透明地管理。同时，物联网设备极大地提高了物流过程的安全性，保障货物品质，维护货主企业的品牌形象。物联网化也为企业打造了巨大丰富的"数据资产池"，在此基础上，供应链全链条高度的数字化不仅能够提供"从源头到消费者"的安全管控，更为提升物流效率奠定基础。多种设备记录的位置、温度、湿度、光照等环境数据，和订单、运单、时间节点、各类费用等运营数据相结合，打通线上与线下的物流活动，让企业实现整体优化成为可能。

12.4.3　电子商务带动数字化转型

电子商务一直是数字化程度最高的产业领域之一，在数字经济发展过程中可以发挥自身作为典型数字化产业的示范引领作用，在带动数字基础设施建设、助力智慧城市和数字乡村、服务传统产业数字化转型、探索数据要素市场等方面发挥重要作用。

1. 以电商产业发展需求持续带动社会数字基础设施建设

电子商务的快速发展对全社会数字基础设施建设提供了强大的需求牵引力，如农村电商尤其是农产品直播带货的大量应用可以带动农村地区高速宽带网、5G网络的快速普及，电商平台企业可以自建或租用大量的数据中心，电商仓储可以采用大量的物联网应用，电商溯源可以有效带动区块链的应用等。未来电商更加多元化的服务模式及线上与线下融合的消费服务体验提升需要，一定会从应用广度和深度两个层面对5G及宽带基础设施、数据中心、云计算、大数据及虚拟现实、区块链等现代技术提出更加丰富的应用场景需求。

2. 以大力发展生产性服务业电商促进制造业数字化转型

在促进制造业数字化转型方面，电商平台企业纷纷加快布局。阿里巴巴推出"犀牛智造"平台，在服装定制化生产领域已实现100件起订7天交货的快反生产能力。同样聚焦于服装出口领域的SHEIN品牌，依托自身的前端App客户黏性和智能选品能力，搭建以广东为核心的服装产业带生产服务平台，带动数千家供应商发展面向全球市场的小单定制化生产，年销售已超千亿，已成为全球领先的快时尚服装品牌。大力发展生产性服务业电商可以发挥互联网优势，有效组织行业分散的生产与服务资源，实现网络化协同，促进行业效率提升和资源复用，打破企业边界，拓展行业服务，进而带动生产制造企业内部的数字化管理和智能化生产。

3. 以行业电商应用促进工业互联网发展

工业互联网应用本质上还是要发挥互联网大范围、深层次资源协同的优势，打破企业资源和资产边界。面向快速变化的市场和产品迭代需要实现供应链、产业链的柔性化和数智化。可以说，工业互联网服务和支撑的依然是以B2B为主的电商应用。大型生产制造企业积极发展行业性电商服务平台，海尔卡奥斯平台、三一重工的树根互联平台等智能制造平台致力于打造行业性的工业互联网集成平台，赋能产业链；同时，钢银电商、欧冶云商等行业垂直服务电商平台，也在积极发展供应链、数智化赋能服务，行业电商与工业互联网的深度融合必然成为未来的发展趋势。

4. 以电商新模式带动服务业数字化转型

模式创新、场景创新、业态创新一直是电商领域创新发展的重要方向。疫情期间，直播电商、内容电商、社区团购爆发式增长，线下新零售也呈现较大发展潜力，这些新模式展现出我国电商产业发展的巨大活力和广阔的发展空间，已经成为我国引领全球电商应用的重要领域。在创新方向上，与线下实体空间、实体服务资源的深度融合已经成为主要趋势，如直播带货中的店播、厂播、村播日益成为主流，社区团购与线下便利店广泛结合，相应的传统服务业企业的电商应用比例也持续提升，通过电商新模式的增量有力带动大量的传统服务业企业实现平滑的数字化转型。

5. 大力发展农村电商促进乡村振兴

农村电商以满足农村老百姓网络消费为牵引，聚焦农村地区特色产品上行销售和农村文旅资源开发，在促进农村消费、帮助农民增收和带动农村地区产业融合等方面均发挥了不可替代的重要作用。继续大力发展农村电商，完善农村地区的电商基础设施条件，打造农村电商可持续发展新动力，也将成为带动农村地区数字化基础设施建设，发展农村数字经济，助力乡村振兴的有力抓手。

6. 通过电商大数据探索数字要素市场开放发展

电子商务大数据目前已经是最为成熟的大数据应用领域之一，各大电商平台企业累积了大量的电商交易数据，也都在积极探索电商大数据开放应用。如阿里巴巴提出的新商业操作系统，京东的开放供应链服务等无不是基于其海量的大数据支撑，发掘数据的开放价值，这已成为电商平台企业开放发展的重要趋势。因此，可以通过政策引导和支持，在做好数据底层标准规范的基础上，持续鼓励电商大数据开放，支持基于电商大数据的第三方数据服务业发展，进一步形成良好的电商大数据服务生态，以充分发挥行业数据开放的示范和联动效应。

案例：数字化经济转型战略与行动路线

开展数字化转型，首要任务就是要制定数字化转型战略，并将其作为发展战略的重要组成部分，把数据驱动的理念、方法和机制根植于发展战略全局，围绕企业总体发展战略提出的愿景、目标、业务生态蓝图等大的战略方向，系统设计数字化转型战略，提出数字化转型的目标、方向、举措、资源需求等。以新型能力的建设、运行和优化为主线，有效串接起业务、技术、管理等相关内容，与职能战略、业务战略及产品战略等有机融合，有效支撑企业总体发展战略的实现。

数字化转型战略要以价值导向回归商业本源。数字化转型要注重实效，把短期价值和长期价值有机结合起来；数字化转型要明确战略目标，把旗帜举起来，让企业明白向哪里冲锋，才能充分调动各方力量；数字化转型要与公司战略衔接并有效落地，需要用科学的方法分步走，包括开展数字化转型关键问题研究，制定数字化转型战略纲要，制定数字化发展规划，并且要强调其整体性、协同性，更要体现其可操作性。

规划数字化转型蓝图时要坚持价值导向、战略引领、创新驱动、平台支撑，形成组合拳，体现体系化的设计和系统化的思维。数字化转型规划不求大而全，不用面面俱到，最重要的是指明转型的发展方向和重点。数字化转型需要找准切入点去突破，快速见到实效才能更好地形成共识，但这个切入点必须是端对端、全场景、全链条的，不能仅关注局部，否则难以在整体上见效。

结合企业数字化发展现状、比对本来的发展目标，可以将企业数字化转型道路概括为覆盖战略、需求、数据、技术、运营和人才六大方面的关键举措，以供企业在寻求适合自身发展的数字化转型路径上提供方向性参考。

1. 树立"拓荒+耕耘"式的数字化转型战略目标

企业数字化作为企业数字化转型的新篇章，将为企业带来大量新机遇，并真实地创造新的业务价值。企业应当从认知层面将对数字化的定位超出技术应用的范畴，将其作为企业业务战略转型的重要支柱。因此，数字化转型目标应当契合企业发展的战略规划，并且进行前瞻性、贴合自身发展的顶层数字化转型规划，以明确企业的短期、中期、长期目标和转型路径，让数字化更好地支撑企业业务转型发展，保持企业发展的持续领先。

如何进行"拓荒"以赢在起跑线上，以及如何进行"耕耘"以保持持续领先，是企业需要面对和思考的课题。这是一局考验耐力的长跑，是一道对于赛道、配速、阶段补给的选择题，也是拉开与竞争者差距的残酷淘汰赛。从企业顶层战略层面重视数字化转型的引领作用，将数字化融入企业业务发展的 DNA，梳理企业数字化转型战略，是企业开展体系化的数字化转型工作的关键一步。

2. 开展细致验证的数字化初步尝试

企业应用数字化技术时，不仅需要考虑技术的匹配和落地，还必须转变经营思路。机器处理事情的思路和以往依靠人工完全不同。机器考虑问题是"面面俱到"的，通过高维特征进行分析，即将事件刻画复杂化，以寻找细微层面事件之间的相似性。人更擅长"抓大放小"，根据过往的事件总结成"规则"或者"定理"，后续做类似的事情是通过总结好的规则进行预测和指导的。虽然人工智能技术具有广泛的应用范围及突出的应用效果，但在解决业务问题时也并非唯人工智能论，需要客观地看待数字化对企业带来的作用。

企业在进行人工智能初步尝试的时候，既要避免因太谨慎而错失时机，也要避免因好大喜功而造成浪费。结合数字化方案市场化成熟度、自身数据积累度及业务需求价值度，是寻求企业数字化初步尝试的可行路径。这种尝试不仅需要考虑模型的产出落地，更应当从业务端视角进行全方位思考，包括对现有流程的改造、效果的评估、未来运营的机制设计等。在完成初步尝试后，企业应当具备决心，进行企业层级的规模化应用落地，并且构建匹配的整体配套机制。在技术、数据、人才等多方面要素成熟的情况下，应当从对现有企业经营的优化，提升到对业务转型的创新驱动层面上，高屋建瓴地提出对未来数字化转型发展的洞见，并细化成一个个边界清晰、依赖关系明确的数字化需求。

3. 打造全面数据治理体系

数据是企业进行数字化转型的"新型石油"，加强对数据资产的管理能力，定义面向"传统应用+数字化应用"的数据治理能力框架及数据架构，是为企业数字化转型提供持续动力的根基。现在企业普遍遇到数据积累不足、数据质量不佳、数据资产不清晰等问题,严重阻碍了数字化落地的步伐,让许多数字化应用的探索只停留在实验室级的尝试,而未能应用于实际业务中。可以通过数据流闭环持续更新、原始数据接入和存储以及解决数据一致性问题,突破智能化落地数据瓶颈。同时,注重数据服务能力,通过对服务的共享复用,以及开发流程的闭环化、标准化、自动化、规模化,培养前台业务数字化服务的快速构建能力。在此过程中,逐渐完善数据治理、厘清数据架构、沉淀数据资产,为企业的数字化转型打下坚实的基础。

4. 提前布局关键技术

数字化时代客户需求快速变化并注重个性化体验,数字化技术不断推陈出新,市面上的算法及算力产品也不断地更新换代。如何更好、更快及更稳定地提供数字化服务,是企业打造核心的技术竞争力需要考虑的重点问题。

针对"更好"的问题,企业可以考虑具有数字化全栈提供能力的平台级产品,提供智能应用构建与管理的全流程体系架构,打通数据、建模、部署、管理、监控的端到端闭环;同时,在算法层面,应该打破"越多越好"的迷思,久经验证且适用于企业业务场景的算法,才是企业真正需要买单的算法,贵精不贵多。针对"更快"的问题,可以理解成两个层面:一个是智能化模型运行更快,另一个是构建模型的过程更快。对于前者,需要在模型层面上考虑对实时性特征的支持,并且在功能层面上能将实时获得和实时反馈的能力应用在生产环境中,以响应客户的个性化需求,这种能力同时也能带来模型效果。对于后者,从成本角度考虑,企业去招聘数百个顶尖数据科学家的方式不太现实,采用自动化建模,即 AutoML 技术是打破这个困境的一种可行的技术手段,该技术能降低数据使用门槛,实现快速与规模化落地。针对"更稳定"的问题,需要从软件、硬件两个方面的鲁棒性进行考虑。在软件平台定义上,定义智能训练引擎、智能推理引擎和智能特征存储引擎三大核心引擎,充分释放算力,为企业高效率、大规模构建数字化应用提供算力支持。在软件和硬件两者的融合上,可以将硬件算力平台与软件应用结合为一体,为短期内的算力负载选择最适配的底层架构,为中长期的算力负载做好资源规划,实现数字化算法和硬件的深度融合与优化。

5. 建立融合共生的智能适配性运营机制

面对数字化转型对企业现有业务和组织造成的冲击,企业不应该故步自封,而应该避免陷入邯郸学步的困局。理解变化、拥抱变化,在审视现有运营机制的基础上,加入新方法以应对数字化转型带来的新挑战,最终形成有自身特色的数字化转型之路。赋能业务并引领业务创新变革是数字化的特色,在企业实践过程中应当避免闭门造车,构建调度更灵活、连接更紧密的弹性组织是企业真正融入数字化基因的关键举措。培养企业自上而下的全员"数字化"意识,需要构建变革管理机制予以支撑,包括变革计划、执行及反馈。此外,企业在打造数字化内核的同时,也要保持与外部生态的协作,通过借势借力实现数字化的乘势而上。

6. 培养和引进数字化人才

人工智能这个专业赛道上的人才,尚属于市场稀缺资源,为了实现数字化领域的突破和快速发展,首先需要注重外部"输血"工作,根据自身发展需求引入数字化领军人才,形成团队化、规模化的技术储备。此外，还需要注重企业内部的数字化能力培养，挑选有动力、有潜质的复合型人才进行数字化能力的补全及提升，在给业务带来发展的同时，也给员工个人发展带来益处。同时，企业需要考虑通过设置合理的考核激励以鼓励创新，催生数字化人才。

（案例来源：程絮森，杨波，王刊良，等. 电子商务商业模式及案例［M］. 北京：清华大学出版社，2022. 有删改。）

拓展学习：《"十四五"数字经济发展规划》

导言：

"十四五"时期，我国数字经济转向深化应用、规范发展、普惠共享的新阶段。为应对新形势新挑战，把握数字化发展新机遇，拓展经济发展新空间，推动我国数字经济健康发展，依据《中华人民共和国国民经济和社会发展第十四个五年规划和2035年远景目标纲要》，2021年12月12日，国务院制定发布了《"十四五"数字经济发展规划》。

请扫描二维码，了解该规划，识别在数字经济时代，地区、个人与企业的发展机遇。

国务院关于印发"十四五"数字经济发展规划的通知

思 考 题

1. 什么是数字经济？
2. 数字经济的内涵是什么？
3. 数字经济有哪些特征？
4. 简述数字经济的"四化"框架。
5. 请谈谈你对数字化治理的理解。
6. 数字经济的体系建设包括哪些？
7. 数字化转型如何赋能消费？
8. 电子商务如何带动数字化转型？

参考文献

[1] 谈晓勇，任永梅，汪斌. 电子商务 [M]. 2 版. 北京：机械工业出版社，2017.

[2] 谈晓勇，汪斌. 电子商务 [M]. 北京：机械工业出版社，2011.

[3] 黄敏学，电子商务 [M]. 5 版. 北京：高等教育出版社，2017.

[4] 白东蕊，岳云康. 电子商务概论 [M]. 5 版. 北京：人民邮电出版社，2022.

[5] 程絮森，杨波，王刊良，等. 电子商务商业模式及案例 [M]. 北京：清华大学出版社，2022.

[6] 中国信息通信研究院. 数字经济概论：理论、实践与战略 [M]. 北京：人民邮电出版社，2022.

[7] 宋爽. 数字经济概论 [M]. 天津：天津大学出版社，2021.

[8] 仝新顺，王初建，于博. 电子商务概论 [M]. 2 版. 北京：清华大学出版社，2017.

[9] 马化腾. 互联网 + 国家战略行动路线图 [M]. 北京：中信出版社，2015.

[10] 李小军. 智能手机 APP 软件开发：Android [M]. 广州：华南理工大学出版社，2015.

[11] 钟元生. App 开发案例教程 [M]. 北京：清华大学出版社，2015.

[12] 权金娟. 移动电子商务 [M]. 北京：清华大学出版社，2016.

[13] 司林胜. 电子商务案例分析教程 [M]. 北京：电子工业出版社，2012.

[14] 李琪，彭丽芳，王丽芳. 电子商务概论 [M]. 北京：清华大学出版社，2017.

[15] 邱柳方. "电商黑马"拼多多的商业模式探析 [J]. 国际商务财会，2021（11）：34 − 37；41.

[16] 李鸣涛. 数字经济腾飞｜发展数字经济应继续抓好电商这个"牛鼻子" [EB/OL].（2022 − 03 − 09）[2022 − 10 − 20]. http://www.xinhuanet.com/tech/20220309/f8d62a4b478142cbbae3009981a20019/c.html.

[17] 夏志华. 数字政府之电子政务发展现状和趋势探讨 [EB/OL].（2023 − 12 − 29）[2024 − 3 − 18]. https://www.shqp.gov.cn/shqp/zxft/20231226/1153001.html.